普通高等教育新形态教材

公司理财学
基础与应用

（第二版）

主编
刘大进 陈 茵

副主编
刘 军 蓝 茵 林建秀 陈 刚

GONGSI LICAIXUE
JICHU YU YINGYONG

清华大学出版社
北京

内容简介

本书强调公司理财的核心原理，深入讲解基础知识，注重联系实务与创新创业，突出教学引导和技能应用，内容丰富生动，便于学习和掌握。

本书共19章，系统介绍了公司理财的基本理论与知识、作为公司理财决策基础的估值原理与应用、资本预算与投资决策、筹资管理、资本成本、资本结构与股利政策、营运资本管理与财务控制及公司理财其他相关知识。每章均附有学习目标、引导案例、本章小结、课后练习、在线自测、章末案例等实用内容。

本书有两个创新点：一是汇集并比较会计现金流量、财务现金流量和自由现金流量，强调现金流是公司王道，揭示现金流的秘密；二是将公司财务治理基础维度之一的公司治理、制度设计、信息化与公司理财联系起来，作为一个提高公司资源配置效率和创造价值的有机管理体系加以阐述。

本书既可作为普通高等院校经济管理类专业教材，也可作为各种社会相关培训的教材。

图书在版编目(CIP)数据

公司理财学基础与应用 / 刘大进，陈茵主编. —2版. —北京：清华大学出版社，2024.1（2025.1重印）
普通高等教育新形态教材
ISBN 978-7-302-65415-5

Ⅰ.①公… Ⅱ.①刘… ②陈… Ⅲ.①公司-财务管理-高等学校-教材 Ⅳ.①F276.6

中国国家版本馆CIP数据核字(2024)第042493号

责任编辑：胡 月
封面设计：汉风唐韵
责任校对：宋玉莲
责任印制：刘海龙

出版发行：清华大学出版社
网 址：https://www.tup.com.cn，https://www.wqxuetang.com
地 址：北京清华大学学研大厦A座 **邮 编**：100084
社 总 机：010-83470000 **邮 购**：010-62786544
投稿与读者服务：010-62776969，c-service@tup.tsinghua.edu.cn
质量反馈：010-62772015，zhiliang@tup.tsinghua.edu.cn
印 装 者：三河市铭诚印务有限公司
经 销：全国新华书店
开 本：185mm×260mm **印 张**：20 **字 数**：507千字
版 次：2016年7月第1版 2024年2月第2版 **印 次**：2025年1月第2次印刷
定 价：59.00元

产品编号：104537-01

第二版前言

党的二十大报告指出，马克思主义是我们立党立国、兴党兴国的根本指导思想。习近平新时代中国特色社会主义思想是当代中国马克思主义、二十一世纪马克思主义，是中华文化和中国精神的时代精华，实现了马克思主义中国化新的飞跃。遵循新时代教材的特征，立足于新时期社会经济和资本市场发展的新生态和新趋势，本书进行第二版修订。

本书以“思政元素为引领、基础理论与应用案例融合、紧跟信息技术发展前沿”为理念，配备创新创业教育与专业教育融合的精品资源共享课“公司理财学”资源，对于发挥专业课的思想政治育人功能进行有益的探索。本书第二版保留了第一版的编写特点，改进了“现金流：公司王道”和作为公司财务治理基础结构维度之一的“公司治理、制度设计、信息化”这两个创新点，第二版中强调以下3个方面：

(1)切入课程思政元素。推动课程思政元素在公司理财课程教学中的探索与实践。实现思想政治教学和专业教育的融合，形成新的教学发展生态链。比如，在本书第二版第5章的价值评估中，引导学生理解党的二十大精神——高质量发展的内涵及对我国资本市场的意义。

(2)紧跟当前前沿理论和最新法规制度，更新部分案例。根据课程体系和教学思路，立足于我国资本市场改革的现实基础，基于公司财务治理的多维视角，系统全面地阐述公司理财的基本理论与实践，广泛吸收新时代国内外财务管理的实践探索和研究成果，更新部分案例，及时反映我国资本市场与公司理财实践的进程和内容。

(3)注重应用型人才培养。本书第二版设有学习目标、引导案例、知识链接、课后练习、在线自测、章末案例等栏目，丰富教材内容和知识体系，帮助学生学以致用、勤思多练，也对于公司理财学的知识体系起到首尾呼应、层层推进的作用。

本教材编写团队由省级一流本科教学团队(教学应用型)的“双师双能型”专业教师和具有丰富实践经验的行业专家组成。本书由刘大进和陈茵担任主编，负责拟定全书框架与大纲，并进行统稿总纂。具体的编写分工如下：刘大进编写第1章、第3章、第6章；林建秀编写第2章、第18章、第19章；陈茵编写第4章、第5章、第7章、第8章；刘军编写第11章、第12章、第13章、第14章；蓝茵编写第9章、第10章、第15章；陈刚编写第16章、第17章。

本书在编写过程中，得到了许多专家学者和实务界同仁的热忱帮助和悉心指导，得到了清华大学出版社的鼎力支持，在此我们表示衷心的感谢！同时还要感谢支持和帮助过我们的集美大学诚毅学院的领导和同事，感谢团队成员的辛勤努力，感谢给予我们资料与参考文献营养与灵感的诸位作者，感谢广大读者和用书教师的支持。最后，真诚地感谢我们的家人，没有他们的关心和支持，本书难以顺利付梓。

由于编者水平有限，缺点在所难免，欢迎广大读者批评指正。

刘大进

2023 年 8 月于集美学村

第一版前言

当今世界，科学技术突飞猛进，知识信息不断丰富，工业化社会正在向信息化社会转变，新一代信息技术与制造业深度融合，正在引发影响深远的产业变革，形成新的生产方式、产业形态、商业模式和经济生态。第四次工业革命方兴未艾，各国都在加大科技创新力度，各领域取得了新突破，我国制造业也正迎来转型升级、创新发展的重大机遇。《中国制造2025》感召下的智能制造正在引领制造方式的变革，拓展产业生态新领域，重塑产业价值链体系。互联网＋、云服务、大数据等改变着人们的生活方式、交流方式、财务收支及理财方式。公司的经营方式、商业模式、管理方式，国家的管理规则、政治机构，市场的运作模式、运行规律等诸方面也正在悄然变革。与此同时，经济与金融也在以全新的方式或模式交织及互动，经济金融网络化、一体化、全球化等变革浪潮的冲击迎面扑来，带来了公司理财理念和原则、管理模式、管理方法及其模型的一系列创新和改变，公司理财在中国正受到前所未有的重视。

“大众创业，万众创新”的提出，以及2015年5月国务院发布的《关于深化高等学校创新创业教育改革的实施意见》(国办发〔2015〕36号)推动着我国高校朝着创新、创业、务实的应用型人才培养方向迈进。掌握必要的公司理财知识与技能是创新创业人才创业成功的必备素质。本书基于创新创业教育与专业教育融合的精品资源共享课“公司理财学”应运而生，尽力挖掘其中的创新创业内容资源，对在专业课程教学中培养学生的创新精神、创业意识与创新创业能力做了一些探索。当然，在“公司理财学”课程教学中安排一定量的创新创业训练内容及其对应的必选应用实务作业的学时和学分，对培养应用型人才必有裨益。

本书编写特点如下：

(1) 强调公司理财的核心原理，讲透基础知识及应用，为学生掌握公司理财所需要的核心理念和决策工具打下坚实的基础；注重理论联系实际，突出教学引导和技能应用，相关计算(除了一些简单的计算)内容，均举例说明以Excel为分析工具的应用。

(2) 以估值原理为主线贯穿始终。本书将估值视为指导公司理财的基本原理，对其做了系统的讲述。教材中所涵盖的每个主题都根植于估值之上(由估值原理切入和引申开来)，并解释了特定的决策是如何影响估值的，以促使学生思考将每个概念与估值作为统一框架的内在联系。

(3) 充分体现公司理财之“理”的实质。站在管理的高度，一切以价值驱动为根本，与公司战略、公司治理及风险管理紧密联系，帮助学生树立“既要低头拉车，更要抬头看路”的理念。

(4) 大道至简，有效实用。基于目标和任务导向，将复杂的基础理论和基础知识简单化、案例化。每章前均有导入案例，中间穿插相关的案例、知识链接、重要提示等，每章末尾均有典型的案例及讨论提问，便于阅读、理解、消化和提升。

(5) 倡导“以学生为中心”，教学相长。授人以鱼更要授人以渔，注重学生学习与训练的方法指导，树立正确的观念和思维方式，找对解决问题的思路，提高学生的“财商”和“搜商”，培养学生获取知识和掌握技能的能力。

(6) 校企结合，“双师”联手。既有具备公司理财丰富经历的本科高校“双师型”教师担任主编和参编，又有具备公司理财丰富经验的公司财务高管参与编写。

本书有两个创新点：

(1) 将现金流单列一章(第 6 章)，汇集并比较会计现金流量、财务现金流量和自由现金流量，强调现金流是公司王道，揭示现金流的秘密。

(2) 将公司理财与公司治理、理财制度、理财信息化联系起来作为一个提高效率和创造价值的有机管理体系加以阐述(第 18 章)，强调公司治理结构及机制和理财制度设计的制度安排对公司筹资、投资、股利分配和营运资本管理等方面进行科学决策行为的影响，最终归结到影响价值最大化理财目标的偏离。同时，在管理现代化和互联网+的时代，理财的制度设计和信息化两方面应为成本的节约、资源配置效率的提高和风险的控制多做贡献，从而为创造价值和实现公司理财目标提供保障。

本书由福建集美大学刘大进老师和山东齐鲁工业大学邵林老师担任主编。福建集美大学的陈茵、林建秀，山东交通学院的吕伟昌，宁波工程学院姚丽琼，陕西国际商贸学院孙英敏，甘肃农业大学海新权等老师担任副主编。福建集美大学的刘军、陈刚、蓝茵等参与了本书编写。刘大进编写第 1 章、第 2 章、第 3 章，林建秀编写第 4 章、第 5 章，孙英敏编写第 6 章、第 7 章，海新权编写第 8 章，刘军编写第 9 章，吕伟昌编写第 10 章、第 14 章，邵林编写第 11 章、第 12 章，陈刚编写第 13 章，陈茵编写第 15 章、第 16 章，姚丽琼编写第 17 章、第 19 章，蓝茵编写第 18 章。

本书在编写过程中，得到了许多专家学者和实务界同人的热忱帮助和悉心指导，得到了清华大学出版社的鼎力支持。在此，我们表示衷心的感谢！同时还要感谢支持和帮助过我们的集美大学诚毅学院的领导和同事。最后，真诚地感谢我们的家人，没有他们的关心和支持，本书难以顺利付梓。

本书在写作过程中，参考了国内外许多相关的文献资料，并从中吸收了许多有价值的材料和观点，在此一并向有关作者致谢！

由于时间仓促和编者水平有限，缺点在所难免，敬请广大读者批评、指正。

编　者

2016 年 1 月

目　录

第1章 导　论

学习目标

- 理解公司理财的内涵和特点。
- 掌握公司的主要财务活动。
- 熟悉公司与各方面的财务关系。
- 明确各种公司理财目标的优缺点，把握企业价值最大化作为公司理财目标的意义。
- 了解公司理财的功能。
- 掌握公司理财的内容与环节。
- 明确公司理财的基本原则。

引导案例

电视连续剧《失踪女人》第12集(节选·剧本)

旁白：东方集团的总裁张厚诚已病入膏肓，但他仍放心不下集团旗下房地产开发销售方面出现的问题，集团创业部总经理兼总裁助理程丽娜拿出了新的改革方案，张厚诚坐在病床上与第一副总裁即他的妻子李晓慧听程丽娜的报告。

(张厚诚双腿盘坐在医院的病床上，看着程丽娜写的方案。李晓慧和程丽娜分别坐在病床两侧的椅子上)

程丽娜：对于我的这个改造方案，绿色环境设计是我对市场的概念，重点放在房地产业中景观设计的一种绿色命题。我们集团每年都有三亿到四亿的资金放在房地产的投资上，我觉得最主要的是要改变对房地产设计的一种观念，因为环境污染问题越来越成为房地产发展中的一个重要问题，乃至影响了城市的发展。所以绿色环境设计这一概念的提出，就是为了解决这个问题。我们不但要在建筑材料上选用绿色的材料，未来小区的形成也要充满绿色的概念。

张厚诚(很欣慰)：你这个创意很好，我支持你。

(李晓慧听得很不耐烦，甩了甩用来遮住脸的报纸)

程丽娜：现在我们这个项目的销售停滞，第二期的土地闲置，对集团来说都是一个极大的浪费。最重要的是，我们在销售的过程中犯了商家大忌，就是不遵守诚信。我们答应的绿地变成了超市停车场和饭店，这是这个项目中的一大败笔。

张厚诚：这我知道，当初还不是为了争取更大利润导致决策的失败吗?

程丽娜：(站起身来，更加自信)既然集团让我接手这个项目，那我就要大刀阔斧了。第一，我一定要实现集团对客户的承诺，我要把已建的超市、停车场、饭店全都拆除，我要把绿色还给业主。第二，我要在全国引进优秀的人才，重新设计我们的绿色环境。第三，我要把这个项目改名为香樟园，因为我要在小区里种满香樟树。我初步算了一下，就这一个项目，我们集团将在一期损失大约4 000万元的利润，但如果在后几个月的销售中有了起色，我们就可以很快地把资金投入到二期中去，那我们的利润将在二期乃至以后的房地产中获得。如果我们在绿色环境上下功夫，我们的房地产就会有自己的特色，在一两年之内就有可能把我们自己的品牌做强做大，但是这也是在牺牲目前利益的前提下，我们是以利润换取品质乃至未来的品牌。

李晓慧：（生气地掀开遮住脸的报纸）我绝不同意你的新方案，我们商人的目标就是赚钱。集团让你去销售房地产，是让你卖房子，而不是创什么新品牌。

张厚诚：我支持。

程丽娜：副总裁，在经营和销售学上，品牌就是市场，就是未来巨大的利润。

李晓慧：我不考虑什么未来，我看的是眼前。

程丽娜：可是总裁对于东方集团的五年规划里，就是要进入东海市民营企业二十强，这靠什么呢？就是靠对品牌的培养和创立。

李晓慧（放下报纸，站起身）：我们做生意的就是要赚钱，你把今年的4 000万房地产利润都牺牲掉了，搞什么绿色环境概念，我不同意。

张厚诚（语重心长）：我同意，丽娜，我支持你。我们不能因为今天的钱放弃未来，东方集团要想做大就必须有自己的品牌，这是我多年的梦想啊！即便今年明年没有利润，我们也要下决心培养我们自己的品牌意识。你放手干吧，我支持你。

资料来源：腾讯视频．电视连续剧《失踪女人》第12集(版段)[OL]．http：//v. qq. com/x/cover/hkoyub/v/qhzpu/i002/eaaa2g. html? ptag＝11972.

问题：

1. 本案例反映的企业经营管理最重要的理念是什么？
2. 如果你是东方集团的总裁，你会同意程丽娜的改革方案吗？为什么？
3. 企业价值取决于短期利润还是长期战略利益？为什么？

1.1 公司理财的内涵

1.1.1 关于公司

有学者考证，公司曾被称为“公班衙”，是对英国东印度公司的专属称呼。自1600年12月31日不列颠东印度公司这一世界上第一家股份制企业成立以来，中文“公司”一词在被不断地误读、重新诠释以及实践洗礼中逐渐明确为现在的含义。《中华人民共和国公司法》(以下简称《公司法》)第二条：“本法所称公司是指依照本法在中国境内设立的有限责任公司和股份有限公司。”第三条：“公司是企业法人，有独立的法人财产，享有法人财产权。公司以其全部财产对公司的债务承担责任。”法人是与自然人相对应的民事主体。《中华人民共和国民法典》(以下简称《民法典》)第三十六条对法人的概念作了明确的规定：“法人是具有民事权利能力和民事行为能力，依法独立享有民事权利和承担民事义务的组织。”因此，投资者可受到有限责任保护。公司制企业不像古典企业制度中的业主制企业和合伙制企业那样，企业归业主或出资人所有，而业主或出资人对企业承担无限责任。无论是有限责任公司还是股份有限公司，公司是独立于出资者自然人形式的经济、法律实体；股份可以自由转让；出资人承担有限责任。

公司体现了现代企业制度的极大优势：第一，能够解决资金问题——筹资的可能性和规模扩张的便利性；第二，摆脱自然人问题的困扰——降低和分散风险的可能性；第三，适应变化而复杂的经济环境——公司的稳定性。

1.1.2 初识理财

“理”，既可理解为管理，亦可解释为治理。管理的核心是决策，治理的核心是制度安排，制度安排要为科学决策提供良好的机制。所以，从公司治理到财务制度安排，再到具体的决策与计划、控制、分析、评价，都可用一个“理”字来表示。

“财”，原义指金钱和物资，但现在人们的理解更加多元和广泛了。从狭义的角度去理解，“财”是指资金及其运动，它不是一个静止的概念，强调运动及动态，如同我们常说的“生命在于运动”，资金也在于运动，就是通常理解的资金的循环及周转，循环要顺畅，周转要快。还有一种理解，“财”是指财务，“财务”从字面上理解，是理财事务的简称。而理财范围可以小到个人或家庭，大到一个区域或国家。对于家庭的理财事务，可以归入家政学中研究，而区域或国家的理财活动则是财政学研究的范畴。因此，公司理财事务是介于上述两方面的中间——经济实体的理财活动。

资金作为一种稀缺资源，对于公司而言就像血液对于人体一样重要，影响着公司的生存和发展。资金的运动——现金流贯穿于公司所有的经营活动，包括资金的需求预测、筹集、投放、分配和控制等过程。因此，从管理的角度看，公司理财就是研究稀缺资金如何在公司内部实现有效配置的问题。作为以营利为目的的经济实体，公司要通过自身的生产要素和资源配置，创造新的更大的价值。没有这种增值，公司经营将会停滞，甚至“死亡”。

与“财务”一词对应的英文是 finance。finance 一词可以译成财务，也可以译成金融，其本意是融通资金，故公司理财(corporate finance)的直译是公司的融资。

1.1.3 公司的主要财务活动

假如你有一项技术创新项目，并且经过市场调研与预测，请人做了专门的可行性研究，将该项新技术转化为产品推向市场，具有可观的经济效益和社会效益，于是，你和几位朋友一起创业，创立注册了一家公司。首先，公司必须根据投资的资本预算，筹集一定数额的资金。你们白手起家，基本没有人会借钱给公司，幸运的是有一家天使基金公司看中了你们的项目，给公司注入了一笔不小的资金。其次，公司就把筹集到的资金用于租赁厂房、购置设备等固定资产，而后采购材料、雇用工人投入生产运营，当然最关键的是你的新技术变成了公司的无形资产，而这笔无形资产是你对公司的最大出资——你成了公司最大的股东。公司旗开得胜，年终结算，收益可观，在获取利润后，需要在各利益相关者之间进行分配。得益于“大众创业，万众创新”的鼓励政策，公司免交所得税，几位股东得到了股利分红，同时公司决定留存盈余用于扩大公司的生产经营。我们将公司以上的筹资、投资、营运资金和收益分配等与资金有关的活动——资金运动称为财务活动。因此，公司的主要财务活动包括资金筹集、资金投放、资金营运和收益分配。

▶ 1. 资金筹集

拥有一定的资产是公司经营的前提，包括流动资产和固定资产、无形资产等，公司必须通过资金的筹集来满足投资及经营所产生的资金需要。所以，融资是公司最基本的财务活动之一，资产负债表的右边就是各种融资方式的具体体现：短期与长期负债融资、权益资本融资。

▶ 2. 资金投放

资金投放形成公司的资产，它们是公司所拥有或控制的经济资源。投资是公司另一项重要的财务活动，资产负债表的左边就是各项资产的具体体现：短期资产和长期资产。与此相对应的是公司的短期投资和长期投资。

▶ 3. 资金营运

资金营运指公司短期资金的筹措与使用。公司在资金筹集和投放后，开始进入营运，资金在不断地循环和周转，因此属于短期的概念。资产负债表左边的流动资产和右边的流动负债都是为公司营运而生的短期项目，右边是短期资本(资金来源)，左边是短期运用。所以，营运资金(或营运资本)是对流动资产和流动负债的总称，也指流动资产减去流动负债，即净营运资金。但是，无论何种定义，营运资本反映了公司流动资产和流动负债的状况，它涵盖了公司财务管理的日常活动。

在公司的经营过程中，资金的流入和流出在数量和时间上往往是不匹配的，存在较大的不确定性。然而，如果公司理财做得好，其经营活动、投资活动和融资活动产生的现金流应该可以协调平衡。

▶ 4. 收益分配

公司的各种收入和收益最终要合理分配。公司要解决税后利润留存多少用于再投资，以及多少作为投资回报发放给股东，这就是所谓的股利政策。显然，股利分配直接影响公司留存盈余的水平，从而影响公司外部融资需求的数量。因此，股利政策与融资决策、投资决策息息相关。

诚然，以上四个方面的主要财务活动不是彼此孤立的，它们环环相扣，相辅相成。财务活动是客观发生和存在的，是公司资金运动的具体化表现，是公司理财的客体，它不包括财务分析、规划和控制等管理的主观功能，当然也不是指对财务活动本身的预测和决策等活动。任何一个时点的资产负债表都可以揭示其与财务活动的关系，如图 1-1 所示。

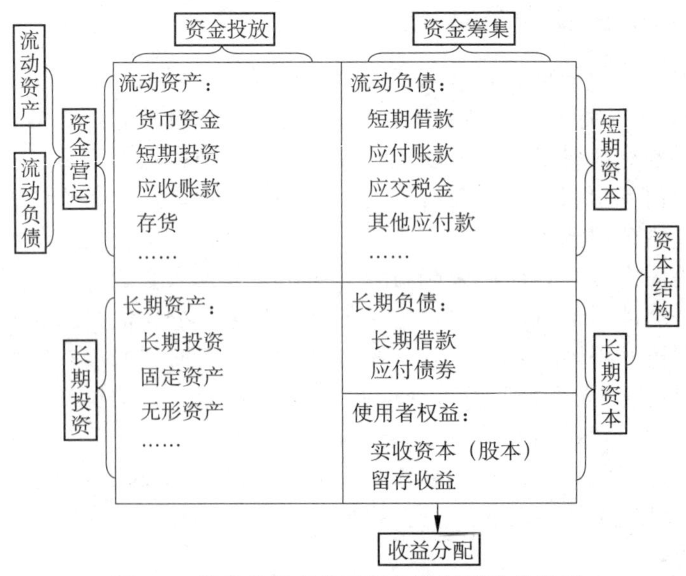

图 1-1　资产负债表各要素与财务活动的关系

1.1.4　公司与各方面的财务关系

如前所述，公司理财是公司组织财务活动、处理财务关系的各项管理工作的总称。公司的财务活动是具体化的资金运动，而财务关系是指公司在组织财务活动过程中与各个利益相关者发生的经济关系。可见，财务关系一定是经济关系，但经济关系不一定就是财务关系。比如，公司在银行开立了一个账户，在存款之前只是一种与银行的经济关系(契约关系)，只有当公司与银行有了款项往来之后才形成了财务关系。所以，客观发生的资金收付往来(即现金流)，才是确认财务关系的前提。公司与各方面的财务关系概括起来有七种。

▶ 1. 公司与所有者(投资者)之间的财务关系

这是一种接受投资与投资的关系，是最根本的财务关系。投资者包括国家、法人单位、个人和外商，主要现金流体现在投资者向公司投入资金，公司向投资者支付投资报酬。在现代企业制度下的这种财务关系，体现着所有者的性质，反映着经营权和所有权的受托代理关系。

▶ 2. 公司与债权人之间的财务关系

这是一种借贷关系，债权人包括贷款机构、商业信用提供者、债券持有人、其他出借资金给公司的单位或个人，主要现金流体现在公司向债权人借入资金，按期还款，支付利息。

▶ 3. 公司与债务人之间的财务关系

这是债权与债务的关系，同上面的公司与债权人之间的财务关系相反，公司是债权人。债务人包括公司外部的单位或个人，比如公司与外部发生业务往来形成的应收账款、公司购买债券等；也包括公司内部的部门或员工，比如公司员工向公司借款。主要现金流体现在公司借出或垫付资金及回款上。

▶ 4. 公司与被投资单位之间的财务关系

这是一种投资与受资的关系，同上面的公司与所有者(投资者)之间的财务关系相反，公司是投资人，包括短期投资和长期投资。公司对外投资形成的现金流有许多的不确定性，应注意风险控制。

▶ 5. 公司内部各单位之间的财务关系

这种财务关系包括公司内部各单位之间和公司总部与内部各单位之间的款项往来及结算关系。随着管理会计的全面发展与深入应用，大公司设置了财务视角下的责任中心和利润中心，它们之间以及和公司总部之间的现金流动体现了公司内部各单位之间的利益关系。

▶ 6. 公司与职工之间的财务关系

这主要指公司向职工支付薪酬、奖励金及福利的直接关系，不包括属于上述性质的投资与受资、债权与债务的关系，它仅仅是体现劳资的一种财务关系。

▶ 7. 公司与政府之间的财务关系

这是公司与作为社会管理者身份的政府发生的财务关系，而不是政府作为投资者或者债权人身份，主要包括公司必须依法纳税，当然如果公司是节能环保、生态农业以及其他国家鼓励发展的行业或相应的项目，还可以享受政府财政补贴。

以上七个方面的财务关系也体现了公司与主要的各利益相关者的关系。公司理财必须处理好这些财务关系，任何一方面都不可偏废，当然，基于公司现金流状况的财务安排，也应分清轻重缓急。陈宏辉、贾生华从利益相关者的主动性、重要性和紧急性三个方面，将利益相关者分为核心利益相关者、蛰伏利益相关者和边缘利益相关者三种类型。①

在公司治理结构日臻完善和资本市场体系逐步成熟的环境下，公司财务部门还必须从事财务公关活动，需要借助公共关系来树立自身的良好形象，创造更有利的内外环境。因

① 陈宏辉，贾生华. 企业利益相关者三维分类的实证分析[J]. 经济研究，2004(04).

此，协调和处理好各方面的财务公共关系对现代企业的发展大有裨益。

知识链接

财经公关

所谓财经公关，是指企业为了寻求和维护其在资本市场投资者和那些对投资者有重要影响的人士心目中的特定形象和价值定位，而展开的一系列设计、展示、推介、解释和沟通等公关推广活动，旨在增强投资者持股的信心，使其股票价格和上市公司的真实价值相匹配。“财经公关”这一概念，正在被越来越多的中国企业所接受。在经济新常态、新业态和高度竞争的时代，它们比以往任何上市板块都需要加大财经公关的力度。尤其是某些高新技术企业和互联网十等新概念、新业态企业，很不容易被市场广泛理解，需要加强其行业背景、科技知识、市场应用价值等方面的宣传。

在当今欧美等发达资本市场中，“财经公关”早已深入人心，在美国被称为投资者关系顾问(investor relations consultant)。随着资本市场机制进一步的健全和完善，企业融资、收购兼并以及市值管理等需求，必将涌现出巨大的投资者关系和金融公关需求，迎来这个行业的大发展。

1.1.5　公司理财的概念和特点

▶ 1. 公司理财的概念

公司理财是企业管理的一个重要组成部分，它是遵循资金运动(现金流)的规律，根据公司理财目标，按照财务管理的原则，动态组织财务活动、协调处理财务关系的一项综合管理活动。从广义的角度讲，公司理财是指对企业的财务资源进行配置的一项价值创造的管理活动。

▶ 2. 公司理财的特点

公司理财具有三大特点：开放性、动态性、综合性。

(1) 开放性。现代市场经济以金融市场为主导，金融市场作为企业资金融通的场所和连接企业资金供求双方的纽带，对企业财务行为的社会化具有决定性影响。金融市场体系的开放性决定了企业财务行为的开放性。

(2) 动态性。公司理财以资金运动为对象，而资金运动是对企业经营过程一般的与本质的抽象，是对企业再生产运行过程的全面再现。所以，以资金管理为中心的公司理财活动是一个动态管理系统。

(3) 综合性。公司理财围绕资金运动展开，以价值形式体现的资金运动作为企业生产经营主要过程和主要方面的综合表现，具有较大的综合性。综合性是公司理财的重要特征。

1.1.6　理解公司理财内涵应注意的问题

实践经验和理论研究均表明，企业管理以财务管理为中心，公司理财以现金流管理为中心。然而，我们对公司理财内涵的理解至少还要强调以下四点：

(1) 与个人理财不同，公司理财具有强烈的 OPM 背景。OPM 是英文 other people's money(他人的钱)的缩写，公司(特别是上市公司)所使用的资本，无论是权益资本还是债务资本，原则上讲都是“他人的钱”。“他人的钱”不应当被当作“容易得到的钱”，资本的趋利性决定了资金的提供者期望在未来得到更高的现金回报，公司必须为资金的提供者创造财富。

(2) 财务管理的功能与会计的功能具有很大差异。会计与财务最根本的区别在于，会计的主要功能是基于历史的簿记与核算活动，而财务管理的主要功能是基于未来的估值和决策分析。因此，现代企业的财务职能与会计职能是严格区分的。

(3) 公司理财不仅仅是财务管理人员才可以涉猎的领域，同时也是企业管理者、职能部门乃至员工应当关切的工作。美国著名的财务学家阿斯瓦斯·达摩达兰曾在其著作《应用公司理财》中说："一个企业所做的每一个决定都有其财务上的含义，而任何一个对企业财务状况产生影响的决定就是该企业的财务决策。因此，从广义上讲，一个企业所做的任何事情都属于公司理财的范畴。"因此，管理者、职能部门乃至员工，都需要培养"从财务的角度进行审视"的意识、能力和行为。

(4) 对于公司的各级管理者来说，公司理财就是如何分配和使用公司宝贵财务资源的学问，它要解决以下四个基本问题，即如何作出正确的投资决策、如何为投资决策安排融资、如何避免公司现金资源的枯竭、所作的财务决策对于股东及其他利益相关者(管理层、员工、供应商、顾客、政府、社会等)的价值如何影响。

1.2 公司理财的目标

目标是个人、部门或整个组织所期望实现的结果，目标决定方向及路子。公司理财目标必须服从于公司的整体发展战略及目标，为实现公司的战略目标而组织财务活动和处理财务关系，并根据这一目标提出相应的财务决策模型和方法。现代企业制度下的公司在充分肯定价值最大化目标的同时，也没有否认该目标定位所存在的不足。

1.2.1 公司治理结构视角下的公司理财目标

公司治理目标抑或公司理财目标均依赖于公司治理结构理论及制度安排，从不完全契约理论到资产专用性理论，再到现代的企业所有权理论，最终归结于股东至上论和利益相关者论之争。

(1) 传统的公司治理结构理论，即不完全契约理论，认为企业是一系列不完全契约的集合，是用权威节省交易费用的资源配置方式。从这一意义上讲，公司治理的实质是节省交易费用的制度安排，因此，也是利润最大化的制度安排。

(2) 资产专用性理论认为，企业的本质实际上是为保护专用性资产而作为某种不完全契约的治理结构出现的。公司治理就是保护专用性资产的制度安排。因此，资源配置效率最大化是企业的目标之一。

(3) 现代的企业所有权理论却认为，企业所有权指的是剩余控制权，企业所有权应该由资产所有者拥有，且剩余控制权与剩余索取权须相对应。而股东天然的风险承担者的特性，又使得其有更好的积极性作出最优的风险决策，这就构成了股东导向的充分条件。同时，股东利益容易加总和易于衡量这两个必要条件也决定了股东价值最大化成为公司治理的效率标准。从这一意义上讲，公司治理就是企业所有权配置的制度安排，也就是保护物质资产所有权的制度安排。因此，股东价值最大化是公司治理的目标，也是公司理财的目标。

总之，公司治理就是通过一套包括正式或非正式的、内部或外部的治理结构或治理机制，协调企业各利益相关者之间的利益关系，以保证公司决策的科学化，从而维护股东以及其他利益相关者的利益，实现企业效益最大化的制度安排。

可见，公司治理内涵的实质是解决经理人为谁负责的问题，主要有两种理论：股东至上论和利益相关者论。前者认为股东承担企业经营的风险，是企业的所有者，作为股东的代理人的经理就应该以股东利益作为制定经营决策的目标，为股东的利益服务；后者认为既然公司的经营决策影响到所有利益相关者的利益，经理人就应该对所有利益相关者负责。

本书基于公司治理结构视角考察公司理财目标，更符合现代企业制度下的公司目标的逻辑结构及切入点，能够使确立的公司理财目标与公司战略目标、公司治理目标协同“和合”。

公司治理

“公司治理”这个词在最近几年已经成为一个非常普遍的商业用语。由于安达信、安然和世界通信及其他许多公司丑闻的揭露，股东、经理和国会都开始密切关注公司的运营了。公司治理解决的是一系列在进行商业活动时公司必须遵守的规则问题。同时，这些规则向经理们提供了追求公司目标即股票价格最大化的“路线图”。对于一个公司来说，清楚地了解公司治理的结构很重要。一个好的公司治理结构应该向那些与公司有良好关系的机构和个人即利益相关者提供经理如何运营企业以及由谁负责做重大决策等情况。由于2002年的《萨班斯—奥克斯利法案》和股东们日渐增加的压力，公司开始修改公司治理的原则，这样利益相关者——经理、股东、债权人、消费者、供应商以及雇员将会更好地理解他们的权利和责任。广义而言，利益相关者应该包括人们生活和经商的环境。很显然，一家公司如果威胁到利益相关的人和环境，就很难生存和维持下去。一家毁掉雇员、消费者、股东以及环境信任的公司，也必将毁掉自己。最大化股东财富要求平等地对待所有的利益相关者。

研究表明，在良好的公司治理下经营的公司，将会给股东带来更多的回报。良好的公司治理包括在董事会里有独立于公司管理层的成员。独立的董事会一般是一个“稽查和平衡”的体系，它能监测重要的管理决策，其中包括高管的报酬。建立公司治理的公司能够更加方便地识别和纠正会计问题和潜在的不道德的、欺诈性的活动，这要比具有较差治理政策（内部控制）的公司好得多。

资料来源：斯科特·贝斯利，尤金·F. 布里格姆. 财务管理精要[M]. 刘爱娟，张燕，译. 北京：机械工业出版社，2011.

1.2.2 不同类型公司理财目标的分析

公司理财目标主要有四种，即利润最大化、管理者收益最大化、股东财富最大化和公司价值最大化。迄今为止，主要争论的焦点是在“股东财富最大化”和“公司价值最大化”的选择。公司选择什么样的理财目标，实际上与公司治理的理念和制度安排有关。下面就主流的四种目标及关联的社会责任问题进行分析。

▶ 1. 利润最大化(profit maximization)

利润最大化目标的观点认为，利润能为企业创造财富，是企业资产增值的源泉，是企业持续发展的前提。利润最大化目标比较通俗易懂，接近中小企业的目标。在实践中，人们也都习惯于将利润指标作为考核公司经营绩效的主要指标。在理论上，利润最大化观点在经济理论中也是根深蒂固，大部分理论都是以企业利润最大化为前提假设来分析和评价企业行为和业绩。

然而，随着经济多元化、全球化以及包括高新技术在内的新经济形态的产生与发展，加上世界上一些大公司操纵利润的丑闻不断曝光，利润最大化目标的缺陷越来越明显。主要体现在以下几个方面：

(1) 概念含混不清，质量不确定。是短期利润还是长期利润，是税前利润还是税后利润，是经营的总利润还是支付给股东的利润，这些都不明确。即便是具体到哪一个指标，只要是公司会计手里出炉的利润甚至是经过会计公司审计过的利润，其质量对外部利益相关者而言就会有许多疑虑。

(2) 没有考虑利润与投入资本的关系，不具有可比性。相同数额的利润，不同的资本规模没有可比性，就好比挑同样的50公斤东西，一个体重80公斤的壮汉和一个体重40公斤的瘦子根本无法对比。而且不同行业、企业周期与经营环境也一样没有可比性。

(3) 没有考虑时间价值和风险问题。一方面，基于公允的会计准则所产生的企业利润，它所蕴含的现金流有前有后，但利润指标本身不会告诉你它身后的那些关于时间价值的故事。另一方面，报酬越高，一般风险也越大，追求最大利润，有时会增加风险。因此，强调利润最大化而不考虑风险是不可行的。

(4) 容易产生短期行为，缺乏全局观念和战略思想。利润最大化目标一般是短期和眼前的指标，没有考虑长远的目标和公司战略的设计。有时短期利润虽然不理想，但却有利于公司价值的培育；有时局部利润虽然不高，但却有利于公司整体的利益。

(5) 不能全面兼顾各利益相关者的利益和社会责任。为了追逐利润最大化，某种决策可能会伤害到顾客及社会的利益，比如2015年的德国大众汽车排气检测作弊案就是典型的例子。在利润最大化目标的约束下，一般企业也是很难完全尽到社会责任的。

总之，利润最大化目标已经过时，它是在19世纪初发展起来的，只适用于独资企业、合伙制企业，已不适用于现代企业制度下的公司治理要求及其制度安排。这也是本教材书名称为“公司理财”的原因之一。

▶ 2. 管理者收益最大化(manager's benefit maximization)

在所有权与经营权相分离的公司制企业中，如果只强调利润最大化而忽视经理人的利益，又往往会受到管理当局的抵制，难以实现。所以，有人就此提出了管理者收益最大化的目标，但在现实中不会有哪家公司以此为目标。有时候，由于委托代理关系处理不当，内部人监督失控，公司管理者忽视股东利益，不以股东财富最大化为目标，而是追求经理人员个人利益最大化，贪图享乐、追求名利等。国内外不少公司存在着这种现象，经济学称为“逆向选择”和“内部人控制”。可见，选择怎样的公司理财目标，仍然与公司治理结构及制度安排是否完善有关。

▶ 3. 股东财富最大化(shareholder's wealth maximization)

在发达的资本市场，许多投资者不直接控制公司财权，而是通常以股票的买卖来间接影响公司的财务决策(即“用脚投票”)，经理人的报酬(股票期权)也与股票价格直接相关，股票市价成了财务决策所要考虑的最重要因素。而股东财富则是通过股票的市值来体现的。公司治理的所有权理论也偏向支持股东财富最大化(股东至上论)。因此，股东财富最大化就顺理成章地成为他们的理财目标。

股东财富最大化也有不足之处，主要包括以下几点：

(1) 股东财富最大化需要通过股票市价最大化来实现，但影响股价变动的因素多而复杂，因而带有很大的波动性，缺乏公正性和客观性；

(2) 经理人和股东之间在财务目标上存在冲突的可能性增加；

(3) 股东财富最大化同样不能兼顾其他利益相关者的利益，也不能推动公司去承担相应的社会责任；

(4) 基于信号理论和行为金融学，股东追逐高股价反而不利于公司治理及财务决策。

▶ 4. 公司价值最大化(wealth maximization)

公司的价值不仅表现为公司净资产的价值，更重要的是取决于它创造未来收益(财务现金流)的能力，以及可持续经营时间的长短和风险的大小。因此，价值最大化目标考虑了货币时间价值和风险因素，公司所得的收益越多，实现收益的时间越靠前，应得的报酬越确定，则公司的价值越大。价值最大化目标还能比较好地兼顾公司与各利益相关者(如股东、债权人、雇员、管理当局和政府等)的利益，也有利于促进公司承担社会责任。因此，公司价值最大化目标是目前财务管理理论较普遍接受的财务目标，这也是整个公司理财系统以估值作为立脚点和切入点的理论基础，是公司理财的逻辑起点。本书以此为观点并将它贯穿于公司理财的所有内容和环节。

选择公司价值最大化目标，公司的各方面利益相关者均得到重视，都有可能对其财务管理产生良性影响。因为兼顾了各利益相关者，他们就会积极共同参与，构成了公司利益链的制衡机制，前述公司治理结构理论的利益相关者论就是支持这个目标选择。相反，如果试图通过损害一方利益而使另一方获利，就会导致矛盾冲突，出现一系列的不良反应和恶性循环，最终损害公司的价值。

▶ 5. ESG 报告及评价与 ESG 投资

习近平主席在 2019 年第二十三届圣彼得堡国际经济论坛全会发表致辞时强调，“可持续发展是各方的最大利益契合点和最佳合作切入点，是破解当前全球性问题的‘金钥匙’”。ESG(environmental, social and governance)分别从环境、社会及治理(包含公司治理和政府治理)角度，体现当今世界推动企业实现可持续发展的重要抓手，显然它与公司理财目标息息相关。ESG 是企业履行环境、社会和治理责任的核心框架及评估体系，联合国全球契约组织于 2004 年提出了 ESG 概念框架。近几年，我国上市公司定期发布年度《环境、社会及管治(ESG)报告》，例如，片仔癀 2022 年度 ESG 报告，重点披露本公司在公司治理、产品服务、人才发展、环境保护及社会回馈方面的表现及成效。我国相关组织每年都发布《可持续发展(ESG)投资白皮书》。

ESG 投资是一种关注企业环境、社会和治理绩效的投资理念，对价值投资影响深远，逐步成为投资者、公司及管理者和监管机构共同关注的主流趋势。我国 ESG 投资起步较晚，直至 2021 年才迎来发展的黄金期，伴随着我国碳达峰、碳中和(简称“双碳”)战略的实施，ESG 投资已然成为可持续发展的核心推动因素。

1.3 公司理财的内容及环节

1.3.1 公司理财的内容

公司理财是企业管理的一个重要组成部分，其对象是财务活动及财务关系。公司理财的内容就是公司财务活动的管理，包括长期融资管理、长期投资管理、股利分配管理、营运资金管理和财务控制与分析等内容。

▶ 1. 长期融资管理

公司筹集资金是公司投资及经营的前提，也是财务管理的起点。公司要进行投资和生产经营活动，首先面临的就是需要一定的资金作为公司运行的血液。因此，融资管理是公司理财一项最原始、最基本的内容，融资管理要解决的问题是如何取得公司所需要的资金。具体内容包括以下几个方面：

（1）预测公司资金需求；

（2）策划公司融资方式和融资渠道；

（3）设计短期融资和长期融资的组合；

（4）测算公司的资本成本，选择最佳资本结构。

融资管理与投资、股利分配有密切联系：融资的数量多少要考虑投资的需要，在利润分配时如果加大留存收益而减少股利分配，则可以减少外部融资。一般地，短期融资属于流动负债的范畴，归入营运资金管理。长期融资管理的目标是决定各种融资来源在总资金中的比重(资本结构)，控制融资风险，努力降低资本成本。

▶ 2. 长期投资管理

公司筹集来的资金，目的是要进行投资。一方面进行长期投资，即对固定资产、无形资产和长期有价证券的投资，也称资本性投资；另一方面进行短期投资，即对现金、短期有价证券、应收账款、存货等流动资产的投资。广义上讲，凡把资金投入到未来的各种活动都称为投资。但是，投资管理一般指长期投资管理，如固定资产(项目)投资管理、证券投资管理，但无论什么长期投资，其管理都离不开其现金流的估算及资本预算。长期投资都存在着时间长、风险大的特点，决策时必须考虑货币时间价值与风险报酬，所以，长期投资管理的目标是确定合理的投资规模及投资结构，认真进行投资项目可行性评价，力求使投资的报酬率最大。

▶ 3. 股利分配管理

股利分配管理主要指股利政策的制定与实施，决定在公司取得盈余(税后)之后，有多少作为股利发放给股东，有多少留存公司作为再投资用。在进行分配时，既要考虑股东近期利益的要求，定期发放一定比例的股利，又要考虑公司的长远发展，留下一定的利润作为留存收益。留存收益作为内部筹资，较外部融资而言，不必花费融资费用，且融资简便，因而具有一定的优势。同时，保留一部分盈余，也可以促使公司股票价格上升，以利于股东获得更多的利益。

股利政策的制定受到多种因素的影响，包括现金股利和资本利得(股票买卖价差)的不同税收政策等法律因素、公司未来的投资机会、各种资金来源及其成本，以及股东对当期收入和未来收入的相对偏好等，公司必须根据自身的具体情况确定最佳的股利政策。股利分配政策实质是内部融资问题，其目标是服从公司投融资决策的需要。因此，股利分配管理是筹资管理的一个组成部分，但因其重要性而单独设立为一部分。

▶ 4. 营运资金管理

营运资金管理也称为资金营运管理，主要是对资金营运周转效率进行的管理。营运资金管理的内容具体包括：现金和交易性金融资产持有计划的确定；应收账款的信用标准、信用条件和收账政策的制定，存货最优批量的制定；短期借款计划、商业信用筹资计划、短期投资计划的确定等。可见，营运资金主要涉及短期投资形成的流动资产和短期融资形成的流动负债，这也是为什么本书把融资管理和投资管理冠以“长期”作为公司理财内容的原因。

企业营运资金周转速度的快慢影响到企业的获利能力。在一定时期内，企业营运资金周转速度越快，就可以利用相同数量的资金取得更多的收入，获得更多的报酬。因此，如何配置短期资本以实现风险可控，如何加快营运资金的周转，提高资金的利用效率，就成为营运资金管理的目标。

▶ 5. 财务控制与分析

财务控制是指对企业的财务活动及行为过程和结果进行衡量与校正，目的是确保企业目标(或公司理财目标)以及为达到此目标所制订的财务计划得以实现。财务控制目标是以资本保值和增值(价值创造)的委托责任目标、全面预算标准和其他各项绩效考核标准，优化企业整体资源综合配置。财务控制是公司控制系统中的核心模块，也是公司理财的关键内容，它是确保实现理财目标的根本保证，财务控制服务于公司的理财目标。

财务分析是主要运用财务报表数据对公司过去的财务状况和经营成果及未来前景的一种分析评价。财务分析的目标是为公司战略与竞争决策、财务决策、财务计划与预算和财务控制提供广泛的帮助。财务分析方法主要有比率分析法、结构分析法、趋势分析法、平衡分析法和因素分析法。

公司理财的内容是一个有机的整体，以上五个方面相互关联。长期资本对公司的生存与发展至关重要，长期融资问题自然是公司理财的出发点和基础，没有科学有效的长期融资决策，有效的长期投资决策、合理的股利政策就失去了物质基础；长期投资决策首先直接影响着长期融资决策中融资数量的确定，间接影响着股利政策的制定与实施；当考虑以保留盈余满足投资对长期资本需要时，股利政策既是一个涉及融资决策的问题，同时也是一个涉及投资决策的问题；营运资本管理必需有效的日常短期资本决策，将对长期融资决策和长期投资决策产生积极的影响。财务控制是对基于财务决策而制订的财务计划实施的跟踪、反馈及检查、校正，而财务分析评价则为财务决策、财务计划与预算和财务控制提供服务，以扬长避短、趋利避害。

1.3.2 公司理财的环节

公司理财工作的基本环节包括财务预测、财务决策、财务计划、财务控制、财务监督和财务分析。这些环节遵循一定的程序，运用对应的方法，所以，有人也称为财务管理的程序或方法。在实际工作中，应将这些环节有机地结合起来，首尾相接、协调统筹、动态循环地进行。

▶ 1. 财务预测

财务预测是根据有关的历史资料、现实条件和未来的要求，运用科学方法，对未来的财务收支、财务状况和财务成果进行预计和测算，为财务决策和财务计划提供科学的依据。

▶ 2. 财务决策

财务决策是在科学的财务预测基础上，对可供选择的多个备选方案进行计算、分析、评价和选优的过程。财务决策包括筹资决策、投资决策、股利分配决策以及营运资金管理的决策等。财务决策是整个公司理财的核心环节。

▶ 3. 财务计划

财务计划是对未来一定时期财务决策结果拟实施的安排及其预算(包括全面财务预算)。财务计划是企业进行日常财务管理和实行财务控制的依据。科学地编制和认真执行财务计划及预算可以保证财务决策目标的顺利实现。

▶ 4. 财务控制

财务控制是以财务制度、计划、预算、定额等为依据，对各项财务决策的实施情况进行事前的和日常的跟踪、对比和反馈、校正，力求使财务活动符合预定的标准，实现预定的目标，保证财务计划的正确执行。财务控制工作的步骤为：

(1) 制定控制标准。如制定各种定额、限额、预算等，将计划、预算指标分解落实到各部门、单位乃至个人，作为控制的依据。

(2) 执行财务控制的标准。将实际发生数与标准比较，对不符合标准的内容加以限制。

(3) 采取措施消除不利差异。

▶ 5. 财务监督

财务监督是对由财务活动产生的财务收支和财务指标进行合法、合理和有效的检查和监督。它是保证财务管理制度和财务预算的执行、维护财经纪律、全面提高绩效的重要手段。财务监督不同于审计，但又要借助于审计。通过财务监督，可以了解财务制度和财务计划及预算的执行情况，揭露问题，分清责任，查明原因，纠正错误，改进工作。

▶ 6. 财务分析

财务分析是以财务报告提供的数据为主要依据，研究公司过去的财务状况和经营成果及其各项财务指标的变化情况，剖析财务活动和财务收支，查明财务状况和财务成果好坏的原因，挖掘潜力，提出改进措施，并为以后进行财务预测、决策和编制财务计划提供资料。

1.4 公司理财的功能及基本原则

1.4.1 公司理财的功能

▶ 1. 公司理财的基本功能

公司理财的基本功能包括以决策为核心的财务活动管理、协调处理各方面的财务关系和制定与实施财务战略。财务活动和财务关系如前所述。制定与实施财务战略是指在财务分析与评价的基础上，通过积极主动的管理，识别价值创造的机会和途径。

为实现财务决策目标，公司理财必须充分发挥其调节、配置和平衡各种资源的作用，以求企业内部条件、外部环境和企业目标之间的动态平衡。尤其要注意公司理财传统职能的两大重点——保持良好的偿债能力与尽可能提高盈利能力之间的协调与统一，以便从它们的相互依存、相互促进中，使公司理财目标——公司价值最大化顺利实现。

▶ 2. 公司理财功能的转变

公司理财发展至今，已成为企业管理的重要组成部分，但在其演化过程中发挥的功能和地位从弱到强、从低到高：先从核算型财务到管理型财务转变，接着从管理型财务到战略型财务转变，最后从战略型财务再到价值型财务转变。本书之公司理财以公司价值最大化为目标，以创造公司价值为功能导向，以估值为基础和主线。

▶ 3. 公司理财功能的扩展

党的二十大报告指出，我国将进入创新型国家行列。在新经济形态、工业4.0、互联网+时代，越来越多的公司实施业务生态系统创新再造，使公司理财不再是一种部门职能管理，而是企业价值创造的使者。公司价值创造成为公司理财的主要功能，其具体内容包括以下几个方面：

(1) 设计新的商务模式，发挥理财在实施新商务模式过程中的主导作用，发掘新的发展机会。

(2) 发现和创造价值，规划未来绩效。理财工作的重点是与投资者沟通潜在的价值创造机会，探索新型价值驱动要素背后的必要条件，摒弃传统会计理念，把精力放在增大企业的市场价值上来，以求在速度、规模、质量、成本、服务(TQCS)等各项绩效考核的关键指标上取得显著改善。

（3）跨时间分配资源，评价结果。理财活动既要吸引资源参与投资活动，更要进行企业资源的跨时间分配，包括分拆、分立和分割等。

（4）推行理财流程网络化，将会计决策支持服务系统扩展到企业外部，将外包的范围进一步扩大，修正成本观念。

1.4.2 公司理财的基本原则

公司理财的原则是公司理财活动各环节及采用的方法应该遵守的基本准则和规范，由一系列财务管理指导思想和价值观构成，它是联系公司理财理论和实务的纽带。公司理财基本原则不同于公司理财的规章制度、程序和方法等，仁者见仁，智者见智。我们认为，David F. Scott、John D. Martin、J. William Petty、J. Keown 等学者有关公司理财原则的观点比较全面和切合实际。① 下面简单列出公司理财的十二条基本原则：

（1）目标统一协调——增值才是硬道理；

（2）成本效益——付出的代价是否值得；

（3）风险与收益权衡——对额外的风险需要有额外的收益进行补偿；

（4）货币时间价值——今天的 1 元钱比未来的 1 元钱更值钱；

（5）现金流——增量现金流是价值衡量的物质基础；

（6）市场竞争——没有利润特别高的项目；

（7）有效资本市场——市场是灵敏的，价格是合理的；

（8）委托代理——经理人与股东的利益不一致；

（9）纳税影响财务决策——税务筹划可以减轻企业总税负；

（10）风险可分散——不要把鸡蛋放在同一个篮子里；

（11）利益关系协调与道德影响价值——公司理财也讲“和谐”和“道义”；

（12）分权分级管理——公司治理与财务治理协同。

本章小结

1. 公司体现了现代企业制度下的资金、风险控制和持续经营的极大优势。从狭义的角度定义，公司理财即公司财务管理，它是公司组织财务活动、处理财务关系的各项管理工作的总称。从广义的角度来看，公司理财是公司运用自身掌握的有限财务资源追求财富增值的战略决策过程，是公司价值创造的过程。公司的主要财务活动包括资金筹集、资金投放、资金营运和收益分配，它们环环相扣、相辅相成，并在其过程中与各个利益相关者发生了各种各样的财务关系。公司理财是企业管理的重要组成部分，它具有开放性、动态性、综合性。

2. 现代企业制度下的公司在充分肯定企业价值最大化理财目标的同时，并没有完全否认其他理财目标。公司理财目标均依赖于公司治理结构理论及制度安排，最终归结于股东至上论和利益相关者论之争。公司理财目标主要有利润最大化、管理者收益最大化、股东财富最大化和公司价值最大化，主要争论焦点在于“股东财富最大化”和“公司价值最大化”的选择。“股东财富最大化”目标忽视了其他利益相关者利益和社会

① 丁日佳．公司理财学[M]．北京：中国矿业大学出版社，2005.

责任，“公司价值最大化”是本书倡导的目标，具有可比性、考虑时间价值和风险价值、避免短期行为、兼顾其他利益相关者利益和社会责任，并且与公司价值创造的理财观相符。

3. 公司理财的功能从核算型到管理型、战略型、价值型财务转变，其基本功能包括以决策为核心的财务活动管理、协调处理各方面的财务关系和制定与实施财务战略，在新常态下扩展功能不断演化。公司理财的对象是财务活动及财务关系，内容包括长期融资管理、长期投资管理、股利分配管理、营运资金管理和财务控制与分析等，基本环节包括财务预测、财务决策、财务计划、财务控制、财务监督和财务分析。

4. 公司理财的原则是公司理财活动环节及采用的方法应该遵守的基本准则和规范，它有其显著的特征，比较流行和认同的基本原则有目标统一协调、成本效益、风险与收益权衡、货币时间价值、现金流、市场竞争、有效资本市场、委托代理、纳税影响财务决策、风险可分散、利益关系协调与道德影响价值、分权分级管理等十二个。

课后练习

1. 什么是公司理财？它有何特点？

2. 公司的主要财务活动包括哪些？其与利益相关者发生的财务活动概括起来有哪些种类？

3. 试比较各种公司理财目标的优缺点。

4. 为什么企业价值最大化是最科学、最合理的公司理财目标？举例说明现代公司承担社会责任对公司理财的意义。

5. 公司理财的功能从弱到强、从低到高的演化过程是怎样的？现代公司理财的基本功能有哪些？扩展功能有哪些？

6. 公司理财的对象是什么？公司理财包括哪些内容？

7. 公司理财的环节按顺序排列包括哪些？其核心是什么？

8. 公司理财的基本原则有哪些？你认为最重要、最根本的原则是什么？

9. 公司理财和公司治理有什么关系？

章末案例

梦断融资路

找钱花钱是每一个企业主、每一个人都需要面临的问题。在找钱的时候开心，花钱的时候就要小心，一旦花错，一旦现金流量出现问题，就极有可能崩溃并全军覆没。这样的例子很多，梁老板就是其中一个。

福建某企业主梁老板主要从事房地产中介买卖和不良资产的处置，在处置资产的过程中，他和当地的政府及商会建立了广泛的人脉关系。一次偶然的机会，他听说当地政府保留了一个工业用地指标，主要用来加强医疗设备和用品的产业化运营，通过将产品研发、生产、物流相结合，做规模化、节约化的经营。梁老板想，如果自己把这个工业园拿下来，找相关银行或政府融资，做成的话会有很大的利润空间，自己也就从做不良资产处置的小老板变成做房地产的大老板了。但是拿下工业园首先要办土地证，而土地证至少要2.3亿元，梁老板自己手上只有不到3 000万元资金，所以需要融资。他很想找银行融资，但是他手上没有什么可抵押的资产，银行不会放贷。找政府也不可能，因为政府希望企业去招商引资。而如果找投资人，投资人在这个时间点给他2亿元，一定会分掉他很大的一块利润。最终梁老板决定找民间机构融资。由于他人脉不错，为人憨厚，善于沟通，很快找到了两个优秀的企业主并跟他们合计路演做了个融资前景的展示。

两个企业主觉得不错，同意出资。梁老板顺利拿下土地证，便到银行贷款，银行说光有土地证不够，工程处于开工状态才可以给他放贷。但开工需要施工单位进场，施工单位需要资金，而自己手头已经没有资金了，只能再融资。为了让施工单位尽快入场，他只能找民间融资。他找到自己过去的客户、朋友、亲戚，跟他们介绍自己40万平方米的房地产项目的前景，有2个优秀企业主的支持，还有政府的支持，土地证已经拿下，银行也有口头承诺在先，于是一下子从100万元融到了5 000万元。融到一些资金便可以开工，开工后银行开始考虑给梁老板放贷。

这时正好碰上国家进行宏观调控，明确规定银行资金向房地产行业流动的时候一定要非常谨慎，甚至可以明确不给，这导致银行方面迟迟无法向梁老板提供资金。但是施工已经开始了，过去借的钱利息也要计算，这种情况下也就只有等。在等待的过程中，银行不断地给出好消息，说总行马上就会给具体的额度指标。然而梁老板等来的却是银行方面的一个坏消息。一般情况下，房地产公司拿到预售证之后便可以售楼，但售楼有个前提，就是预售的时候，买房的个人或者企业可以到银行申请贷款，如果拿不到的话，资金便无法及时回笼。但银行这时候又限制资金向购买方的个人和企业倾斜，这样导致即使有预售证也没有办法及时回笼资金，这两件事情让梁老板接不上趟慌了神。这时，支持他的一个企业主卷入了当地钢贸的融资链条，碰到了难题，其资金无法及时还本付息导致银行不断催债，最后把这家公司列入黑名单。而股东的信誉带来银行对梁老板公司的一些质疑，所以银行审核更加严格。久而久之，便把这件事搁了下来。

这时一旦有一笔资金接不上，就有人上门逼债，跑到他家、他的企业要求付息。更糟糕的是，“好话不出门，坏话传千里”，一听说这个情况，当地的债主便开始上门逼债，信用危机出现了，后面的资金问题更加困难。他承担了高额的利息，只有到处去借钱，用更高的利息借钱来还之前借的钱，最后借的利息高达5分。在整个过程中银行根本没有给出资金，梁老板完全通过民间资金不断地去把这个利息给填上，最后实在填不下去了，债主为了保全自己只有起诉查封拍卖梁老板的资产，而梁老板本人也只好带着老婆孩子跑路了。

资料来源：根据第1财经·解码财商(投融资专家虞涤新主讲)资料整理.

问题：

1. 本案例中梁老板投融资失败的根本原因是什么？

2. 如果你接手该案例中的这个医疗设备和用品的产业化运营项目，你打算怎样投融资？

即测即练

扫描封底二维码

获取答题权限

第2章　公司财务治理基础

学习目标

- 了解公司财务治理的含义及其基础结构。
- 把握不同企业组织形式的特点及其理财活动。
- 了解公司理财的产生与发展。
- 理解公司理财理论的内涵。
- 了解财务经理在公司组织架构中的位置、职能及能力框架。
- 掌握公司理财环境及对理财决策的影响。

引导案例

Facebook[①] 的创立、发展及创始人的控制权安排

2004年1月，还是哈佛大学大二学生的扎克伯格注册了 thefacebook.com 域名，他和朋友萨瓦林各出资1 000美元，按70%对30%分配股权。随后扎克伯格的同宿舍同学莫斯科维茨、休斯加入，形成了Facebook最初的四人团队：扎克伯格任CEO、萨瓦林任CFO、莫斯科维茨任副总裁和网站主管、休斯任宣传总监。4月，扎克伯格、萨瓦林和莫斯科维茨按65%、30%和5%的权益组建了 the facebook 公司。为融资，在新任总裁帕克的指导下，扎克伯格重组了公司，新的股权结构是扎克伯格51%、萨瓦林34.4%、莫斯科维茨6.81%、帕克6.47%。公司成立数月后，泰尔投入50万美元，获取公司10%的股份(此时公司估值为500万美元)和一个董事席位，公司名称由 the facebook 改为 Facebook。本次融资加上其他投资者的参与，总融资额60万美元。这时的董事会构成：泰尔、帕克、扎克伯格以及由扎克伯格控制的一个空余席位。

2005年5月以1亿美元的估值接受ACCEL及其主要合伙人布雷耶投资1 370万美元，随后，Facebook董事席位变为5人：布雷耶、泰尔、帕克、扎克伯格和扎克伯格控制的一个空余名额，形成外部投资者与内部高管2∶3的格局。

2006年年初，由格雷洛克公司牵头，美瑞泰克资本公司、泰尔和阿克塞尔公司等投资人，按注资前5亿美元估价，投入了2 750万美元。来自格雷洛克公司的斯泽成为Facebook董事会的观察员。

2007年10月微软以注资前150亿美元的估值水平，以2.4亿美元的投资获得1.6%的股权，同微软一同投资的还有李嘉诚、德国的风险投资公司。Facebook这一轮共融资3.75亿美元。

2010年年底，Facebook按500亿美元估值从高盛和俄罗斯数字天空科技公司获得5亿美元的投资。

---

① 2021年10月，facebook公司正式宣布更名为“Meta”。

早在2009年11月扎克伯格对Facebook股票做了分类设置，把他和他的合作伙伴们所持的股票转换成投票权比例比较高的一类股份，以保证股权分散化以后的控制。直到2012年上市前，扎克伯格拥有B类股票的表决权，加上他和此前股东们签订的一系列表决权代理协议(即他们在特定情况下授权扎克伯格代表股东所持股份进行表决)，掌握着56.9%的表决权，是最大的单一股东。

资料来源：仲继银．Facebook：扎克伯格的治理权谋[J]．董事会，2011(2)：94-96.

问题：

1. Facebook从创立到上市其组织形式发生了怎样的变化？
2. Facebook创始人扎克伯格对董事会席位和股票分类设置安排的意图是什么？

制度经济学将经济分析的视野和领域引入到一个“制度层面”来透视制度因素对经济运行及其效率的作用和影响。公司制度包括法人治理结构，其中的财务治理结构对公司财务运作效率的影响程度远远超出了财务(理财)技术方法本身。公司财务治理也称公司财务治理结构，它是公司治理结构的一个重要组成部分，主要包括治理主体、治理客体、治理手段，其本质是一种契约制度，它通过一定的财务治理手段，合理配置剩余索取权和控制权，以形成科学的自我约束机制和相互制衡机制，目的是协调利益相关者之间的利益和权责关系，促使他们长期而相对稳定地合作，以保证企业的财务决策效率。公司财务治理是公司治理的核心内容，公司治理的目标在很大程度上是依赖公司财务治理来实现。简而言之，公司财务治理是关于财务决策、财务执行及财务监督在责权利方面的配置与制衡的制度安排。本章不阐述公司财务治理本身的内容，而是要说明公司财务治理的基础结构，让读者从横向、纵向和纵横交错这三个维度对公司财务治理的基础结构建立认知。从横向维度看，公司财务治理基础包括企业组织、财务经理、理财环境；从纵向维度看，公司财务治理基础主要指公司理财的产生、发展与理论；从纵横交错维度看，公司财务治理基础主要包括公司治理、制度设计和信息化(数字化)。我们把公司治理、制度设计和信息化方面的内容安排在第18章另行阐述，颔踝呼应。

2.1　企业组织形式

2.1.1　企业组织形式的类型及特点

企业组织形式有个人独资企业(也称业主制企业)、合伙制企业和公司制企业，目前这三种企业组织形式具有不同的法律规范性。

▶ 1. 个人独资企业

个人独资企业是由一个自然人投资，财产为投资人个人所有，投资人以其个人财产对企业债务承担无限责任的经营实体。个人独资企业具有如下特点：第一，企业归投资者个人所有。投资者个人拥有对企业的完全的自主权，并享有全部的经营所得；第二，投资者对企业债务承担无限责任。个人独资企业不具有法人资格，企业的资产等同于个人的资产，企业的责任就是投资者个人的责任，当企业资不抵债时，个人要用其全部资产来抵偿。第三，个人独资企业的存续受出资人自然生命的影响。

▶ 2. 合伙制企业

合伙制企业指自然人、法人或其他组织共同出资组成的企业。合伙制企业一般有两种形态：普通合伙制企业和有限合伙制企业。普通合伙制企业与个人独资企业无本质区别，有如下特点：第一，企业归出资人共同所有、共同管理，并分享企业剩余或亏损；第二，合伙人对企业债务承担无限责任；第三，合伙制企业的存续受合伙人退出或死亡影响。相比个人独资企业，合伙制企业扩大了资金来源，提高了风险承担能力。

有限合伙制企业由两种不同的合伙人组成：普通(一般)合伙人和有限责任合伙人。普通合伙人负责合伙的经营管理，并对合伙债务承担无限连带责任；有限合伙人无权参与企业的管理决策，其对公司债务承担有限责任，同时，有限合伙人持有的权益份额转让限制较少，其死亡或撤资一般不会影响合伙制企业的存续。

▶ 3. 公司制企业

公司制企业是以法人财产制度为核心，具有法人资格并依法设立的经济组织。公司制企业有两种形式：股份有限公司和有限责任公司。股份有限公司和有限责任公司的区别在于：一是公司设立时对股东人数要求不一样。设立股份有限公司，应当有2人以上200人以下的发起人，其中须有半数以上的发起人在中国境内有住所；设立有限责任公司的股东最多不得超过50个。二是股东的股权表现形式不一样。在股份有限公司中，公司的资产总额平均划分为相等的股份，股东的股权是用持有多少股来表示的。而有限责任公司的资产总额不作等额划分，股东的股权是按出资比例大小来表示的。三是股份转让限制不一样，股份有限公司可以发行股票，股票可以自由转让和交易；而有限责任公司不发行股票，对股东只发放一张出资证明书，股东转让出资，要由股东会或董事会讨论通过。

公司制企业摆脱了规模受制于创始人的缺陷，成为现代企业主要的组织形式。公司制企业具有如下特点：第一，出资人承担有限责任。第二，公司制企业可以永续存在。第三，所有权与控制权分离。对于大型公司制企业，拥有所有权的股东与拥有控制权的经理人所追求的利益不一致，缺乏经营才能的股东又无法监督经理人的行为，使得经理人可能会做出有损股东利益的行为，这就是代理问题。代理问题在所有权与控制权分离的公司制企业中都不同程度地存在。

2.1.2 企业组织形式与理财活动

不同的企业组织形式决定了其在资金筹集、收益分配、风险承担、税收负担和财务决策方面的差异。

▶ 1. 个人独资企业的理财特征

(1) 从融资能力来看，个人独资企业受出资人个人财力限制，对债权人缺乏吸引力，难以获得债务融资，最多通过商业信用获得短期资金的融通，企业规模难以扩大。

(2) 从收益分配来看，个人独资企业由业主个人完全所有，业主个人享有对企业的全部收益。

(3) 从风险承担来看，由于规模的限制，个人独资企业承担风险的能力有限，加上出资者对企业债务承担无限责任，降低出资者承担风险的意愿，导致个人独资企业的经营趋于保守。

(4) 从税收负担来看，个人独资企业是非法人企业，不交企业所得税，由企业主个人交个人所得税。

(5) 从理财决策来看，个人独资企业所有权与控制权合一，企业主个人对理财决策拥有完全的自主权，决策方式灵活、迅速。

▶ 2. 合伙制企业的理财特征

合伙制企业的组织形式与个人独资企业具有很大的相似性。合伙制企业由多人共同筹措资金，相比个人独资企业提高了筹资能力，扩大了企业规模，但是，合伙制企业资金来源仍受合伙人各自的财力限制，通常难以筹集大量资金。在收益分配方面，合伙制企业的收益由合伙人共同享有。在风险承担方面，由于各合伙人对合伙制企业债务负连带责任(上述有限合伙人除外)，因此合伙人承担的经营风险极大，使合伙制企业难以发展壮大。合伙制企业是非法人企业，不交企业所得税，由企业各合伙人个人交纳个人所得税。从决策方式来看，管理控制权属于一般合伙人，由一般合伙人共同享有。

▶ 3. 公司制企业的理财特征

(1) 融资方面，公司制企业尤其是股份有限公司可以通过向社会发行股票，广泛吸收社会资本，融资规模能够得到保证，融资方式也更为灵活，除了普通股，还可以通过发行债券及其他方式取得债务融资，以迅速扩大企业规模。

(2) 收益分配方面，公司制企业的收益以股东在公司中持有的股份比例(有限公司股东按实缴的出资比例)享有公司的利润分配。但是，公司制企业的收益分配首先受公司法的规范，其次才体现股东的意愿。

(3) 风险承担方面，公司制企业规模大，风险承担能力强。由于公司制企业股东对公司债务承担有限责任，使得公司的风险与股东个人财产之间有了道防火墙，加上一般规模较大的股份有限公司，每位股东出资只占其个人财产很少的比重，股东承担风险的意愿和能力大大提高，有利于促进企业从事一些风险投资，创造更多的财富。

(4) 税收方面，公司制企业具有独立法人地位，与投资者个体属于不同的主体。公司制企业作为法人单位，在实现利润的时候需要交纳企业所得税。而当公司对税后利润进行分配时，股东还要就个人获得的分配收益缴交个人所得税，从而造成双重纳税。因此，公司制企业在做出利润分配决策时需要详细的税收筹划。

(5) 财务决策权配置方面，公司制企业须根据公司法的要求设立股东会、董事会和经理人的法人治理结构，公司重大理财决策须经股东大会投票表决，一些日常理财相关事务由董事会或管理层直接作出决策。较大规模的公司制企业所有权与控制权会一定程度地甚至完全分离，大部分中小股东缺乏专业性和监督积极性，理财决策权大多由公司经理人或大股东掌握，容易导致经理人或大股东通过利用理财决策权实现个人利益。

知识链接

我国《公司法》中财务决策权的配置

我国《公司法》规定，须提交到股东大会上进行审议与批准的理财事项包括：审议批准公司的年度财务预算方案、决算方案；审议批准公司的利润分配方案和弥补亏损方案；对公司增加或者减少注册资本作出决议；对发行公司债券作出决议；对公司合并、分立、解散、清算或者变更公司形式作出决议。董事会的职权包括：决定公司的经营计划和投资方案；制订公司的年度财务预算方案、决算方案；制订公司的利润分配方案和弥补亏损方案；制订公司增加或者减少注册资本(以及发行公司债券)的方案；拟订制订公司合并、分立、变更公司形式、解散的方案。公司经理层的财务决策权体现在：主持公司的生产经营管理工作，组织实施董事会决议；组织实施公司年度经营计划和投资方案。

2.2 公司理财的产生、发展与理论

2.2.1 公司理财的产生与发展

党的二十报告明确指出，必须坚持科技是第一生产力、人才是第一资源、创新是第一

动力，深入实施科教兴国战略、人才强国战略、创新驱动发展战略。可以说，财务经理就是公司理财的第一资源。中国的理财思想源于古代为国理财的理念，而伴随工商业发展而形成的企业理财内容比较单一，方法也比较简单，作为独立的理财活动长期处于一种初始状态，更没有形成完整的理论体系。

西方公司理财正式产生于19世纪末。随着股份公司的迅速发展，公司理财作为一项独立的职能，开始从企业管理中分离出来。公司理财在发展过程中主要经历了筹资理财、内部控制理财和投资理财三个阶段。

▶ 1. 筹资理财阶段(1900—1950年)

这一阶段又称为守法理财阶段或传统理财阶段。在这一阶段中，财务管理的主要职能是预计公司资金的需要量和筹集公司所需要的资金。20世纪初，股份公司迅速发展，但公司外部的人缺乏可靠的财务信息，各公司都面临着如何筹集扩充所需要的资金的问题。20世纪30年代，公司理财的重点是如何适应政府的法律，如公司的合并与联合、破产清算等方面的问题。尽管到了20世纪40年代，公司理财总的来说还停留在守法和筹资阶段上，但工作的重点已逐步转向改善企业内部经营、加强财务控制等方面。

▶ 2. 内部控制理财阶段(1950—1964年)

这一阶段又叫内部决策理财阶段或综合理财阶段。理财的主要问题不只在于筹措资金，而在于有效的内部控制、管好用好资金。公司内部的理财决策被认为是公司理财最重要的问题，而资本市场等和筹资有关的事项已退居次要地位。

▶ 3. 投资理财阶段(1964—1990年)

随着企业经营的不断变化和发展，资金运用日趋复杂，加上通货膨胀和市场竞争日益激烈，使投资的风险加大。因此，在这一时期的理财中，投资管理受到空前重视，确定了比较合理的投资决策程序，建立了科学的投资决策指标体系，形成了科学的风险投资决策方法。

公司理财的发展与外部环境密切相关。国际财务管理是全球化时代公司理财发展的重要领域。当前的互联网时代正对公司理财提出新的挑战，这必将促进公司理财的进一步发展。

知识链接

中国理财思想的起源及发展

中国早期理财思想经历了为国理财到企业理财的演变过程。根据有记载的文献资料显示，早在原始社会中期就有了理财活动。在我国古代周朝时期，周公姬旦就提出了“勤政裕民”的治国思想；到春秋战国时期，儒家就有“义利两全”“富民富国”“崇俭节用”以及自强不息的理财思想体系。“企业财务管理”概念的“理财”始于一百多年前一批民族资本家提出的一系列独到的极富操作性的财务管理思想。此后，外部环境和经济体制的局限，导致无论是理财观念还是理财实践都受到严重制约，直到20世纪80年代才开始重新重视理财实践并积极吸收西方先进的理财方法。

2.2.2　公司理财理论

▶ 1. 公司理财理论的发展

公司理财自20世纪初第一次作为一个独立的研究领域始，经历了以下三个阶段的发展：

(1) 20世纪50年代以前的实践引导理论发展时期。这一阶段最明显的特征是经济环境、技术变革和理财实践主导着理论研究。从20世纪初，企业理财的重点是企业组建和证券发行等涉及的有关法律问题的研究和处理。一直到20世纪50年代后期，日益加剧的企业竞争对内部管理提出新的要求，公司理财的焦点从企业外部转向企业内部，内部理财决策成为公司理财的重心。

（2）20世纪50年代至70年代中期现代公司理财理论的确立与发展。从1952年马可维茨(Markowitz)提出投资组合理论，到1958年米勒(Miller)和莫迪格里安尼(Modigliani)提出资本结构理论，都是对公司理财理论革命性的突破，也标志着现代公司财务理论的诞生。这一时期还有资本市场效率理论、资本资产定价模型、期权定价理论。而20世纪70年代是西方公司理财理论走向成熟的时期，公司理财学的理论假设、理论基石及基础理论都已经形成。

（3）20世纪70年代中期至今具有创新与融合特征的新企业理财理论。20世纪70年代后期开始，人们大量引入经济学等各方面的最新成果，如代理理论、信息经济学和行为理论，试图从新的视角来解释财务现象和解决财务问题，提出了不少新的观点。这一时期企业理财理论不再局限在税收和破产等企业“外部制度”，而是侧重于从管理者行为和公司治理结构等“内部因素”方面来分析。

2. 公司理财基本理论

公司理财活动大都运用以下这些基本理论来分析和规划出具体方法，从而解决企业的实际问题。

（1）投资组合理论。马克维茨(Markowitz)1952年发表的论文《投资组合选择》和1959年出版的《投资组合选择：有效分散化》一书，奠定了现代投资组合理论(mordern portfolio theory)的基础。投资组合理论指导人们在投资决策中寻求一种最佳的投资组合：即选择那些在一定风险水平下收益最高的资产，然后将其作为有效投资组合——在一定收益条件下风险水平最低，或者在一定风险水平下收益最高。

（2）资本结构理论。由莫迪格里安尼(Modigliani)和米勒(Miller)于1958年首次提出的资本结构无关论，俗称“MM理论”，该理论被后人称为“整个现代企业资本结构理论奠基石”。其命题是公司的市场价值不受资本结构的影响，建立在完美市场假设基础上。经过一系列拓展之后最终形成以下关系：

负债企业价值＝无负债企业价值＋赋税结余现值－财务危机成本现值－代理成本现值

（3）资本资产定价模型(capital assets pricing model，CAPM)。资本资产定价模型最早由夏普(William Sharpe，1964)、特里诺(Treynor)等人在投资组合理论的基础上，提出作为资本的资产定价的方法和理论(即在一定风险水平下，测算投资者的期望收益是多少)：投资者对个别资产或资产组合所要求的必要报酬率等于无风险利率，加上资产贝他系数(系统风险大小)与市场风险溢酬的乘积，即风险报酬。该理论被认为是金融市场现代价格理论的支柱，广泛应用于投资决策和公司理财领域。

（4）套利定价理论(arbitrage pricing theory，APT)。套利定价理论由罗斯(Ross)于1976年提出，它是对CAPM的进一步扩展，认为某项资产的收益率源于该资产对一项或多项系统因素的敏感性，即证券或资产的预期收益率等于无风险利率加上对其所承受的各种风险因素的补偿的总和。该理论从单因素模式发展成多因素模式，以期能更好地适应现实经济生活的复杂情况。我们可以把CAPM看作APT的特例，APT比CAPM考虑的因素较多。

（5）有效市场理论。有效市场理论或称有效市场假说(the efficient market hypothesis，EMH)，是尤金·F. 法码(Eugene F. Fama)在1970年发表的一篇文章中正式提出的，并从统计上和概念上定义了有效市场。其中有效是指资本市场将有关信息融入证券价格的速度和完全程度，并对有效程度划分为弱式有效市场、半强式有效市场和强式有效市场三种类型。有效市场假说对企业财务决策具有重要的作用，也改变了人们对金融市场运作的看法。这一概念深入投资实践并成为政府制定有关证券市场法规的依据，而且现代金融学的很多内容都是在有效市场假说的基础上建立起来的。

(6) 期权定价理论(option pricing theory，OPT)。布莱克(Black)和斯科尔斯(Scholes)于1973年提出股票期权定价模型(简称B-S)，提供了对买入或卖出期权给予定价的方法，即在期权定价时只需考虑五个可观察同时也易于计算的变量，包括期权的执行价格、公司股票的现行价格、期权合约的剩余有效期、股票收益的风险程度以及无风险利率。在企业理财活动中，因为企业许多投资和筹资都隐含着期权问题，期权定价理论得到了广泛的运用，它不仅可用于选择投资方案，确定证券价格，还可广泛用于建立目标资本结构，规避财务风险以及确立股利政策和处理各种财务关系。

(7) 代理理论。1976年詹森(Jensen)和麦克林(Meckling)提出了公司代理理论，将人的本性融入公司行为的综合考量中，认为公司只是一种契约关系的法律主体，这种契约关系包括公司经理、股东、供应商、顾客、雇员及其他关系人。所有关系人都是理性人，其行为以维护自身利益为出发点，同时十分期望别人的行为也能维护自己的利益，因此，必须以契约来保证、激励和约束。代理理论不仅有助于解释现实中管理者存在偏离股东财富最大化的投资行为、融资行为和股利政策，同时也为企业理财实践提供思路，以正确处理股东与管理者之间、股东与债权人之间、债权人与管理者之间的代理关系。

(8) 行为财务理论。行为财务理论是20世纪50年代由美国人布雷尔(Burrell)和巴曼(Bauman)最先提出的，到了70年代末和80年代初，研究开始兴起并取得突破性进展。这主要体现在：心理学家卡尼曼(Kahneman)和特沃斯基(Tversky)于1979年提出的前景理论为行为财务理论的兴起奠定了坚实的理论基础。随后，卡尼曼等人提出了人类行为与投资决策经典经济模型的基本假设相冲突的三个方面，即风险态度、心理账户和过度自信，并将观察到的现象称为“认知偏差”。这标志着行为财务理论的正式创立。

行为财务理论与标准财务理论的根本区别在于，后者是以理性人假设和有效市场假说为基础发展起来。行为财务理论认为，由于决策者受主观认识能力、知识、价值观等方面的限制，并且客观上受时间、经费和情报来源等因素的影响，任何人和组织都无法以理性人的方式对市场做出无偏估计。该理论以心理学和前景理论为理论基础，其内容主要由行为资本资产定价理论、行为投资组合理论及DSSW模型、BSV模型、DHS模型、HS模型和羊群效应模型等一系列行为财务理论模型构成，其作用在于为人们提供管理者非理性和市场非有效性对企业融资、投资、兼并及股利政策影响的分析视角。

2.3 财务经理

2.3.1 关于财务经理

党的二十大报告明确指出，必须坚持科技是第一生产力、人才是第一资源、创新是第一动力，深入实施科教兴国战略、人才强国战略、创新驱动发展战略。可以说，财务经理就是公司理财的第一资源。我国企业的财务最高行政负责人职位中，CFO(chief financial officer，即首席财务官)、总会计师、分管财务的副总经理与财务经理、财务总监这几种称谓并存。其中CFO源自美国，最早出现于20世纪70年代。“总会计师”的提法来自苏联的计划经济体制。我国《会计法》明确规定，国有独资和国有资产占控股地位或主导地位的大中型企业必须设置总会计师。财务总监制度起源于第二次世界大战前后，西方国家在国有企业中建立财务总监制，监督经理层，以避免“内部人控制”，保护所有者利益。

目前国内上市大型企业一般单独设置CFO，上市中小企业不少由副总经理兼任CFO；没有上市的国有大中型企业普遍设置总会计师；由国有大中型改制上市的公司，一般也设立总会计师；民营和其他类型的公司大都既设立财务总监，又设立总会计师，还有些企业由CEO兼任财务总监。无论名称如何，以及是否专人担任，公司财务最高行政负责人的职责是不可或缺的。

2.3.2 财务经理在公司中的角色与职能

▶ 1. 财务经理在公司中的角色

现代公司制度下，股东通过选举董事会来实现对公司的控制，董事会是股东的信任托管机构，负责公司战略决策、公司业绩的监控、对公司首席执行官的(这里统称为CEO)的聘任与薪酬等。董事会将公司大部分的日常经营决策权授予管理层。CEO执行董事会制定公司战略和相关政策，负责公司的运营。财务经理作为公司财务最高行政负责人，通常直接向CEO汇报工作，负责公司资本运作和财务信息。图2-1描述了财务经理(图中为财务副总经理)在典型的公司组织机构中的位置。

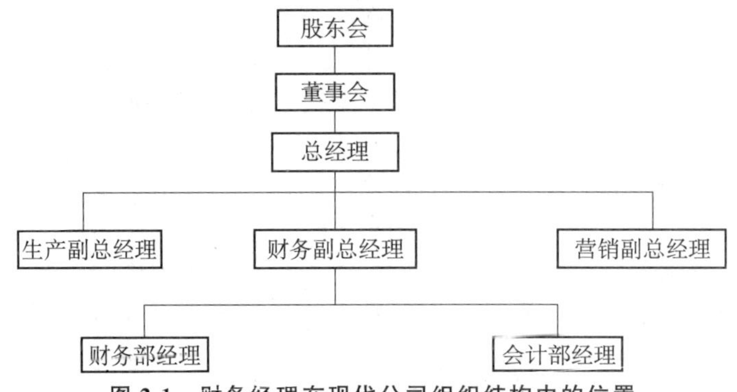

图2-1 财务经理在现代公司组织结构中的位置

鉴于外部经营环境的复杂性，现代公司财务经理除了担当公司资金筹划、资本预算、财务信息、内部控制等财务本源的业务工作，其职责还应渗透到非财务领域，在公司治理层面发挥其应有的作用。例如可以考虑公司财务经理由董事会聘任，在重大决策上对董事会负责，但在行政管理方面仍接受CEO的领导，完成CEO交办的财务管理工作。在董事会授权范围内，一些财务事项必须由总经理和财务经理联合签批，才能生效。因此，公司财务经理横跨公司治理与公司管理两个方面，在财务管理专业问题上既要肩负法律责任，又要肩负经营责任，如控制风险、提高股东收益、平衡利益相关者关系。

▶ 2. 财务经理的职能

基于公司财务经理的地位与职责，财务经理的职能可以概括为财务分析与理财职能、管理控制职能、监督职能。

(1) 财务分析与理财职能。

① 进行多角度的财务分析。如基于财务报表资料的财务分析，评估公司当前业绩和财务状况的可持续性并且对未来业绩做出现实预测；基于未来公司战略的财务分析，财务经理应以战略眼光和财务视角，为企业的发展规划、盈利模式、资本运作、长期成本管理提供专业的标准和行动准则。

② 财务经理在做好财务分析的同时，要做出相应的财务预测及财务计划，尤其是在企业的资金需求、盈利能力以及财务风险等方面做出相应的预测。

③ 进行财务策划和财务决策方案设计。财务经理要提出给予价值创造的资本投融资方案、资本结构和股利政策建议，洽谈和履行所有重大财务交易，如股票或债券发行、股票回购、银行关系等。

（2）管理控制职能。在企业的价值创造过程中，财务经理应发挥价值创造和完善管理控制系统的职责。具体包括以下几个方面：

① 推进价值管理，使用诸如价值分析、目标成本管理、竞争性成本分析、战略成本管理等管理机制和分析工具，全方位实施价值管理；

② 建立、完善经营责任与组织体系，强化现金流与成本控制，规划信息披露，改善内部管理报告；

③ 设计转移定价、税收筹划与设计战略业绩评价系统。

（3）监督职能。财务经理应履行对涉及公司理财活动的制度方面、资金方面和人员方面的控制进行事前、事中、事后监督。在监督方面，财务经理的权力应该具备全局性、系统性、独立性，具体包括以下几个方面：

① 有权参与公司重大经营计划、投资决策、融资方案、资本运作等重大事项的审议；

② 有权直接监督投融资业务、生产经营、财务收支等；

③ 对企业会计政策选择、日常财务会计活动进行监控，保证企业会计活动合法有序、会计信息真实完整，防范违法乱纪行为出现；

④ 关注管理和商业流程中隐藏的风险和缺陷，实施危机预警和风险管理。

2.3.3　财务经理的能力框架

面对瞬息万变的外部环境，财务经理的职能和所担当的责任对财务经理的能力提出了极高的要求。财务经理的能力框架涵盖了公司高级管理人员必备的素质和能力，以及作为财务经理的专业素质和能力之和。

▶ 1. 领导艺术与技能

领导艺术与技能是为支持财务经理感知环境、综合运用知识、形成职业能力的软性技能，它是所有高级管理人员所必须具备的素质和能力。这些素质除了较高的科学文化素质、较强的身体和心理素质外，还包括以下两个方面：

（1）管理和决策中的观察能力和分析能力，即具有调查研究、数据分析、抽象逻辑思维和批判思维的基本知识和经验，特别是对外部宏观经济政策、市场变化具有较强的敏感性；

（2）表达、沟通、协调能力，如准确陈述自己的观点，具备辩论的口头表达能力以及严谨缜密的书面表达能力，善于与他人协调、处理和解决冲突，把握必要的人脉关系和社会资源。

▶ 2. 知识面与视野

财务经理要具备与其履行专业职能相关的核心知识和相关知识，其中，核心知识包括战略管理、公司治理、财务战略、财务报告、成本管理、风险管理、并购与重组、税收筹划、价值管理与全面预算管理、审计与内部控制、财务分析与预测、财务信息系统与ERP、经营责任与资产管理等。相关知识是指行业知识、经济法、经济学、统计学、国际商务、行为学、投融资、外语、信息技术等。

▶ 3. 职业价值观和操守

财务经理应以“诚信”为职业生命，始终正确把握金钱在人生中的正确位置，廉洁自律，不以权谋私，不搞权钱交易。作为财务经理的职业素养，还应具备“理性”“稳健”“保守”“平衡”的特质。

知识链接

成功 CFO 职业生涯的 22 条体悟

1. 懂得如何说“不”是职业操守的底线。

2. 掌握业务的深度决定 CFO 职业发展的高度。

3. 专家式的领导力大于程序权力。

4. 善于用非财务语言解读财务数字。

5. 真话不全说，假话不能说。

6. 盯紧战略成本，不纠结于费用管理。

7. 善于利用工具“批处理”内部矛盾，越来越多的 CFO 借助推进信息化的手段，把业务规范、预算管理、内部控制、成本核算、供应链管理、生产管理等多种矛盾置于标准化的管理信息系统之下进行“批处理”，这样一来形形色色的矛盾就转化为原有管控模式向信息化管控模式的转换。

8. 在公司内不断提高财务部门的地位。

9. 告别严肃和枯燥的职业表情。

10. 始终处于 CEO 和董事会的核心信赖圈。

11. 适时建立财务共享中心。

12. 掌握信息中枢，统筹信息化。

13. 通晓英文，利在长远。

14. 让组织内部深刻理解“沉没成本”，即如果一项开支已经付出并且不管做出何种选择都不能收回，一个理性的人就会忽略它。

15. 国际化的执业资格日益重要。

16. 从流程监控者向价值创造者转化。

17. 确保短期利益才会有长期利益。凯恩斯有句名言：“在长期中，我们都是要死的。”只有深刻理解了这句话，CFO 才有可能在资源稀缺性的经济学理论基础之上，把短期利益和长期利益的天平理顺。

18. 保持足够宽的跳槽间隔。

19. 保持健康，合理分配体力，打好持久战。

20. 保持广泛的人脉关系。

21. 保持良好的生活情趣。

22. 始终维护 CFO 的职业尊严。

2.4 公司理财环境

2.4.1 公司理财环境的分类

公司理财环境是指公司理财中涉及的影响理财活动的各种客观条件和因素。企业的理财活动是在一定的理财环境下进行的，公司理财环境的变化必然会导致公司筹资成本和风险、生产经营成本、资金占用水平、投资报酬与风险、利润与现金流量发生变化，从而影响公司的理财活动。公司理财活动只有与理财环境相协调才能实现公司的生存与发展。

公司理财环境是一个多层次、多方位的复杂系统，可以从不同的角度进行分类：

按其包括的范围，分为宏观理财环境和微观理财环境；按其与企业的关系，分为内部理财环境与外部理财环境；按其变化情况，分为静态理财环境和动态理财环境。

2.4.2 认清理财环境的意义

理财理论与方法的发展是各种环境作用的结果，认识理财环境具有重要的意义。

（1）通过认识理财环境正确、全面地认识理财活动的历史规律，掌握理财的发展趋势。公司理财的发展是各种环境因素综合作用的结果，当各种因素的变化比较平稳时，公司理财处于稳定发展阶段；当某些环境因素发生重大变化时，便出现理财内容和方法的革新，带来公司理财的迅速发展。

（2）通过认识理财环境正确认识影响公司理财的各种因素，不断增强公司理财活动的适应性。公司理财活动是在一定环境条件下进行的实践活动，理财环境具有构成复杂、变化快速等特点。公司理财人员必须对环境做认真的调查和分析，预测理财环境的发展变化趋势，采取相应的财务策略，以实现公司的可持续发展。

2.4.3 公司理财环境的构成

公司理财环境的内容十分复杂，从大的方面来看主要包括宏观环境、行业环境和内部环境。

▶ 1. 宏观环境

影响公司理财决策的宏观环境包括政治环境、法律环境、经济环境、社会文化环境、技术环境、金融环境。

1）政治环境

政治环境是指政治关联、政府干预和政府控制对企业理财决策的影响。政治关联主要指企业与政府存在一定的直接或间接的关系。有证据表明，政治关联的建立会影响国有商业银行的信贷决策以及赋予企业部分商业特权，但是，政治关联也可能会损害国有企业投资的效率。政府干预是指政府为了克服市场失灵，对市场进行的干预和调控。有研究表明，受到政府干预的民营企业为政府实现扩大就业的目标支付更高的薪酬成本。政府控制是指企业的终极控制人为政府部门或机构。政府控制对理财活动的影响主要表现在融资和投资领域，如国家持股给上市公司债权融资带来了优势，国有商业银行倾向于贷款给盈利能力更高和实施了改革的国有企业。

2）法律环境

法律环境是指企业与外部发生经济关系时所应遵循的法律规范和法律准则。影响公司理财决策的法律因素包括法系、公司法、证券法、税法及相关法律法规。在法系与理财决策方面，普通法系的国家投资者保护较好，公司收益不易被内部人侵占，资本成本低。对于具体的法律规范，公司法涉及股权结构、董事会和高级管理人员的权利与义务，决定公司内部治理结构，从而间接影响公司的理财决策，公司法同时对利润分配和高管薪酬具有直接的影响。证券法规范公司股票发行的各种方式，证券发行、上市、交易过程中的信息披露及监管，上市公司收购等。税法同时影响企业融资、投资和利润分配各个环节，税率的变动、税收优惠的调整及税收征管都会对理财决策产生影响。

3）经济环境

影响企业理财的经济环境经包括经济周期、通货膨胀、经济政策三个因素。

（1）经济周期。经济周期性波动通常经历萧条、复苏、繁荣、衰退四个阶段且周而复始，这就要求公司理财经理敏锐地预测经济变化趋势，适时调整理财政策。在繁荣阶段，市场需求旺盛，销售大幅上升，公司为了扩大生产经营，就要增加投资，增添机器设备、存货和劳动力，这就要求财务人员迅速地筹集所需资金。在衰退阶段，由于整个宏观环境不景气，产销量逐渐下降，存货开始积压，这时公司要停止扩张，出售多余设备，削减存货，停止扩招员工，甚至停产不利的产品、停止长期采购。当经济进入萧条阶段时，公司要继续削减存货、缩减管理费用、裁减雇员，同时要致力于保持市场份额，谨慎投资。当经济转入复苏阶段时，企业要及时增加厂房设备、建立存货、引入新产品、增加劳动力等。

（2）通货膨胀。通货膨胀会引起价格的不断上升，对公司理财活动形成不利的影响。严重的通货膨胀会引起资金占用的迅速增加，还会引起利息率的上升，增加公司的融资数额和融资成本；通货膨胀导致的利息率上升还会使有价证券的价值不断下降，给融资带来较大的困难；通货膨胀还会引起利润虚增，造成公司资本流失。公司理财经理要对通货膨胀有所预测，采取相应措施，如提前购买设备和存货以减少损失。

（3）经济政策。经济政策是政府调控经济的重要手段，影响企业理财活动的经济政策包括货币政策、财政政策、汇率政策和产业政策。

宏观经济政策的变化对微观企业主体的影响至少包括三个方面：首先，宏观经济政策的实施会直接改变企业对未来经济前景及行业运行状况额判断，进而会影响企业的理财决策；其次，宏观经济政策，如货币政策、信贷政策等，会直接影响企业的资本成本，进而会对企业理财决策产生影响；最后，宏观经济政策的实施可能会改变企业经营的信息环境，影响企业所获取信息的不确定性程度，从而影响企业的财务决策。

4）社会文化环境

社会文化是某一特定人类社会在其长期发展历史过程中形成的，它主要由特定的价值观念、伦理道德规范、宗教信仰及风俗习惯等构成。影响公司理财活动的社会文化因素主要有社会关系、社会规范、文化传统和价值观念。例如，有证据表明，在不完善的法律保护和信贷歧视的融资环境中，受歧视的企业通常依赖声誉机制及个人关系获得非正式融资，取得长足发展；越是崇尚个人主义、权力等级越低、不确定性规避越低的国家，越倾向于发放股利。此外，儒家伦理思想基石——诚信对企业理财有良好的支撑作用，文化会影响企业资本结构。

5）技术环境

技术环境可以分为硬技术环境和软技术环境，硬技术是整体技术中有形的部分，体现在研究开发出来的产品实体中；软技术主要体现在组织、管理、决策、信息等难以表达的无形技术中。

硬技术对公司理财的影响主要体现在信息技术和软件的应用上，如企业 ERP 系统、管理会计控制系统的应用。当前云计算、物联网、移动互联网和社会化网络等技术的发展，推动了新的信息技术革命，它能够为企业提供强大的数据存储和处理能力，并方便、快捷地提供各种财务决策服务。大数据时代的到来给企业财务工作带来了新的思路，利用分析工具可以从海量数据中挖掘出有用的信息，并以科学的分析预测方式帮助企业规避风险，进行精准的财务管理与决策。云会计结合大数据技术在企业财务领域中的应用，将给企业带来更多的经济价值，提高企业在全球经济一体化下的核心竞争能力。

软技术对公司理财的影响体现在诸如集团化管理思想对内部资本市场的影响、战略管理思想对专业化和多元化投资决策的影响等方面。硬技术的发展也会带来软技术更新。

6）金融环境

公司理财的金融环境是指为公司短期和长期资金融通提供场所的金融市场、参与交易的金融机构、作为交易手段的金融工具以及对金融市场起作用的利率组成的金融体系。

（1）金融市场。金融市场是以资金为交易对象的市场，资金的供需双方通过这个市场分别达到运用和借入资金的目的。

金融市场具有不同的类别，按交易内容，金融市场可分为外汇市场、资金市场和黄金市场；按时间长短，金融市场可分为货币市场和资本市场，其中货币市场是短期资金交易市场，资本市场是长期资金交易市场；按证券发行与交易过程，金融市场可分为一级市场（发行市场）和二级市场（交易市场）。此外，按区域金融市场还可以划分为国际金融市场、国家金融市场和地区金融市场。金融市场的分类如图 2-2 所示。

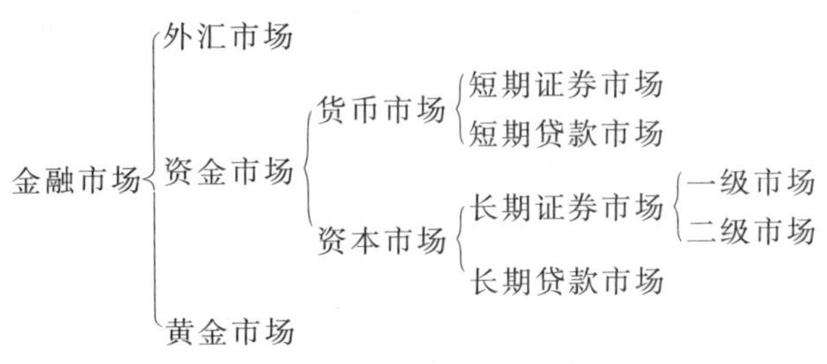

图 2-2 金融市场的分类

（2）金融机构。金融机构是充当信用中介、媒介以及从事金融服务的组织。金融机构一般分为货币当局和金融监管机构、银行和非银行金融机构。我国的金融机构主要包括以下几种：

① 中央银行。即中国人民银行。它是最高金融机构，代表政府管理全国的金融机构和金融活动。其主要职责是制定和实施货币政策，发行人民币，管理人民币流通，保持币值稳定，维护支付和清算系统的正常运行，持有、管理、经营国家外汇储备和黄金储备，代理国库和其他与政府有关的金融业务，代表政府从事有关的国际金融活动。

② 商业银行。商业银行通过吸收存款以积聚资金，并把这些资金通过贷款的方式提供给资金需求者，由此把资金供应者与资金需求者联系起来。商业银行是公司筹集资金的重要来源。商业银行主要办理各种存贷业务，以及信托、租赁还有诸如票据贴现、转账结算、汇兑、代为买卖有价证券等其他中间业务。

③ 政策性银行。政策性银行一般是指由政府设立，不以营利为目的，而以贯彻国家产业政策或区域发展政策为目的的银行。政策性银行不面向公众吸收存款，而以财政拨款和发行政策性金融债券为主要资金来源。

④ 证券公司。证券公司在国际上一般称为投资银行。证券公司主要以发行自己的股票和债券形成资金来源，其主要业务有证券承销业务、自营买卖证券业务、投资顾问业务等。证券公司在金融市场上起着重要的作用，在证券发行市场上，通过承销、代销、包销有价证券，使发行者能顺利筹集资金；在交易市场上，通过代理或自营买卖有价证券，使投资者持有的有价证券能够随时兑现，给投资者和融资者都同时带来便利。

除了以上金融机构外，还有种类繁多的其他非银行金融机构，如保险公司、信托投资公司、财务公司、租赁公司、担保公司、信用合作社、基金管理公司等。

（3）金融工具。金融工具是指金融市场上资金提供者与资金需求者交易的工具，它起着证明金融交易金额、期限、价格的书面证件，其对交易双方所享有的权利和承担的义务均有法律约束力。随着金融市场的发展和创新，金融工具的种类日益增多，由传统的金融工具，如商业票据、可转让大额存单、债券、股票等，发展到多种衍生金融工具，如远期合约、期货合约、期权合约、互换合约等。在金融市场上，资金供需双方就是通过金融工具实现资金融通的。

金融工具具有流动性、风险性和收益性的特征。流动性是指金融工具具有在短期迅速变现为已知或确定金额的能力；风险性是指购买金融工具的本金可能遭受损失，不能保持其原始金额的一种不确定性；收益性是指投资者购买金融工具获取收益的高低。金融工具的收益性与风险性密切相关，通常收益越高的金融工具，其风险也越大，而风险越低的金融工具，其收益也越低。不同的金融工具具有不同级别的风险，这些金融工具为了在竞争中获得资金，必须提供与其风险程度相匹配的期望报酬率，由此形成了市场上的资金有着不同的交易价格。

（4）利率。利率是一个时期运用资金这一资源的交易价格。利率水平决定资金盈余者持有资金的机会成本，当利率提高时，人们持有资金的机会成本增大，资金盈余者贷出资金的动力也越大。同时，利率水平对资金短缺者的借款行为也有重要影响。当利率提高时，人们借款的成本增大，资金短缺者借款的负担增加，其借款需求就会受到抑制；而当利率下降时，借款人的借款需求就会扩大。因此，利率在市场资金配置和公司理财决策中起着重要的作用。

利率通常由三部分构成：纯利率、通货膨胀和风险报酬，用公式表示如下：

利率＝纯利率＋通货膨胀率＋风险报酬

纯利率是指没有风险和通货膨胀情况下的实际报酬率，它由资金的供给和需求状况决定。当资金供给大于需求时，利率就会下降；反之，利率则会上升。风险报酬是对不能偿付的风险加以补偿的额外报酬，包括违约风险报酬率、流动性风险报酬率和期限风险报酬率。违约风险报酬率是指借款人无法按期支付利息或偿还本金给资金提供者带来的风险，资金提供者为弥补这一风险而要求提高的利率。流动性风险报酬率时指由于债务人资金的流动性欠佳会给债权人带来风险，债权人为弥补这种风险而要求提高的利率；期限风险报酬率是指债务人负债的期限越长，债权人承受的不确定因素就越多，风险也就越大，债权人为弥补这种风险而要求提高的利率。通货膨胀率是指预期的通货膨胀率越高，资金提供者要求的利率也会越高，资金需求者也因此需要支付更高的利息；预期的通货膨胀率越低，这部分的补偿也越低；如果预期没有通货膨胀，则利息当中不存在通货膨胀率。

▶ 2. 行业环境

行业环境也指企业所处的市场环境，如产品市场、原材料市场、人力资源市场等。

（1）产品市场。产品市场的竞争情况会直接影响到企业的资金回笼，而应收账款账龄和债权风险的变化会进一步影响到企业资金管理和融资规划。

（2）原材料市场。企业对原材料市场控制能力的强弱，影响其对应付账款的管理，进而影响其选择商业信用等低成本融资方式的能力。当企业在原材料市场处于相对强势地位时，企业可以延长应付账款的付款期限，通过长期占用原材料供应商货款进行融资，从而影响到企业的债务期限结构。当企业在原材料市场话语权较弱，特别是当原材料价格波动较大时，企业可能会通过纵向一体化控制部分或全部原材料供应，将交易内部化，从而影响企业的投资行为。

（3）人力资源市场。人力资源市场对企业的人力资产投资和人力资本分配有较为明显的影响。当劳动力市场中技术型人才紧缺时，企业将加大其在人力资产方面的投资，并通过设置具有竞争力的业绩评价和激励机制吸引所需的人才。同时，作为人力资源市场的重要分支，经理人市场的发展有助于改善公司的治理结构，及时更换不合格的经理人，进而影响公司的理财决策。

3. 内部环境

影响公司理财决策的内部环境包括公司治理、企业战略、经营模式、组织结构、内部控制。

(1) 公司治理。公司治理影响公司理财目标的选择、理财决策权配置、理财目标的实现。

不同的公司治理模式影响公司理财目标的选择。外部控制主导型的英美模式，强调受托责任，主张公司经理人要为股东负债，公司理财目标以股东财富最大化为导向；以内部控制主导的欧洲大陆模式，强调公司经理人要为员工、债权人和股东负责，公司理财目标是实现利益相关者利益最大化。

不同的公司治理模式决定公司理财决策权配置。外部控制主导型的英美模式下，大部分公司股权分散，公司理财决策权多控制在公司经理人手上，董事会则起到监督的作用。内部控制主导的欧洲大陆模式，公司理财决策权掌握在由内部利益相关者组成的董事会手上。在我国，根据《公司法》的规定，股东大会拥有对公司理财决策审议与批准的权力，董事会拥有对公司理财计划与实施权，经理层拥有公司理财的具体执行权。

公司治理效率影响公司理财目标的实现。有效的公司治理体现在对理财决策权的制衡与监督，同时建立起一套与责、权、利相匹配的激励制度。在现代公司制度下，真正掌握公司理财决策权的是公司股东的代理人，其与公司所有者——股东之间存在利益不一致，信息不对称，因此，理财决策权的掌握者就有可能为谋取私利而损害股东利益。有效的公司治理有利于对代理人行为的约束，从而有利于公司理财目标的实现。

(2) 企业战略。战略选择影响企业筹资决策，实行产品领先战略的公司由于经营风险比较大，为了控制企业总体风险水平，可能更倾向于选择稳健的筹资方式——股权融资；从资本成本角度看，在财务风险水平相同的情况下，实行产品领先战略的公司由于经营风险较大，可能不得不承担较高的资本成本。

战略选择对企业技术投资及人力资源投资决策有影响。实行产品领先战略的公司由于更加注重产品的研究开发，在人力资源需求方面对员工素质要求较高，在人力资本投资方面投入较大；同时，实行产品领先战略的公司由于专注于研究开发，无形资产投资在总投资中比重也会较高。对于选择成本领先战略的企业来说，其业务流程的标准化程度比较高，在人力资源需求方面对员工能力要求较低，因此，在人力资源投入方面可能较少，但对信息系统的投入会相对较高。

(3) 经营模式。不同经营模式对可能对企业的筹资、投资、分配产生不同的影响。不同的经营模式可能决定了不同的经营风险水平，从而影响企业的债务结构和资本成本。如采用重资产模式运营的公司，由于拥有大量实物资产，可以通过抵押获取银行贷款。而采用轻资产模式运营的公司则更可能采用股权融资模式，从而造成这两种经营模式下资本结构的差异。

不同经营模式的企业运营需要不同的资产，从而形成不同的资产结构。专注于研发的公司，其无形资产占总资产的比例可能较高，同时，由于此类企业对于员工素质要求较高，其人力资本方面的支出比例也可能比较高；专注于生产的公司，需要购置大量的机器、厂房设备，与专注于研发的公司相比，其固定资产等有形资产的比例可能比较高；专注于销售和售后服务的公司，其资产的流动性可能较好，账面上可能存在大量的闲置资金，如何提高这些闲置资金的使用效率，提高资产周转率，是这类企业需要重点关注的问题。

(4) 组织结构。企业理财目标的实现需要部门之间协调统一，不同的组织结构影响了理财部门与其他部门之间的关系。由于企业内部各部门之间存在不同的考核目标和激励机制，理财部门与企业的研发部门、采购部门、生产部门、销售部门等之间存在不同的利益，这就需要财务经理及时与各部门之间保持畅通的信息交流，并将各部门的决策与公司理财目标协调一致，在追求利润与发展的同时控制企业风险。

（5）内部控制。内部控制是在一定的环境下，为了提高经营效率、充分有效地获得和使用各种资源，达到既定管理目标，而在企业内部实施的各种制约和调节的组织、计划、程序和方法。好的内部控制可确保理财决策具体实施过程的顺利进行，是实现理财目标的基本保障。

本章小结

1. 企业组织形式有三种：个人独立企业、合伙制企业和公司制企业。个人独资企业具有所有权与控制权合一、出资者承担无限责任、企业存续受制于业主自然生命的特点；合伙制企业具有与个人独资企业相同的特征；公司制企业具有所有权与控制权分离、出资人承担有限责任、脱离个人自然生命的影响而永续存在的特点。三种不同的企业组织形式决定了其在资金筹集、收益分配、风险承担、税收负担和财务决策方面的差异。

2. 公司理财作为独立的职能正式产生于19世纪末，其发展经历了筹资理财阶段、内部控制理财阶段、投资理财阶段。为适应全球化和互联网时代的到来，公司理财又进一步发展为国际理财和互联网时代的理财。

3. 公司理财理论自20世纪初开始，经历了三个发展阶段，至今已形成较为完整的理论体系。这三个阶段为：20世纪50年代以前的实践引导理论发展时期、20世纪50年代至70年代中期现代公司理财理论的确立与发展、20世纪70年代中期至今具有创新与融合特征的新公司理财理论。以下这些构成公司理财基本理论：投资组合理论、资本结构理论、资本资产定价模型、套利定价理论、有效市场理论、期权定价理论、代理理论、行为财务理论。

4. 财务经理指公司财务最高行政负责人，其职能包括财务分析与理财职能、管理控制职能、监督职能。基于财务经理的职能，其能力框架包括领导艺术与技能、具备其履行专业职能相关的核心知识和相关知识、职业价值观和操守。

5. 公司理财环境是指公司理财中涉及的影响理财活动的各种客观条件和因素，公司理财活动只有与理财环境相协调才能实现公司的生存与发展。公司理财环境的内容十分复杂，既包括宏观环境、行业环境，也包括内部环境。其中，宏观环境指政治环境、法律环境、经济环境、社会文化环境、技术环境和金融环境；行业环境具体包括产品市场、原材料市场、人力资源市场等；内部环境指公司治理、企业战略、经营模式、组织结构、内部控制。

课后练习

1. 企业的组织形式通常有哪些？各自有哪些特征？
2. 不同的企业组织形式对理财活动各自有哪些影响？
3. 公司理财的产生与发展经历了哪些阶段？
4. 公司理财的基本理论包括哪些内容？
5. 财务经理的职责与应具备的能力是什么？
6. 公司理财环境包括哪些内容？

章末案例

大数据改变公司价值内涵与驱动因素

现有财务原理认为，对于企业所有者、债权人、管理者等，企业的内涵价值大多由企业利润、现金流、净资产等决定，所以把市盈率(PE)、市净率(PB)、市销率(PS)或者现金流折现法(DCF)等作为公司估值的基本方法，强调未来的盈利、自由现金流和股利分红等能力是公司价值的本源。然而，当今中外资本市场的股价表现，越来越游离于现行财务理论的价值主张。例如，腾讯控股2014年半年报显示，其净利润约为122.93亿元，其最新市值约为9 124.50亿元。而中国石化2014年上半年的净利润约为314亿元，但是市值只有近6 000亿元。再以国有四大银行为例，中国银行2014年前三季度实现归属于上市公司股东的净利润最低，但也达1 311.33亿元，最高的工商银行达2 204.64亿元，建设银行和农业银行前三季度的净利润分别为1 902.98亿元和1 524.39亿元。尽管盈利较高，但在市值方面，只有工商银行以人民币9 688.67亿元的A股市值，稍超腾讯控股市值。在大数据时代，投资者对公司价值的认知与判断，已经不再局限于企业现在或未来的利润、现金流、财务分红、营业收入等财务信息，更多的是基于企业的商业模式、核心竞争能力和企业持续创新能力，这些能力的强弱并非由股东财务投入或企业拥有的财务资源规模所决定。故此，这些资源可以是点击率、用户群、信息平台等，甚至可以是数据本身，拥有数据的规模、活性，以及收集、运用数据的能力，将决定企业的核心竞争力。

对当今企业成功与否的评判，也不再仅仅依靠财务指标，而主要是根据企业在市场中获取客户的能力。但是传统财务理论很少关注企业盈利模式问题，似乎这与商业模式无关。即使相关财务理论提及"商业模式"这个概念，也都只是轻描淡写，因此这是财务理论导向上的缺陷。尽管在现实中，企业价值很大程度上需要通过金融市场来反映，但是从根本上看，企业价值最大化的目标还是要通过在商品市场进行商业经营的过程中赢得有利可图的客户并形成独到的商业模式来实现。

此外，DCF估值技术主要适合债券、优先股和其他固定收益的证券估值或者定期、定额分配股利的股票估值，不适合对具有明显增长机会和无形资产数额较大的公司进行估值，更不适合于研发投入较多的高科技公司和新经济企业。

当前多数创新型互联网企业充分利用大数据进行精细化的数据挖掘，实时把握差异化的客户需求，根据用户不同的兴趣和需求推出不同的产品或服务，持续改进用户体验。这种商业模式不以财务资本投入为关键驱动因素，而是靠技术创新、系统建设、品牌运作、服务提升、流程再造等无形资本的能力。

资料来源：汤谷良，张守文．大数据背景下企业财务管理的挑战与变革[J]．财务研究，2015(1)：59-64.

问题：

1. 大数据、互联网＋时代对企业投资决策产生了怎样的影响？
2. 大数据、互联网＋时代对企业融资决策会有哪些影响？

即测即练

扫描封底二维码

获取答题权限

第3章　公司财务报表的阅读与分析

学习目标

- 熟悉财务报表的种类、内容及格式，理解各种财务报表与现金流量的关系。
- 了解财务信息披露的质量要求，掌握财务信息阅读的路径及方法。
- 掌握财务报表分析的主体及其各自分析的侧重点。
- 了解财务报表分析的基础，掌握财务报表分析的内容和方法。
- 掌握企业偿债能力、营运能力、盈利能力和发展能力分析以及综合分析的财务比率指标计算及其分析的方法。
- 了解财务报表、财务报表分析方法及其指标的局限性。
- 理解并把握财务报表阅读与分析应注意的问题。

引导案例

乐视的兴盛与衰落

乐视网成立于2004年11月，2010年8月12日在中国创业板上市，成为A股首家上市的互联网视频公司。乐视网上市后一路狂奔，红极一时，然而2020年7月21日，乐视网被摘牌，正式告别A股市场，且不得重新上市。

这是为什么？上市之后，乐视网开始垂直方向整合，将视频内容、硬件终端等业务独立发展，同时采取了最为直接且快速的方式进行投资、收购(“烧钱”)发展模式，融资不断，举措频频，一派蒸蒸日上之态。直至2015年，乐视网迎来巅峰时期，其股价曾飙升至179.03元，摘得当时的创业板最高股价桂冠，彼时市值突破1 700亿元。同时乐视控股集团创始人、董事长、CEO贾跃亭3天内两次减持乐视网股份，“落袋”25亿元。然而能人“火眼金睛”识危局，2015年6月23日，中央财经大学中国企业研究中心主任刘姝威发布了乐视网财务分析报告，认为乐视网的“烧钱”模式难以持续，其中指出，2014年乐视网实现营业收入约68亿元，比2013年增长近2倍；2014年乐视网的营业利润约4787万元，2013年营业利润为2.37亿元，营业利润同比下降80%；2014年营业利润率是0.7%，2013年营业利润率是10.02%。2015年第一季度，乐视网实现营业收入21.33亿元，比上年同比增加108%；实现营业利润2310.80万元，比上年同期降低47%。可见，乐视网在营业收入大幅度提高的同时，盈利能力却大幅度下降。

故事的转折点发生在2016年10月，乐视系爆发资金链危机，股价一路走跌。随之而来的是乐视全网负面信息量猛增。2017年上半年，与乐视关联度最高的两个词是“资金”和“问题”。除了损失的员工，乐视还流失了许多高管。喧嚣的舆论场大抵有其炎凉的一面，长达半年的乐视危局更是将这家公司和这位创始人长期绑缚在舆论的靶子上，箭从八方来。从关闭项目、多轮裁员、挪用易到资金事件到控制权之争、乐视北美卖地，人们从一条条细小繁杂的线索中不断逼近“乐视模式”背后的海市蜃楼。

果不其然，2017年7月13日，乐视网累计融资逾300亿元，38亿元应收款或存坏账风险。乐视网披露2017年年报显示，公司净利润巨亏138.78亿元。贾跃亭控制的关联方对乐视网欠款余额高达72.8亿元，占乐视网资产总额比重达40.69%。2019年4月25日，乐视网股价跌至1.69元，几天后收到中国证监会调查通知书，因乐视网及贾跃亭涉嫌信息披露违法违规等行为，证监会决定对乐视网及贾跃亭立案调查。

终于，2020年7月21日乐视彻底衰落退场。

资料来源：马广奇，张芹，邢战雷，乐视资金链断裂：企业财务危机的案例分析[J]. 经济与管理，2017，31(5)：88-92.

问题：

1. 为什么乐视会走向衰落？

2. 为什么刘姝威早在2015年通过财务报表分析就可以初步判断乐视网“烧钱”模式难以持续？

由于不同的专业课程设置及篇幅所限，本章只对财务分析的内容、思路和方法作概括性的介绍。专业性财务分析的深度和广度是由财务分析的具体目的决定的，同时也依赖于职业分析师的经验和其对宏观及微观经济环境的理解以及对企业财务报告全面、深入的了解。

3.1　财务报表与现金流量

3.1.1　财务报告与财务报表

公司财务报表与财务报告有所区别，后者范围更广。财务报告是反映企业财务状况和经营成果的书面文件，包括资产负债表、利润表、现金流量表、所有者权益变动表、附表及会计报表附注和财务情况说明书及分析报告。一般国际或区域会计准则对财务报告都有专门的独立准则。“财务报告”从国际范围来看是较通用的术语，但是在我国现行有关法律法规中使用的是“财务会计报告”术语。为了保持法规体系的一致性，会计准则仍然沿用“财务会计报告”术语，但同时又引入了“财务报告”术语，并指出“财务会计报告”又称“财务报告”，从而较好解决了立足国情与国际趋同的问题。

公司财务报表就是指上述财务报告中的资产负债表、利润表、现金流量表、所有者权益变动表、附表，也有人认为应该包括会计报表附注。我们经常说的“三大报表”是指资产负债表、利润表、现金流量表三个基本报表，“四大报表”则包含所有者权益变动表(《企业会计准则》要求在年报中披露)，因此只有年报才有“四大报表”一说。

3.1.2　财务报表之间的关系及其与现金流量的关系

上述四张财务报表中，一是企业财务状况，二是企业的经营成果，三是企业的现金流量，四是所有者权益(净资产)。

▶ 1. 财务报表之间的关系

财务报表对使用者来说用处很大很多，因此必须搞清楚它们之间有什么关系，这些关系是不是准确地反映在这些财务报表上了，而这些关系在会计上叫“钩稽关系”。这些报表的“钩稽关系”主要有两种：一种是表内的“钩稽关系”；另一种是表间“钩稽关系”。第一种很简单，就是表内各项目之间的加加减减；第二种就比较复杂一点，就是一张报表的某一项或几项与另一张报表的某一项或几项有确定的关系，可以通过一定的公式来验证。

多样化且复杂化的财务活动需要在报表中得到反映，而企业的盈余管理手段也在不断翻新。这些因素使得财务报表越来越复杂，同时也使得财务报表分析演变为更专业化的工作。计算几个简单的财务比率已经无法实现财务报表分析的目的，不能满足现实的需要。分析者只有具备较强的财务会计知识和职业判断力才能够准确地理解越发复杂的财务报表，对于那些关注报表细节、试图了解企业财务报表中是否存在问题的分析者(如股票交易所的财务分析人员、证券公司的财务分析师、审计人员等)来说更是如此。由于在我国现阶段，现实中存在着相当一部分的虚假会计信息，报表粉饰行为盛行，所以应该强调基于报表钩稽关系的财务报表分析。基于报表钩稽关系的财务报表分析是一种更为注重对报表结构、报表各项目间财务逻辑关系理解的分析思路，它更强调从报表来看企业发生的经济业务，更注重识别企业财务报表是否存在粉饰和错误。

▶ 2. 财务报表与现金流量的关系

财务报表与现金流量的关系主要是指资产负债表、利润表与现金流量表之间的关系。因为现金流量表本身就是反映企业现金流量的报表，而所有者权益变动表是对资产负债表中的“所有者权益”进一步动态细化，交代其来龙去脉。

(1) 资产负债表与现金流量表之间的关系。资产负债表与现金流量表之间的关系，主要是资产负债表的现金、银行存款及其他货币资金等项目的期末数减去期初数，应该等于现金流量表最后的现金及现金等价物净流量。资产负债表是一个时点报表，现金流量表是一个时期报表，现金流动的结果就体现在了资产负债表的那个时点数。另外，理解现金等价物这个概念，对于厘清资产负债表与现金流量表之间的关系来说，也是非常重要的。

(2) 利润表与现金流量表之间的关系。如前所述，现金流量表的补充资料部分，通过很多的运算既可以说明现金流量与利润表的关系，又能揭示现金流量与资产负债表的关系。利润表与现金流量表编制的基础不同，现金流量表的编制基础是收付实现制，而利润表的编制基础是权责发生制，二者正好对立。

【案例 3-1】

一位股票投资者在阅读某上市公司年报中发现了一个有趣的问题。在该上市公司 2014 年的年报中，利润表中 2014 年主营业务收入为 6.52 亿元，现金流量表中 2014 年销售商品、提供劳务收到的现金为 5.23 亿元，收入与现金流相差 1 亿多元；同时在资产负债表中，公司 2014 年年末的应收票据、应收账款合计只有近 0.14 亿元。这使这位分析者产生了疑惑，近 1 亿的收入为什么在现金流量表与资产负债表中未能体现出来？究竟是该公司的报表存在问题，还是另有原因？

这位分析者注意到了三张表之间的钩稽关系。他的基本思路是：对于利润表中所实现的“主营业务收入”，企业要么收到现金，则反映于现金流量表中的“销售商品、提供劳务收到的现金”，要么形成应收款项，反映于资产负债表中的“应收账款”和“应收票据”。

但是，这种异常钩稽关系的成立所依赖的原因有以下三类：第一类，是企业在确认主营业务收入时，既没有收到现金流，也没有确认应收账款或应收票据；第二类，是企业在确认主营业务收入时，同时确认了应收账款或应收票据，但是其后应收账款或应收票据的余额减少时，企业并非全部收到现金；第三类，是企业合并报表范围发生了变化。

分析者可以通过阅读报表及相关附注证实或证伪上述三类原因的存在。如果没有发现上述原因及其他特殊原因存在的证据，那么很有可能是该公司的报表存在问题，则分析者需要重点关注该公司的收入确认、应收账款与其他应收款、现金流量的归类等。

资料来源：梦想天空的博文[OL]. http://blog.sina.com.cn/s/blog_4c863bdf010194ab.html.

3.2 财务信息的披露与阅读

3.2.1 财务信息披露的重要性

财务信息披露是指企业将直接或间接地影响到使用者决策的重要财务信息(财务状况、经营绩效或发展前景及其影响因素的信息)以公开报告的形式提供给信息使用者，它是财务分析的基础。财务信息披露质量的关键在于披露是否真实可靠、披露是否充分及时以及披露的对象之间是否公平。

(1) 财务信息披露是基于公司治理的需要。财务信息披露制度起源于企业所有权与经营权分离和委托代理关系的形成，即公司治理的需要。在许多国家，公司的信息披露不仅限于法律法规的要求，更有不少公司的大量信息是基于公司治理的目标而自愿披露的。

(2) 财务信息披露制度的完善直接关系到公司治理的成败。实践证明，一个强有力的信息披露制度是对公司进行监督的典型特征，是股东具有行使表决权能力的关键，也是影响公司行为和保护中小股东利益的有力工具。鉴于信息披露的重要作用，世界各国在其公司治理原则或研究报告中对信息披露均提出了相应的要求，以保证对公司的有效管理。

3.2.2 财务信息披露的质量

▶ 1. 财务信息披露的质量要求及原则

按照公司法、证券法等法律规范的相关规定以及证券监管部门的相关要求，对于公司尤其是上市公司财务信息披露的质量，一般认为有真实性、准确性、完整性、及时性和公平性五个方面的要求，而“真实、准确、完整、及时、公平”也是中国证监会一贯坚持的信息披露原则。

在资本市场比较发达的国家里，监管机构对公众(上市)公司的财务信息披露的质量要求非常严格。

【案例 3-2】

美国 Coldwater Creek 公司收到纳斯达克退市通知

美国 Coldwater Creek 公司于 2006 年 6 月 14 日宣布其当日收到纳斯达克决议通知，通知称 Coldwater Creek 公司 2006 年 6 月 8 日公布的截至 4 月 29 日的 10-Q 季度报告不完整，违反了纳斯达克市场规则 Rule 4310(c)(14)。这种情况下，纳斯达克团体决议通知会自动生成，声明由于未遵守相应规则，该公司将受到退市的惩罚。原因是该公司在编制季报时以某些历史财务信息的未决重述为依据，而会计师事务所未审核 10-Q 季报中的该部分财务信息，因此，公司未能提供《萨班斯—奥克斯利法案》要求的监管机构证明。

在这期间，Coldwater Creek 公司努力调整截至 2006 年 1 月 28 日的 10-K 年报，以反映重述的财务信息，只有这样，会计师事务所才能完成对 10-Q 季报的审核。一旦审核完成，公司就可以立刻公布一份完整的修改的 10-Q 季报，包括《萨班斯—奥克斯利法案》要求的认证文件。预计该公司对 10-K 年报的修正工作能在纳斯达克聆讯日之前完成，这样一来，该公司能及时公布修正的 10-Q 季报，做到遵循纳斯达克市场规则。

这类故事屡见不鲜。昆腾科技公司和零售公司 American Apparel 分别于 2010 年和 2011 年遭遇了类似问题。

资料来源：The Wall Street Journal，June 20，2006，p. A3.

▶ 2. 财务报表的局限性

财务信息披露是以报送、公布财务报表为主的，而财务报表本身有其固有的局限性。

（1）货币计量属性的局限性。首先，财务报表的货币衡量是假定币值不变，报告的又是过去的数据，站在报表使用者的角度已经是滞后的信息；如果考虑通货膨胀的影响，现时的销售收入与历史的成本费用是不可比的。其次，非货币性事项无法在财务报表中反映出来，但这些事项可能会对利益相关者的财务决策产生影响。

（2）反映内容(项目)的局限性。财务报表表外事项未能得以反映，企业外部的报表使用者不了解或很少了解非财务信息；投资者(股东)也与经理人存在信息不对称和利益不一致的问题，也会影响公司信息的披露。此外，会计本身的政策及估计方法的可选择性，使得成本及利润项目数据颇具模糊性。

（3）时间上的局限性。财务报表信息的滞后性决定了使用者在阅读分析数据时，只能了解企业过去的情况，对现在的状况及变化的未来结果不得而知，这一点对企业外部的报表使用者尤为突出，比较典型的是资产负债表日后事项。另外，会计分期的预估性明显，这在收入和成本费用的确认与计量上也存在归属时间上的局限性。资产负债表是静态报表，它并不能明确反映企业管理当局在经营过程中是如何筹措资金，对筹措来的资金又是如何具体加以运用的，是否及时偿还了债务等；而通过利润报表也很难了解收入是如何具体取得的，成本费用是怎样形成的。

（4）历史成本的局限性。以过去的物价水平为基础核算的历史成本对资产计价，与不断变化的交易价格脱节且缺乏可加性和配比性等缺点，也有悖于公司理财的估值原则。尽管会计上采取了以公允价值为基础的计提价值准备，但毕竟还存在操作上的诸多问题，而且计提价值准备的依据和方法等未能在财务报表中详尽说明(即便是报表附注也是有限披露)，外部报表使用者一般很难了解和判断其是否合理、正确。

以上仅仅列示了财务报表本身固有的局限性，并未包含报表编制发生的差错和人为造假。当然，也有学者把编制差错和人为造假列入了财务报表的局限性。财务报表不准确、不完整、不真实违背了上述财务信息披露的质量要求及原则，有待报表使用者分析和甄别。为了更好地阅读和理解、利用披露的财务信息，我们有必要认清我国公司财务信息披露的现状，掌握财务信息披露存在的问题及应对措施。

3.2.3　财务信息的阅读

了解公司财务信息披露的作用、要求，对财务信息的使用者——财务报表分析(抑或财务分析)者帮助很大。首先，信息阅读者可以据此进行比较纵深的会计分析，利用阅读者自身的知识、职业判断力甚至是直觉来分析判断公司所披露信息的质量，这是财务信息阅读的基本前提。其次，信息阅读者(使用者)在分析判断信息质量的基础上，对信息的有效性进行评价，进而根据自己的立场和分析目的，先开展行业分析和公司竞争性分析。只有在充分认识财务报表及其与现金流量的关系、对信息质量及其有效性作出评价、行业分析和公司竞争性分析的基础上，对公司披露的财务信息进行阅读理解和深入分析才是正确而明智的选择。

▶ 1. 财务信息的阅读路径

财务信息的阅读不同于财务信息的分析，它是报表使用者在深入分析前所进行的初步了解和理解。阅读路径是一个富有逻辑的认知步骤，是相互联系的一个系统。遵循阅读路径有助于报表使用者为接下来的正式分析评价奠定基础、确定重点、指明方向。财务信息的一般阅读路径如下：

(1) 阅读财务报告之总结陈词(总览);

(2) 管理层讨论与分析报告;

(3) 阅读一遍四大会计报表，其中要关注金额大的(重要)项目和异常项目及相关的逻辑关系;

(4) 初步诊断问题，确定重点，明确方向;

(5) 利用互联网，借助多媒体，广泛查阅相关资料，甚至求助于机构咨询与服务，同时，做好会计分析和行业与竞争性分析。

▶ 2. 财务报表中常见的不良信号

财务报表使用者在进行阅读时，要时刻注意其中折射或隐含的不良信号，主要包括以下几种:

(1) 财务报告不规范。不规范有财务报告编写者的水平问题，也有有意而为之的可能，后者有可能使得其可靠性受到质疑。遗漏违背完整性披露原则，很可能有意隐瞒瑕疵；表述前后矛盾或者不符合正常逻辑又没有合理的解释，违背真实性、准确性披露原则；提供报告或公开披露不及时则暗示公司管理当局与审计机构或注册会计师存在意见分歧，违背及时性和公平性原则。

(2) 数据反常。先检查异常项目及反常数据有无合理的解释原因。如无，则要考虑该数据是否存在真实性和一致性问题。比如，原因不明或者不合理的会计调整，可能是为了“粉饰”报表；营业收入骤增，而行业竞争与市场环境稳定，其他会计项目也没有逻辑性证明，则企业可能提前确认了收入。

(3) 大额的关联方交易。关联方交易价格很容易产生利润转移(即公司治理中的“剥夺”问题)，大额的关联方交易更是值得推敲。因此报表阅读者要考虑关联方之间的关系实质及外部控制。

(4) 大额的资本利得。公司可能“不务正业”，通过出售长期资产、债转股等交易实现资本利得，从而增加利润，掩盖正常的经营业绩。

(5) 异常审计报告。更换注册会计师或审计机构，或者审计报告本身不正常，附有保留意见或拒绝表示意见或反对意见，则很有可能是公司的财务报告存在问题。

3.3　财务报表分析

3.3.1　财务报表分析的目的和内容

▶ 1. 财务报表分析的目的

财务报表分析对于企业内部管理当局和外部利益集团都极为重要，财务报表分析的深度和广度是由财务分析的具体目的决定的。做好财务报表分析工作，能够帮助企业改善经营管理，提高经济效益；便于各利益相关者进行科学合理的决策；有利于正确评价企业经理人的绩效。不同报表使用者(包括企业经理人、投资者、债权人、政府、员工、顾客、供应商、竞争对手、公众)进行财务报表分析的目的各不相同，归纳起来主要有：①评价企业的财务状况；②评价企业的获利能力；③评价企业的资产管理水平；④评价企业的发展趋势。

在具体分析中，每个分析者会根据自己的目的来选取数据进行解释和评价。

▶ 2. 财务报表分析的内容

财务报表分析的内容决定于企业财务管理的内容以及不同财务分析者的目的。通常情况下，财务报表分析评价的内容主要包括偿债能力、营运能力、盈利能力和发展能力。其中盈利能力是财务评价的中心，偿债能力是保证盈利能力的条件，营运能力是创造盈利能力的基础，发展能力是企业可持续发展的保障。财务报表分析的内容一般通过一系列对应的财务比率指标加以揭示。

各项分析内容互相联系、互相补充，可综合地描述出企业的财务状况和经营成果，以满足各种财务信息使用者的需要。所以，有人把综合分析也作为财务报表分析的一项内容，其实综合分析更侧重的是方法而不是内容。

3.3.2 财务报表分析的基础

▶ 1. 基础分析

基础分析是具体财务报表分析的前提和基础工作，全面的基础分析至少包括三个方面：一是社会的整个经济情况环境分析；二是基于企业财务报表的会计分析和行业分析、竞争策略分析；三是企业未来的前景分析。

▶ 2. 分析的基础数据

基础数据必须以财务报告数据为主，还有各项基础分析所产生的数据，各种政策信息、环境数据、行业数据、市场竞争数据、公司战略数据、风险数据，以及其他各项参数等。

3.3.3 财务报表分析的方法

开展财务报表分析需要运用一定的方法。财务报表分析的方法主要包括比较分析法、比率分析法、趋势分析法、因素分析法等。

▶ 1. 比较分析法

比较分析法是通过财务指标在数量上的比较，揭示指标的增减变动情况及其数量关系的分析方法。根据分析的目的和要求的不同，比较分析法有与计划(或定额)对比、与前期对比、与同行对比三种形式，应用时必须注意指标的可比性。

▶ 2. 比率分析法

比率分析法是把某些彼此存在关联的项目加以对比，计算出比率，据以确定财务活动变动程度的分析方法。比率是相对数，采用这种方法能够把某些条件下的不可比指标变为可以比较的指标，以利于进行分析。该方法主要有以下三类：

(1) 结构比率分析法。它反映某项指标组成部分与总体的比重关系，在西方被称为垂直分析法或纵向比较分析法(有别于我国通常把时间序列上的前后对比称为纵向比较)。

(2) 效率比率分析法。它是某项财务活动中所费与所得的比率，反映投入与产出的关系。

(3) 相关比率分析法。它是以某个项目和与其有关但又不同的项目加以对比所得的比率，反映有关财务活动的相互关系。

▶ 3. 趋势分析法

趋势分析法也称水平分析法(在西方被称为横向分析法，不同于我国通常把与其他企业的比较叫作横向比较)，是通过对比两期或连续数期财务报告中的相同指标，确定其增减变动的方向、数额和幅度，以说明企业财务状况和经营成果的变动趋势的一种方法。采用这种方法，可以分析引起变动的主要原因、变动的性质，并预测企业未来的发展前景。

趋势分析法的具体运用主要有以下三种方式：重要财务指标的比较、财务报表的比较和财务报表项目构成的比较。

▶ 4. 因素分析法

因素分析法是依据分析指标和影响因素的关系，从数量上确定各因素对指标的影响程度。每个指标的高低及增减变动都受若干因素的影响，从数量上测定各因素的影响程度，可以帮助人们抓住主要矛盾，或更有说服力地评价经营状况。因素分析法具体可分为差额分析法、指标分解法和连环替代法。

财务报表分析的灵魂是善于比较，以上四种基本方法是基于不同的着眼点和视角，在实际分析中必须相互配合、灵活运用。

3.3.4 财务报表的具体分析

财务报表的具体分析专业性很强，财务比率指标较多，方法运用灵活，限于篇幅，本书主要以图表的形式简明扼要地加以介绍，并凸显各财务比率指标及方法之间的逻辑性和系统性。

▶ 1. 偿债能力的分析

(1) 短期偿债能力的分析。反映短期偿债能力的各项指标见表 3-1。

表 3-1　短期偿债能力各项指标比较

指标名称	计　算　式	评价标准	备　注
流动比率	流动资产÷流动负债	>2∶1，越大越强	没有绝对的标准，依行业、规模、周期和商业模式等特点而定
速动比率	(流动资产－存货)÷流动负债	>1∶1，越大越强	
现金比率	现金及现金等价物÷流动负债	>20%，越大越强	
经营活动净现金比率	经营活动净现金流量÷流动负债	越大越强	分母应为当期平均数
营运资本	临时性流动资产－流动负债	>0 表示稳健、保守 =0 表示配合、中庸 <0 表示激进、冒险	临时性流动资产=流动资产－永久性流动资产

其中，速动比率中的分子称为速动资产，即可迅速变现的资产，用“速动资产=现金+短期投资+应收账款－预付账款”公式加以计算分析更加稳健，当然应收账款必须是一年内能够收回的账款，这才符合迅速变现的含义。在分析时，应保持适用公式的一致性。

可见，流动比率、速动比率、现金比率存在着变现能力的递进关系，如图 3-1 所示。

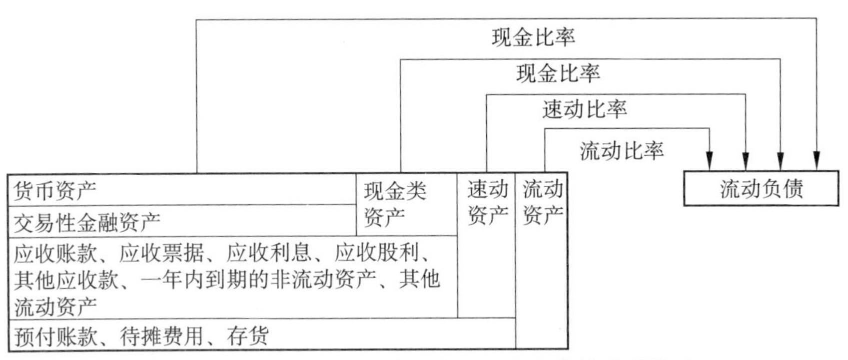

图 3-1　流动比率、速动比率、现金比率的递进关系

（2）长期偿债能力的分析。反映长期偿债能力的各项指标见表 3-2。

表 3-2　长期偿债能力各项指标比较

指标名称	计　算　式	评价标准	备　注
资产负债率	负债总额÷资产总额	＞50%风险加大	＞50%称为负债经营
产权比率	负债总额÷所有者权益总额	＞1∶1 风险加大	即资本结构
有形净值债务率	负债总额÷（所有者权益总额－无形资产净值）	＞1∶1 风险加大	无形资产视为不能偿债
已获利息倍数	（利润总额＋利息费用）÷当期利息支出	＞1∶1，越高越有保障	分母包含资本化的利息

其中，已获利息倍数也称利息保障倍数，分子中的利息费用是指计入当期财务费用的利息支出，因此，分子就是息税前利润（EBIT），而分母却包含计入当期财务费用的利息支出和资本化而计入长期资产价值的利息支出。这一比率指标其实就是人们通常所说的“经营利润能不能付得了利息”。

另外，资产负债率的倒数在财务领域一般称为财务杠杆乘数，等于“资产/负债”（注意，不是财务杠杆系数），而“资产总额/所有者权益总额”称为权益乘数，因此可导出“权益乘数＝1/（1－资产负债率）”。

需要指出的是，还有许多未在资产负债表表内反映的表外因素会影响短期和长期偿债能力，分析者需要作进一步的分析判断和评价。如即将动用的贷款额度、准备很快变现的长期资产、企业的信誉、担保及或有负债、分期付款与承诺付款、长期租赁、未决诉讼等。

【案例 3-3】

商业银行信贷员小刘拿到惠美公司 2000 年 12 月 31 日的资产负债表，以此计算得出理论上认为较好的有关财务比率（流动比率为 2.8，速动比率为 1.6）。于是，小刘认为该企业财务状况不错，短期偿债能力良好，可以放心追加贷款。但信贷主任老车说：“这些以时点数计算出来的财务比率有一定问题。”你觉得是不是有问题？若有，到底有什么问题？

资料来源：崔也光．财务报表分析[M]．天津：南开大学出版社，2008.

2. 营运能力的分析

从广义上讲，营运能力就是指企业充分利用现有资源创造财富的能力，其实质就是要以尽可能少的资产占用、尽可能短的时间周转，生产或提供尽可能多的销售商品和服务，创造尽可能多的收入。因此，企业营运能力分析是影响企业财务状况稳定与否和获利能力强弱的关键环节。

反映营运能力的各项指标见表 3-3。

表 3-3　营运能力各项指标比较

指标名称	计　算　式	评价标准	备　注
总资产周转率（次数）	营业收入净额/平均资产总额	周转次数越多越好	周转率均指当期周转次数，可用当期天数（如 1 年 360 天）除以次数求得周转 1 次所需天数
固定资产周转率（次数）	营业收入净额/平均固定资产净值		
流动资产周转率（次数）	营业收入净额/平均流动资产		
应收账款周转率（次数）	营业收入净额/平均应收账款		
存货周转率（次数）	营业成本/平均存货		
营业现金周转期	应收账款周转天数＋存货周转天数－应付账款周转天数	越短越好	指完成一次周转所需天数
营业收入现金回收比率	经营活动净现金流量/营业收入	越高越好	营业获取现金能力

同样的资金投放，在一定期间的周转次数越多，周转1次的天数越少，说明其周转速度越快，取得的收入或者利益就越多。有的企业还经常有预收账款和应付账款(没有逾期)，如大型超市，这就等于有源源不断的资金用于更多更快的资金周转。因此，流动负债的总量及结构分析也很重要，不能一味地认为流动负债多就一定对企业不利。

【案例 3-4】

甲、乙两家企业的平均总资产均为100万元，其中平均存货均占10%，毛利率=(营业收入－营业成本)/营业收入=20%。甲企业存货周转率为每年10次，它的年毛利润计算为：营业成本=100×10%×10=100万元，营业收入=100/(1－20%)=125万元，则毛利润为25万元；而乙企业存货周转率为每年20次，它的年毛利润计算为：营业成本=100×10%×20=200万元，营业收入=200/(1－20%)=250万元，则毛利润为50万元。虽然占有等量的资源，乙企业由于存货周转速度快而创造了更多的收益，盈利能力较强。如果乙企业的目标毛利润为40万元，那么它只需投入8万元的存货(节约了2万元)就能实现，从而增加2万元的现金持有量，这样，它不仅在利润上仍能超过甲企业，而且在速动比率及短期偿清能力上占有优势。

从这个案例可以看出，企业的营运能力直接影响和关系着企业的偿债能力和盈利能力，从某种程度来说是二者的基础，体现着企业的经营绩效。因此，投资者、债权人、企业管理当局等为了更加深刻地理解和掌握企业的偿债能力和盈利能力，对企业的经营业绩作出全面的客观公正的评价，就必须对企业的营运能力作专门的详细的分析。

资料来源：崔也光．财务报表分析[M]．天津：南开大学出版社，2008.

3. 盈利能力的分析

反映盈利能力的各项指标及比较说明如表3-4所示。

表3-4　盈利能力各项指标比较

指标名称	计　算　式	盈利能力属性	备　注
长期资本报酬率	(利润总额＋利息费用)/(平均长期负债＋平均所有者权益)	资本经营	强调长期
资本金收益率	一般公司：净利润/(平均实收资本＋平均资本公积)		资本公积仅指资本溢价(或股本溢价)
	上市公司：每股收益＝净利润/流通在外的普通股股数		
净资产收益率	净利润/平均所有者权益		核心指标
总资产报酬率	(利润总额＋利息费用)/平均总资产	资产经营	利息是债权人的回报
毛利率	(营业收入－营业成本)/营业收入	商品经营	
营业利润率	(营业利润＋利息费用)/营业收入		
销售净利率	净利润/营业收入		
成本费用利润率	营业利润/(营业成本＋销售费用＋管理费用＋财务费用)	耗费	所得比所失
净利润现金保证比率	经营活动净现金流量/净利润	现金流	利润获取现金能力

当然，无论何种盈利能力指标，财务比率越高表明盈利能力越强。此外，在公司理财中，“自有资本利润率＝总资产报酬率＋(负债资本/自有资本)×(总资产报酬率－借入资金利息率)”这个公式也很重要，因为它反映了“负债资本/自有资本”这一资本结构在不同

的总资产报酬率和借入资金利息率下利用财务杠杆的利益程度，或者一定的总资产报酬率和借入资金利息率在不同的资本结构下的财务杠杆的作用程度。

我们认为，总资产报酬率在其中起着至关重要的作用，它可以分解为两个财务比率指标：总资产报酬率＝营业利润率×总资产周转率，这说明提高总资产报酬率的措施有“转得快”和“赚得多”。管理当局拿着股东的钱，再加上借来的钱，必须变换成“摇钱树”才能为股东生财，“摇钱树”就是这些“other people's money”（他人的钱）投放而形成的各种资产。总资产报酬率就是摇钱树能摇出多少钱。如何摇出更多的钱？大部分人会说，一是薄利多销，如纽扣“一分利”；二是厚利少销，如古董“三年不开张，开张吃三年”；三是厚利多销，当然更好，但市场规律会告诉你什么叫昙花一现。因此，总资产周转率在这里经常被人遗忘，“转得快”是指资产周转速度快，当营业利润率提高不了多少时，甚至反而有可能下降时，总资产周转率就对总资产报酬率的提高起着关键的作用。

无论如何，净资产收益率是核心指标，它通常被当作最关键、最高层次的指标，“股神”沃伦·巴菲特就是把它作为价值投资的首选指标。

【案例 3-5】

假设你是商业银行的金融部主任，正在考虑两家公司的贷款请求。对两家公司财务报表的分析显示了相似的风险和回报特征，而这两家都是勉强够格的申请者。在与资深贷款经理探讨时，他指出，一家公司的利润来自 10 个不同的行业业务，而另一家则集中于一个行业业务。这一信息是如何影响您的贷款决策的呢？它会影响到你对两家公司的比较吗？

资料来源：崔也光．财务报表分析[M]．天津：南开大学出版社，2008.

除了进行上述的一些财务比率指标分析外，盈利能力分析还要进行发展趋势的分析以及损益原因及盈余质量的分析。发展趋势的分析主要属于企业发展能力的分析，而盈余质量的分析在实务中越来越受到重视，因为越来越多的企业进行着盈余管理，且它与企业现金流有着本质的区别。盈余质量的分析主要包括可靠性——水分分析，含金量——现金流（时间价值）分析，结构——异常项目和“不务正业”分析，连续性和稳定性——周期分析，风险——投资、经营和财务风险分析，成长性——增长和短期行为分析，环境——行业与竞争、可比性分析，以及利益相关者与社会责任分析。

▶ 4. 发展能力的分析

反映发展能力或增长能力的指标比较多，主要有主营业务增长率，主营业务利润增长率，营业利润增长率，净利润增长率，资本（净资产）增值率，留存收益率，总资产增长率，可持续增长率。其中资本增值率，也即所有者（股东）权益增长率是核心指标，其关系如图 3-2 所示。

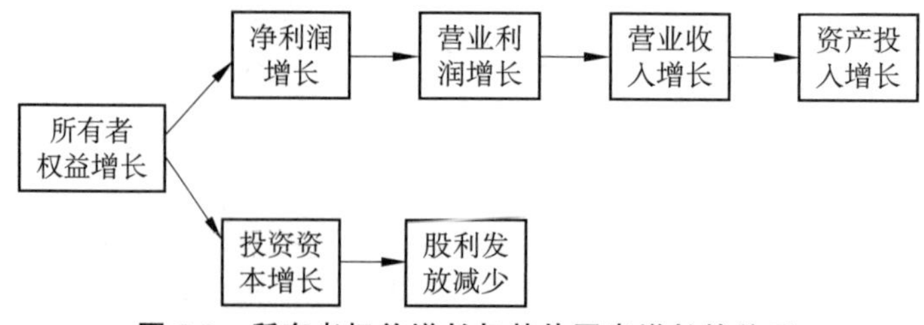

图 3-2　所有者权益增长与其他因素增长的关系

以上关系若满足收益增长率＞销售增长率＞资产增长率，则企业成长性好，属效益性增长，此时盈利能力增长会快于营运能力增长，否则企业成长性不好，属非效益性增长。

美国财务学家罗伯特·希金斯（Robert Higgins）就公司增长问题和财务问题进行了深

入的研究，于1977年提出了可持续增长模型。可持续增长模型对一定条件下公司的增长速度受经营水平、财务资源及政策的制约关系进行了描述。该模型是制定销售增长率目标的有效方法，已被许多公司广泛应用(如惠普公司、波士顿咨询公司)。希金斯认为：可持续增长率是指在不需要耗尽财务资源的情况下，公司销售所能增长的最大比率。

3.3.5 财务报表的综合分析

单独分析任何一类财务指标，都不足以全面地评价企业的财务状况和经营效果，只有对各种财务指标进行系统、综合的分析，才能对企业的财务状况作出全面、合理的评价。

▶ 1. 杜邦分析法

企业偿债能力分析、营运能力分析、获利能力分析可以就企业某一方面的财务活动作出评价，但是，企业的各种财务活动、各项财务指标相互联系、相互影响必须结合起来加以研究分析。因此，进行财务分析应该将企业财务活动看作是一个大系统，对系统内相互依存、相互作用的各种因素进行综合分析。杜邦分析法(DuPont Analysis Method)就是利用各个主要财务指标之间的内在联系来综合分析企业财务状况以及经营成果的方法。这种方法由美国杜邦公司最先采用，故而得名。利用这种方法可把各种财务指标间的关系绘制成杜邦分析系统图，如图3-3所示创业板上市公司乐视网(深市300104)2015年9月30日的杜邦分析。①

从杜邦分析系统可以看出，净资产收益率是一个综合性极强、最有代表性的财务比率，它是杜邦分析系统的核心。企业的盈利能力涉及生产经营活动和财务活动的方方面面。净资产收益率与企业的筹资结构、销售规模、成本水平、资产管理等因素密切相关，这些因素构成一个完整的系统，系统内部各因素之间相互影响、相互作用。只有协调好系统内部各个因素之间的关系，才能使净资产收益率——股东权益报酬率得到提高，从而为企业的生存和发展创造条件。当然，如果将净资产收益率乘以留存收益率，即等于可持续增长率。

▶ 2. 财务比率综合评分法

传统的杜邦分体系计算总资产收益率的分子与分母不可比，没有区分经营活动和金融活动的负债和损益。而财务比率综合评分法可以评价企业的综合财务状况，在一定程度上弥补了杜邦分析体系的不足。

财务比率综合评分法最早是在20世纪初由亚历山大·沃尔选择七项财务比率对企业的信用水平进行评分所使用的方法，所以也称为沃尔评分法。这种方法是通过对选定的几项财务比率进行评分，然后计算出综合得分，并据此评价企业的综合财务状况。其程序如下：选择评价指标并分配指标权重；确定各项评价指标的标准值；对各项评价指标计分并计算综合分数；形成评价结果。

▶ 3. 企业综合绩效评价法

根据《中央企业综合绩效评价管理暂行办法》(国资委令第14号)，2006年9月12日国务院国有资产监督管理委员会制定了《中央企业综合绩效评价实施细则》，制作了“企业综合绩效评价指标及权重表”，用于综合评价企业财务会计报表所反映的经营绩效状况。

国务院国资委统计评价局根据国资委令第14号等文件规定，以全国国有企业财务状况、经营成果等数据资料为依据，并参照国家统计局工业与流通企业月报数据及其他相关统计资料，对上年度国有经济各行业运行状况进行客观分析和判断的基础上，运用数理统

① 新浪财经[OL]. http://vip.stock.finance.sina.com.cn/corp/go.php/vFD_DupontAnalysis/stockid/300104/displaytype/10.phtml.

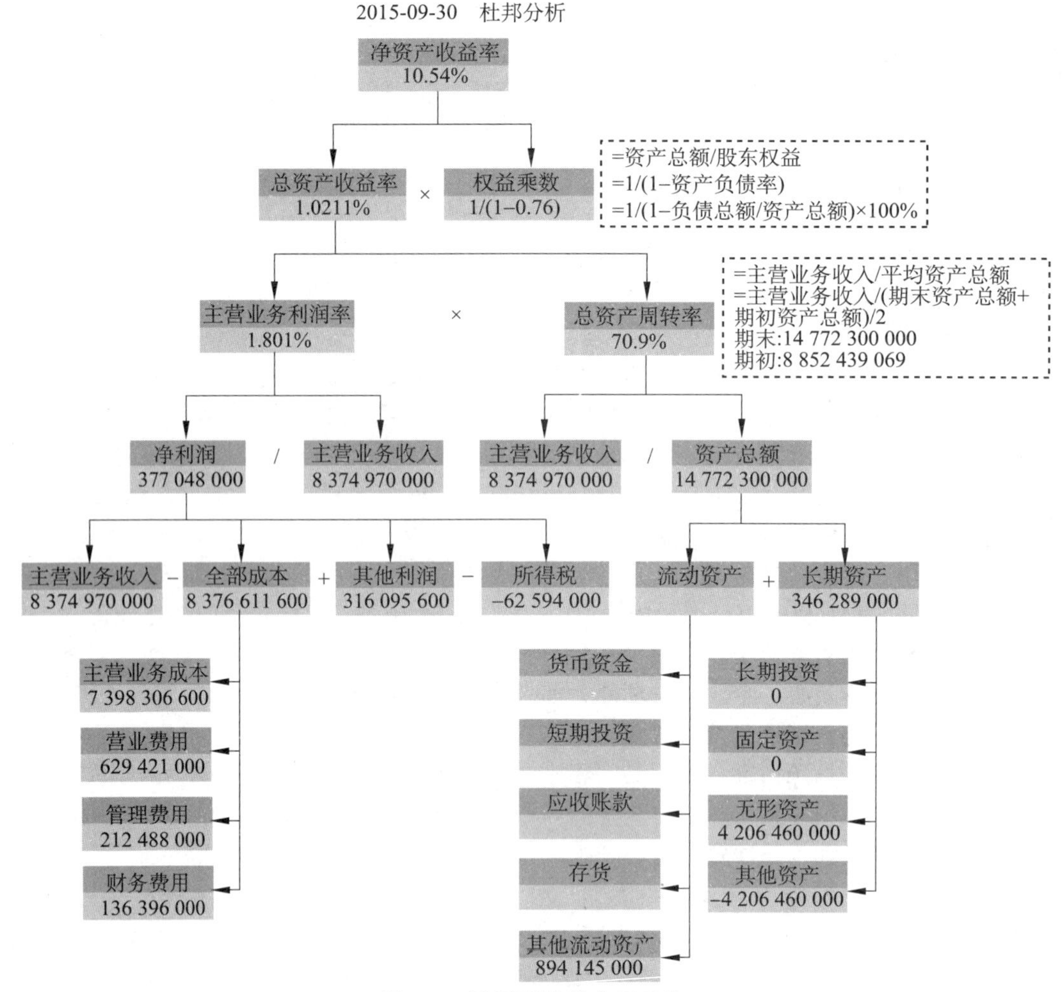

图 3-3　乐视网杜邦分析系统

计方法测算制定了企业绩效评价标准值，每年发布一次。该标准给出了各个行业企业绩效水平的参考值(优秀值、良好值、平均值、较低值、较差值)，此为国内最权威、最全面的衡量企业管理运营水平的评价标准。

▶ 4. *改进或补充方法*

任何一种综合分析方法都不可能十全十美，理论界和实务界也在不断努力探索构建新的模型来衡量企业绩效或价值。目前，最主要和常用的模型有现金流评估法(FCFE、FCFF)、剩余收益(RI)、经济增加值(EVA)、市场增加值(MVA)、未来增长价值(FGV)、股东增加值(SVA)、投资现金流收益率(CFORI)、可持续增长率(SGR)、平衡记分卡(BSC)。

3.4　财务报表分析注意事项

财务报表分析非常有用，但分析人员应意识到某些问题的存在，并在必要时对分析作出调整。机械地、不加深入思考地进行分析是无益的。但若能聪明地、有判断地分析，可以帮助我们深入地了解企业的经营和财务状况。成功的财务报表分析中最重要也最困难的部分是解释结果，以得出有关公司财务状况的综合结论。

3.4.1 分析方法及指标自身皆有局限性

作为财务报表分析者，除了应明晰财务报表本身的局限性外，还应认清财务分析方法、财务指标的可比性、分析者知识水平与能力及经验、财务指标评价标准等的局限性。同时，还要考虑传统公司的基本业务和新经济形态下的公司或公司部分创新业务的差别，以及资本市场的新发展导致传统分析方法失灵。

3.4.2 财务报表分析也应遵循稳健原则

财务报表及分析皆有局限性，因此分析者也应遵循稳健原则。在计算财务比率指标时，对涉及资产、所有者权益、收入和利润等利好项目应剔除不合理或含有水分的数据，对涉及负债、成本费用等不利项目应充分估计，对或有事项和其他能产生影响的非财务因素应全部考虑进来。当然，对现金流的分析也应结合企业的行业、规模、生命周期和金融环境，进行动态而又稳健的分析。

3.4.3 不要过度依赖财务分析软件

目前，国内有不少人工智能(AI)、大语言模型(LLM)软件公司已开发销售财务分析软件，有的功能相对简单，有的功能很齐全。然而，AI及软件的开发利用无非就是提高分析的准确性和效率，降低分析成本，但这并不等于可以提高财务分析评价的质量。会计分析、行业分析、竞争战略分析以及环境分析，分析者的目的和稳健性态度，分析者的知识水平、经验和职业判断力对分析评价报告数据利用效果的影响，这些都是软件本身无法替代的优势。总之，报表分析者或信息使用者不能完全依赖AI及软件的分析，以及机械的评价。

3.4.4 密切关注公司的盈余管理

操纵公司盈余的过程称作盈余管理(earnings management)。在极端情况下，盈余管理可导致严重的会计丑闻，比如美国的安然公司、默克公司、世通公司以及日本的奥林巴斯公司、东芝公司等一些大型公司，它们通过会计操纵披露虚假的盈余。一系列的会计与管理丑闻吞没了员工毕生的积蓄，也伤害了众多无辜的股东。美国国会于2002年6月通过《萨班斯—奥克斯利法案》(Sarbanes-Oxley Act)，如果公司董事会或高级管理层未遵守该法案，公司则可能被要求退市。

强调财务报表的有用性有赖于报表编制者的伦理道德，即使对于类似上述的造假案件，通过关注现金流量表，认真阅读财务报表附注，见多识广的财务报表分析者也不难发现些许不良信号。

3.4.5 同行业比较分析时可比性至关重要

销售收入和费用在同一年度不同时期会有所不同。管理者、投资者与分析师在进行同行业比较分析时应注意统一期间，否则分析比较得到的结论可能实际上只是季节性差异。类似地，世界各国不同公司的会计年度可能不同，这会加大比较分析的难度。此外，一次性事件比如并购会影响公司的财务业绩，进行同业分析时，如果所比较公司里存在此类公司，可能会产生错误结论。

同行业比较公司通常可能位于世界各地。对于不同国家的公司，除了存货计价方法和折旧方法外，不同的会计准则和会计程序也会加大比较财务报表和财务比率的难度。

此外，大型公司通常拥有多个分部、多个经营范围不同的业务单元，这种情况下，管理者与投资者很难对这类公司进行同行业比较分析。

3.4.6 注意分析报告语言信息背后的蛛丝马迹及表外信息

除了财务报表本身的数据外，其他信息如管理层的讨论与分析(management discussion and analysis，MD&A)和财务报表附注，往往因编写的语言文理而折射出背后隐含的蛛丝马迹，比如前后矛盾、模棱两可、含混不清、闪烁其词、空泛套话、纸上谈兵、高谈阔论、有意回避、不断强调、避重就轻等，不一而足。

本章小结

1. 财务报表是财务报告的重要组成部分，包括资产负债表、利润表、现金流量表和所有者权益变动表。报表附注和财务情况说明书及分析报告、管理层讨论与分析等也构成了财务报告的内容，这些都是公司需要对外披露的财务信息。财务报表内部和财务报表之间都存在着钩稽关系，这种财务会计上的逻辑关系是财务报表阅读和分析的基础，但更重要的是它们与现金流量的关系，因为现金流量是财务——公司理财的精髓。

2. 公司对外财务信息的披露应遵循规则，符合真实性、准确性、完整性、及时性和公平性的质量要求。尽管财务报表有一定的局限性，我国企业财务信息披露仍然存在诸多问题与不足，但阅读财务信息的路径与方法有章可循，并从中可见财务报表中的不良信号。当然，在正式的财务报表分析之前，进行会计和行业及其竞争等基础分析是十分必要的，这对明确财务报表分析的目的和内容很有帮助。

3. 不同报表使用者(包括企业经理人、投资者、债权人、政府、员工、顾客、供应商、竞争对手、公众)进行财务分析的目的各不相同，归纳起来主要有评价企业的财务状况、评价企业的获利能力、评价企业的资产管理水平、评价企业的发展趋势。财务报表分析包括偿债能力、营运能力、盈利能力和发展能力分析，其方法主要包括比较分析法、比率分析法、趋势分析法、因素分析法等，而分析的基础和依据应当全面和可靠。

4. 财务报表的具体分析主要指每一个财务比率指标的计算和释义。这些指标精彩纷呈，相辅相成。杜邦分析法、综合评分法和综合绩效评价法等综合分析方法就是对各种财务指标进行系统、综合的分析，从而对企业的财务状况和经营效果作出全面、合理的评价。公司理财应给予内部增长率和可持续增长率足够的重视。

5. 财务报表分析人员应意识到某些问题的存在，并在必要时对分析作出调整。请注意以下几点：财务分析方法及指标自身皆有局限性、遵循稳健原则、不要过度依赖财务分析软件、密切关注公司的盈余管理、同业分析时可比性至关重要、注意分析报告语言信息背后的蛛丝马迹及表外信息。

课后练习

一、思考题

1. 财务报告和财务报表有何区别？请列举几种财务报表之间的钩稽关系。

2. 试说明现金流量表与资产负债表、利润表之间的关系。

3. 为什么在财务报表分析中特别强调财务报表与现金流量的关系？

4. 公司财务信息披露应遵循哪些规范及质量要求？

5. 简述财务信息阅读的路径及方法。

6. 试述财务报表分析的主体及其各自分析的侧重点。

7. 财务报表分析的基础是什么？

8. 财务报表分析包括哪些方面的内容？

9. 财务报表分析的方法有哪几种？

10. 企业偿债能力、营运能力、盈利能力和发展能力分析以及综合分析的财务比率指标有哪些？如何计算并分析？

11. 请分别说明财务报表、财务报表分析方法和财务比率指标的局限性。

12. 财务报表阅读与分析应注意哪些问题？

二、计算分析题

收集创业板上市公司乐视网(300104)2013年、2014年、2015年三年的财务报表及相关的财务指标数据，运用本章学习的财务报表分析方法，对该公司的偿债能力、营运能力、盈利能力、发展能力进行分析，并作出综合分析和初步的评价。

章末案例

刘姝威质疑乐视“烧钱”模式难持续　业内称评估不科学

在对乐视网CEO贾跃亭套现行为进行炮轰后，2015年6月23日晚间，中央财经大学财经研究所研究员、中国企业研究中心主任刘姝威发布乐视网财务分析报告，质疑乐视网现行的“烧钱”模式难持续。昨天，乐视网方面回应称，希望刘姝威有机会来乐视考察。昨天，乐视网股价高开，盘中一度冲击涨停，截至收盘，报56.21元/股，涨幅达3.52%。

质疑

乐视“烧钱”模式能持续多久？

在报告中，刘姝威对乐视财务结构进行了描述，称乐视营业利润出现下降，是由于乐视网的70%主营业务成本是终端成本，因此销售乐视TV是乐视网盈利能力下降的重要原因之一。刘姝威同时对乐视电视业务提出质疑，称平板电视机的70%成本是显示屏，而受摩尔定律的影响，电子行业的技术更新周期只有18个月。乐视网想要通过销售乐视TV扩大用户规模，乐视TV不一定能够跟得上电子行业的技术更新速度。她表示：“乐视网继续实施‘通过销售乐视TV，扩大用户规模’的策略，那么，这种‘烧钱’模式能够持续多久？在国内外，被‘烧钱’模式烧死的公司已经不少了。”

刘姝威还在报告中对比了乐视和华为的董事会和高管结构，称华为董事会是由信息与通信技术专家组成的，所以华为公司能够成为信息与通信领域的国际强者。而从乐视网高管人员结构上看，乐视网的优势是在传媒领域，尤其是网络视频。刘姝威还表示，如果乐视网把2014年40亿元的终端成本用于内容产品的创造上，乐视网也能创造出像《爸爸去哪儿》和《奔跑吧，兄弟》这样的低成本高利润的内容产品。

回应

乐视欢迎刘姝威来公司考察

针对刘姝威的质疑，昨天，乐视网方面仅回应称希望刘教授能来乐视考察指导，了解一个与众不同的真实乐视和独一无二的乐视生态，同时期望就互联网＋时代新经济模式对于一个公司未来价值判断的差异等课题深入交流。

贾跃亭此前在接受福布斯方面采访时表示，净利润不应该是衡量一家企业价值的第一标准，“在旧工业时代，赚钱能力是第一位的。但现在，衡量企业价值应该是看未来，而不是净利润等硬性指标。”贾跃亭说，互联网模式是一切以用户为中心的，而不是以企业为中心的。早期绝不应该过早地考量盈利。考量盈利的话，必然会伤害用户利益。乐视希望赚的是慢钱，但未来真正产生盈利的收入是大钱。

分析

刘姝威报告杀伤力不大。

有市场人士表示，刘姝威此次发布的乐视网财务分析报告，并没有此前外界预想的具有巨大的杀伤力。

艾媒咨询CEO张毅说，与传统行业不同，互联网行业强调的是用户，用户即是未来，只要企业能提高生产力、改善用户痛点并有诸多创新，都被认为是拥有机会的，也不会去在意短期的投入。乐视超级电视业务并不是依靠硬件销售赚钱，其背后仍然依靠的是内容，在削减中间环节节省成本的同时依靠内容和平台实现会员收入和广告收入。

而在知名互联网观察者信海光看来，刘姝威的报告内容平平，其对科技业还需进一步了解。信海光指出，电视和手机是完全不同的产品，以前电视机的更新换代周期普遍在10年以上，互联网电视虽然有芯片，但它的更新换代整体上却跟摩尔定律关系不大。此外，互联网业资本对公司为了追求长远价值而付出的容忍度与传统行业相比是远远不同的，太多互联网公司都对盈利问题“漠不关心”，与高速扩张相比，在盈利问题上都是“慢性子”。

大同证券首席策略分析师胡晓辉也认为，用专业的财务分析来评价互联网企业是不科学、不合理的。因为乐视网广告收入持续高增长、在付费收看电影方面未来发展空间大、乐视网未来客户还将进一步延伸，价值开发明显。但也有众多投资者认为，乐视网不能以“互联网公司”作为借口，来隐藏经营上存在的风险，更不能因此损害投资者的利益。

资料来源：[1]刘姝威．炮轰乐视引发争议[J]．理财，2015(08)：7.

[2] 刘永刚．刘姝威PK乐视网：潮水过后才知谁在裸泳[J]．中国经济周刊，2015(25)：2.

问题：

1. 刘姝威质疑乐视“烧钱”模式难持续，业内称评估不科学体现在哪些方面？
2. 你认为用传统的财务分析来直接评价互联网企业是缺乏科学和合理性的表现吗？为什么？
3. 举例说明传统的财务报表分析方法对现代新经济形态和商业模式下的企业进行分析评价的局限性。

即测即练

扫描封底二维码

获取答题权限

第4章　估值原理

学习目标

• 理解利率和通货膨胀的含义及其对公司理财的影响。

• 明确货币时间价值的基本概念和本质。

• 熟练掌握货币时间价值的应用和计算方法。

• 理解风险和收益的含义，了解风险的种类和产生的原因。

• 掌握风险和收益对等的基本原理，熟练掌握风险报酬(风险价值)的计算步骤和方法。

• 理解证券投资组合和资产定价模型。

引导案例

中国利率市场化的进程

党的十八届三中全会正式确立了市场在资源配置中的决定性作用，利率市场化改革在整个金融市场化改革中举足轻重，对我国的经济金融发展具有深远影响。自1996年开始历经20多年的利率市场化改革，我国初步建立了以上海银行间同业拆放利率(Shibor)为代表的市场基准利率体系，市场化定价机制作用更加强化。2015年10月24日起，央行宣布对商业银行和农村合作金融机构等不再设置存款利率浮动的上限，这标志着我国20多年的利率市场化改革基本完成，意味着我国已全面实现货币市场和债券市场的利率市场化以及存贷款市场的利率市场化。经过一系列的市场化改革，市场机制在金融资源配置中的决定性作用日渐增强。由市场供求决定金融机构存、贷款利率水平以及由中央银行调控和引导市场利率的机制已经形成。

资料来源：我国均衡利率的演进路径[EB/OL].[2015-12-07]. http://finance.jrj.com.cn/2015/12/07041020191931.shtml.

问题：

1. 利率和利率市场化的含义是什么？
2. 我国推行利率市场化有何意义？

4.1　利　　率

利率是国家宏观经济调控的重要工具之一，通常由国家的中央银行控制，比如在我国由中国人民银行管理，在美国由联邦储备委员会管理。当经济过热、通货膨胀上升时，一般会提高利率、收紧信贷；当过热的经济和通货膨胀得到控制时，会把利率适当地调低。因此，利率是重要的基本经济因素之一。利率也是经济学中一个重要的金融变量，几乎所有的金融现象、金融资产均与利率有着或多或少的联系。

4.1.1 利率的概念及分类

信用是商品货币经济发展到一定阶段的产物，作为一种借贷行为，借款者除了在期限内需要偿还本金以外，还要为使用或者占用资金支付一定代价，即利息。利息实际上是资金使用权的价格或者借贷资本的价格。利息率简称利率，是一定时期内利息额同其相应本金的比率，即利率=(利息额/本金)×100%。利率在信用关系中是债务人支付给债权人的报酬率，是债务人因取得货币使用权而支付的成本率。

在资金市场交易中，资金作为一种特殊商品，利率作为某一特定时段运用资金的交易价格，资金通过利率这一价格体系在市场机制作用下实现分配，从而实现资金融通。在完善、发达的市场条件下，资金从高收益项目到低收益项目依次分配，都由资金的价格机制——利率的差异来实现调整。

按不同的划分标准，利率可划分为不同的类型。

▶ 1. 按利率计算期限分为年利率、月利率和日利率

年利率按本金的百分之几表示，月利率按千分之几表示，日利率按万分之几表示。比如央行基准利率是年利率；2013年阿里巴巴上市的余额宝曾引领互联网个人理财的风潮，其7日年化收益率曾经达到7%，也是年利率，即存入余额宝1 000元，一年可获得收益70元；民间借贷常说的几分利，如没特别说明，通常是指月利率，1分利即月利率为1%，换算成年利率就是12%。在利率换算或财务、金融运算中，我国与欧洲均采用一年360天、一个季度90天、一个月30天的标准，而美国等一些国家除了按此标准天数计算外，还有按实际天数计算的，如一年365天。年利率、月利率和日利率之间的换算关系如下：

月利率=年利率/12

日利率=月利率/30=年利率/360

▶ 2. 按利率之间的变动关系分为基准利率和套算利率

(1) 基准利率。基准利率是金融市场上具有普遍参照作用的利率，且基准利率相对稳定，其他利率水平或金融资产价格均可根据这一基准利率水平来确定。在利率市场化条件下，融资者用以衡量融资成本，投资者用以计算投资收益，客观上都要求有一个普遍公认的基准利率水平做参考。所以，基准利率是利率市场化机制形成的核心。在西方基准利率通常是中央银行的再贴现率，比如英国伦敦同业拆放利率(Libor)、美国的联邦基准利率(FFR)，在中国是中国人民银行对专业银行贷款的利率。

(2) 套算利率。套算利率是指在基准利率确定后，各金融机构根据基准利率和借贷款项的特点而换算出的利率。在我国，中国人民银行对商业银行贷款的利率是基准利率，商业银行贷给企业或个人的利率是套算利率。例如，某金融机构规定，贷款给AAA级、AA级、A级企业的利率，应分别在基准利率基础上加0.25%、0.5%和1%，若基准利率是5%，则套算利率分别为5.25%、5.5%和6%。

▶ 3. 按是否剔除通货膨胀因素分为实际利率和名义利率

(1) 实际利率(real interest rate)。实际利率是指在物价不变从而货币购买力不变情况下的利率，或是指物价有变化时，扣除通货膨胀补偿以后的利率。

(2) 名义利率(nominal interest rate)。名义利率是指包括补偿通货膨胀风险的利率。例如，2010—2014年，中国的年均通货膨胀率为3.8%。[①] 名义利率一般都高于实际利率，

① 中国国家统计局．中国统计年鉴[EB/OL]. http://www.stats.gov.cn/tjsj/ndsj/.

两者之间的关系可以用计算公式表示为

1+名义利率=(1+实际利率)×(1+通货膨胀率)

也可以将公式简化为

实际利率=名义利率-通货膨胀率(可用CPI增长率来代替)

一般地，市场上的各种银行存款及债券等固定收益产品的利率都是按名义利率支付利息，但如果在通货膨胀环境下，储户或投资者收到的利息回报就会被通货膨胀侵蚀。例如，银行储蓄利率为5%，某人的存款在一年后就多了5%，但这只是理想情况下的假设。如果当年物价变动率+3%，那他的存款只多了2%的部分；如果物价变动率是6%，那他一年前100元能买到的东西现在要106了，而存了一年的钱只有105元，他反而买不起了。

▶ 4. 根据在借贷期内是否调整分为固定利率和浮动利率

(1) 固定利率。在贷款合同签订时即设定好固定的利率，在贷款合同期内，不论市场利率如何变动，借款人都按照固定的利率支付利息。过去，利率都是指固定利率，因为这种利率对借贷双方确定成本和收益十分方便，便于投融资双方制订资金计划。但近几十年来，世界各国都存在不同程度的通货膨胀，实行固定利率会使债权人利益受到损害。相反，如果利率下降，对于采取固定利率的融资方而言，融资成本就提高了。

(2) 浮动利率。浮动利率是指在借贷期内可以定期调整的利率，根据借贷双方的协定，由一方在规定的时间依据某种基准利率进行调整。浮动利率为投融资双方提供了管理利率风险的可能，在核算上更精细，但也更复杂，同时也免除了利率风险。在通货膨胀的情况下，浮动利率被越来越多地采用，特别是在公司的借贷活动中。目前我国个人房贷主要以浮动利率为主，央行每一次升息，借款人的月供就要有相应的增加；反之，则会有相应地减少。

4.1.2 影响利率的因素及利率的测算

在现实经济生活中，影响利率水平的因素主要包括社会平均资金利润率的高低、借贷资本的供求关系、通货膨胀预期、货币政策、国际利率水平等。

利率的一般测算公式为

利率=纯利率+通货膨胀补偿率+违约风险报酬率+流动性风险报酬率+期限性风险报酬率

现将上述利率构成的五个方面分别阐述如下：

▶ 1. 纯利率

纯利率的前提条件有两个：一是没有通货膨胀，二是没有风险。纯利率不是一成不变的，它随资金供求的变化而不断变化。在实务中，通常将无通货膨胀下的国库券利率视为纯利率。纯利率的高低受社会平均资金利润率、资金供求关系和国家货币政策调节的影响。

▶ 2. 通货膨胀补偿率

在通货膨胀下，为弥补货币购买力损失，必须在纯利率的基础上加上通货膨胀补偿。所以，无风险证券的利率，除纯利率之外还应加上通货膨胀率。一般而言，利率变化会滞后于通货膨胀率。

▶ 3. 违约风险报酬率

违约风险报酬是指证券发行人在证券到期时无法还本付息而使投资者遭受损失的风险，它通常针对债券而言。违约风险反映了借款人按期支付本金、利息的信用程度，国库券一般被看作无违约风险。

▶ 4. 流动性风险报酬率

流动性是指某项资产迅速转化为现金的能力或者速度。流动性风险报酬是指为弥补因债务人资产流动性不足而带来的风险而给予债权人要求附加的利率。政府债券、大公司的股票与债券，流动性风险小。

▶ 5. 期限性风险报酬率

期限性风险报酬也称到期风险报酬，它是因到期时间长短不同而形成的利率差别，投资者在期限较长的情况下因承担利率变动风险而获得的一种补偿。例如，5 年期以上的住房贷款利率就比 5 年期以下的利率高，5 年期国库券的利率比 3 年期国库券的利率要高。

4.2 货币时间价值

如果你计划参加旅行团出国旅行，两个旅行社的报价和条件不同，其余的路线和服务相同：甲旅行社报价 5 000 元，押金 10 万元，资金需放到旅行社的账户上冻结，待其返回一个月后奉还；乙旅行社报价 6 000 元，不需押金，只需要提供资产证明如房产证、汽车证明等证明其所有权的复印件。选择甲可以节省 1 000 元现金，但前提是你要有闲置的资金；选择乙条件很宽松，只要有证明就可以，但需多支付现金，两难的选择。为什么会难以抉择，因为这里有资金时间价值的存在。甲方案中的押金 10 万元，如果购入年利率是 4%、持有期 1 个月的国库券，那么收益应该是 333 元左右；如果此时正是股票市场上机会较好的时候，短线操作，10 万元在一个月的时间内收益可能是 1 000 元甚至更多。总之如果选择甲旅行社你的代价绝不仅仅是 5 000 元，由于这 10 万元押金你不能处置，所以收益获取不到，那它就应该作为你旅行的代价。以上过程清晰地表明资金的时间价值是客观存在的。

4.2.1 货币时间价值概述

“刻舟求剑”的故事说明一个道理，即时间和空间的变化会导致同一事物的变化。对于货币而言也是一样的。也就是说今天的 1 元钱和 1 年之后的 1 元钱价值是不相等的，也就是货币的时间价值。经济学家费雪将利息定义为“现时消费与将来消费之间的选择”，而利率是“现时消费与将来消费进行交换的价格”。探讨货币时间价值的前提是时间先后的区别。比如你和一个朋友路过一家服装店，一件漂亮的外套标价是 800 元，你身上刚好有 800 元，而你的朋友身无分文。你的朋友向你借了 800 元用来购买外套，并答应下个月归还。同时坚持要为这 800 元支付合理的报酬。那么你所要求的报酬应该是多少呢？这个问题的答案表明了货币时间加值的含义：对放弃当前消费的机会成本所给予的公平回报。

▶ 1. 货币时间价值的产生

货币的时间价值是指资金在经历一定时间的投资和再投资所产生的价值。它反映的是由于时间因素的作用而使现在的一笔资金高于将来某个时期的同等数量的资金的差额。资金的循环和周转以及因此实现的货币增值，或多或少需要时间，每完成一次循环，货币就增加一定数额，周转的次数越多，增值额也越大，因此，随着时间的延续，货币便具有了时间价值。

那么，如何理解货币时间价值的产生原因呢？马克思曾经指出：“作为资本的货币其流通本身就是目的，因为只是在这个不断更新的运动中才有价值的增值。”[①]也就是说，货币必须当作资本投入生产或者流通中才能产生价值。如果你把钱锁进保险柜，无论 3 年还是 10 年都不会产生价值。资金的使用价值在于它是公司生产经营中不可或缺的重要因素

---

① 陈平．货币的时间价值与投资决策[J]．经济研究导刊，2013(20)：165-166.

之一，并能在生产过程中得到增值。但由于资金分属不同的所有者，而资金的所有者不可能无偿地让渡资金的使用权，资金的使用者也不可能无偿地使用资金。这样，就必然地形成了货币的时间价值。那就是资金所有者把资金的使用权让渡出去时，获得一定的报酬；而资金使用者也必须把资金增值的一部分交给资金所有者。

货币时间价值的表现形式是价值的增值，是同样金额的货币在不同时点上表现出来的价值差量或者变动率。比如你现在拥有1 000元暂时不用，存入银行定期一年，也就是放弃1 000元的使用权，1年后到期你可以从银行收到1 015元，多得的15元就是你推迟消费这1 000元而从银行得到的报酬，即通常所谓"利息"。利息15元占原存入本金(1 000元)的百分率1.5%称为"利率"。这里的"利息"和"利率"就是货币的时间价值。因此，我们可以说货币的时间价值一种形式是绝对数，即利息，它可能表现为存款的利息、债券的利息，或股票的股利等；另一种是相对数，即利率，它可能表现为存款利率、证券的投资报酬率、公司的某个项目投资回报率等。

▶ 2. 货币时间价值在公司理财中的应用

货币的时间价值是一种客观存在，在公司理财中无论是筹资决策、投资项目的比较，还是证券价值、公司价值的评估中，都需要具有货币时间价值的理念和工具。在筹资管理中，货币时间价值让我们意识到资金的占用是必须付出代价的，这个代价就是资金成本，可以表现为利息、租金或者股利等。资金成本直接关系到公司的经济效益，是筹资决策需要考虑的重要问题之一；在项目投资决策中，项目投资的周期长、涉及的金额庞大等决定了必须考虑货币时间价值，净现值法、内涵报酬率法等都是考虑货币时间价值的投资决策方法；在价值评估中，折现现金流量是价值评估的主要方法，同样要求考虑货币时间价值。

4.2.2　货币时间价值的计算

在现实生活中，我们经常会遇到这类问题，比如购买一辆汽车，是选择当下一次性付清全款20万元，还是选择每月支付7 000元，支付4年，哪一种付款方式更合算呢？所有的这些问题都涉及货币时间价值的计量。在货币时间价值的计量中需要使用重要工具时间线(轴)来表示不同时点的资金运动。实践证明，画好时间线(轴)及其每个时间点对应的现金流出和流入金额，是正确计算货币时间价值的基础和前提，这一点尤其对初学者更为有用。

▶ 1. 时间线

时间线是对预期现金流的发生时期的线性表述。为构造时间线，假设你想参加一个健身俱乐部，有三个俱乐部可供选择，三个俱乐部的报价分别为：A俱乐部一次性缴纳会费8 000元，押金10 000元，押金须在俱乐部账户上冻结，退出俱乐部时归还；B俱乐部需一次性缴纳会费10 000元，不需押金；C俱乐部可分三年缴纳会费，每年末各缴纳4 000元，三年总共12 000元。该如何选择呢？把C俱乐部的现金流用时间线表示如图4-1所示。

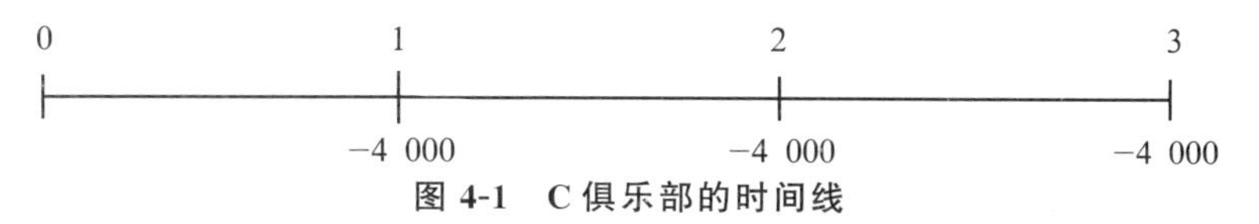

图4-1　C俱乐部的时间线

在这里时间点0代表现在(今天或第一年年初)，时间点1代表1年后，即第一年年末。时间点1的4 000元现金流代表你将在第一年年末缴纳的会费，时间点2的4 000元现金流代表你将在第二年年末缴纳的会费，时间点3的4 000元现金流代表你将在第三年年末缴纳的会费。本例中，所有现金流都是流出。然而在很多财务决策中既包括现金流入，也包括现金流出。为了区别这两种类型的现金流，我们分别作了不同的标记：现金流入为正的现金流，现金流出则为负的现金流。

财务决策通常要涉及不同时点的现金流，也就是比较或合并发生在不同时点的现金流，也就是上例中A、B和C三个俱乐部的不同付款方案。关于现金流的比较或者合并有以下三条重要的规则：

规则1：比较或合并价值。只有同一时点上的价值才可比较或合并。即只有对相同单位(币别与时间点)的现金流，才可以比较或合并。比如今天1元和1年后的1元是不等价的，因为其发生的时点不相同。为了比较或合并发生在不同时点的现金流，需要把现金流移动到同一时点。在上例缴纳会费的例子中，A俱乐部一次性缴纳会费和押金、B俱乐部一次性缴纳会费都是发生在同一时间点即现在，二者可以比较，但是A俱乐部当前缴纳押金和返还时候的押金虽然金额一致，但是发生在不同时间，二者不可比较。

规则2：时间线上向前移动现金流。假设我们今天有1 000元，想确定它在1年后的等价价值。如果当前的市场利率是10%，可将这一利率作为向前移动现金流的换算比率。即今天的1 000元×(1+10%)=1年后的1 100元，通过乘以(1+r)的利率因子，将现金流从年初移动到年末。这一在时间线上向前移动价值或现金流的过程称作复利(compounding)，时间上现金流往前移动的价值称为终值FV(future value)。也就是1 100元是今天1 000元在一年之后的终值，在商业数学中，终值就是本利和。

规则3：时间线上向后移动现金流。假设你要计算预期将于1年后收到的1 000元在今天的价值。如果当前的市场利率是10%，可将这一利率作为向后移动现金流的换算比率。即1年后的1 000元÷(1+10%)=1年后的909.09元，通过除以(1+r)的利率因子，将现金流从年末移动到年初。这一向后移动现金流的过程——确定未来现金流在今天的等效值，称为折现(discounting)，时间线上现金流往后移动的价值称为现值PV(present value)。如果要向后移动现金流，必须将其折现。注意，随着现金流逐步向后移动，其价值在不断减少。

货币时间价值的计量主要是解决当前1元钱与未来1元钱之间的关系。总结时间线规则我们发现，不同时间点上的货币是不能直接对比的，因此可以通过向前或者向后移动现金流进行对比。下面分别介绍两种现金流即单次现金流和多次(系列)现金流的估算。

▶ 2. 单次现金流的现值与终值

单次现金流是指在某一特定时点上一次性的现金流入或者现金流出。例如，现在你将1 000元存入银行，一年后获得本利和1 015元就是一次性的现金流入。这里还涉及两个概念也是现金流计算的结果——现值和终值，即1 000元是现值，1 015元包含本金和利息是终值。现值与终值的结果除了利率，利息计算的方法也是重要的影响因素。利息的计算方式有两种，分别为单利和复利。

(1) 单利。单利是指仅对本金计算利息，而对每期的利息不再计息，因此每期的利息是固定不变的，即通常所说的“利不生利”的计息方法。其计算公式为

$$I_n = P \cdot i \cdot n$$

$$F = P + I_n = P(1 + i \cdot n)$$

$$P = F/(1 + i \cdot n)$$

其中：I表示利息；F表示终值；P表示现值；n表示期限。

【例4-1】有一笔10 000元的借款，借期5年，按每年6%的单利率计息，试计算到期时应归还的本利和。

分析： 首先，到期日指的是5年后的借款到期日，也就是终值；其次，本例中10 000元的借款只发生一次，也就是单次现金流，取决于利息计算的方式和利率。

计算： 在单利计息方式下，其现金流如图4-2所示。

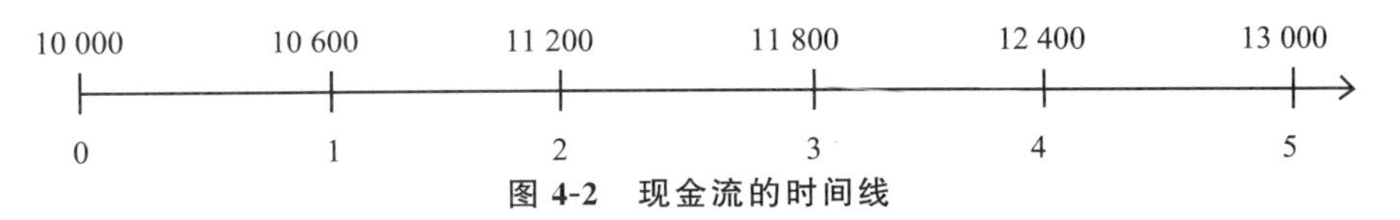

图4-2　现金流的时间线

$F=P(1+i\cdot n)=10\,000\times(1+6\%\times5)=13\,000$(元)

即到期应归还的本利和为13 000元，其中利息3 000元，每期利息均是600元。

(2) 复利。复利计息方法是在单利的基础上发展起来的，其基本思路是将前一期的本金与利息之和(本利和)作为下一期的本金来计算下一期的利息，也即通常所说的“利上加利”“利滚利”。复利终值和现值的计算公式如下，复利现值是复利终值的逆运算：

$$F=P(1+i)^n$$

$$P=F(1+i)^{-n}=F\,\frac{1}{(1+i)^n}$$

其推导过程如下：

计息期数	期初本金	期末利息	期末本利和
1	P	Pi	$F_1=P+Pi=P(1+i)$
2	$P(1+i)$	$P(1+i)i$	$F_2=P(1+i)+P(1+i)i=P(1+i)^2$
3	$P(1+i)^2$	$P(1+i)^2i$	$F_3=P(1+i)^2+P(1+i)^2i=P(1+i)^3$
…	…	…	…
$n-1$	$P(1+i)^{n-2}$	$P(1+i)^{n-2}i$	$F_{n-1}=P(1+i)^{n-2}\ i=P(1+i)^{n-1}$
n	$P(1+i)^{n-1}$	$P(1+i)^{n-1}i$	$F_n=P(1+i)^{n-1}+P(1+i)^{n-1}i=P(1+i)^n$

其中：$(1+i)^n$称为“一次性收付款项终值系数”，简称“复利终值系数”，用符号记作$(F/P,\ i,\ n)$；$\frac{1}{(1+i)^n}$称为“一次性收付款项现值系数”，简称“复利现值系数”，用符号记作$(P/F,\ i,\ n)$。复利终值系数和复利现值系数可以通过查阅“一元复利系数表”直接获得或运用Excel财务函数计算求得。

【例4-2】某人投资5 000元购买A公司股票，公司执行稳定增长的股利政策。当前股利为0.5元/股，预计以后的两年，以每年8%的速度增长，则A公司2年后的股利为多少？

分析： 求0.5元股利2年后的价值，即求复利终值。

计算：

方法一：直接利用公式可得

$F=0.5\times(1+0.08)^2=0.5\times(F/P,\ 8\%,\ 2)=0.58$(元)

方法二：在Excel中单击“fx”按钮，弹出“插入函数”对话框，在“类别”下拉列表中选择“财务”，在列表框中选择“FV”即为复利终值函数，如图4-3所示。

然后在“函数参数”对话框中，根据例4-2中的$0.5(F/P,\ 8\%,\ 2)$，在Rate中输入0.08，在Nper中输入2，在Pv中输入-0.5，复利终值的计算如图4-4所示，与之前直接套用公式的计算结果一致。

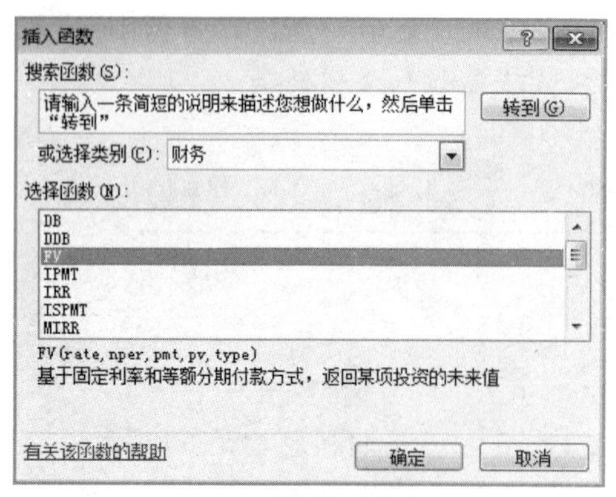

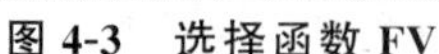
图 4-3　选择函数 FV

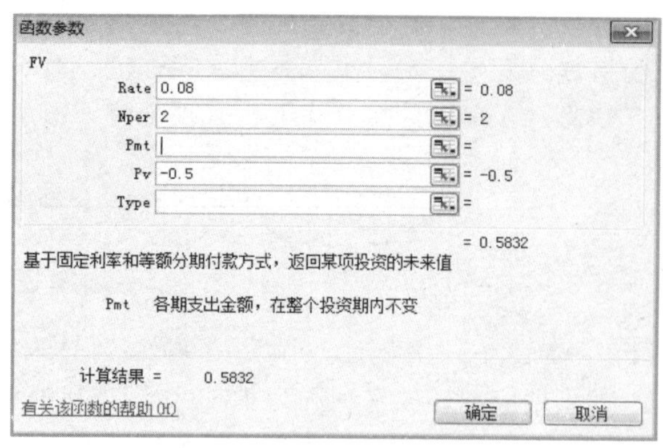

图 4-4　复利终值的计算

【例 4-3】你考虑投资 5 年后将支付 1 000 元的储蓄债券。如果市场利率每年为 6%，则债券今天的价值是多少？

分析：由于货币时间价值的存在，债券在今天的价值会比它在 5 年后的价值要少，即求复利现值。

计算：

方法一：直接利用公式可得

$P=1\ 000/(1+0.06)^5=1000\times(P/F,\ 6\%,\ 5)=747.26$(元)

方法二：在 Excel 中选择单击“fx”按钮，弹出“插入函数”对话框，在类别下拉列表中选择“财务”，在列表框中选择“PV”即为复利现值函数，如图 4-5 所示。

然后在“函数参数”对话框中，根据例 4-3 中的 1 000×(P/F，6%，5)，在 Rate 中输入 0.06，在 Nper 中输入 5，在 Pv 中输入−1 000，复利终值的计算如图 4-6 所示，与之前直接套用公式的计算结果一致。

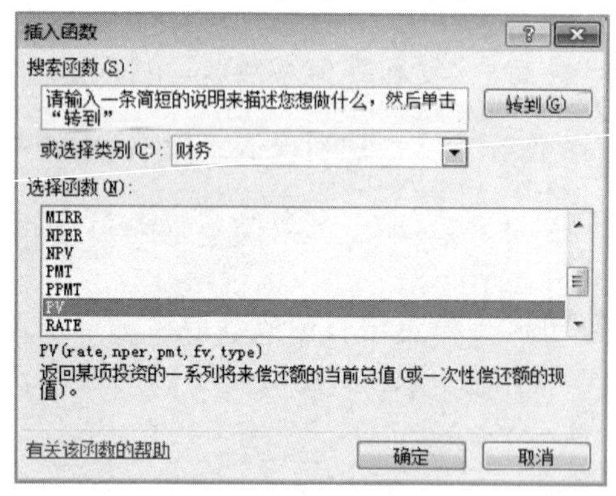

图 4-5　选择函数 PV

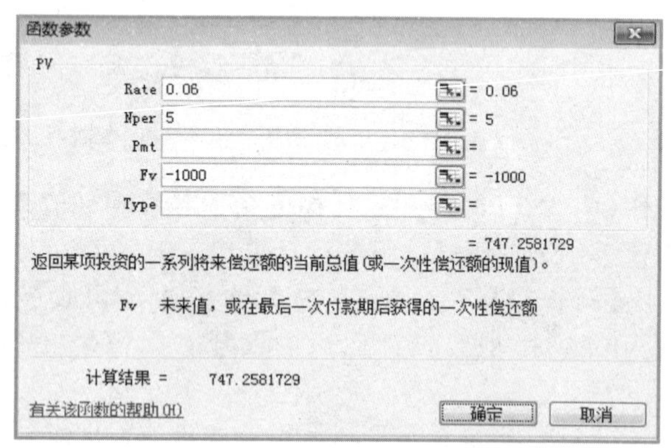

图 4-6　复利现值的计算

通过上述的计算结果，我们可以看出单利的特点就是每期利息相等，复利由于本金计算利息，利息也要计算利息，其利息的结果是累加的。在日常生活中，银行存款储蓄基本是单利计算，一些保险方式会涉及复利。但在公司经营中，银行贷款都是复利计息，在这种情况下无论筹资活动还是投资活动，我们都要进行复利考察，这样才能进行同基比较。所以，在进行财务问题研究的时候，首先就要确定复利计算的基调。

▶ 3. 系列等额现金流的现值与终值

系列现金流指的是不同时间点上的多次现金流。同样运用前面的时间线规则对系列现金流进行估价：首先计算每笔单一现金流的价值，其次把所有现金流都移动到同一时间点进行合并。

【例 4-4】假设你刚毕业，需要钱买一辆新车。只要同意在 4 年内还清，你的叔叔就愿意借钱给你，而且要按照他若将钱存入银行账户所能赚得的利息向他支付利息。基于你的收入和生活开支，你认为能在 1 年后偿还 5 000 元，接着在以后的 3 年内每年年末偿还 8 000 元。假设叔叔每年的存款利率是 6%，你能从叔叔那里借到多少钱？

分析：你的支付承诺呈现不同时间点的多次现金流出，叔叔今天愿意借给你的数额即未来多次现金流出的现值总和。可以把不同时间点的多次现金流移动到同一时间点，然后合并。

计算：$P=5\,000\times(P/F，6\%，1)+8\,000\times(P/F，6\%，2)+8\,000\times(P/F，6\%，3)+8\,000\times(P/F，6\%，4)=24\,890.66$(元)

观察例 4-4 发现，除了第一年偿还的 5 000 元，其余年限发生的 3 次现金流都是相等的 8 000 元，即等额现金流出在不同时点，这是货币时间价值中的特殊形式，称为年金。年金(annuity)是指等额、定期的系列现金流入或者现金流出，通常用 A 表示。年金具有以下三个特点：①现金流量每次发生的时间间隔相同；②现金流量每次发生的金额相等；③现金流量每次发生的方向相同。在现实生活中，年金的形式多种多样，例如个人购买房产采用向银行借款、分期偿还贷款的方式；公司分期偿还贷款、分期支付工程款、分期支付租金、每期等额折旧等都属于年金的形式。按年金每次现金流入或者流出的时间点不同，将其分为普通年金、先付(即付)年金、递延年金、永续年金等几种形式。

(1) 普通年金。普通年金也称为后付年金，是指从第一期开始，在每期期末发生的等额现金流量。普通年金的终值是指一定期间内每期期末等额发生的现金流量的复利终值之和。其计算过程如图 4-7 所示，可得

$$F=A+A(1+i)+A(1+i)^2+A(1+i)^3+\cdots+A(1+i)^{n-1}$$

$$F(1+i)=A(1+i)+A(1+i)^2+A(1+i)^3+\cdots+A(1+i)^{n-1}+A(1+i)^n$$

两式相减可得

$$iF=A(1+i)^n-A$$

$$F=\frac{A[(1+i)^n-1]}{i}$$

普通年金的现值是指一定期间内每期期末等额发生的现金流量的复利现值之和，其计算过程如图 4-8 所示。如果用 A 代表每次等额发生的现金流量，以 F 表示年金终值，n 表示年金期数，i 表示利息率，则

$$P=A(1+i)^{-1}+A(1+i)^{-2}+A(1+i)^{-3}+\cdots+A(1+i)^{-n}$$

$$P(1+i)=A+A(1+i)^{-1}+A(1+i)^{-2}+\cdots+A(1+i)^{-n+1}$$

两式相减可得

$$iP=A-A(1+i)^{-n}$$

$$P=\frac{A[1-(1+i)^{-n}]}{i}$$

$$P=A\ \frac{(1+i)^n-1}{i(1+i)^n}$$

其中：$\frac{(1+i)^n-1}{i}$称为“年金终值系数”，用符号记作$(F/A，i，n)$；$\frac{(1+i)^n-1}{i(1+i)^n}$称为“年金现值系数”，用符号记作$(P/A，i，n)$。年金终值系数和年金现值系数可以通过查阅“年金系数表”直接获得或运用 Excel 财务函数计算求得。

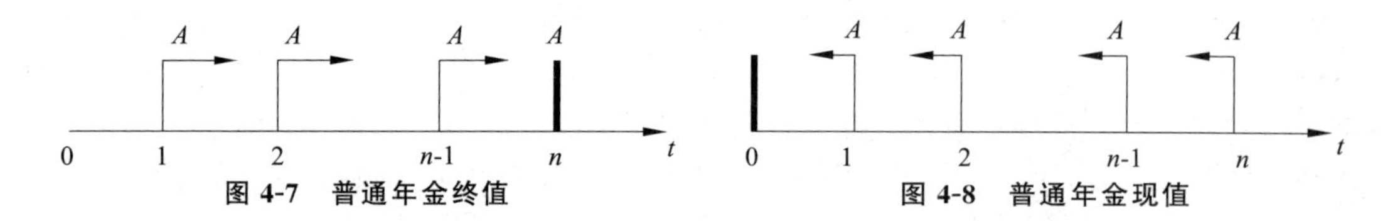

图 4-7　普通年金终值　　　　图 4-8　普通年金现值

【例 4-5】假设你有如下投资机会，在未来 5 年内每年年末都将收到 1 000 元，要求的最低报酬率为 10%，请问该投资机会的当前价值是多少？

分析： 不同时点发生且均发生等额即 1 000 的现金流且发生在期末为普通年金。

计算： $P=A\dfrac{(1+i)^n-1}{i(1+i)^n}=\dfrac{(1+10\%)^5-1}{10\%(1+10\%)^5}\times 1\,000=1\,000\times(P/A,10\%,5)=3\,791$(元)

也可在 Excel 中单击“fx”按钮，弹出“插入函数”对话框，在“类别”下拉列表中选择“财务”，在列表框中选择“PV”即为复利现值函数，如图 4-9 所示。

然后在“函数参数”对话框中，根据例 4-5 中的 1 000×(P/A，10%，5)，在 Rate 中输入 0.1，在 Nper 中输入 5，在 Pmt 中输入－1 000，复利现值的计算如图 4-10 所示，与之前直接套用公式的计算结果一致。

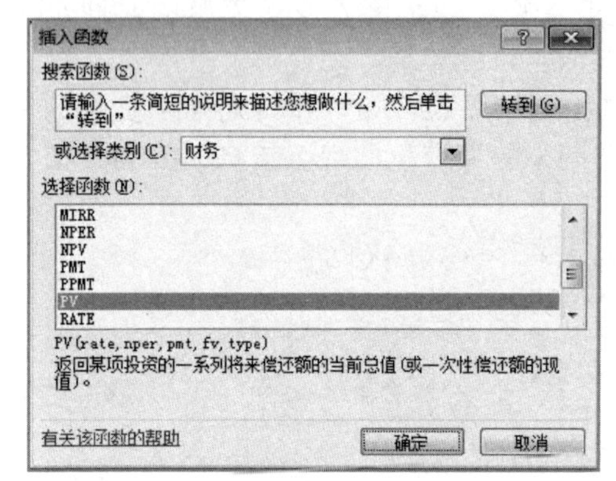

图 4-9　选择函数 PV

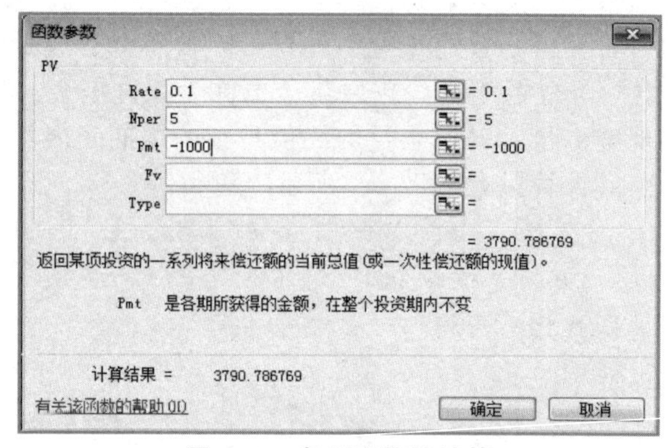

图 4-10　复利现值的计算

【例 4-6】张先生今年 35 岁，他决定开始为退休做好资金计划，在他 65 岁之前的每年年末在退休账户里存入 1 万元。如果存款利率为 8%，则到 65 岁时张先生能攒下多少钱？

分析： 一般人会认为是 65－36＝29 次支付，尝试画出时间线能避免该错误，实际应该是 30 次支付。

计算： $F=A\dfrac{(1+i)^n-1}{i}=10\,000\times\dfrac{(1+8\%)^{30}-1}{8\%}=10\,000\times(F/A,8\%,30)$

$=1\,132\,832.11$(元)

也可在 Excel 中单击“fx”按钮，弹出“插入函数”对话框，在“类别”下拉列表选择“财务”，在列表框中选择“PV”即为复利现值函数，然后在“函数参数”对话框中，根据例 4-6 中的 10 000×(F/A，8%，30)，在 Rate 中输入 0.08，在 Nper 中输入 30，在 Pmt 中输入－10 000，复利终值的计算如图 4-11 所示，与之前直接套用公式的计算结果一致。

【例 4-7】假设你考虑买一套房子，需花费 130 万元。目前你手头上有现金 40 万元可以用来支付首付，其余向银行借款。银行可提供 20 年期按揭贷款，要求每年年末偿还，年利率是 7%。如果签订合同，每年需偿还多少？

分析： 扣除首付 40 万元，剩余 90 万元从银行按揭贷款，即根据普通年金现值求等额支付。

计算： $A=P\dfrac{i(1+i)^n}{(1+i)^n-1}=90\times\dfrac{7\%(1+7\%)^{20}}{(1+7\%)^{20}-1}$

$=90\div(P/A,\ 7\%,\ 20)$

$=90\div10.594=8.50$(万元)

也可在 Excel 中单击“fx”按钮，弹出“插入函数”对话框，在“类别”下拉列表中选择“财务”，在列表框中选择“PMT”即分期等额偿还款，然后在“函数参数”对话框中，根据例 4-7 的描述，在 Rate 中输入 0.07，在 Nper 中输入 20，在 Pv 中输入 −90，等额支付的计算如图 4-12 所示，与之前直接套用公式的计算结果一致。

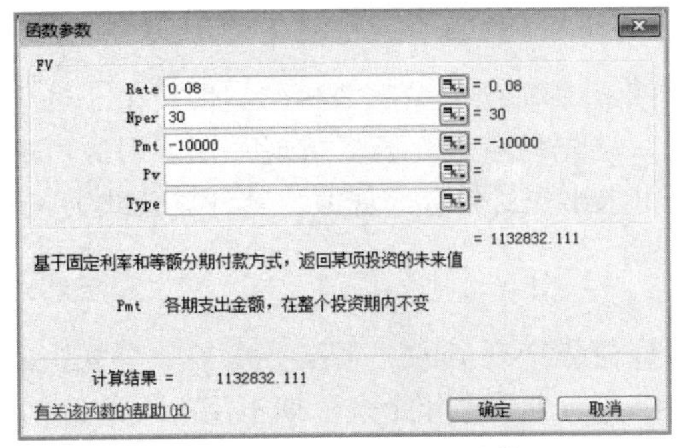

图 4-11　复利终值的计算

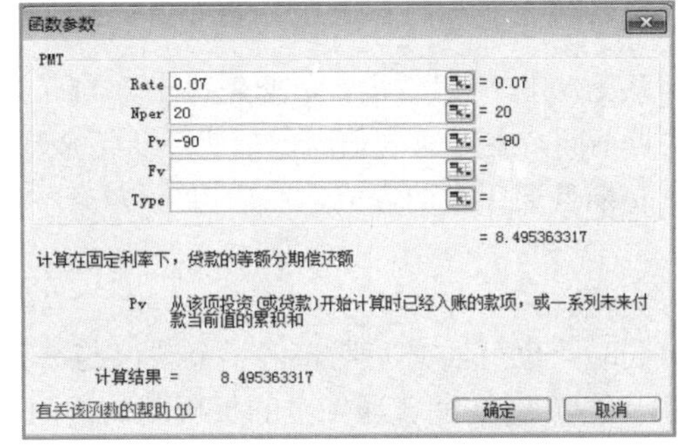

图 4-12　等额支付的计算

(2) 先付年金。先付年金也称为预付年金，是指从第一期开始，在每期期初发生的等额现金流量。先付年金与普通年金的区别仅在于收付款即现金流发生的时间不同。由于普通年金是最常见的，因此年金现值和年金终值系数表是按普通年金编制的，为了便于计算，必须根据普通年金的计算公式，推导出先付年金的计算公式。

先付年金的终值：n 期先付年金终值和 n 期普通年金终值的关系如图 4-13 所示。

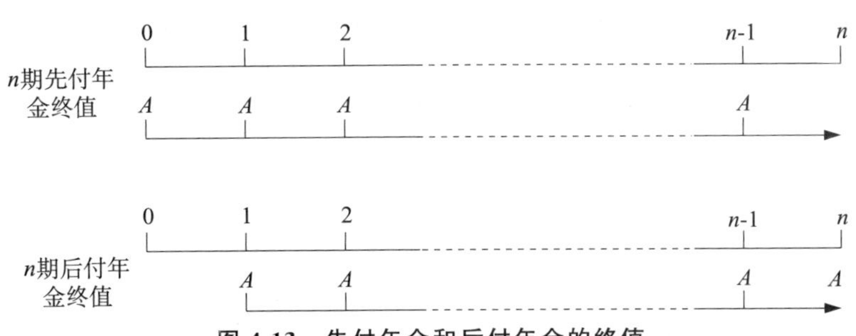

图 4-13　先付年金和后付年金的终值

从图 4-13 可以看出，n 期先付年金与 n 期普通年金的现金流量次数相同，但是由于发生的时间点不同，n 期先付年金终值比 n 期普通年金终值多计算一期利息。因此可先计算出 n 期普通年金的终值，然后再乘以$(1+i)$，便可求出先付年金的终值。其计算公式为

$$F=A\frac{(1+i)^n-1}{i}(1+i)$$

同时，也可根据 n 期先付年金终值与 $n+1$ 期普通年金终值的关系推导出另一公式。n 期先付年金与 $n+1$ 期普通年金的计息期数相同，但比 $n+1$ 期普通年金先支付一次款项，因此只要将 $n+1$ 期普通年金的终值减去一期付款额 A 即可。其计算公式为

$$F=A(F/A,\ i,\ n+1)-A$$

先付年金的现值：n 期先付年金现值和 n 期普通年金现值的关系如图 4-14 所示。

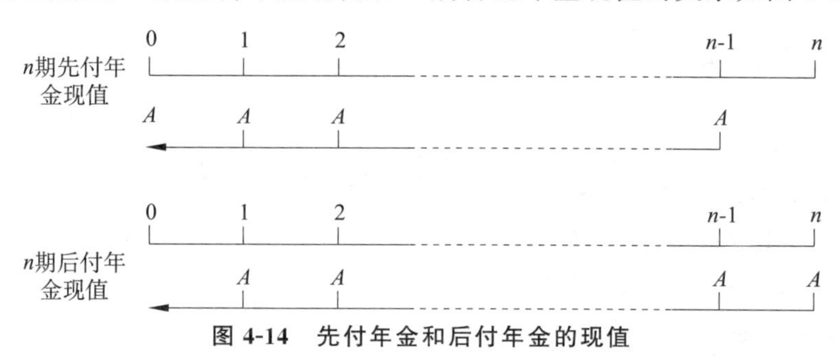

图 4-14　先付年金和后付年金的现值

从图 4-14 可以看出，n 期先付年金与 n 期普通年金的现金流量次数相同，但是由于发生的时间点不同，在计算现值时，n 期普通年金现值比 n 期先付年金终值多折现一期。因此可先计算出 n 期普通年金的现值，然后再乘以$(1+i)$，便可求出先付年金的现值。其计算公式为

$$P=A\ \frac{(1+i)^n-1}{i(1+i)^n}(1+i)$$

同时，也可根据 n 期先付年金现值与 $n+1$ 期普通年金现值的关系推导出另一公式。n 期先付年金与 $n-1$ 期普通年金的折现期数相同，但比 $n-1$ 期普通年金多一期不用折现的付款额，因此只要将 $n-1$ 期普通年金的终值加上一期不用折现的付款额 A 即可。其计算公式为

$$P=A(P/A,\ i,\ n-1)+A$$

【例 4-8】公司计划租赁写字楼，每年年初支付租赁 80 000 元，年利率为 10%，该公司的租赁计划为 5 年，则 5 年后支付的租金总额为多少？

分析：本例中每年付款的时间点在期初，即先付年金的终值。

计算：$F=A(F/A,\ i,\ n)(1+i)=80\ 000\times6.105\times(1+10\%)=537\ 240$(元)

也可在 Excel 中单击“fx”按钮，弹出“插入函数”对话框，在“类别”下拉列表中选择“财务”，在列表框中选择“FV”即终值函数，然后在“函数参数”对话框中，根据例 4-8 的描述，在 Rate 中输入 0.1，在 Npcr 中输入 5，在 Pv 中输入－80 000，在 Type 中输入 1 即默认付款期在期初，先付年金终值的计算结果如图 4-15 所示，与之前直接套用公式的计算结果相同(有尾差)。

【例 4-9】你考虑分期付款购买房子，每年年初支付 10 000 元，还款期为 20 年，银行贷款利率为 6%。如果该分期付款是现在一次性支付，需支付多少现金？

分析：本例中每年付款的时间点在期初，即先付年金的现值。

计算：$P=A(P/A,\ i,\ n)(1+i)=10\ 000\times11.47\times(1+6\%)=121\ 582$(元)

也可在 Excel 中单击“fx”按钮，弹出“插入函数”对话框，在“类别”下拉列表中选择“财务”，在列表框中选择“PV”函数即现值函数，然后在“函数参数”对话框中，根据例 4-9 的描述，在 Rate 中输入 0.06，在 Nper 中输入 20，在 PV 中输入－10 000，在 Type 中输入 1 即默认付款期在期初，先付年金终值的计算结果如图 4-16 所示，与之前直接套用公式的计算结果相同(有尾差)。

(3) 递延年金。递延年金是指在最初若干期没有发生现金流，后面若干期有等额的系列现金流的年金。因为递延的期数与递延年金的终值没有关系，因此在这里仅讨论递延年金的现值。假设最初有 m 期没有收付款项，后面 n 期每年有等额的系列收付款项，则此递延年金的现值为后 n 期年金先折现到 m 期期初，再折现到第一期期初的现值，如图 4-17 所示。从

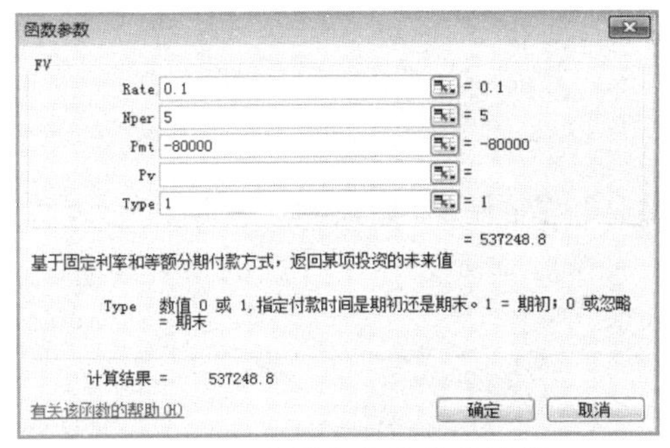

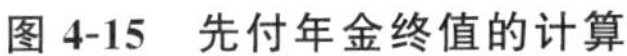
图 4-15　先付年金终值的计算

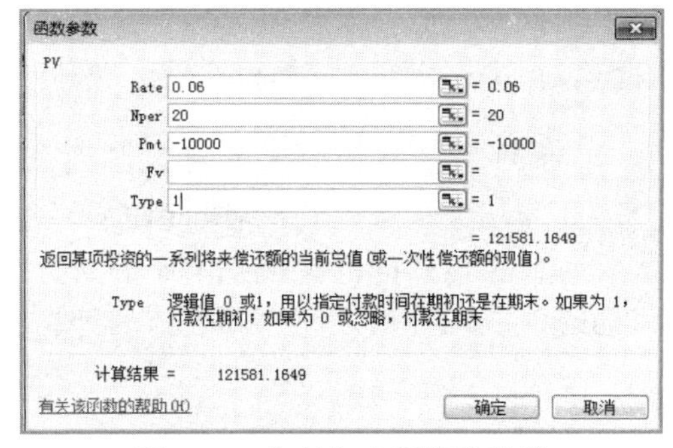

图 4-16　先付年金现值的计算

图中可以看出，先求出递延年金在 n 期期初(m 期期末)的现值，再将其作为终值折现到第一期期初。其计算公式为

$$P=A(P/A,\ i,\ n)(P/F,\ i,\ m)$$

0　1　2　…　m (0)　$m+1$ (1)　$m+2$ (2)　…　$m+n$ (n)

A　A　A

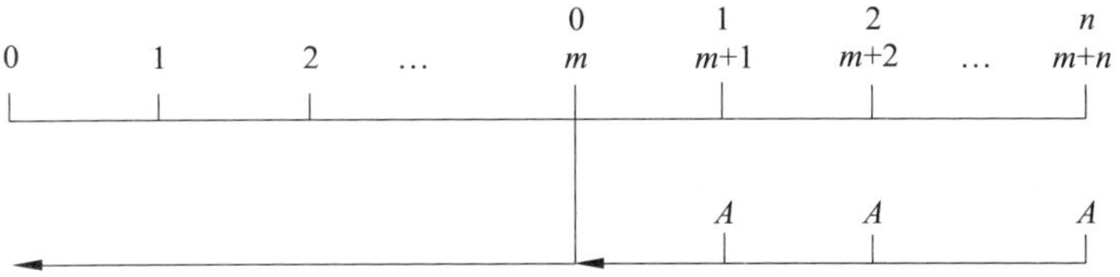

图 4-17　递延年金的现值

同时，递延年金也可以先求出 $m+n$ 期后付年金的现值，减去没有付款的前 m 期后付年金的现值，二者之差即为递延 m 期的 n 期递延年金的现值。其计算公式为

$$P=A(P/A,\ i,\ m+n)-(P/A,\ i,\ m)$$

【例 4-10】公司向银行借入一笔借款，银行贷款年利率为 6%，公司与银行约定，前 8 年可不用还本付息，从第 9 到第 20 年每年年末偿还本息 35 万元，则这笔借款的现值是多少？

分析：本例中前 8 年没有发生现金流，从第 9 年开始第一次等额支付一直到第 20 年，即递延年金的现值，即递延期数为 8 期的 12 期等额支付。

计算：

$$\begin{aligned}P&=A(P/A,\ i,\ n)(P/F,\ i,\ m)\\&=35\times(P/A,\ 6\%,\ 12)\times(P/F,\ 6\%,\ 8)\\&=35\times8.384\times0.627=183.99(\text{万元})\end{aligned}$$

或者

$$\begin{aligned}P&=A(P/A,\ i,\ m+n)-A(P/A,\ i,\ m)\\&=35\times(P/A,\ 6\%,\ 20)-35\times(P/A,\ 6\%,\ 8)\\&=35\times11.47-35\times6.21=184.1(\text{万元})\end{aligned}$$

(4) 永续年金。永续年金是指期限无穷的年金。英国政府是最早发行没有到期日国家债券的国家，这种债券的利息视为永续年金。绝大多数优先股因为有固定的股利而没有到期日，因而其股利也可以视为永续年金。另外期限长、利率高的年金现值，可以按永续年金现值的计算公式计算其近似现值。永续年金因为期限无穷，因而只有现值的计算。其计算公式为

$$P=\frac{A}{i}$$

【例 4-11】校友会计划设立一项基金，每年提供资金 20 000 元举办校友聚会，能够永远持续下去，在给定利率为 10%的前提下，当前需要多少资金筹备？

分析： 当前校友会基金的现值即为永续年金的现值。

计算： $P=\frac{A}{i}=\frac{20\ 000}{10\%}=200\ 000$（元）

▶ 4. 系列不等额现金流的现值与终值

上述几类年金每次收到或者付出的现金流都是相等的，但是现实生活中，更多的情况是每次收到或者付出的现金流是不相等的。因此也常常需要计算不等额的系列现金流入或者流出的现值或者终值之和。其终值的计算公式为

$$F=\sum_{t=0}^{n}A_t\times(1+i)^t$$

其现值的计算公式为

$$P=A_0+\frac{A_1}{1+i}+\frac{A_2}{(1+i)^2}+\frac{A_3}{(1+i)^3}+\cdots+\frac{A_{n-1}}{(1+i)^{n-1}}+\frac{A_n}{(1+i)^n}$$

【例 4-12】公司某项目的现金流量如表 4-1 所示，折现率为 10%。试计算项目的现金流量现值。

表 4-1　项目的现金流量表　　单位：元

项　目	第 0 年	第 1 年	第 2 年	第 3 年	第 4 年	第 5 年
现金流量	5 000	8 000	10 000	12 000	9 000	6 000

分析： 由于项目的各年度现金流的金额均不相等，因此不能直接套用年金系数进行计算，只能分别求各个时间现金流的现值，再求和。

计算： $P=5\ 000+\frac{8\ 000}{1+10\%}+\frac{10\ 000}{(1+10\%)^2}+\frac{12\ 000}{(1+10\%)^3}+\frac{9\ 000}{(1+10\%)^4}+\frac{6\ 000}{(1+10\%)^5}$

$=39\ 425.62$（元）

▶ 5. 非年度的现金流计算

货币时间价值计算中的计算期数，一般没有特别说明的，通常是指年。n 是指计息年数，i 是指年利率。但是在实际生活中也有计息系数短于 1 年的情况，即每年复利一次以上，如每半年或者每季度、每月复利一次。例如银行贷款有的是每月计息一次；银行之间资金拆借是每日计息一次；有的公司债券是每半年计息一次，等等。对于 1 年内多次复利计息的货币时间价值，先调整利率和期数使折现率必须与现金流相匹配，利率为 r/m，期数为 mn。

【例 4-13】你打算买一辆新车，有两种付款方式。其一，现在支付全部价款即 16 万元；其二，贷款购买，在 3 年内，每月月末偿还 5 000 元。如果折现率为 10%，你应该选择哪种付款方式？

分析： 分别计算两种付款方式的现值，由于方法一是当前价款即现值，所以主要求分期付款的现值，即 1 年内复利 12 次的情况。计算时需调整折现率和期数，使其相互匹配。

计算： 调整 $i=0.1/12=0.008\ 3$，则

$$P=A\frac{(1+i)^n-1}{i(1+i)^n}=5\ 000\times\frac{(1+0.008\ 3)^{36}-1}{0.008\ 3\times(1+0.008\ 3)^{36}}=155\ 046.4\text{（元）}$$

通过计算发现，分期付款的现值低于当前一次性支付全部价款，因此应选择分期付款的方式。

4.3 风险与收益的定义与计量

目前学术界较普遍接受的风险定义是美国学者威廉斯提出的结果变动说：在某个特定状态下和时间内可能发生的结果的变动，即只要某项活动有两种或两种以上的未来结果，具有客观不确定性，即是风险。在财务管理学中，风险总是同收益联系在一起的，风险程度与风险报酬的大小成正比。公司在发展过程中，追求价值最大化其实也是风险收益权衡的过程。

4.3.1 风险与风险报酬

▶ 1. 风险的定义

我们在前面介绍货币的时间价值，是假定没有风险的。但事实上风险是客观存在的，风险(risk)是在一定条件下和一定时期内可能发生的各种结果的变动情况。关于风险的内涵，我们必须明确以下几点：

(1) 风险是“一定条件”的风险；

(2) 风险是“一定时期内”的风险；

(3) 风险可预测与不确定性不能预知；

(4) 风险可能给投资人带来超出预期的收益，也可能带来超出预期的损失。

▶ 2. 风险的分类

(1) 按风险是否可以分散，分为市场风险和公司特有风险。市场风险是指影响所有公司即整个市场的因素引起的风险。它由公司的外部因素引起，涉及所有的投资对象，公司无法控制、无法分散，如战争、自然灾害、经济危机等。市场风险又称系统风险或不可分散风险。

公司特有风险是指个别公司的特有事件造成的风险。它是随机发生的，只与个别公司和个别项目有关，又称非系统风险或可分散风险。可以通过投资的多样化来分散此类风险。

(2) 按公司风险形成的原因不同，可分为经营风险和财务风险。经营风险是指由于公司生产经营条件(包括公司内部和外部)的变化对公司收益带来的不确定性，也称商业风险。经营利润(息税前利润)EBIT＝经营总收入－变动成本总额－固定成本总额，可以简单地理解为，公式右边的所有因素的变化给公式左边公司收益带来的不确定性，均属于经营风险。

财务风险是指由于公司举债而给财务成果带来的不确定性，也称筹资风险。在全部资金来源中，借入资金所占的比重大，公司还本付息的压力就大，风险程度也就增加；反之风险程度也就减小。有观点认为，影响财务风险的因素还有应缴纳税金，理财师可通过税务筹划来为公司合法节税。税后利润 $EAT=(EBIT-I)\times(1-T)$，可以简单地理解为，公式右边的利息 I 和公司所得税税率 T 因素的变化给公式左边公司税后盈余带来的不确定性，均属于财务风险。

▶ 3. 风险报酬的定义

高收益伴随着高风险，在投资者可接受的风险条件下，进行投资而获得的超过货币时间价值的额外收益称为风险报酬。风险报酬(risk premium)或风险溢价是指投资者因承担风险而获得的超过时间价值的那部分额外报酬与原投资额的比率，有时也称为风险价值。在公司理财中，风险报酬通常采用相对数，即风险报酬率来加以计量。

如果不考虑通货膨胀因素，投资报酬率就是时间价值率与风险报酬率之和。通过风险报酬率这一概念可以看到，单纯的风险分析并没有多大意义，只有将风险与报酬联系起来，风险分析才具有实际意义。风险报酬原则即风险与报酬对等（或对称）原则也是公司理财的基本原则之一，投资人必须对风险与报酬做出权衡，为追求高报酬而承担较大的风险或者为减少风险而接受较低的报酬。

4.3.2 单项资产的风险与计量

公司理财的目标就是要实现公司价值的最大化，也就是必须处理风险与收益之间的关系。对风险进行科学的量化，以实现收益最大化情况下风险最小，主要使用概率和统计的方法。

▶ 1. 随机事件及其概率分布

一项风险投资决策活动可以看成随机事件。概率（probability）是衡量随机事件发生可能性及其各种结果发生可能性大小的数值。例如，抛硬币正面（刻有币值的一面）向上、向下的概率各为50%，从一副扑克牌中抽一张10，概率为4/54，抽一张黑桃10的概率为1/54。将随机事件各种结果及其可能发生的概率进行连续描述，称为概率分布（probability distribution）。概率分布必须符合以下两个要求：

（1）所有的概率即 P_i 都在0和1之间，即 $0 \leqslant P_i \leqslant 1$。通常，把必然发生的事件概率定为1，把不可能发生的事件概率定为0，而一般随机事件的概率是介于0与1之间的一个数。概率越大就表示该事件发生的可能性越大。

（2）所有结果的概率之和应等于1，即 $\sum P_i = 1$。

【例4-14】公司有两个投资机会，A投资机会是一个高科技项目，如果经济繁荣并且该项目获得成功，能够取得较大的市场占有率，预期报酬率较高，但是经济衰退情况下发生损失的可能性也很大。B项目是一个生活必需品项目，销售前景可以比较准确地预测。假设未来的经济情况只有三种可能：繁荣、正常、衰退，有关的概率分布和必要收益率见表4-2。

表4-2 A、B项目概率分布和必要收益率

经济情况	发生概率	A项目预期报酬率（%）	B项目预期报酬率（%）
繁荣	0.2	80	20
正常	0.6	30	15
衰退	0.2	−60	10
合计	1.0		

为了简化，我们在这里只考虑经济情况这一种收益影响因素。在表中，概率表示每一种经济情况出现的可能性，也表示每一种不同预期收益率出现的可能性。例如，如果投资A项目，当未来经济出现繁荣的可能性是20%时，A项目可以获得80%的收益率即获利80%的可能性为20%。

▶ 2. 期望值

期望值（expected value）是随机事件各种结果（数值）及其发生概率的加权平均值，它是反映集中趋势的一种量度，代表着随机事件最合理的（平均）期望结果。

期望值的计算公式为

$$\overline{E} = \sum_{i=1}^{n} E_i P_i$$

其中：$\overline{E}$ 表示期望值；E_i 表示第 i 种结果的报酬率；P_i 表示第 i 种结果发生的概率。

承例4-14，A、B两项目的期望报酬率分别为：

A项目的期望报酬率 $\overline{E}(A) = 0.2 \times 80\% + 0.6 \times 30\% + 0.2 \times (-60\%) = 22\%$

B 项目的期望报酬率 $\overline{E}(B)=0.2\times20\%+0.6\times15\%+0.2\times10\%=15\%$

两者的期望报酬率不相同，概率分布也不同。A 项目报酬率的分散程度大，变动范围在 $-60\%\sim80\%$之间；B 项目报酬率比较集中，变动范围在 $10\%\sim20\%$之间。计算结果说明两个项目的期望报酬率不同，风险也不相同。A 项目风险大，期望回报率高；B 项目风险小，期望回报率低。为了定量地衡量风险大小，还要使用统计学中衡量概率分布离散程度的指标。

3. 标准离差

标准离差(standard deviation)，简称标准差，是用来衡量概率分布离散程度或各种结果与期望值的偏离程度的一个数值。标准离差等于方差(variance)开平方，计算公式为

$$\delta=\sqrt{\sum_{i=1}^{n}(E_i-\overline{E})^2P_i}$$

其中：δ 为期望报酬率的标准离差；$\overline{E}$ 为期望报酬率；E_i 为第 i 种可能结果的报酬率；P_i 为第 i 种可能结果的概率；n 为可能结果的个数。

现在沿用例 4-14 计算两个项目的标准离差：

$$\begin{aligned}\delta_A&=\sqrt{\sum_{i=1}^{n}(E_i-\overline{E})^2P_i}\\&=\sqrt{0.2\times(80\%-22\%)^2+0.6\times(30\%-22\%)^2+0.2\times(-60\%-22\%)^2}\\&=45.34\%\end{aligned}$$

$$\begin{aligned}\delta_B&=\sqrt{\sum_{i=1}^{n}(E_i-\overline{E})^2P_i}\\&=\sqrt{0.2\times(20\%-15\%)^2+0.6\times(15\%-15\%)^2+0.2\times(10\%-15\%)^2}\\&=3.16\%\end{aligned}$$

4. 标准离差率

标准离差率(又称变异系数，coefficient of variation)是标准差与期望值的比值。当两个事件期望值相同时，仅比较两个事件的标准离差即可知道哪个事件的风险大，当其期望值不相等时，则需用标准离差率来比较不同事件的风险大小。通常用 V 来表示，即

$$V=\frac{\delta}{\overline{E}}\times100\%$$

标准离差率是用来说明风险占每一单位期望值的比例。或者说，每获得一单位期望收益要冒多大风险。

现在计算例 4-14 中 A、B 项目的标准离差率：

$$V_A=\frac{45.34\%}{22\%}\times100\%=206.09\%$$

$$V_B=\frac{3.16\%}{15\%}\times100\%=21.07\%$$

计算结果说明，A 项目的风险大于 B 项目。

5. 风险报酬率

标准离差率虽然能正确评价投资风险程度的大小，但它还不是风险报酬率。要计算风险报酬率，还必须借助一个系数——风险报酬系数。风险报酬系数是指人们冒着一定风险大小(数量)对应的能够(预期)得到的风险报酬大小。为了理解这一概念，你可以把 8%的风险报酬系数和购买苹果时得知的 8 元/1 斤的价格联系起来，在这里，1 斤相当于一个衡

量单位(标准离差率)的风险数量(即1或者100%的标准离差率)，而8元相当于冒着1或者100%的标准离差率的风险大小可以获得8%的风险报酬率。因此，风险报酬系数是冒着一定风险大小(数量)的价格，它反映风险价值。风险报酬系数一般针对一定区域、一定时期内的某个行业而定。

风险报酬率、风险报酬系数和标准离差率之间的关系为：风险报酬率与风险报酬系数、标准离差率(风险程度)成正比，可以表示为

$$风险报酬率\ R_r = 风险报酬系数\ b \times 标准离差率\ V_\delta$$

风险报酬率与期望投资报酬率的关系可表示为

$$期望(必要或应得)投资报酬率 = 无风险报酬率\ R_f + 风险报酬率\ R_r$$

沿用例4-14中A、B两项目，我们选定了B项目进行投资，已知风险报酬系数b为0.10，国债收益率R_f为5%，前面已计算出其风险程度(变异系数)V_δ为21.07%，则B项目的期望投资报酬率为

$$\overline{E} = 5\% + 0.10 \times 21.07\% = 7.11\%$$

知识链接

风险报酬系数的确定

风险价值系数的大小由投资者根据经验并结合其他因素加以确定。通常有以下几种方法：(1)根据以往同类项目的有关数据确定；(2)由公司领导或有关专家确定；(3)由国家有关部门组织专家确定。

4.4 证券组合的风险与收益

金融市场的发展使投资领域从单一资产扩展到多资产类型，从国内市场扩展到国际市场。某单一类型的证券产品，已经不能满足投资者的证券投资需要，而是将投资资金分配给若干不同的证券资产，如股票、债券及证券衍生产品，形成合理的资产组合，以期实现资产收益最大化和风险最小化，称为证券组合(portfolio)。证券组合管理的意义也日益凸显：投资者对资金进行计划、分析的前提下，选择多种证券作为投资对象，以达到在保证预定收益的前提下使投资风险最小或在控制风险的前提下使投资收益最大化的目标，避免投资过程的随意性，达到投资的分散性和风险与收益的匹配性。因此基于不同类型的证券产品对经济和金融市场变动呈现不同反应，每一类型证券产品都能为投资组合带来各自的贡献，积极有效的证券组合管理是提高投资报酬率的关键。

4.4.1 证券组合的风险

证券组合的风险可以分为两种性质完全不同的风险，即可分散风险和不可分散风险。

▶ 1. 可分散风险

可分散风险(diversified risk)，又称非系统风险或称公司特有风险，它是指某些因素给个别证券带来经济损失的可能性，这种风险只影响个别证券或板块。可分散风险可通过证券持有的多样性来抵消。现代资产组合理论证明，证券组合的风险随着其所含的证券数量的增加而降低，如图4-18所示。资产间关联性极低的多元化证券组合可以有效地降低风险。

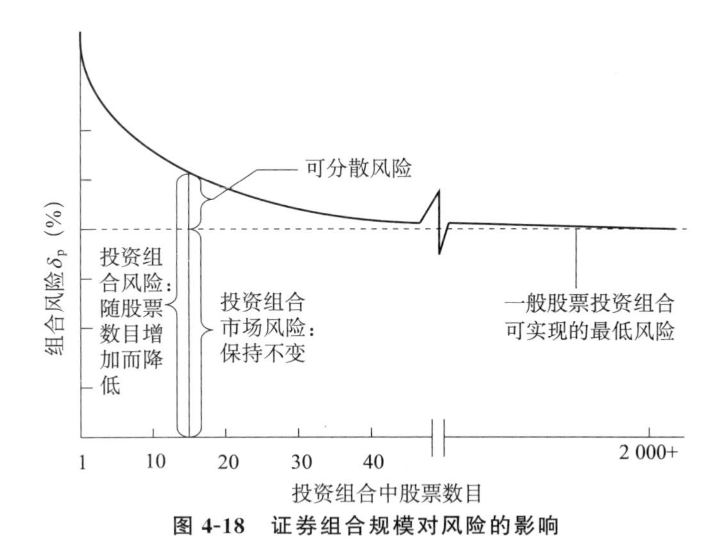

图 4-18 证券组合规模对风险的影响

【例 4-15】假设公司持有A股票和B股票形成证券组合，每种股票在证券组合中各占50%，它们的报酬率和风险情况详见表4-3。

表 4-3 完全负相关的两种股票以及由它们构成的证券组合报酬情况

时 间	A股票	B股票	A、B的组合
2010年	−10%	50%	20%
2011年	60%	−20%	20%
2012年	−20%	60%	20%
2013年	20%	20%	20%
2014年	50%	−10%	20%

根据表4-4的资料可以看出，如果分别持有两只股票，收益的波动大也就是风险大，两只股票收益波动的范围都是−20%和60%之间。但是如果把分别按50%持有的两只股票组合成一个证券组合，则风险相对较小。完全相反方向变动的情况即完全负相关，反之则完全正相关。大部分股票是正相关，把任意两只股票组合起来虽然可以抵减部分风险，但是当拥有的股票种类足够多时，基本可以把所有非系统风险分散掉。

▶ 2. 不可分散风险

不可分散风险(nondiversifiable risk)，又称系统风险或市场风险，它是指某些因素给市场上所有的证券带来经济损失的可能性。这种风险是无法消除的，故称不可分散风险。但这种风险对不同企业、不同产品也有不同的影响。如前面例4-15所举的情况。

不可分散风险的程度通常用β系数(beta coefficient)来计量。β系数能够衡量出某种证券或证券组合相对于整个证券市场风险的变动程度，它代表了一种证券组合市场风险的相对大小。为了方便分析，我们一般将整个市场风险定义为1，用以衡量某一证券对市场风险的敏感程度。比如华谊兄弟2011年到2014年β系数分别为0.25、−0.2、3.58和4.17。[①] 华谊兄弟2013年的β系数为3.58，表明市场指数收益率变动为1%时，华谊兄弟的收益率变动为3.58%。β系数越大，系统风险越大；β系数越小，系统风险越小。因此

① 济安金信．公司评价中心[EB/OL]. http：//www.jajx.com/modules/tinyd5/index.php? id=6.

β系数反映了个股对市场(或大盘)变化的敏感性，也就是个股与大盘的相关性或通俗的“股性”。投资者可根据市场走势预测选择不同β系数的证券从而获得额外收益。

证券组合的β系数是单个证券β系数的加权平均，权数为各种股票在证券组合中所占的比重。其计算公式为

$$\beta_p = \sum_{i=1}^{n} x_i \beta_i$$

其中：β_p为证券组合的β系数；x_i为证券组合中第i种股票所占的比重；β_i为第i种股票的β系数；n为证券组合中股票的数量。

4.4.2 证券组合的风险报酬

证券组合的风险报酬是投资者因承担不可分散风险而要求的、超过时间价值的那部分额外报酬。与单项投资不同，证券组合可通过分散投资来分散非系统风险，因此投资要求补偿的风险只是不可分散风险，而不要求对可分散风险进行补偿。如果可分散风险的补偿存在，投资者就会购买这部分股票，并抬高其价格，导致可分散风险的补偿消失。证券组合的风险报酬率可用下列公式计算：

$$R_p = \beta_p (R_m - R_f)$$

其中：R_p为证券组合的风险报酬率；β_p为证券组合后的β系数；R_m为所有股票的平均报酬率；R_f为无风险报酬率，一般用国库的收益率来衡量。

【例 4-16】假设公司持有由A、B、C三种股票构成的证券组合，它们的β系数分别是3.0、1.5和0.8，它们在证券组合中所占的比重分别为50%、40%和10%，股票的市场报酬率为12%，无风险报酬率为6%，试确定这种证券组合的风险报酬率。

计算：首先，确定证券组合的β系数。

$$\beta_p = \sum_{i=1}^{n} x_i \beta_i = 50\% \times 3.0 + 40\% \times 1.5 + 10\% \times 0.8 = 2.18$$

然后，可计算该证券组合的风险报酬率。

$$R_p = \beta_p (R_m - R_f) = 2.18 \times (12\% - 6\%) = 13.08\%$$

从以上计算过程可以看出，调整各种证券在证券组合中的比重可改变证券组合的风险和风险报酬率。

4.4.3 资产定价模型

在证券投资学和财务管理学中，有许多模型论述风险和报酬的关系，其中一个最重要的模型是资本资产定价模型(capital asset pricing model，CAPM)，通俗一点的理解就是作为资本的资产如何定价。模型主要衡量的是风险和收益的关系，通过对整个市场的考察，可以获得每一种证券风险和收益之间的均衡关系。这一模型为

$$R_i = R_f + \beta_i (R_m - R_f)$$

其中：R_i为第i种股票或第i种证券组合的必要报酬率；R_f为无风险报酬率；β_i为第i种股票或第i种证券组合的β系数；R_m为所有股票或证券的市场报酬率；$(R_m - R_f)$为所有股票或证券的风险报酬率。β系数衡量资产组合的系统风险，$\beta_i(R_m - R_f)$是因承担系统风险所得到的回报，即风险补偿。

该模型基于以下假设：①投资者都是风险规避者；②投资者遵循均值方差原则；③投资者仅进行单期决策；④投资者可以按无风险利率借贷；⑤所有的投资者有相同的预期；

⑥买卖资产时不存在税收或交易成本。

资本资产定价模型是由美国学者夏普(William Sharpe)、林特尔(John Lintner)、特里诺(Jack Treynor)和莫辛(Jan Mossin)等人于1964年在马柯维茨资产组合理论的基础上发展起来的，是现代金融市场价格理论的支柱，广泛应用于投资决策和公司理财领域。威廉·夏普博士由于在资产定价等金融经济学领域成果卓著，荣获1990年诺贝尔经济学奖。

【例4-17】某公司A证券组合的β系数为2，无风险报酬率为6%，市场上所有股票的平均报酬率为15%，那么，公司A证券组合的报酬率应为

$R_A = R_f + \beta_i(R_m - R_f) = 6\% + 2 \times (15\% - 6\%) = 24\%$

计算结果说明公司A证券组合的报酬率达到或超过24%时，投资方才可进行投资。

资本资产定价模型的图示形式称为证券市场线(securities market line，SML)，它说明投资组合报酬率与系统风险程度β系数之间的关系。证券市场线很清晰地反映了风险资产的预期报酬率与其所承担的系统风险β系数之间呈线性关系，充分体现了高风险高收益的原则，如图4-19所示。

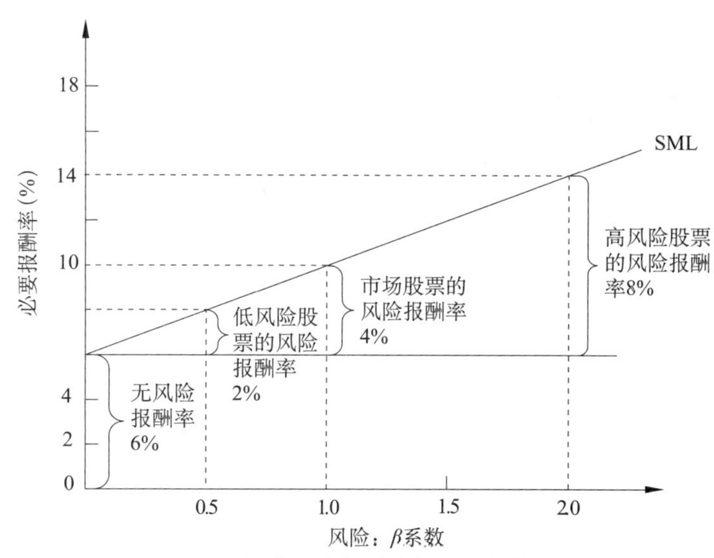

图4-19 证券组合报酬率与β系数的关系

知识链接

证券市场线与资本市场线

证券市场线描述的是市场均衡条件下单项资产或资产组合(无论是否已经有效地分散风险)的期望收益与风险之间的关系，适用于单项资产或资产组合，测度风险的工具是单项资产或资产组合的β系数。资本市场线(capital market line，CML)是指表明有效组合的期望收益率和标准差之间的一种简单的线性关系的一条射线。它是沿着投资组合的有效边界，由风险资产和无风险资产构成的投资组合，测度风险的工具是整个资产组合的标准差。

投资者进行证券投资的主要目的在于获取适当的预期收益。精明的投资者会通过组合证券分散投资风险，这里的组合包括种类的分散化、行业部门的分散化和投资时期的分散化，通过多种证券的收益高低彼此相互抵消可以把证券投资的总收益保持在一定的水平

上，把总风险减少到最低限度。另外，由于投资者对于风险收益的态度不同，对待证券组合的风险收益也会不同，组成不同类型的证券组合策略，比如风险规避者偏好低风险资产，形成保守型策略。

本章小结

1. 本章重点介绍了公司理财的两个最重要价值观念——货币时间价值和风险价值。货币时间价值是指资金在运动与周转中产生的价值增值。离开货币的时间价值，就不能准确衡量不同时间财务收支的价值。风险价值指的是承担额外风险获得相应的风险报酬。

2. 货币时间价值的计算分单次现金流和多次(系列)现金流。计息的方式包括单利和复利，二者的差别在于计息的基础(基数是否包含利息)。

3. 利率是一定时期运用资金资源的交易价格，除了包含货币的时间价值因素，还包括风险价值和通货膨胀因素。利率＝纯利率＋通货膨胀补偿＋违约风险报酬＋流动性风险报酬＋期限性风险报酬。

4. 根据系列现金流发生的时点不同，分为普通年金、先付年金、递延年金和永续年金。可以通过画出(初学者务必画)时间线，显示不同时点的现金流入和现金流出，以方便正确地计算所需的现值或终值。

5. 风险衡量的方法有很多，常见的是用概率统计的方法进行风险的衡量与计算，风险是与各种可能结果和可能结果的概率相联系的，包括单项资产和证券组合。

6. 单项资产的风险可先通过确定概率及其分布、计算期望报酬率、计算标准离差、计算标准离差率和计算风险报酬率来确定价值。

7. 资产定价模型主要研究证券市场中资产的预期收益率与风险之间的关系，以及均衡价格是如何形成的。资产定价模型认为只有系统风险才能得到补偿，非系统风险可以通过资产的组合分散掉。

课后练习

一、思考题

1. 如何理解货币的时间价值？其本质是什么？它与利率有何关系？

2. 复利现值系数和终值系数、年金现值系数和终值系数各自的符号是什么？其公式如何表达？公式是如何推导出的？它们之间有何关系？

3. 简述年金的概念及分类。

4. 如何理解风险与报酬之间的关系？它们可以用什么公式联系起来？你如何理解风险报酬系数？

5. 系统风险与非系统风险之间有何区别？

6. 证券组合的作用是什么？如何衡量证券组合的期望报酬率？

7. β 系数是什么？它用来衡量什么类型的风险？

二、计算分析题

张先生发现邻近城市某一餐饮连锁店生意很火爆，就打算在自己所在城市也开一家餐饮连锁店。经过一番波折找到该餐饮连锁店的中国总部，总部工作人员介绍品牌经营模式和经营范围以及加盟费等要求，有三种加盟方案：

(1) 从现在起，每年年初支付 10 万元，连续支付 5 次，共 50 万元；

（2）从第三年开始，每年年末支付12万元，连续支付5次，共60万元；

（3）从第五年开始，每年年初支付13万元，连续支付5次，共65万元。

要求：假设折现率为8%，选择一种最合理的付款方案。

章末案例

养老金增值众人说

《重庆晨报》的一则报道中理财师提出："假设，退休后你每月的开支为2 000元，从60岁开始退休，按照平均寿命80岁计算，那么你退休后的20年需要2 000×12×20=48万元养老金。假如我们以3%的通胀计算，如果按每月支出等同于现在2 000元的购买力计算，你的寿命为80岁，你现在50岁，那么从60岁退休到80岁，你需要准备116万元，才能满足你现在每个月花费2 000元的生活水平。"

虽然对养老金数字标准各观点并不一致。但有一点相同的是，要通过多元化投资来获得收益、扩大本金，最关键的应该是，如何通过投资来战胜通胀，以让自己的养老本钱增值。理财专家提供以下几种投资方式供参考：

1. 基金定投

有美国理财专家认为，如果每个月投入1 000美元进行定投，按金融市场每年3%的回报率，40年下来，资金可达961 525美元。

2. 商业养老保险

目前一些保险公司推出养老年金险，如果现在起每年缴一定金额的费用，退休后可选择一次性领取现金。一般养老险缴费期为20年，退休后可领取的利益约为总保费的300%。也可选择每月领取，能部分弥补退休后的养老金缺口。

3. 黄金投资

黄金抗通胀，具备容易变现和保存的特点，也可以作为一种家庭资产世代相传。但是从长期来看，黄金的波动性也很大，黄金在某个阶段可能会持续看好，但不代表永远只涨不跌。当然黄金在市场出现重大风险时易变现，有一定价值。

4. 证券投资组合

通过持有多种债券、股票等金融产品分散风险，可实现投资收益的最大化。当然资本市场的多变性使其所需承担的风险也较高。

资料来源：314万靠谱吗？[EB/OL].[2012-06-27]. http://money.163.com/12/0626/06/84TFVG0B00252G50.html.

问题：

1. 货币时间价值的内涵是什么？
2. 多元化投资组合有何意义？
3. 互联网+时代对个人投资理财有哪些影响？

即测即练

扫描封底二维码

获取答题权限

第5章 价值评估

学习目标

- 掌握估值的方法及模型。
- 熟练掌握债券等证券的估价方法。
- 理解影响债券价值的因素。
- 熟练掌握股票估价的模型。
- 了解公司价值的决定因素。
- 熟悉一价定律的原理及应用。

引导案例

阿里巴巴的估值历程

北京时间2014年9月19日晚，全球瞩目的阿里巴巴终于敲响纽交所的开市钟。按照其68元/ADS的发行价计算，其融资额超越VISA上市时的197亿美元，成为美国有史以来规模最大的一次IPO。我们一起回顾一下阿里是如何一步步走向价值巅峰的。

1999年年初：马云曾于1995年首次到美国旅行，在他造访西雅图的一位朋友时，这位朋友向他展示了互联网，马云当时键入了一个单词“啤酒”，搜索出来的信息没有来自中国的。他决定填补这个空白，创立阿里巴巴——面向中国公司的英文集市网站，初始的投资者有80人，投资额为6万美元。

2000年：日本东京的无线运营商软银投资2 000万美元，计划帮助阿里巴巴实现在亚洲的增长。

2003年5月：阿里巴巴推出旗下电子商务网站淘宝网。淘宝网是该公司首个消费者到消费者(C2C)在线集市。

2005年8月：阿里巴巴同雅虎公司建立了战略合作关系。雅虎向阿里巴巴投资10亿美元，获得阿里巴巴40%股权，此时阿里巴巴估值25亿美元。

2007年11月：阿里巴巴有限公司(Alibaba.com Ltd.)在香港证券交易所主板登陆，融资17亿元。在交易首日，其市值25.7亿美元。

2011年9月：包括DST Global和Temasek Holdings Pte等投资者购买了阿里巴巴的股权。这些投资将阿里巴巴估值约32亿美元，在中国互联网公司中仅位于百度和腾讯之后。

2012年9月：阿里巴巴开始从雅虎回购其所持股份，最终购回了雅虎所持阿里巴巴一半的股份。至此阿里巴巴公司估值约400亿美元。

2014年5月：阿里巴巴宣布在美国纽约证券交易所进行IPO，交易代码“BABA”，这次上市可能是美国有史以来最大规模的一次IPO。国外著名投资网站Seekingalpha分析师、纽约大学金融系教授、传奇估价专家阿斯沃斯·达摩达兰(Aswath Damodaran)给出了他的分析估值《阿里巴巴：中国式财富故事》(*Alibaba*：*A China Story With A Profitable Ending*?)。该文中，他认为阿里巴巴在中国线上零售市场的主导地位、在市场中的规模和高成长性、无出其右的经营利润，为估值提供了基础。高收入增长、稳定的利润、相对较低的再投资，创造了该公司1456亿美元的市值，每股接近61美元的价值。

资料来源：网易科技．图表和数据：阿里巴巴IPO和估值历程[EB/OL].[2014-09-08].http://tech.163.com/14/0908/13/A5KF3619000915BF.html.

问题：

1. 公司价值评估有哪些方法？
2. 阿里巴巴高估值的依据是什么？

5.1 价值评估的方法与作用

现代公司理财最主要的职能和内容就是投资决策的估值，而估值的方法与模型决定了其可靠性和有用性，最终决定了投资决策的效率及成败。不管是投资组合中的证券选择，还是公司并购中资产买卖价格的确定，或者是公司进行资产重组，前提条件都是要把握资产的价值和价值的决定因素。估值原理和方法的假设前提是，大部分资产都是可以得到合理评估的，而且可适用不同类型的资产的评估，包括实体资产和金融资产。实体资产的评估将在后续的资本预算与投资决策中介绍，本章节重点介绍金融资产和公司价值的评估。

"股神"巴菲特做出的每一个所谓"正确投资"，其基本条件是投资者支付资产的价格不超过资产的价值——价值投资，其定律是：不看股票看公司；不想价格想价值；不做投机做投资。人们购买金融资产的原因在于未来可以带来更多的现金流入，因此价值评估的基础在于把资产价值和其现金流量及其增长速度联系起来。就像巴菲特本人对于内在价值的说明，出现在1996年致伯克希尔股东的信中："内在价值是估计值，而不是精确值，而且它还是在利率变化或者对未来现金流的预测修正时必须相应改变的估计值。"

5.1.1 价值评估的方法

在价值评估实践中使用大量方法或者模型，从简单到复杂，对于价值确定也有着不同的假设前提。但是我们可以求同存异，按照一定的标准进行分类：第一，折现现金流法，通过现值模型，依据预期的未来现金流量的现值评估价值；第二，相对比较法，寻找确定可比较资产，根据某个共同的变量，如收入、现金流量、账面价值等，通过可比较资产的价值来估计标的资产的价值；第三，期权定价法，即或有要求权法，通过期权定价模型对具有期权特性的资产进行价值评估。

▶ 1. 折现现金流法

(1) 折现现金流法的原理。我们购买大多数资产的出发点是希望它们在未来可以给我们带来更多的现金流量。折现现金流法的基础是现值原则，即任何资产的价值都等于其未来期望现金流量的现值，可以通过估计从该资产上期望获得的现金流量，并用能够反映相关风险的折现率进行折现得到该资产的价值。贴现率反映被评估现金流量的风险，资产的预期现金流量风险高则贴现率高。这种方法在现实中运用得最多，其计算公式如下：

$$V_0=\frac{E(\mathrm{CF}_1)}{1+r_E}+\frac{E(\mathrm{CF}_2)}{(1+r_E)^2}+\cdots+\frac{E(\mathrm{CF}_n)}{(1+r_E)^n}$$

其中：V_0 为资产价值；n 为资产的收益年限即使用寿命；$E(CF)$为年限内期望现金流量；r 为反映现金流量风险的贴现率。

(2) 折现现金流法的应用。

① 为持续经营的公司进行估计和为一系列资产的集合进行估计。一家公司的价值不等于其所拥有的独立资产的价值总和，其区别在于：公司是一个持续经营的主体，简单地将所有资产价值的相加只能反映公司现有资产的价值，而期望公司于未来产生价值的投资或者称为成长性资产却没有反映出来，如图 5-1 所示。总的来说，以资产为基础的估价主要强调现有资产的价值，可先分别估计每一项资产的价值，然后再加总所有资产的价值；以持续经营为基础的公司价值评估中，不仅要对现有资产进行估价，还要对可期望的未来投资及其盈利能力进行估价。成长型公司其价值很大部分来源于成长性资产，与以持续经营为基础所进行的估价相比，以资产为基础的估计将得到更低的价值(不持续经营下的清算估价则可能更低)。

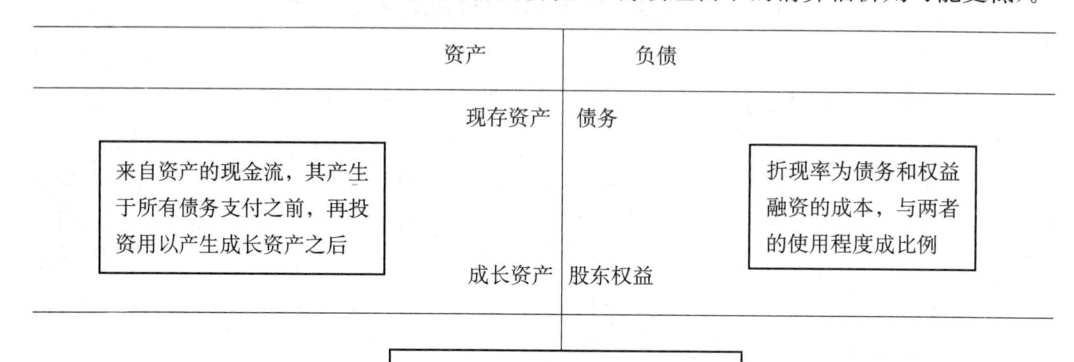

图 5-1　公司价值的影响因素

② 为公司股权进行估价和为公司自身进行估价。仅对股东权益部分进行估价的情况也称为股东权益估价。这一类型的估价有两种方法：一是通过公司的自由现金流量模型评估公司整体价值再扣减流通在外的负债的市场价值得到；二是基于债务被支付后和产生再投资需要之后所产生的现金流为股权自由现金流，用只反映权益性融资的成本(称为股权成本)进行折现。但是在实际运用中，两者的结果不可能达到一致。

(3) 折现现金流法的适用性和局限性。

① 现金流量和贴现率的获得。使用这种方法需要公司目前的现金流量是正的，而且将来一段时间内的现金流量和现金流量的风险是可以可靠估计的，并且可以根据风险得出贴现率。处于困境中的公司和资产重组过程中的公司，估计未来现金流量和贴现率难度就很大。

在折现现金流量模型中常用到的现金流量指的是自由现金流量，自由现金流量可分为公司整体自由现金流量和公司股权自由现金流量。整体自由现金流量用于计算企业整体价值，包括股权价值和债务价值；股权自由现金流量用于计算企业的股权价值。用公式表达如下：

整体自由现金流量＝(税后净营业利润＋折旧及摊销)－(资本支出＋营运资本增加)

股权自由现金流量＝经营活动现金净流量－资本支出－优先股股利＋新发行债务－偿还本金

② 现金流量和贴现率的匹配。相应的现金流量和贴现率的选择是不一样的。用权益成本即公司的权益投资者要求的报酬率折现预期的股权自由现金流量就是权益价值评估。公司的价值评估是用公司的综合资本成本即通过不同资金比例加权平均得出公司资本成本来折现公司的预期自由现金流量。如果匹配错误，将导致价值的高估或低估。

▶ 2. 相对比较法

虽然折现现金流估价是实务和学术中的重点，但是在现实中另一常用的方法是找相似资产进行相对估价。相对估价法最简单、最直接的应用就是对实物进行估价，比如房地产评估。在股票投资决策中，投资人可将一只股票与其他类似的股票进行价值比较，然后再决定这只股票是否具有投资价值。

在相对估价法中，待评估资产的价值衍生于可比较资产的价值，以可比较资产的价值为基础。这里须注意以下两点：

(1) 可比较资产的界定。估价中需要找到共同变量来标准化定价，就像上述的房产估价，其共同变量为地段、户型等要素。资产评估中可通过一些变量，比如收入、现金流量、账面价值等来比较两个资产的价值。对于企业价值，可选择的标准是公司的基本面，即收入和现金流量的增长率等，通过公司特征的变化预测比率的变化。

(2) 标准化的价格。在房产估价中，以当前市场行情价格为基础。但当对股票进行估价时，应将价格或者市场价值除以某个与此价值相关的计量基础，得到标准化价格，如市盈率。

▶ 3. 期权定价法

期权也称或有要求权，它是一种资产，是仅仅在特定情况下才发生现金流量的资产：如果是买方期权，当标的资产的价格超过执行价格时有现金流量；如果是卖方期权，标的资产价格低于执行价格时有现金流量。期权定价法又称或有要求权法，就是用期权定价模型来评估具有期权特征的资产价值，它可用于任何包含期权特性的资产。期权的价值可以通过以下变量的函数来评估：标的资产价值的现值及其变动、执行价值、期权期限和无风险利率。但是用期权定价模型来评估不交易资产的长期期权将出现误差。

以上三种基本的价值评估方法并不是相互排斥的，采用哪一种方法进行估值和评价，决定了应该运用哪些具体模型进行定量分析并计算资产或者公司的价值。

5.1.2　价值评估的作用

▶ 1. 投资组合管理

在单项投资和投资组合管理中，价值评估的作用在于找到资产的真实价值，通过现金流量折现或者财务比率分析等方式找到在投资组合中“被低估”的资产，以提高整体投资组合的盈利能力。相信有效市场的投资者则坚信市场价格在任何时点上都代表对公司真正价值的最好估计，因此他们还需要确定当前市场价格所暗示的关于公司的潜力与风险的信息。

▶ 2. 购并分析

科学、客观地价值评估是判断公司重组价值增加与否的关键。在购并分析中，除了出价公司在出价前需要合理确定一项业务或者公司的价值，目标公司也应在接受或者拒绝出价之前先给自己一个合理的价值。2015 年 12 月雅虎公司 CEO 玛丽莎 · 梅耶尔因斥资 30 亿美元进行连续收购却并未对公司业务产生任何意义而屡遭责难。投资银行 FBR Capital 分析认为，雅虎收购这些资产的价值现在远低于其收购时的出价。其中，梅耶尔主导的最大的四起并购当前价值都远低于收购价，剥离价值仅约 10 亿美元。

▶ 3. 公司财务管理

公司财务管理的目标是企业价值最大化，要检验企业价值创造的效率与效益，就必须借助于一定的衡量工具。公司价值评估就是以价值为基本衡量单位的、有效的价值创造度量工具，它能直观地反映出企业价值创造的数量，还可以获得企业价值创造效率的信息。而且在公司不同的生命周期，价值评估发挥着特定的作用。

5.2 证券估价

一价定律认为，当贸易开放且交易费用为零时，同样的货物无论在何地销售，用同一货币来表示的货物价格都相同。因此，任何一种商品在各国间的价值是一致的(通过汇率折算之后的标价是一致的)。若在各国间存在价格差异，则会发生商品国际贸易，直到价差被消除，贸易停止，这时达到商品市场的均衡状态。由于一价定律和无套利假设的存在，得出无摩擦市场中资产均衡定价的基本原理，即资产的价值等于资产未来现金流量的风险折现值。这一基本原理可运用于两大类金融资产：债券与股票，并贯穿于公司财务管理的投融资决策，如果忽略交易费用(手续费、发行费等)，投资者的所得就是筹资者的所付。根据一价定律，从投资者的角度看，现在所付=未来所得的现值；从融资者的角度看，现在所得=未来所付的现值。

从投资者的角度看，满足以上等量关系(即净现值等于零)的贴现率为投资者的投资收益率，也是资产估值原理的基础；从融资者的角度看，满足以上等量关系(即净现值等于零)的贴现率为融资者的资本成本率，也是融资发行证券定价的基础。

在完美的资本市场，金融资产的定价就是投资者和融资者的净现值都为零时的价格，这时投资者的期望报酬率等于实际报酬率，也等于市场报酬率，融资者的资本成本率等于投资者的期望报酬率，市场处于均衡状态，满足无套利假设和一价定律。在不完美的资本市场，存在市场摩擦因素，表现为信息不对称、交易费用、税收、市场垄断等，短期内，市场处于不均衡状态，投资者之间、投资者和融资者以及其他利益关系人之间要进行不断的博弈，但从长期来看，金融资产的价格趋于均衡。

5.2.1 债券估价

债券(bonds)是政府、金融机构、工商企业等机构直接向社会借债筹措资金时，向投资者发行，承诺按一定利率支付利息并按约定条件偿还本金的债权债务凭证。债券的本质是债的证明书，具有法律效力。债券购买者与发行者之间是一种债权债务关系。债券作为一种投资，现金流出是其购买价格，现金流入是指利息和归还的本金或者出售债券得到的现金。债券的价值就是债券未来现金流入量的现值。

估计债券的内在价值首先要理解债券的四个基本要素：第一，债券的本金或面值(face value)，是用于计算利息支付的名义金额，面值一般以标准化的增量，如1 000元来表示。第二，债券承诺的利息支付称作票息(coupons)，每次票息支付的数额取决于债券的票面利率(coupon rate)，用面值乘以票面利率。这一票面利率由发行者确定，并在债券凭证上标明。第三，当前市场利率或者必要报酬率，主要用于比较票面利率，如果市场利率大于票面利率，则债券应该折价发行；如果市场利率小于票面利率，则债券应该溢价发行。第四，债券的到期日(maturity date)，债券凭证通常指明定期(如每半年)支付票息，直到债券的到期日为止，面值在到期日偿付。

▶ 1. 估价模型

债券估价模型可用公式表示为

$$V_0=\frac{I_1}{1+r_E}+\frac{I_2}{(1+r_E)^2}+\cdots+\frac{I_N}{(1+r_E)^N}+\frac{M}{(1+r_E)^N}$$

其中：I 为各年的利息现金流量(票面利率×面值)；r_E 为必要报酬率或者当前市场利

率；N 为债券的期限；M 为债券面值。

债券根据是否付息分为零息票债券(zero-coupon bonds)和息票债券(coupon bonds)。最简单的债券类型为零息票债券，是一种不支付票息的债券，投资者收到的唯一的现金支付是到期日时的债券面值。美国的1年以内到期的政府债券就是一种零息票债券。这类债券未来现金流只有债券面值。因此，在到期日之前，零息票债券的价格总是小于其面值。即零息票债券总是折价(价格低于面值)交易，它们也被称作纯粹折价债券(pure discount bonds)。

【例5-1】假设面值为1 000元的1年期零息票债券的初始售价是895元，投资者要求的必要报酬率为8%。如果购买这一债券并持有至到期，将有如图5-2所示的现金流。试估计债券的内在价值并判断是否该购买该债券。

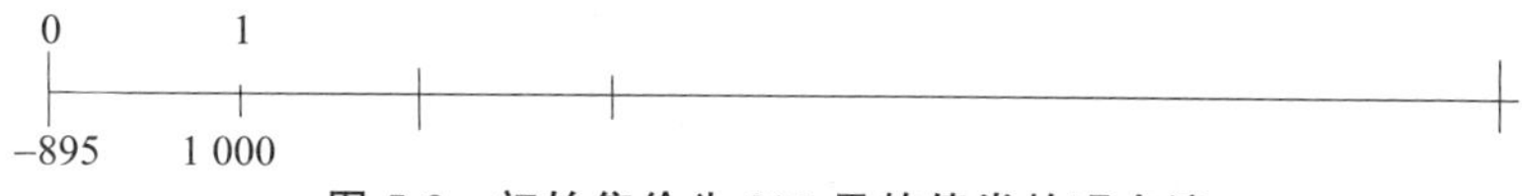

图5-2　初始售价为895元的债券的现金流

分析：对于投资者购买并持有该债券到期时，将获得1 000元的现金流入，但是这1 000元的现金流入是发生在1年后的，对比当前债券的初始售价，如果1年后的票面价值1 000元大于当前售价，说明投资者持有该债券将获得额外收益。

计算：

方法一：计算债券的内在价值。

$$V_0=\frac{1\,000}{1+8\%}=925.93(\text{元})$$

从计算结果上看，债券的内在价值高于当前售价，因此应购买并持有该债券。

方法二：计算到期收益率。债券的到期收益率(yield to maturity，YTM)或简称收益率，是使得债券承诺支付的现值等于债券当前市价的折现率。直观地看，零息票债券的到期收益率就是投资者从持有债券至到期得到承诺的面值支付所获得的回报率，该债券不直接支付利息，投资者按债券面值的折现价格购买债券，从而获得货币时间价值的补偿。下面确定前面所提到的1年期零息票债券的到期收益率。根据定义，1年期债券的到期收益率满足下式：

$$895=\frac{1\,000}{1+\text{YTM}_1}$$

计算可得，YTM=11.73%，即该债券的到期收益率是11.73%。也就是说投资于该债券并持有至到期，将获得11.73%的回报率，明显高于投资要求的必要报酬率8%，因此应购买并持有该债券。

【例5-2】国家刚发行了5年期、票面利率为4%、每隔半年支付一次票息的1 000元债券。如果持有该债券至到期日，当前公司要求的必要报酬率为10%，将收到什么样的现金流？

分析：该债券的面值是1 000元，因为每隔半年付息，也就是每隔6个月，收到的利息支付为1 000×4%÷2=20元。图5-3所示为是基于每6个月为1期的债券时间线。

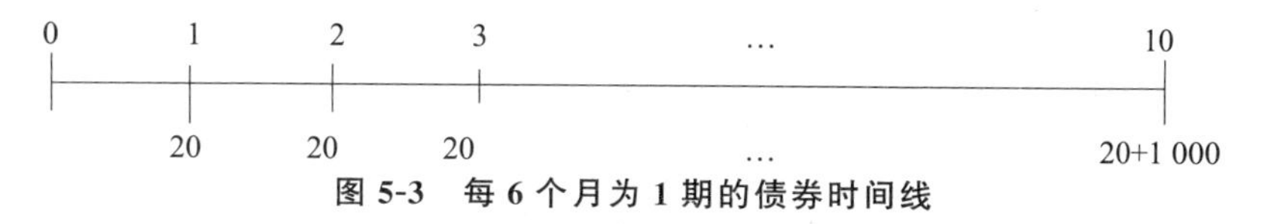

图5-3　每6个月为1期的债券时间线

须特别注意，最后一笔支付发生在从现在开始的5年(10个6个月期，$N=10$)后，它由20元的票息支付和1 000元的面值支付构成。

计算：$V_0=\frac{I_1}{1+r_E}+\frac{I_2}{(1+r_E)^2}+\cdots+\frac{I_{10}}{(1+r_E)^{10}}+\frac{P_{10}}{(1+r_E)^{10}}$

$=1\ 000\times 4\%/2\times(P/A,\ 5\%,\ 10)+1\ 000\times(P/F,\ 5\%,\ 10)$

$=1\ 000\times 4\%/2\times 7.722+1000\times 0.614$

$=768.44$（元）

也可由 Excel 求解答案：在 Excel 里选择【插入】/【财务】【PV】命令，如图 5-4 所示。

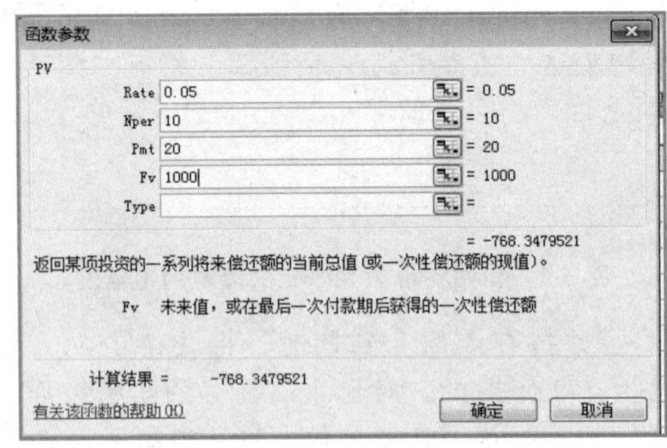

图 5-4　复利现值的计算结果

▶ 2. 债券价格的变动

正如我们先前提到的，零息票债券总是按折价交易，即在到期日之前，债券价格低于其面值。息票债券可能以折价(discount，价格低于其面值)、溢价(premium，价格高于其面值)或平价(par，价格等于其面值)交易。那么债券何时以折价或溢价交易，以及随着时间的推移和利率的波动，债券价格将如何改变呢？

(1) 折价和溢价。债券上标明的票面利率是一种名义利率，是公司在筹划发行债券期间制定的，并事先印刷在债券票面上。不管资金市场的行情如何，发行者都必须按照这种利率支付利息。而债券发行日资金市场的利率则称为市场利率。当债券票面利率与市场利率不一致时，就会影响债券的发售价格。当债券票面利率与市场利率一致时，公司债券可按其面值出售，这种情况称为平价发行或按面值发行。当债券票面利率高于市场利率时，潜在的投资者必将乐于购买，这时债券就应以高于面值的价格出售，这种情况称为溢价发行。实际发行价格高于票面价值的差额部分，称为债券溢价。债券溢价发行后，公司要按高于市场利率的票面利率支付债权人利息，所以溢价收入是对未来多付利息所作的事先补偿。当债券票面利率低于市场利率时，潜在投资者会把资金投向其他高利率的项目。这时债券就应以低于票面价值的价格出售以吸引投资者，这种情况称为折价发行，实际发行价格低于票面价值的差额部分称为债券折价。债券折价发行后，公司按低于市场利率的票面利率支付利息，债券折价实际上是对发行公司对债权人今后少收利息的一种事先补偿。

表 5-1 总结了关于息票债券价格的这些性质。

表 5-1　息票债券价格及其利率

债券价格	债券交易类型	发生条件
大于面值	“高过面值”或“溢价”	票面利率＞市场利率
等于面值	“平价”	票面利率＝市场利率
小于面值	“低于面值”或“折价”	票面利率＜市场利率

【例 5-3】三种 10 年期、每年付息一次的债券票面利率分别是 10%、5%和 3%。假设每种债券的到期收益率都是 5%。每种 1 000 元面值债券的价格分别是多少？它们分别是以溢价、折价还是平价交易？

计算： 每种债券的价格为

$$V_{(10\%\text{的息票利息})}=1\,000\times10\%\times(P/A，5\%，10)+1\,000\times(P/F，5\%，10)$$
$$=1386.2(\text{元})(\text{溢价价格})$$
$$V_{(5\%\text{的息票利息})}=1\,000\times5\%\times(P/A，5\%，10)+1\,000\times(P/F，5\%，10)$$
$$=1\,000(\text{元})(\text{平价价格})$$
$$V_{(3\%\text{的息票利息})}=1\,000\times3\%\times(P/A，5\%，10)+1\,000\times(P/F，5\%，10)$$
$$=845.66(\text{元})(\text{折价价格})$$

(2) 时间变化。下面考察时间对债券价格的影响。假如你购买 30 年期、到期收益率是 5%的零息票债券。对于 100 元面值的此类债券，其最初的交易价格为

$$V=\frac{100}{1.05^{30}}=23.14(\text{元})$$

现在来考察 5 年后该债券的价格，那时，债券距到期日还有 25 年。如果债券的到期收益率仍为 5%，5 年后债券的价格将为

$$V=\frac{100}{1.05^{25}}=29.53(\text{元})$$

从上述计算可以看到距到期日越近，债券的价格越高，债券的折价幅度(债券价格与面值之差)就越小。折价缩小是因为收益率没有改变，但距收回面值的时间变短了。如果你以 23.14 元的价格购买该债券，在 5 年后将其以 29.53 元的价格售出，也就是说，回报率与债券的到期收益率一样。这些结论也适用于息票债券。不过对于息票债券，价格随时间变化的模式要稍复杂些，这是因为随着时间的推移，大部分现金流变得更接近了。

对于息票债券，时间对于债券价值的影响主要表现在到期时间的影响和付息时间间隔期的影响。

(3) 利率变化。由于经济中利率的波动，投资者要求的债券投资收益率也将随之变动。下面评估债券到期收益率的波动对其价格的影响。

再次考虑 30 年期、到期收益率为 5%的零息票债券。对于面值为 100 元的债券，其初始交易价格为

$$V(5\%)=\frac{100}{1.05^{30}}=23.14(\text{元})$$

但是假设投资者在投资该债券之前利率突然上升，投资者现在要求 6%的到期收益率。收益率的改变意味着债券价格将下降到

$$V(6\%)=\frac{100}{1.06^{30}}=17.41(\text{元})$$

相对于初始价格，债券价格变动了(17.41－23.14)/23.14＝－24.8%，价格大幅下降。这说明较高的到期收益率意味着折现债券剩余现金流的折现率较高，从而降低了现金流的现值和债券价格。所以，若利率和债券收益率上升，债券价格将下降；反之，则债券价格上升。债券价格随利率变动的敏感度还取决于其现金流的发生时机。

【例 5-4】考虑 15 年期的零息票债券和 30 年期、年票面利率为 10%的息票债券。如果债券到期收益率从 5%增加到 6%，则每种面值 100 元债券的价格变动百分比分别是多少？

解决：首先，根据每种债券的到期收益率计算其各自的价格，如表 5-2 所示。

表 5-2　两种债券的价格变动　　单位：元

到期收益率	15 年期零息票债券	30 年期、年票面利率为 10%的 30 年期息票债券
5%	$\frac{100}{1.05^{15}}=48.10$	$V=176.82$
6%	$\frac{100}{1.06^{15}}=41.73$	$V=155.05$

上述计算结果显示，如果债券的到期收益率从 5%增加到 6%，15 年期的零息票债券的价格将变动(41.73－48.10)/48.10＝－13.2%。对于 30 年期、年息票利率为 10%的息票债券而言，其价格将变动(155.05－176.82)/176.82＝－12.3%。尽管 30 年期债券的到期期限更长，但因为其票面利率更高，所以其债券价格对收益率变动的敏感度实际上低于 15 年期的零息票债券。可见，债券价格受时间推移和利率变动的双重影响。

5.2.2　股票估价

摩根首席环球市场策略分析师 David Kelly 指出，中国股市估值“诱人”，2016 年看好股票优于债券。股票投资的收益是由“收入收益”和“资本利得”两部分构成的：收入收益是指股票投资者以股东身份，按照持股的份额，在公司盈利分配中得到的股息和红利的收益；资本利得是指投资者在股票价格的变化中所得到的收益，即将股票低价买进、高价卖出所得到的差价收益。对于现金流稳定的债券(如国债，假定无风险，未来现金流完全确定)，只需找到和其风险、时间长度相应的折现率，进行折现即可得出债券的价格，其估计过程相对简单。股票估价的难度很大程度来自于其现金流量的不稳定。可以运用折现现金流模型和相对比较法来估计股票的价值。

▶ 1. 折现现金流法

对于折现现金流模型，我们先考察投资期限为 1 年的投资者的现金流，来展开对股票估值的分析。然后，再从长期投资者的视角来考察。我们会看到，如果投资者具有相同的信念和看法，那么他们对于股票的估值将不依赖于投资期限的长短。

对于 1 年期限的投资者有两个可能的现金流来源。第一，公司可能以股利的形式向股东支付现金。第二，投资者可能在未来某个日期选择卖出股票以获得现金。投资者从股利发放和卖出股票所得到的总金额，取决于投资期限。

投资者购买股票时，将为每股股票支付的当前市场价格为 P_0。继续持有股票，则有权利得到股票支付的任何股利，以 Div_1 表示年内每股股票支付的股利总额。在年末，投资者将以新的市场价格 P_1 卖出所持有的股票。为简化分析，假设所有股利都在年末支付，这一投资的时间线如图 5-5 所示。

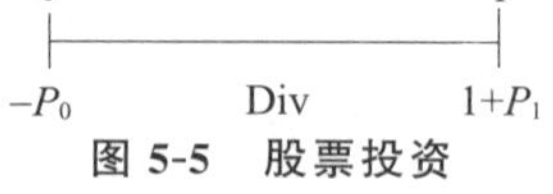

0　　　　　　1
$-P_0$　　Div　　$1+P_1$

图 5-5　股票投资的时间线

上述时间线上的未来股利支付和股价并不是确定可知的，这些价值是基于投资者在购买股票时的预期。只要当前价格不超过期望未来股利和股票售价的现值，投资者就愿意以当前价格购买股票。同时，这些现金流是有风险的，必须基于一定折现率，比如股权资本成本对现金流折现，股权资本成本等于资本市场上与该公司股票具有同样风险的其他投资的期望回报率。也就是说，在如下情形中投资者愿意购买股票：

$$P_0\leqslant\frac{Div_1+P_1}{1+r_E}$$

同理，对于想要卖出股票的投资者来说，当前必须收回的数额至少是等到下一年再卖出时将收到的数额的现值：

$$P_0 \geqslant \frac{\text{Div}_1 + P_1}{1 + r_E}$$

但是，有卖方就必须有买方，因此，上述两个式子都必须成立，股票价格就必须满足以下条件：

$$P_0 = \frac{\text{Div}_1 + P_1}{1 + r_E}$$

换言之，在竞争市场中，买入或卖出股票必然是净现值为零的投资机会。

【例 5-5】假设预期某公司来年将发放每股 0.04 元的股利，在年末，股票将按每股 16 元的价格交易。假如该股票具有同等风险的其他投资的期望回报率是 10%，你今天最多会为这只股票支付的买价是多少？

计算：应用折现现金流模型，得到

$$P_0 = \frac{\text{Div}_1 + P_1}{1 + r_E} = \frac{0.04 + 16.00}{1.1} = 14.58(\text{元})$$

我们可以对任何年限继续这一过程，原理与一年期投资者是一样的。这样，可推导出股票估价常用的股利折现模型(dividend—discount model)，这里的时限 N 为任意的：

$$P_0 = \frac{\text{Div}_1}{1 + r_E} + \frac{\text{Div}_2}{(1 + r_E)^2} + \cdots + \frac{\text{Div}_N}{(1 + r_E)^N} + \frac{P_N}{(1 + r_E)^N}$$

公式适用于单一的 N 年期投资者，他将收到 N 年股利，然后在 N 年后卖出股票。所有投资者(对所投资的股票具有相同信念)将对该股票赋予相同的价值，而不管投资期限的长短。对于公司总是支付股利并且从未被收购的特殊情形，永远持有股票是可能的。可以令上式中的 N 为无穷大，将上式写成如下形式：

$$P_0 = \frac{\text{Div}_1}{1 + r_E} + \frac{\text{Div}_2}{(1 + r_E)^2} + \frac{\text{Div}_3}{(1 + r_E)^3} + \cdots + \frac{\text{Div}_n}{(1 + r_E)^n} = \sum_{n=1}^{\infty} \frac{\text{Div}_n}{(1 + r_E)^n}$$

即股票价格等于股票将支付的期望未来股利的现值。

但是估计这些预期的股利是困难的。一种常用的近似估计是，假设从长远来看，股利将按一个不变的比率增长。考察这一假设对股价的影响，探讨股利和增长的权衡：对公司未来股利最简单的预测是，股利将永远按一个恒定的增长率 g 增长。那样的话，对于今天购买股票并一直持有的投资者而言，其现金流的时间线如图 5-6 所示。

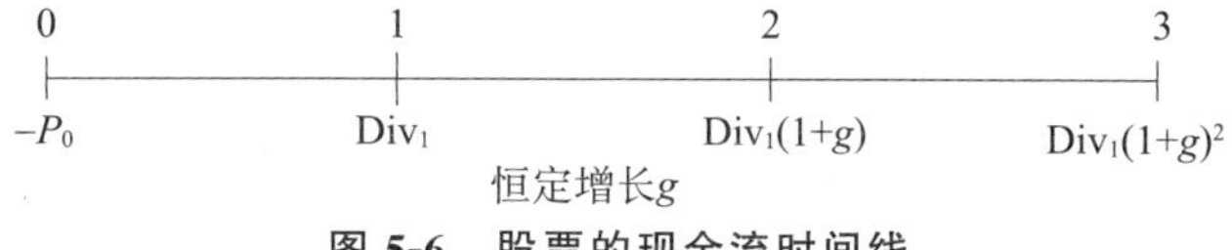

图 5-6 股票的现金流时间线

以同样的原理计算现金流的现值，得到股票价格的简单公式如下：

$$P_0 = \frac{\text{Div}_1}{r_E - g}$$

【例 5-6】目前中石油对海外投资者的分红政策坚持将分配其已申报净利润的 40%～50%作为股息，假设公司计划在来年每股支付 0.34 元的股利。如果其股权资本成本是 7.5%，预计未来每年股利增长 1%，试估计中石油的股票价值。

计算：如果预计股利每年按 1%的不变比率永续增长，运用等式计算股票价格为

$$P_0=\frac{\mathrm{Div}_1}{r_E-g}=\frac{0.34}{0.075-0.01}=5.23(\text{元})$$

▶ 2. 相对比较法

选择相对比较法对股票进行估价，通过选择同一行业中的一组公司作为估价的公司，计算这一组中乘数的均等价值，并根据目标公司与可比公司的差异来调整这一均值。比较常见的是用市盈率来作为这一比较标准。市盈率是指普通股每股价格与每股收益的比值，反映投资者为每一元的当期收益支付的价格。市盈率的可操作性强，大致可以反映股票的价值，表明市场对某只股票的评价。在选择市盈率作为可比标准时要注意不能用于不同行业间公司的比较，比如成熟期或者高风险行业，其市盈率会偏低。

【例 5-7】假设公司的每股收益是 2.5 元，该公司所在行业的平均市盈率为 18.5，试估计股票价格。

计算：基于市盈率的估价＝2.5×18.5＝46.25(元)

市盈率指标成为最常用的分析指标，主要用在目前的收益状况可以代表未来的收益及其发展趋势的条件下。市盈率指标不仅实用且容易获得，大多数公司的历史收益、目前收益和预测收益都是对外公开的，而且直接将资产的买价与资产目前的收益水平有机地联系起来。从以上计算可以看出，市盈率越低，估值越低；市盈率越高，估值越高。但是，在现实中，市盈率与估值的问题远比这个要复杂得多。首先，市盈率因为市盈率基于会计计算的利润，受会计计量的影响，也就存在可能受到操作的空间。其次，市盈率是一个静态的指标，而股票估值却是静态与动态相结合的，这就产生了很大的矛盾，使得市盈率与真实估值往往并不一致。这里所说的动态，是指股票未来的成长性。也就是说，市盈率一定要与未来成长性结合在一起评价，才具有真正的意义。

5.3 资产价值与公司价值评估

党的二十大报告指出，高质量发展是全面建设社会主义现代化国家的首要任务。完善不同类型企业的估值定价逻辑和构建具有中国特色的估值体系，对于我国资本市场的高质量发展意义重大。价值评估提供的信息不仅仅是一系列数字，还包括评估过程中产生的大量信息。例如，在公司价值评估中了解哪些是公司价值的驱动因素。即使公司价值的最终评估结果不是很准确，但是关注评估过程中的信息也很重要。价值评估提供的是关于“公平市场价值”的信息。价值评估不否认市场的有效性，承认市场的不完善。价值评估认为，市场在一定程度上有效，利用市场的非有效部分寻找被低估的资产。价值评估受到公司状况和市场状况的影响，随时会变化，公司的信息和市场的信息也在不断流动，因此价值评估的结论具有很强的时效性。

5.3.1 资产价值与公司价值的内涵

▶ 1. 资产价值

资产是指企业过去的交易或事项形成的，由公司拥有或控制的，预期会给企业带来经济利益的资源，它也是任何单位或个人拥有的各种具有商业或交换价值的东西。所以，如果一项资产预期不能产生经济利益的现金流入，则这项资产就无商业或交换价值，或者不能称为“资产”，在会计上就应该加以核销。资产价值取决于其为公司未来创造经济收益的能力。资产价值的表现形式具体包括重置成本价值、现行市价、现值和清算价格四种。

▶ 2. 公司价值

公司价值是指企业整体价值。首先，整体价值不是各个部分价值的简单相加，而在于能给投资人带来现金流量，这些现金流量是所有资产联合起来运营产生的结果，不是资产分别单独出售产生的价值。其次，公司整体的价值来源于各个部分之间的联系，也就是各个部分建立有机联系的时候，公司才能组成一个有机整体。公司资产的重新组合即改变各个部分之间的结合方式，可能改变公司整体的功用和价值。最后，公司整体的价值只有在运行中即持续经营中才能体现。如果公司停止运营，整体功能也就丧失，不再具有整体价值，此时公司的价值就是各部分资源的变现价值即清算价值。

公司价值可以分别表现为资产价值、投资价值和权益价值。资产价值即公司所拥有的包括权益和负债的价值总和。投资价值是公司所有的投资人所拥有的对于公司资产索取权价值的总和：公司投资价值＝公司价值－无息流动负债价值＝权益价值＋付息债务价值。权益价值(即股东对公司资产的索取权)＝公司价值－负债价值。

5.3.2 资产价值的评估

资产价值评估简称资产评估。有形资产价值有以历史成本(账面价值)评估的，也有以现有市场的公允价值评估的，还有以未来现金流量折现评估的，等等。评估的方法主要依赖于其价值评估的目的。至于金融资产价值和无形资产价值，其评估的方法包括前述的折现现金流法、相对比较法和期权定价法，此处不再赘述。

5.3.3 公司价值的评估

价值可加性和一价定律对于公司价值估计有重要的启示：公司的现金流量等于公司的全部项目和投资的总现金流量。公司价值是由公司选择的资产(包括未在会计的资产负债表上显示的品牌或者人力资源等隐性资产)和投资创造的，是由预期现金流量和相对风险水平(贴现率)决定的。价值评估就是通过对公司的盈利能力和成长能力、风险情况进行多角度、全方位的定性和定量分析，进而确定公司固有的内在价值的过程。

在国内市场经济体制和资本市场逐步完善的过程中，价值评估理论和方法成为关注的热点问题。国外的证券市场发展相对成熟，对价值评估理论的研究也完善，并广泛应用于实践之中。我国公司价值理念的提出和运用时间较晚，也缺乏积累。接下来以公司价值评估的理论为基础，结合我国企业和资本市场的实际情况，尝试介绍一套适合我国公司价值评估的体系，以更好地认识公司的价值。

▶ 1. 公司的行业分析、战略分析与财务分析

公司价值评估需要做好以下基础分析：

(1) 公司所在行业的分析。通过分析公司所在行业的主要商业模式、盈利点、行业整体特征和成长模式等，在公司价值评估中选择合适的评估模型、了解评估中的难点等。在风险资本的介入或者兼并收购等活动中，商业模式及盈利模式是重点考察的内容。因此应综合公司所在行业的特点分析公司未来的成长模式，找到公司未来价值的来源与依据。评估中还需要明确重点关注或者调整的方面，比如新兴行业评估的困难在于，难以找到行业、技术、规模及市场都相当类似的可比公司；高技术行业的难点在于高收益、高风险，即如何在价值评估中合理加入风险的考量。

(2) 战略分析。结合公司的战略目标、竞争对策、治理路径和发展模式，预测公司的市场前景和运营状况，可以得出公司的基本面分析，以作为公司治理能力及增长潜力的重

要参考指标，同时作为公司价值评估的重要依据。

（3）财务分析。基于公司历史财务数据，全面分析其偿债能力、营运能力、盈利能力、发展能力财务指标，同时将财务指标与公司的历史数据和同行业平均水平相比较，为公司价值评估假设提供重要依据。

【案例 5-1】

华谊兄弟公司的行业及财务简析

2014 年《心花路放》以 11.69 亿元成为国产电影的黑马，虽然其制作成本没有公开，但市场预计至多不超过 7 500 万元。近几年国内迅速飙升的票房规模，无疑让很多投资人看到了一扇财富之门，各路资本争相流入电影投资。如何对其进行价值评估成为关注的焦点。

华谊兄弟传媒股份有限公司(以下简称“华谊公司”)是中国一家知名综合性民营娱乐集团，由王中军、王中磊兄弟在 1994 年创立，1998 年投资著名导演冯小刚的影片《没完没了》、姜文导演的影片《鬼子来了》正式进入电影行业，目前已进入传媒产业，投资及运营电影、电视剧、艺人经纪、唱片、娱乐营销等领域。2009 年 9 月 27 日，华谊兄弟成了首家获准公开发行股票的娱乐公司。现根据华谊公司披露的 2014 年和 2015 年财务报告信息，作出公司的行业及财务简单分析。

随着市场经济的推动，民营企业开始打破国有企业垄断的局面，涉足电影产业的绝大多数领域，近两年国产电影市场竞争尤为激烈，不少小制作电影赢得高票房。我国电视剧市场整体处于供大于求，电视剧行业竞争激烈。艺人经纪服务市场方面，国家法律法规对我国艺人经纪业务的监管不严格，行业壁垒低，容易进入，造成了大量经纪公司和个体经纪人不断涌现。这些是目前传媒影视行业面临的共同问题，对于华谊公司来说既是机遇也是挑战。

首先从盈利能力来看，华谊公司的营业收入主要包括电影片发行及其衍生收入、电视剧发行及其衍生收入、艺人经纪及相关服务收入、电影院放映收入等。净资产收益率是净利润与所有者权益的比值，该指标越高，说明公司自由资本的盈利能力越强。2014—2015 年各季度华谊公司的净资产收益率比同行业水平略高，且相对稳定；与同行业中主要竞争对手——光线传媒相比，盈利更平稳。其次从资产经营管理效率来看，在应收账款回收方面，华谊公司的整体应收账款管理效率略低于行业平均水平。最后关于偿债能力方面，华谊公司的短期偿债能力指标即流动比率相对突出，在长期偿债能力方面稍显不足。

资料来源：经济观察网 .[EB/OL].[2015-05-07]. http：//www. eeo. com. cn/2015/0507/275671. shtml.

▶ 2. 价值评估模型及方法的选择

公司价值是动态变化的过程，因此先要明确价值评估的视角，不同的立场和视角所关注的焦点亦有所不同。比如注册会计师更关注公司账面价值的可靠性、客观性和全面性；经济师更关注公司市场价值的变动；投资者和公司内部管理者更关注公司的内在价值和公司未来的盈利能力。本章以公司的内在价值与发展前景为关注点，分析其是否具有投资价值。

前面依次介绍了三种常见的价值评估方式和模型，在具体进行公司价值评估时，应根据公司所在行业的特点和公司自身经营特点以及评估的目的选择合适的评估方式和模型。市盈率估值法是相对估值法中的一种，市盈率反映的是企业每股价格与每股收益之间的比例关系，市盈率越高，说明投资者愿意为公司每 1 元的盈利支付的价格越高，说明公司前景较好，增长能力较强。比如华谊公司作为一个影视传媒上市公司，目前有与其主营业务相似的光线传媒，双方在公司主营业务收入比例、毛利率等各方面较相似，因此可以用光线传媒的平均市盈率对华谊公司的价值做出估计；再比如高新技术公司的主要特点是固定资产的比重较小，无形资产的比重相对较大，有的无形资产可能当期不能产生现金流量但是拥有未来在合适条件下产生现金流的潜力，那么对于这一类型公司的评估用期权定价模型会相对合适。

有的公司主要拥有的是相对容易估价的独立资产，与其相联系并产生的现金流也较好估计，那么折现现金流模型是更好的选择。现金流的估计，是估计公司价值的关键，可以依据公司历史数据的信息，同时结合对公司战略的长远考量，尽可能可靠预测公司未来的现金流。此外，选择其他适用的价值评估法进行估值结果验证和对比分析，对差异进行分析与调整，有助于公司价值评估的准确性。

在折现现金流法中，公司自由现金流量估值法在实际中应用比较普遍。公司自由现金流量现值法是一种直接估值方法，通过计算预期未来现金流量的现值来估值。可通过公司自由现金流量中的股权现金流量和公司(整体)现金流量分别加以计算。

【例 5-8】假如你正分析一家今后 5 年如表 5-3 所示的现金流量的制造业成长公司，同时假定股权成本为 13.625%，公司长期借款利率是 10%，公司的所得税税率为 50%，目前的股权市场价值是 1 073 万元，未清偿债务为 800 万元。运用折现现金流法计算公司的股权价值和公司价值。

表 5-3　股权现金流量和公司现金流量的估计　　单位：万元

年	股权现金流量	利息×(1－税率)	公司现金流量
1	50	40	90
2	60	40	100
3	68	40	108
4	76.2	40	116.2
5	83.49	40	123.49
期末价值	1 603.01		2 363.01

分析：股权成本＝13.625%，债务成本＝税前利率×(1－所得税税率)＝10%×(1－50%)＝5%，债务价值＝800 万元，公司价值＝股权价值＋债务价值，股权价值＝公司价值－债务价值。

计算：

方法一：通过股权现金流量按照股权成本折现计算股权价值。

$$\begin{aligned}股权价值 &= 50\div(1+13.625\%)^1+60\div(1+13.625\%)^2+68\div(1+13.625\%)^3+\\&\quad 76.2\div(1+13.625\%)^4+(83.49+1\ 603.01)\div(1+13.625\%)^5\\&=1\ 073(万元)\end{aligned}$$

方法二：通过公司现金流量按照加权平均资本成本折现计算公司价值。

$$\begin{aligned}加权平均资本成本(WACC) &= 股权成本\times[股权价值/(债务价值+股权价值)]+\\&\quad 债务成本\times[债务价值/(债务价值+股权价值)]\\&=13.625\%\times(1\ 073\div1\ 873)+5\%\times(800\div1\ 873)\\&=9.94\%\end{aligned}$$

$$\begin{aligned}公司现值 &= 90\div(1+9.94\%)^1+100\div(1+9.94\%)^2+108\div(1+9.94\%)^3+\\&\quad 116.2\div(1+9.94\%)^4+(123.49+2\ 363.01)\div(1+9.94\%)^5\\&=1\ 873(万元)\end{aligned}$$

股权现值＝公司现值－债务市场价值＝1 873－800＝1 073(万元)

方法一：按照加权平均资本成本对股权现金流量进行折现，导致股权价值的高估。

股权现值 $=50\div(1+9.94\%)^1+60\div(1+9.94\%)^2+68\div(1+9.94\%)^3+76.2\div(1+9.94\%)^4+(83.49+1603.01)\div(1+9.94\%)^5$

$=1\ 248$（万元）

方法二：按照股权成本对公司现金流量进行折现，导致股权价值的低估。

公司现值 $=90\div(1+13.625\%)^1+100\div(1+13.625\%)^2+108\div(1+13.625\%)^3+116.2\div(1+13.625\%)^4+(123.49+2\ 363.01)\div(1+13.625\%)^5$

$=1\ 612.86$（万元）

股权现值＝公司现值－债务市场价值＝1 612.86－800＝812.86(万元)

从上述两个错误方法的计算中可以看出，折现率使用不当产生的影响十分明显。当错误地按照资本成本对股权现金流量折现时，得出的股权价值数额超过其实际价值(1 073 万元)175 万元；而当按照股权成本对公司现金流量折现时，公司价值被低估了 260.14 万元。

▶ 3. 现金流量折现模型中三个变量的选择

可见，所有的现金流量折现模型最终都得通过对三个内在变量的估计来完成：目前的现金流量、这些现金流量的预计增长率以及这些现金流量的折现率。

(1) 现金流量的选择。就现金流量而言，有三种形式可以选择。适用于股权估价模型的股利或股权现金流量，以及适用于公司估价模型的公司现金流量。股利折现是对一家公司股权价值最保守的估计，因为大多数公司的股利支付水平都比较低。股权自由现金流量(即满足所有投资需要和清偿债务之后剩余的现金流量)是公司能用于发放股利的现金总数量，因此根据股权自由现金流量确定的股权价值是公司价值的更准确的估计，尤其在涉及收购的情况下。即使一家公司不是收购的目标，股权价值仍然必须反映出其被收购的可能性，以及预期的股权自由现金流量。对股权自由现金流量和公司自由现金流量的选择实际上是对股权估价和公司估价的选择。当有关二者的假定一致时，两种方法对公司股权价值的估计结果是一致的。但是，作为一个现实的考虑，股权现金流量是在净债务发行或支付之后得出的，因而对它的估计在杠杆(负债)比率不断发生变动的情况下就变得十分困难，而公司现金流量是债务清偿之前的现金流量，不会受到杠杆比率的影响，这表明在假定的条件下公司估价显得更直观。

(2) 折现率的选择。对折现率的选择主要受现金流量选择的影响。如果被折现的是股利或股权自由现金流量，合适的折现率是股权成本。如果被折现的是公司现金流量，折现率则应该是加权平均资本成本(WACC)。

(3) 现金流量预计增长率的选择。所有现金流量折现模型要做的最后选择是公司预期的增长模式。因为基于持续经营假设，公司的寿命是无期限的，所以在估价时只需估计一个时点上的期末价值，而不需要估计超过那个时点的现金流量。但要使得这种方法成立，就必须假定超过某一时点现金流量的增长率是永远稳定的，即假设其“稳定”增长。在这种情况下，这些现金流量的现值就可以通过增长型年金的现值来估计。在进行每一次估价时，都必须回答三个问题：第一，公司在将来多长一段时间内能够以快于稳定增长率的速度增长？第二，高增长时期的增长率可能有多高？会遵循什么方式？第三，当预期增长率改变时，公司的基本要素(风险、现金流量模式等)会发生怎样的变动？

为了避免讨论过于简单，可以从广义上把增长模式分成三类：已经处于稳定增长的公司、高速增长一段时间后迅速降至稳定增长的公司以及高速增长一段时间后在将来的某个时间内逐渐过渡到稳定增长的公司。从实际来看，预期增长率改变，公司的风险和现金流量特征也会发生变动。一般而言，当预期增长率逐渐降至稳定增长水平时，公司的风险趋于“平均水平”，再投资需要减少。上述三种情况的简要描述见表 5-4。

表 5-4 现金流量折现估价选择

	股利	股权现金流量	公司现金流量
现金流量	股东的预期股利	净利－(1－δ)×(资本支出－折旧)－(1－δ)×非现金营运资本变动＝股权自由现金流量(FCFE) 注：δ＝债务比率	EBIT×(1－税率)－(资本支出－折旧)－非现金营运资本变动＝公司自由现金流量(FCFF)
折现率	股权成本		资本成本
	·基础：投资风险越高，成本越高 ·模型：资本资产定价模型，套利定价模型		加权平均资本成本(WACC)＝$K_e[E/(D+E)]+K_d[D/(D+E)]$ 注：K_d＝借款利率×(1－所得税税率)；E、D 为股权和债务的市场价值
增长模式	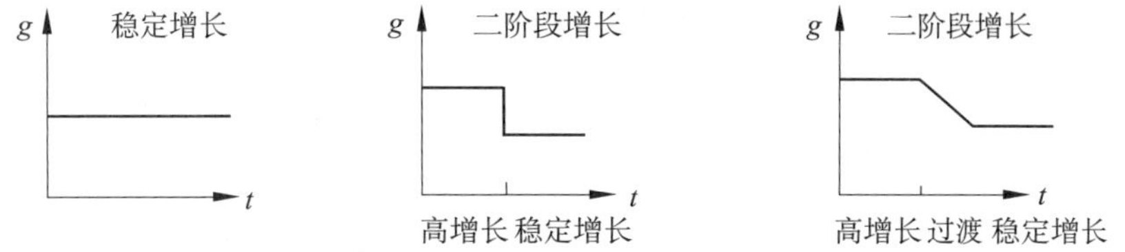 g 稳定增长 t	g 二阶段增长 t 高增长 稳定增长	g 二阶段增长 t 高增长 过渡 稳定增长

可以通过 Excel 工作簿，根据所估价公司的特征，选择所需要的最合适的现金流量折现模型。

5.4 一价定律、公允价值和现值

5.4.1 一价定律

▶ 1. 一价定律的原理

一价定律即绝对购买力平价理论，它是由货币学派的代表人物弗里德曼(1953)提出的。一价定律认为在没有运输费用和官方贸易壁垒的自由竞争市场上，一件相同商品在不同国家出售，如果以同一种货币计价，其价格应是相等的。即通过汇率折算之后的标价是一致的，若在各国间存在价格差异，则会发生商品国际贸易，直到价差被消除，贸易停止，这时达到商品市场的均衡状态。该定律适用于商品市场，是经济学的基本原则，也适用于资本市场的金融产品。因此在应用一价定律对资产或者公司价值进行估价，评价成本和收益以计算净现值时，可以用任何一个竞争市场的价格来确定它们的现金价值，而不用考虑所有可能的市场价格。由一价定律和无套利假设出发，在完美的资本市场，资产的定价就是投资者和融资者的净现值为零的价格即投资者的期望报酬率等于内在报酬率，市场处于均衡的状态。即使短期内市场处于不均衡状态，但是经过市场参与人重复不断地博弈，资产的价格从长远来看趋于均衡。

▶ 2. 一价定律与债券估价

债券投资一般能获得固定的利息并在到期日收回本金或在持有期间出售而收回资金。基于一价定律，债券价值＝未来现金流入(利息和本金)现值。债券的价值取决于两个方面的因素：未来相对确定的收益率和折现率。我们一般用投资者的必要报酬率作为折现率，也就是为了确定债券的价格，我们必须用与具有同等风险的其他证券的期望回报率相等的折现率来折现公司债券的期望现金流。

▶ 3. 一价定律与股票估价

与债券不同，股票预期的现金流(股利和未来出售价格)具有很大的不确定性，所以增加了折现现金流的操作难度。对于股票的定价是基于投资者的预期，由市场上大量的交易者进行无数次的竞价，形成市场的交易价格。基于一价定律和无套利的假设，从长期来看股票的市场价格与价值趋于一致。

▶ 4. 一价定律与公司价值估价

一价定律对于资产组合也同样适用。公司的整体价值就是公司的所有经营性资产与成长性资产的价值总和。基于一价定律的净现值决策法则与公司价值最大化的目标是一致的。我们可以选择折现现金流法或者相对比较法来评估公司价值，用现有可比公司的价值确定待评估公司的价值，但是可能存在找到相似公司的困难以及差异的调整即公司的管理团队、组织架构和核心技术等。也可以将代表公司未来价值增长的因素整合到折现现金流模型中。

5.4.2 公允价值和现值

▶ 1. 公允价值的内涵

有关公允价值的最早定义出现在 1970 年美国注册会计师协会(American Institute of Certified Public Accountants，AICPA)公布的《会计原则委员会报告书第 4 辑》(*APB Statement No.* 4)中，公允价值被认为是“当在包含货币价格的交易中收到资产时所包含的货币金额，(以及)在不包含货币或货币要求权的转让中的交换价格的近似值”。[①] 在 2014 年新企业会计准则中，新增加的《企业会计准则第 39 号——公允价值计量》对公允价值进行了重新定义：“公允价值，是指市场参与者在计量日发生的有序交易中，出售一项资产或者转移一项负债所需要支付的价格。”对于新准则的理解，首先要理解确认公允价值的估值技术。由于市场信息的不对称性，以公允价值计量相关重大资产或负债时，应合理运用专业的估计技术。此次准则中结合资产评估学对估值技术作出规定：市场法、收益法和成本法。其次，将公允价值计量所使用的输入值划分为三个层次。第一层次输入值是指在计量日能够存在活跃市场的定价，即支持提供定价信息的市场(活跃市场)上未经调整的报价。第二层次输入值是无法获得活跃市场的报价，即非活跃市场中同一资产或负债的报价以及各种程度的市场类似资产或负债的报价。第三层次适用于不存在市场活动或市场活动甚少的相关资产或负债，此时缺乏市场引导的信息。评估此类资产或负债时可能会使用满足特定假设的企业自行推导的复杂估值技术，也就是可以使用绝对估价法中折现现金流法，通过包含风险假设的折现率折现预期未来的现金流来确定公允价值，既考虑未来的现金流量，又考虑风险的不确定性。

公允价值并不是一种单一的计量属性，而是由多种计量属性复合而成的一种计量模式，这些计量属性包括历史收入、现行市价、可变现净值、现值，当这些计量属性符合公允价值的定义、可计量、具有相关性且能够如实反映会计事项的经济实质时，它们可以成为公允价值。因此公允价值是一种计量属性，本身不是估值技术。

▶ 2. 现值的内涵

现值是基于资金时间价值基础上的现行价值计量属性，一般用于描述资产、负债、收

① 谢诗芬．公允价值：国际会计前沿问题研究[M]．长沙：湖南人民出版社，2004.

入及费用等会计要素未来现金流量的现行价值。由于未来现金流量通常发生在未来的较长或较短、单个或多个的期限内，那么计量时应该对这些现金流量进行折现处理还是只做简单的算术加总？在不使用现值计量的情况下，投资者看不出今天的 1 000 元现金流量和 5 年后的 1 000 元现金流量之间有什么重要区别。由于现值计量能够区分出那些容易被人误认为相似的但却不同的现金流量，所以与未折现的现金流量相比，以未来预计现金流量的现值为基础的会计计量能够提供与决策更相关的信息。在会计计量中使用现值是为了尽可能地反映各种不同类型的未来现金流量在不同时间点的经济差异。使用现值的唯一目的是估计公允价值，即公允价值需要用现值来计量，需要确定以下三个方面：估计未来现金流量及其可能发生的各种变动；货币的时间价值用无风险利率来表示；估计包含于资产或负债价格中的不确定性。从数学上讲，任何一种现金流量和贴现率的组合都可以用来计算现值。然而，现值本身不是会计计量的目的。因为仅仅使用某个随意的贴现率对一系列现金流量进行折现，得到的现值只能为财务报表的使用者提供非常有限甚至是误导的信息。为了使财务报告能够提供具有决策相关性的信息，现值必须能够反映被计量资产或负债的某些可观察的计量属性。

▶ 3. 公允价值与现值的关系

在进行会计计量时，必须解决计量目的和计量属性的选择问题。计量观认为，成本计量已经无法完全满足财务报告使用者的信息需求，需要通过公允价值和现值将资产或负债当前的价值甚至对资产未来价值的预期反映在财务报表中，以提高决策的有用性。在活跃市场中会计人员只需要披露公司的资产和负债的市场价值，比如实际收到或支付的现金、现行成本或现行市价，即可满足财务报告使用者的需求。而在非活跃市场也就是无法获得这种可观察的市场金额的信息时，只能转而使用未来现金流量的估计值来计量某项资产或负债，需要采用基于一价定律的估值原理对公允价值进行确认。因此公允价值是市场参与者普遍认同的、非个别和特殊的价值，代表一定时间内的市场价值。但是公允价值并不完全等同于市场价值，公允价值大部分由市场价值组成，在市场价值无法可靠取得时，可采用前面介绍的估值技术来计量公允价值，此时公允价值即等于现值，是以公允价值为目的的现值计量在公允价值中的具体应用。因此以公允价值为计量目的的现值也是公允价值的一种。

本章小结

1. 价值评估的方法主要有三种：第一种，折现现金流法，即将公司的现值与公司未来可能创造的现金流的现值联系起来；第二种，相对估价法，通过观察与通用变量相关的可比资产的定价来对资产进行估价；第三种，期权定价法，即使用期权定价模型来衡量带有期权特征的资产的价值。

2. 在债券估价中，运用折现现金流法，分析债券未来的收益来自利息和到期的面值，从而估计债券的内在价值。影响因素有面值(本金)、票面利率、市场利率和期限。在股票估价中，常常运用股利折现模型或者自由现金流量模型分析股票的内在价值。

3. 资产价值的表现形式具体包括重置成本价值、现行市价、现值和清算价格四种。公司整体价值不是各个部分资产价值的简单相加，但公司价值可以表现为资产价值、投资价值和权益价值。从价值产生的角度来看，公司价值是指公司创造的未来收益的现值，而公司未来经济收益的创造取决于公司的各种资源。在公司价值评估中，需结合多方面的因素在不同模型或方法中进行选择，而公司的行业分析、战略分析与财务分析是基础和前提。所有的现金流量折现模型最终都得通过对三个内在变量的估计来完成：目前的现金流量、这些现金流量的预计增长率以及这些现金流量的折现率。

4. 由一价定律和无套利假设出发，在完美的资本市场中，资产的定价就是投资者和融资者的净现值为零的价格，这也是债券估价、股票估价和公司价值评估的核心。但在不完美的资本市场中，公允价值与现值愈加重要和被普遍接受。公允价值并不完全等同于市场价值，以公允价值为计量目的的现值也是公允价值的一种。

课后练习

一、思考题

1. 试阐述影响债券价格的因素。
2. 如何计算股票的内在价值？
3. 如何选择公司价值评估的方法与模型？
4. 试说明相对估价法的运用及局限性。
5. 试说明公司价值评估与资产价值评估的差异。
6. 试述公司价值评估的步骤。
7. 试比较一价定律、公允价值和现值。

二、计算分析题

公司于2016年1月15日以每张900元的价格购买某公司发行的每年付息到期还本的债券，该公司债券的面值是1 000元，期限是5年，票面利率是8%，以单利计算票面利息。购买时市场利率为10%，不考虑所得税。

要求：利用债券估价模型，计算该公司债券的价值。

章末案例

互联网企业的估值

党的十八届五中全会通过的《中共中央关于制定国民经济和社会发展第十三个五年规划的建议》提及，“拓展网络经济空间。实施‘互联网＋’行动计划，发展物联网技术和应用，发展分享经济，促进互联网和经济社会融合发展。推进产业组织、商业模式、供应链、物流链创新，支持基于互联网的各类创新。”[①]依托强大的信息与数据处理能力，互联网行业在这几年迅速扩张，形成新的行业发展格局。

互联网作为高新技术产业，具有高风险高增长的特点。正确地对互联网公司进行价值评估，不仅能够帮助公司自身实现价值管理，提升内部价值，而且可以帮助公司引入风险资本、实施兼并收购、公开上市的融资活动。国内有学者在系统论述五大主要的公司价值评估模型理论及其适用性分析的基础上，结合中国互联网行业特点，选取互联网最具代表性的公司腾讯作为案例研究，采用理论框架最为严谨的折现现金流估值模型进行价值评估。首先，采用对比分析法了解腾讯财务状况，通过波士顿矩阵模型分析方法对腾讯进行综合战略分析，为价值评估的相关变量和假设提供依据。其次，估算出腾讯公司的自由现金流量，再利用回归分析法计算出风险系数β，完成加权平均资本成本计算，最终完成基

① 腾讯科技．习近平经济观：网络强国战略壮大互联网产业[EB/OL]．[2015-12-14]．http：//tech.qq.com/a/20151214/053779.htm.

于 DCF(贴现现金流)模型的企业价值评估，同时与基于乘数的价值评估法进行估值结果验证对比分析。最后，提出增加互联网企业概率加权的情景估价分析，在传统 DCF 模型上增加灵活性估值的期望，以期推动折现现金流模型在中国互联网公司价值评估中的发展。①

问题：

1. 互联网行业与传统行业的区别有哪些？其导致估值上有哪些差异？

2. 互联网行业价值评估的难点是什么？

3. 作为一名普通投资者，如何对腾讯的股票价值进行评估？可以选用哪些模型或者方法？得到的结果是否会相同？

即测即练

① 黄洁．基于 DCF 估价模型的中国网络公司价值评估[D]．北京：北京邮电大学出版社，2013.

第6章　现金流：公司王道

学习目标

- 理解会计报表中现金流量表的意义和局限性。
- 掌握财务现金流量与会计现金流量的区别。
- 了解财务现金流量的假设，理解财务现金流量的作用。
- 明确自由现金流量的定义，熟悉自由现金流量的分类及其计算公式。
- 理解自由现金流量的优点和局限性。
- 把握现金流的秘密。

引导案例

陈湛匀：企业现金流常见问题案例

汇通网2015年10月19日讯：今天《湛匀妙语》的节目中，著名经济学家、上海市投资学会副会长陈湛匀教授就“企业现金流常见问题案例”发表演说。陈教授提道：现金的流动主要包括现金流入量和现金流出量。企业要严防现金流出现问题，比如投资失误引发现金流断裂，要合理安排监督资金安全。

以下是陈教授的部分观点实录：

一、经营性资金不足引发现金流断裂

案例：某企业因规模扩张过快，超过了其资金能力，从而使得存货增快、收款延迟，最终导致资金停滞。

二、投资失误引发现金流断裂

案例：金融危机下，广东合俊玩具厂将大量资金拿去做其他行业投资，因投资失败，资金无法回收，最终使得现金流断裂。

三、信用风险引发现金流断裂

案例：某企业大量使用商业汇票而非银行转账和支票造成银行信用等级下降，商业信用透支。同时，对经销商大量赊销，突发性坏账造成现金流断裂。

四、连带风险引发现金流断裂

案例：一家担保企业出现问题引起连锁反应，其他相关企业受到牵连。

问题：

1. 企业倒闭的直接原因是什么？
2. 为什么有的企业有利润，但却缺乏现金流？
3. 现金流失控的原因有几种类型？

对任何企业来说，现金流是其生存的“血液”。纵然有再好的战略、优秀的团队、领先的科技，一旦缺少源源不断的资金基础，企业也撑不了多久。创业公司若资金消耗率过大，不断在“烧钱”，在盈利前就用尽资金，急需额外资金或者资金短缺被迫关门，不胜枚举。现金流对公司来说绝对是王道。美国有句谚语：“现金流是一个事实，而收益是一种看法。”美国思科公司高级副总裁兼财务主管戴维·霍兰(David Holland)负责管理与公司500亿美元资产负债表有关的所有资金、风险和资本市场活动。他指出，收益应用会计框架计算，受很多规则制约，很难知道收益告诉投资者什么。现金流的经济含义是很明显的：我们不会怀疑现金是流入还是流出。①

现金流包括现金流出和现金流入的方向、金额、时间、分部(行业或区域)，现金流量只是现金流的一方面，但人们习惯于称呼“现金流量”。然而，“现金流”概念才能真正解释现金流的各种配置、协调和顺畅的因果。众所周知，现金流量表把现金流量分为经营活动产生的现金流量、投资活动产生的现金流量和筹资活动产生的现金流量，殊不知，现金流的分类还有很多。有关现金流的分类方法有三种：第一种是按站在权益投资者的角度还是站在整个公司的角度，将现金流区分为权益现金流和公司现金流；第二种是按是否包含预期通货膨胀率因素，将现金流区分为名义现金流和实际现金流；第三种是将现金流分为税前现金流和税后现金流。② 本章按会计现金流量表的现金流、财务现金流和自由现金流顺序阐述，目的是进一步把财务与会计的现金流区分开来，同时对资本预算及投资决策中的财务现金流与自由现金流再进一步厘清关系。

6.1 会计现金流量表

6.1.1 现金流量表的缘起及意义

现金流量表是原先财务状况变动表或者资金流动状况表的替代物，它详细描述了由公司的经营、投资与筹资活动所产生的现金流。这张表由财务会计准则委员会(美国)于1987年批准生效，因而有时被称为FASB 95号表。这份报告显示资产负债表及损益表如何影响现金及等同现金，以及根据公司的经营、投资和融资角度作出分析。

在我国，随着市场经济的发展和企业经营机制的转换，现金流量表的信息在企业经营管理中起着越来越重要的作用。在财政部1998年3月20日发布《企业会计准则——现金流量表》要求企业从当年1月1日起编制之前，有的企业就已自发地编制了现金流量表，中国证监会也已在有关上市公司的年报要求中规定，企业可以编制现金流量表。

现金流量表的主要作用是决定公司短期生存能力，特别是现金支付能力。通过现金流量表，可以概括地反映经营活动、投资活动和筹资活动对企业现金流入和流出的影响，对于分析评价企业的利润含金量、财务状况及理财水平，要比传统的利润表能提供更好的基础。

概括起来说，现金流量表具有如下重要的意义：

▶ 1. 弥补了资产负债表信息的缺陷

资产负债表是利用资产、负债、所有者权益三个会计要素的期末余额编制的；利润表是利用收入、费用、利润三个会计要素的本期累计发生额编制的(收入、费用无期末余额，利润结转下期)。唯独资产、负债、所有者权益三个会计要素的发生额原先没有得到充分

---

① 纳森·伯克，彼得·德玛佐．公司理财[M]．姜英兵，译．北京：中国人民大学出版社，2014.

② 艾斯沃斯·达摩达兰．达摩达兰论估价[M]．罗菲，译．刘淑莲，审校．大连：东北财经大学出版社，2010.

利用，没有填入会计报表。会计资料一般是发生额与本期净增加额(期末、期初余额之差或期内发生额之差)，说明变动的原因，期末余额说明变动的结果。因此，本期的发生额与本期净增加额得不到合理的运用，不能不说是一个缺憾。

“现金＝负债＋所有者权益－非现金资产”这个公式表明：现金的增减变动受公式右边因素的影响，现金流量表中的内容是补充资料中采用间接法时即利用资产、负债、所有者权益的增减发生额或本期净增加额填报的。如此，账簿的资料得到了充分的利用，现金变动原因的信息得到了充分的揭示。

▶ 2. 弥补了利润表信息的缺陷

对一个经营者来说，如果因没有现金而缺乏购买和支付能力是致命的。因此，经营者由于管理的要求亟须了解现金流量信息。另外在当前商业信誉存有诸多问题的情况下，与企业有密切关系的部门与个人投资者、银行、人力资源和社会保障、财税和工商等政府机关也更需要了解企业的偿还支付能力，了解企业现金流入、流出及净流量信息。

会计核算的利润与现金流量是不同步的，损益表上有利润而银行账户上没有钱的现象经常发生。在这种情况下，坚持权责发生制原则进行会计核算的同时，编制收付实现制的现金流量表，不失为“熊掌”与“鱼”兼得的两全其美的方法。

▶ 3. 帮助了解企业筹措现金、生成现金的能力

如果把现金比作企业的血液，企业想取得新鲜血液的办法有两种：一是为企业输血，即通过筹资活动吸收投资者投资或借入现金。吸收投资者投资，企业的受托责任增加；借入现金负债增加，今后要还本付息。在市场经济的条件下，没有“免费使用”的现金，企业输血后下一步要付出一定的代价。二是企业自己生成血液，经营过程中取得收入并实现利润，在支付利息、缴交所得税、支付股利后有留存盈余。因此，利润是企业现金来源的主要渠道。

通过现金流量表可以了解经过一段时间经营，企业内外筹措了多少现金，自己生成了多少现金。筹措的现金是否按计划用到企业扩大生产规模、购置固定资产、补充流动资金上，还是被经营方侵蚀掉了。企业筹措现金、生成现金的能力，是企业加强经营管理、合理使用调度资金的重要信息，是其他两张报表所不能提供的。

▶ 4. 为企业实现转型升级和制定战略规划提供决策依据

如前所述，现金流量表的主要作用是决定公司短期生存能力，但如果一家公司的现金流量表连续两三年都显示其处于衰退期，纵使怎么筹措资金，怎样进行科学而敏锐的投资决策，它都会像人脸色苍白、四肢无力、缺铁贫血一样。企业财务困境重重，财务危机四伏，经营者不能坐等财务失败。于是，企业要么改弦易辙、弃暗投明，要么创新转型、战略重组，否则将死路一条。

6.1.2 现金流量表的局限性

一般认为，经营活动产生的现金流量净额是评价企业偿还能力的重要指标，短期偿债能力流动比率＝经营活动产生的现金流量净额/流动负债总额，比率越大，偿还能力越强。但是有时也不是绝对的，现金也不是越多越好。企业可按交易性、预防性和投资性动机持有一定数量的现金，这就是公司理财还要测算最佳货币持有量的原因。超过合理水平的现金就应该安排投资以获取更高的收益。

许多人对现金流量表抱有很大期望，认为“经营现金流量净额”可以提供比“净利润”更加真实的经营成果信息，或者它不太容易受到上市公司的操纵，等等。事实上，这些观点是比较片面的，主要原因在于现金流量表的编制基础是现金制，特定时点的“货币资金”余

额也是可以操纵的，采用间接法编制也存在一些问题。

尽管如此，瑕不掩瑜。现金流是王道要从会计报表做起，理解分析财务现金流量和自由现金流量也要从阅读、理解和分析现金流量表起步和入手。

6.2　财务现金流量

这里我们从另外一个角度——理财的角度来讨论现金流量。从财务的角度看，企业(或项目)的价值就在于其产生现金流量的能力。

6.2.1　财务现金流量的概念

财务现金流量包括项目财务现金流量、资本金财务现金流量、投资各方财务现金流量，但它主要指项目财务现金流量，即在进行财务可行性或最优分析评价时，反映项目在建设期和运营期限内的现金流入和流出指标。

6.2.2　财务现金流量与会计现金流量的区别

从财务现金流量的定义可以看出，财务现金流量与会计现金流量有明显的区别。

(1) 反映对象不同。财务现金流量反映的是特定的投资项目或财务活动，而会计现金流量反映的是特定的会计主体。

(2) 期间特征不同。财务现金流量包括这个项目或活动计算期，而会计现金流量只包括一个会计期间，如一个会计年度。

(3) 钩稽关系不同。财务现金流量的钩稽关系是各年(时点)现金流入量、流出量和净流量的各项目金额之和等于相对应的现金流入量、流出量和净流量合计，而会计现金流量是通过现金流量表的基本部分和补充资料部分分别按直接法和间接法计算确定的净现金流量进行钩稽。

(4) 信息属性不同。财务现金流量是预测、决策、计划的未来数据，是估计数，而会计现金流量是真实的历史数据。

(5) 现金流量的增量和全量不同。只有增量现金流量才是与项目相关的财务现金流量。所谓增量现金流量，是指接受或拒绝某个投资方案后，企业总现金流量因此而发生的变化。不同的是，会计现金流量反映的是企业全部的现金流量。

(6) 假设不同。财务现金流量假设主要指项目投资假设和时点指标假设，而会计现金流量是基于收付实现制，完全是经营活动、投资活动和筹资活动实际发生的现金流入和流出。

6.2.3　财务现金流量的假设

正确确定项目的财务现金流量，是编制项目财务现金流量表，进行项目财务可行性分析的基础。概括起来，确定财务现金流量有以下假设：

(1) 投资项目类型假设。假设投资项目只包括单纯固定资产投资、完整投资和更新改造投资。

(2) 财务可行性分析假设。项目已具备技术可行性和国民经济可行性，只需评估财务上是否可行。

(3) 项目全部投资假设。不具体区分自有资金和借入资金等具体形式的现金流量，企业贷款的还本付息不是项目的流出，贷款本身即为“全部投资”的一部分。因此，计算项目现金流量时，不需要扣除还本支出和支付的利息，但在计算固定资产原值和总投资时，还需要考虑借款利息因素(因利息资本化而计入固定资产价值)。

(4) 经营期与折旧年限一致假设。假设项目固定资产的折旧年限或使用年限与营运期相同。

(5) 时点指标假设。假设所有的现金流量都是时点指标，发生在年初或年末。其中，运营期内各年现金流量(除流动资金投资在年初外)都发生在年末，最终报废清理均发生在终结点(更新改造项目除外)。

(6) 确定性因素假设。假设与项目有关的价格、产销量、成本、所得税率等因素均为已知数。

(7) 产销平衡假设。假设按成本项目计算的当年成本费用等于按要素计算的成本费用，不存在未销售出去的产成品和半成品。

6.2.4 财务现金流量的作用

▶ 1. 可以更为科学地分析项目的盈利状况

财务现金流量是按实际发生时间测算的，因此，采用一定的贴现率，就可以将各种费用和效益都折算为现值，这样对费用和效益的比较就消除了发生时间不同而造成的不等值现象，从而可以科学地分析项目的盈利状况，并计算出其具体的数值，这也就是项目的财务净现值。

▶ 2. 可以判断项目实际具有的投资收益率

选择不同的贴现率，项目的盈利值会不一样。随着贴现率的提高，项目财务净现值会减少。如果贴现率提高到某个值时，项目财务净现值为零，则这个贴现率就是项目实际所具有的投资收益率，即内部收益率。因此，依据项目现金流量推算投资项目的内部收益率，可以判断出项目的抗风险能力。

▶ 3. 可以对项目进行不确定性分析和风险分析，加强项目管理

现金流入和现金流出中某一个项目的数据发生变化，都将引起投资项目效益的变化。因此，通过对流入项目和流出项目的计算分析，可以看出它们的变动对项目效益的影响程度以及项目可以承受的变动极限。这样，按因素的敏感性程度排队，就可以加强监测和控制，大大降低项目的风险，提高项目的成功率。

6.3 自由现金流量

自由现金流量(free cash flow，FCF)作为一种企业价值评估的新概念、理论、方法和体系，最早是由美国西北大学拉巴波特、哈佛大学詹森等学者于 20 世纪 80 年代提出的，经过 30 多年的发展，特别在以美国安然、世通等为代表的所谓绩优(之前在财务报告中利润指标完美无瑕)公司纷纷破产后，自由现金流量已成为企业价值评估领域使用最广泛、理论最健全的指标，美国证监会更是要求公司年报中必须披露这一指标。

6.3.1 自由现金流量的含义

▶ 1. 自由现金流量的概念及意义

简单地说，自由现金流量就是企业产生的、在满足了再投资需要之后剩余的现金流

量，是可以自由支配的现金。它(FCF)是指企业经营活动产生的现金流量扣除资本性支出(capital expenditures，CE)的差额，即

$$FCF = CFO - CE$$

自由现金流量是一种财务方法，用来衡量企业实际持有的能够回报股东的现金，指在不危及公司生存与发展的前提下可供分配给股东的最大现金额。

如果自由现金流量丰富，则公司可以偿还债务、开发新产品、回购股票、增加股息支付。但是，有时丰富的自由现金流量也使得公司成为并购对象。

▶ 2. 资本性支出

资本性支出是指通过它所取得的财产或劳务的效益，可以给予多个会计期间而所发生的那些支出。因此，这类支出应予以资本化，先计入长期资产类科目，然后，按受益原则再分期转入适当的费用科目。在企业的经营活动中，供长期使用的、其经济寿命将经历许多会计期间的资产就叫长期资产，如固定资产、无形资产、递延资产等。这些能产生长期效益的支出先资本化，就形成了固定资产、无形资产、递延资产等，而后随着其为企业提供的效益，在各个会计期间转销为费用，如固定资产的折旧、无形资产、递延资产的摊销等。

6.3.2 自由现金流量的分类及计算

▶ 1. 自由现金流量的分类

自由现金流量可分为企业整体自由现金流量(free cash flow of firm，FCFF)和企业股权自由现金流量(free cash flow of equity，FCFE)。整体自由现金流量是指企业扣除了所有经营支出、投资需要和税收之后的，在清偿债务之前的剩余现金流量；股权自由现金流量是指扣除所有开支、税收支付、投资需要以及还本付息支出之后的剩余现金流量。整体自由现金流量用于计算企业整体价值，包括股权价值和债务价值；股权自由现金流量用于计算企业的股权价值。

▶ 2. 不同自由现金流量的计算

(1) FCFF是公司所有的权利要求者，包括普通股股东、优先股股东和债权人的现金流量总和，美国财务专家汤姆·科普兰(1990)阐述了企业整体(公司)自由现金流量的计算方法，即

FCFF＝息税前利润×(1－所得税税率)＋折旧和摊销－营运资本变动－资本支出

(2) FCFE是公司支付所有营运费用、再投资支出、所得税和净债务支付(即利息、本金支付减发行新债务的净额)后可分配给公司股东的剩余现金流量，即

FCFE＝净利润＋折旧与摊销－资本性支出－追加营运资本－债务本金偿还＋新发行债务

其中净利润是扣除利息费用和所得税后的利润，资本性支出包含资本化的利息支出。所以，后面的“债务本金偿还”不能写成“债务本金偿还和利息支付”。

6.3.3 自由现金流量的优点

自由现金流量是企业通过持续经营活动创造出来的财富，并且涵盖来自三大报表的资料，与利润、经营活动产生的现金流量等指标存在很大差别，其优点体现在以下五个方面：

(1) 人为操纵方面。自由现金流量以收付实现制为基础，它反映了企业实际节余和可动用的资金，不受会计方法的影响，一切调节利润的手法都对它毫无影响。此外，自由现金流量认为只有营业利润才是保证企业可持续发展的源泉，而所有因非正常经营活动所产

生的非经常性收益(利得)是不计入自由现金流量的。

(2) 股权投资方面。会计利润未考虑股东的股权投资成本，而自由现金流量则考虑到了股权资本成本。因为自由现金流量指的就是在不影响公司持续发展的前提下，将这部分由企业核心收益产生的现金流量自由地分配给股东和债权人的最大红利，是投资收益的客观衡量依据，消除了可能存在的“水分”，反映了企业的真实价值。

(3) 持续经营方面。自由现金流量最大的特色就在于其“自由”二字，它以企业的长期稳定经营为前提，旨在衡量公司未来的成长机会。而拥有了稳定充沛的自由现金流量意味着企业的还本付息能力较强、生产经营状况良好，用于再投资、偿债、发放红利的余地就越大，公司未来发展趋势就会越好。

(4) 时间价值方面。自由现金流量考虑到了资本的连续运动过程，通过折现反映了资本的时间价值，为指标使用者带来一个更可信的价值。

(5) 信息综合性方面。自由现金流量涵盖了来自利润表、资产负债表、现金流量表中的关键信息，比较综合地反映了企业的经营成效，并通过各种信息的结合，甩开上市公司各项衡量指标的“水分”，去伪存真。

综上所述，自由现金流量结合了多方信息，综合股东利益及企业持续经营的因素，有效刻画公司基于价值创造能力的长期发展潜力。因此它无愧于是评价衡量公司利润质量的有效工具，具有长盛不衰的生命力。

6.3.4 自由现金流量的局限性

以未来的自由现金流量和折现率作为估价的基石要有一定的假设：公司在被估价时有正的现金流，并且未来的现金流可以较可靠地加以估计，同时，又能根据现金流相关特征确定恰当的折现率。但现实情况与模型的假设条件往往大相径庭，特别对于以下几类公司，自由现金流量运用存在其局限性。

(1) 对于陷入财务困难的公司来说，其当前的收益和自由现金流量一般为负，并很难断定何时会走出困境，而且有可能会走向破产。对这类公司估计现金流量十分困难。

(2) 自由现金流量折现法反映了产生现金流资产的价值。对于拥有资产却未被利用或未被充分利用的公司而言，其价值未体现或很少体现在现金流中。有些上市公司的市盈率偏高，原因之一就是上市公司管理水平较低，企业盈利水平未能充分反映其潜在的盈利能力。此类资产的价值可以单独获得并把它加计或者过滤。

(3) 拥有未利用专利或产品选择权的公司在当前并不产生任何现金流量，预计近期也不能产生现金流量，但不能否认专利或选择权所具有的价值。这些资产应进行合理估价，然后将其加入现金流量折现模型估价之中。

(4) 涉及并购的公司至少要解决两个重要问题：首先，并购是否会产生协同效应？协同效应的价值是否可估计？如果可单独估计，应将其单独估计。但这种估计极为主观。其次，公司管理层变动对公司现金流量和风险的影响，在敌意并购导致的目标公司管理层大范围离职时，尤其应注意其影响。

(5) 非上市公司的风险难以度量从而难以确定适当的折现率。因为多数风险/收益模型要求根据被分析资产的历史价格来估算风险参数。由于非上市公司的股票不在公开市场上交易，所以这一要求无法满足。解决方法之一就是通过考察可比上市公司的相关数据来确定。

由于上述局限性的存在，企业价值评估困难较大。要正确使用自由现金流量对企业的价值做出评估，必须充分考虑公司自由现金流量产生的基本因素及其对预期自由现金流量的影响，因此在实际运用时，非常依赖与公司相关的一切财务信息，甚至还需要一些非会计报表信息，并将这些信息所引起的变化反映在预期现金流量及其增长状况中，使估值结果更符合实际。

同时，现有的业绩报告为估价也带来了困难。由于会计准则及其执行的问题，导致了有些企业要时常调整报表数，造成连续几年的数据较难具有可比性。

6.3.5 自由现金流量的应用

尽管自由现金流量不是十分完美，但它的应用越来越广泛了。

企业价值与企业自由现金流量正相关。公司理财是企业价值管理，企业价值指标是国际上各行业领先企业所普遍采用的业绩考评指标，而自由现金流量正是企业价值的最重要变量。企业价值和自由现金流量因其本身具有的客观属性，正在越来越广泛的领域替代传统的利润、收入等考评指标，成为现代企业管理的“香饽饽”。

自由现金流量是股东评估公司价值的一个重要测量工具。它是公司给付所有现金开支以及运营投资后所持有的剩余资金，是公司为各种求偿权者尤其是股东所能提供的回报。

许多投资者把公司产生自由现金流的能力摆在考察指标的第一位。利润、股息和资产价值也许是重要的指标，但最终这些指标的增长都是由公司产生现金的能力所决定的。丰富的现金流让公司可以提高股息、研发新产品、进入新市场、偿还债务、回购股票，甚至成为被并购对象。

利润和市盈率指标主导公司市场表现的评估和股价的估值。但是，会计方法的轻微变动就会引起收益的变动，从而造成不同时间或不同公司间的利润不可比。实际的现金流可以弥补这一不足。

6.4 现金流的秘密

有些企业常常会出现这样的情况，利润表体现赚钱不少，而实际却是捉襟见肘，现金短缺，不久公司就出现财务危机而进入倒闭清算。相反，一些微利甚至亏损的公司，因为其现金流控制得好，最终还是顺利渡过了难关。实践表明，辨别现金流利润比识别会计利润更重要，现金流是企业的王道。

有些企业利润丰厚，但现金流几近枯竭；有些企业微利或亏损，但现金流总是较为稳健。存货积压是痛苦的，但应收账款长期大量被拖欠更是“生不如死”，盲目投资和信用担保不可取。为什么某些行业或企业总有源源不断的现金流呢？除了控制好存货和应收账款占用水平，主要是有大量而稳定的、周而复始的商业信用形成的应付未付款项(即无成本负债)，绝不是靠长期融资来“吸金”。诚然，充裕的现金流给企业资本运营提供了无限的空间和时间。如果说经营现金流属“造血”，那么投融资就是“输血”和“补血”，孰轻孰重，不言而喻。大部分企业财务失败及破产的直接原因不是商业模式不行，产品技术和市场出现问题，而是现金流管控病入膏肓。现金流是价值评估和投融资决策的物质基础和衡量维度，而自由现金流则是企业在控制适度负债下的“财务自由”的程度。

现金流断了，公司就会死；现金流还在，公司可持续；现金流充裕，公司有财路；现金流自由，公司能发展。现金流是企业的血液，失血需要输血，缺血需要补血，贫血需要造血……

现金流是客观的实实在在的真金白银流进来和流出去，是理财家的逻辑起点和落脚点；利润是模糊的应收应付的货币计量结果，是会计师的杰作和企业家的艺术品。

现金流具有很强烈的时间性，何时流入多少或流出多少，清清楚楚，明明白白，它为财务决策时考虑时间价值和风险价值提供了客观物质基础。

本章小结

1. 现金流量表弥补了资产负债表和利润表信息的缺陷，便于从现金流量考核和评价业绩，了解企业筹措现金、生成现金的能力。但是，它的编制方法本身也有缺陷，如企业的当期业绩与“经营现金流量净额”没有必然联系，投融资活动会引起突发性现金变动，“货币资金”余额可以被操纵。

2. 财务现金流量反映项目在未来建设期和运营期限内的现金流入和流出情况，它与会计现金流量有明显的区别。它的假设主要指项目投资假设和未来的时点指标假设，而会计现金流量是基于历史的收付实现制。财务现金流量可以更为科学地分析项目的盈利状况；可以判断项目实际具有的投资收益率；可以对项目进行不确定性分析和风险分析，加强项目管理。

3. 自由现金流量是企业在满足资本必需之后剩余的可以自由支配的现金，用来衡量在不危及公司生存与发展的前提下，公司可以偿还债务、开发新产品、回购股票、增加股息支付的限度。整体(公司)自由现金流量用于计算企业整体价值，包括股权价值和债务价值；股权自由现金流量则只用于计算企业股权价值。二者计算公式有所不同。自由现金流量有很多优势，应用广泛，但也并非没有局限性。

4. 现金流是公司王道，隐藏着企业生存及发展的秘密和宝藏。“现金流是一个事实，而收益是一种看法。”现金流不断企业就能存活，现金流失控企业就乱了阵脚，现金流枯竭企业就呜呼哀哉。企业(或项目)的价值就在于其产生现金流量的能力。现金流是价值评估和投融资决策的物质基础和衡量维度，而自由现金流则是企业在控制适度负债下的“财务自由”的程度。现金流为财务决策时考虑时间价值和风险价值提供了客观物质基础。

课后练习

1. 简述现金流量表的意义和局限性。
2. 财务现金流量与会计现金流量有哪些区别？
3. 为什么要了解财务现金流量？财务现金流量有哪些假设？
4. 什么是自由现金流量？自由现金流量有几类？请写出各自的计算公式并加以解释。
5. 自由现金流量的优点和局限性各有哪些？
6. 现金流的秘密是什么？

章末案例

云汉芯城创业板 IPO 中止审核　经营现金流持续为负

由于需要补充提交财务资料，正在“闯关”创业板 IPO 的云汉芯城(上海)互联网科技股份有限公司(简称云汉芯城)于 2023 年 3 月 31 日起处于“中止”审核状态。云汉芯城成立于 2008 年，为电子元器件线上分销商，基于自建自营的 B2B 线上商城，提供电子元器件供应链一站式服务。被“中止”审核的原因除第三大股东同时为公司客户、供应商，从事相似业务或为公司竞争对手外，主要是资产负债率超同行均值，经营现金流持续为负。

按照IPO计划，云汉芯城拟募集资金9.42亿元，其中最大募投项目为“补充流动资金”，拟投入募集资金4.2亿元。云汉芯城表示：现有业务持续发展、募集资金投资项目顺利实施需要补充流动资金；为了进一步提升技术创新能力，进一步加大研发投入，需要更多的流动资金予以保障；补充流动资金有利于未来适时实施产业并购。这一定程度上反映了云汉芯城的资金压力。

2019—2021年及2022年1—6月的四个报告期内，云汉芯城资产负债率分别为48.56%、47.15%、59.48%、61.23%，高于同行业可比公司平均值的33.06%、38.20%、42.31%、41.85%，主要原因是公司营业规模持续增长，公司备货金额增加，销售端与采购端的账期错配金额增大，所需资金量及短期借款均有所增加；公司2021年新增购入G60科创云廊办公场所，导致2021年年末1年内到期的应付长期购置款增加较多，以及2022年6月末长期借款增加较多。四个报告期内，公司分别实现营业收入8.27亿元、15.34亿元、38.36亿元、24.16亿元，分别实现净利润−3 059.96万元、3 079.14万元、1.61亿元、8 486.54万元。2020年扭亏为盈后，净利润水平持续上升。

然而在这对应的四个报告期内，公司经营活动产生的现金流量净额分别为−7 179.10万元、−6 878.03万元、−5 065.75万元、−5 409.58万元，持续为负。云汉芯城表示，主要原因是公司销售端回款周期高于采购端的付款周期，导致公司在经营过程中需要进行一定期限垫资。对于本次IPO相关事宜，2023年5月中旬，《每日经济新闻》记者向云汉芯城发送了采访邮件，6月中旬，记者再次致电云汉芯城，但截至发稿未获回复。

据报道，截至2023年7月21日，云汉芯城继第一次被问询28个问题后，二次再遭17个问询，其中深交所均对云汉芯城业务的真实性进行了重点关注，17个问题约有10个与此相关，这一情形并不算常见。

资料来源：张明双. 云汉芯城创业板IPO中止审核 经营现金流持续为负——三股东力源信息是公司客户也是供应商，还从事相近业务[N]. 每日经济新闻，2023-07-04(004).

扫码阅读：

问题：

1. 本案例说明现金流和会计利润存在明显差异，这是为什么？
2. 企业现金流要不要考虑货币时间价值？为什么？

即测即练

扫描封底二维码

获取答题权限

第7章 资本预算

学习目标

- 了解资本预算的内容和程序。
- 掌握增量现金流的判断。
- 熟练掌握增量现金流的构成与计算。
- 熟悉投资项目的风险来源。
- 掌握风险分析盈亏平衡法、敏感分析法和决策树法。
- 理解投资项目风险调整折现率法和风险调整现金流量法。

引导案例

投资决策成功的关键在哪儿？

巴菲特在1964年买下伯克希尔·哈撒韦公司时，这家纺织企业正处在亏损状态，困扰公司的主要问题是高额的劳动力成本以及来自国外的恶性竞争。公司管理层向他提交一系列旨在提高生产率、降低成本的资本预算时，他认为大多数纺织企业都有能力革新改进，但是最终利益将会以低廉价格的形式流向消费者那里，并不会给公司带来更高的利润。在1985年的年报中解释"这预期的报酬最后都证明只是一种幻象，因为我们许多竞争者，不论是国内或者是国外，全都勇于投入相同的资本支出，在个别公司看来，每家公司的资本支出计划看起来都再合理不过，但如果整体观之，其效益却完全被抵消掉而变得很不合理。"最后他只好关闭了所有的纺织业务。柏林顿也是一家纺织企业，与伯克希尔·哈撒韦不同的是，在巴菲特关闭纺织业务后20年，柏林顿依然在运行，而且花费了大约30亿美元的资本支出却无法提高利润的增长，公司股票的表现始终落后于市场。巴菲特说："看看这些股票持有者糟糕的结局，你会明白许多智慧和精力被一个错误的前提指挥时将会发生些什么。"这个"错误的前提"是什么呢？按照西格尔的说法，就是资本支出。资本预算向决策者提供了一系列投资决策过程及指导方法，但是投资决策成功与否的关键在于决策者对未来经济活动的把握程度，资本预算方法只是一种手段和方式。

资料来源：沃伦·巴菲特．巴菲特致股东的信[M]．陈鑫，译．北京：机械工业出版社，2007.

问题：

资本预算与投资决策有何关系？

一项好的资本预算就是将公司的策略变成实质生产力，即转化为有形或者无形资产。在资本预算的过程中，要预测考察期内项目的现金流对公司未来的影响，即影响公司的收入或者成本。这些影响通常分布在未来若干年内，且具有不确定性，是整个投资决策过程最关键的变量输入。然后根据预测的收入和成本，判断收益是否高于或等于投资者所要求的收益，从而据以评估项目对公司价值的影响。这是现代公司理财最核心最根本的决策基础和主要内容，而现金流量是决策的基础和评价依据，本章重点介绍资本预算的基础——现金流量的分析。

7.1　资本预算及其程序

7.1.1　资本预算的概念

折现现金流分析等工具并不一定保证好的投资决策，为保证项目的成功，还需了解分析投资机会并决定接受哪些投资机会的过程——资本预算。资本预算是投资项目未来资本收支的计划，这里的资本是指用于生产经营过程的资产，投资可以是有形资产，比如固定资产的投资或者置换，也可以是无形资产，比如研发、培训课程等。预算是指详细说明投资方案在未来某个阶段现金流入或者流出情况的计划。因此资本预算是公司长期资本收支的计划和所需资金来源的安排，是评估和选择最合适公司策略的长期投资的过程。

要真正理解资本预算，首先要明确的是资本预算不同于经营预算，经营预算是指公司在某一时期为实现经营目标而制订的计划，描述在该时期发生的各项基本活动的数量标准，包括销售预算、生产预算、采购预算、成本费用预算、现金流量预算等。经营预算反映了公司的业务量、收入与支出一览表，向公司各个部门明确工作目标。经营预算与资本预算的主要区别在于：第一，时间不同。资本预算涉及不同的会计期间，需要考虑货币的时间价值；经营预算一般只针对一个会计期间的事项，不涉及货币时间价值的考量。第二，范围不同。资本预算针对某一特定项目，会涉及公司的不同部门。

7.1.2　资本预算的重要性

资本预算是公司理财中最重要的决策工具之一，几乎所有部门都直接受到资本预算的影响。首先，这一影响是长期的，比如公司投资一项有 10 年经济寿命的资产，那么在未来 10 年公司的生产能力及效率、产品质量和成本等都会受到该资本预算决策的影响。其次，资本预算决策目的是获得能够增加未来现金流量的长期资产，不仅能提高公司的获利能力，也可以提高公司价值的长期增长潜力。最后，资本预算决策的重要性还体现在固定资产或者无形资产的购置通常会导致巨额资本支出，一旦资本预算失误，公司承担的不仅仅是市场流失的后果，甚至可能面临财务危机的困境。因为资本预算涉及每个时间阶段的现金流入和流出，资本预算的失误将会误导公司投融资的决策。

7.1.3　资本预算的程序

既然资本预算的重要性是长期持久的，公司必须确定最适合自身策略的投资方案，对各个备选方案进行分析评价，并决定接受哪些项目，这一过程称为制定资本预算。制定资本预算的程序如下：

（1）选择投资机会；

（2）收集和整理投资项目的资料；

（3）投资项目评价；

（4）编制资本预算；

（5）执行资本预算。

7.2　现金流量的构成

7.2.1　现金流量与会计利润

在投资决策中，公司希望在不影响既定生产经营能力的前提下，尽可能减少现金流出，同时在投资方案存续期间获得最大的现金流入。估计投资方案的现金流量是资本预算过程中最重要的要素，直接影响投资方案报酬率的大小。

在资本预算分析过程中，为什么依据的是现金流量而不是会计利润呢？现金流量是现代公司理财学的重要概念，是指公司在一定会计期间按照现金收付实现制，在经济活动中产生的现金流入、现金收入及其现金净流量的总称。会计利润则是在权责发生制的基础上确认的公司在一定会计期间的经营成果。会计利润与现金流量的差异表现在权责发生制及应计项目、历史成本、折旧与非付现项目、税收与利润总额四个方面。会计存在诸多可选择的会计政策及会计估计方法，加上其应计项目，使得会计利润具非准确性和模糊性；而现金流量具有客观性和时间上的明晰性，因此有利于考虑货币时间价值的运用。

从长远角度看，即公司或项目的整个经济寿命内，会计利润与现金流量应当趋于一致，会计利润与现金流量的差异主要在于折旧的影响。表 7-1 所示为会计利润与现金流量的关系。假设 A 公司准备投产一条生产线，使用年限 5 年，采用加速折旧法计提折旧，表 7-1 显示了第一年和最后一年的会计利润和现金流量。

表 7-1　某公司的会计利润与现金流量　　单位：元

	会计利润	现金流量
2010 年		
销售收入	80 000	80 000
付现成本	(45 000)	(45 000)
折旧	(10 000)	
经营收益	25 000	25 000
所得税(假定税率为 30%)	(7 500)	(7 500)
净收益或者现金流量	17 500	27 500
净现金流量=净收益+折旧		
2014 年		
销售收入	80 000	80 000
付现成本	(45 000)	(45 000)
折旧	(3 000)	
经营收益	32 000	32 000
所得税(假定税率为 30%)	(9 600)	(9 600)
净收益	22 400	
净现金流量		25 400

表 7-1 中上下两个部分分别显示生产线的第 1 年和第 5 年的经营状况。2010 年，公司由新生产线带来的会计利润为 17 500 元，由于折旧属于非付现成本，没有实际的现金流出，因此 2010 年现金流量包括两部分：生产线的投资回报即会计利润和部分原始投资的回收即折旧。由于公司采用的是加速折旧法，导致折旧费逐年减少，在 2014 年报表显示

的利润比2010年增加7 000元，同时应纳所得税额也从7 500元增加到9 600元。尽管会计利润非常重要，但在确定方案投资价值时仅对现金流量进行折现，净现金流量与会计利润之间的关系可表示为

净现金流量＝净利润＋折旧

总的来说，在资本预算分析中应当避免会计利润对资本预算分析产生的影响：第一，会计利润计算中包含了一些非现金流量的因素，比如固定资产折旧费用、无形资产摊销费等在会计上作为费用；第二，会计利润在计算中依据的是历史成本，在资本预算分析中现金流量的计算所依据的价格、成本等应当是未来实施中所面临的未来价格和成本。

按照现金流动的方向，现金流量分为现金流入量、现金流出量和净现金流量。按照现金流量发生的时间，资本预算中的现金流量可以分为初始现金流量、营业现金流量和终结现金流量。

7.2.2 初始现金流量

初始现金流量是指资本最初投入时发生的现金流量。初始现金流量主要包括固定资产上的投入和流动资产上的投入。其中投资在流动资产上的资金一般会在方案结束时等额全部收回，这部分现金流量不会受到所得税的影响。初始现金流量通常为现金流出量，主要包括以下几个方面：

（1）固定资产购置费。固定资产购置费是指为资本预算购买各项所需设备的支出。公司财务人员可根据所需要的设备的数量、规格、型号、性能、价格、运输费用等预测设备的购置费。

（2）固定资产安装费。固定资产安装费是指安装各种设备所需要的花费。这部分费用主要根据安装设备的多少、安装的难度、安装的工作量和安装的收费标准等因素进行预测。

（3）建筑工程费。建筑工程费是进行土建工程所需的费用。这部分费用可根据建筑类型、建筑面积的大小、建筑质量的要求和当地的建筑造价标准等进行预测。

（4）营运资金的垫支。资金投入后，项目进入运作前必须垫支一定数额的营运资金才能正常经营运作。这部分垫支的营运资金一般要到项目终结期才能收回，一般将营运资金的垫支作为长期投资，而不是短期投资。

（5）原有固定资产的变价收入扣除相关税金后的净收益。旧设备的售价如果高于设备的账面净值，需要缴纳所得税，多交的所得税构成资本预算的现金流出量；旧设备的售价如果低于设备的账面净值，形成损失，就可以抵减应纳所得税额，少缴纳的所得税构成资本预算的现金流入量。

（6）不可预见费用。不可预见费用是指项目正式建成之前不能完全估计到，但又很可能发生的一系列费用，比如设备价格的上涨、突发的自然灾害等。这些因素通过合理预测，可以为现金流量的预测留有余地。

在实践中，常使用逐项测算法来估计初始现金流量。逐项计算法就是对构成投资额基本内容的各个项目逐项测算其数额，然后进行汇总来预测投资额的一种方法。

【例7-1】某公司计划投建一条新的生产线，经过认真调查研究和分析，预测各项支出如下：设备购置费用300 000元，设备安装费8 000元，投入使用后垫支营运资本50 000元，不可预见费用按上述总支出的5%计算。计算该生产线的投资总额。

计算：投资总额＝(300 000＋8 000＋5 0000)×(1＋5%)＝375 900(元)

7.2.3 经营现金流量

公司持续发展依靠其具有核心竞争力的产品或服务，营业利润是保证公司不断发展的

源泉，而非经常性收益与公司正常的经营无关。因此经营现金流量是资本预算中最重要的现金流量。

经营现金流量是指投资项目建成后，在其寿命期间由其生产经营带来的现金流出和流入量，这类现金流量需按时间年度进行计算。这里的现金流入一般是指营业现金收入，现金流出是指营业现金支出和缴纳的税金。

年经营现金流量可用下列公式计算：

每年经营现金净流量＝每年营业收入－付现成本－所得税

＝每年营业收入－（总成本－折旧、摊销等非付现成本）－所得税

＝每年净利润＋折旧＋摊销（无形资产）

在经营现金流量的计算过程中要特别注意折旧和税收的影响。

▶ 1. 税后收入

如果有人问你，每个月工资多少，你可以很快地回答工资单上的金额。如果你买了彩票，并且得到了奖金，但是你得到的往往比彩票标注上的金额要少，这是因为奖金收入需要缴纳所得税，而你的工资收入可能还没到起征点。因此，

税收收入＝应税收入×（1－所得税税率）

在资本预算中，应纳税收入主要指项目周期内取得的营业利润，不包括项目结束时收回的垫支的流动资金等现金流入。

▶ 2. 税后成本

同样的，如果有人问你每个月的房租是多少，你一定会很快把所付的租金数额说出来；如果问一个饭店老板每个月店面租金是多少，老板回答的租金会比实际支付的要少一些。区别就在对于饭店老板来说，租金是一项可以抵减所得税的费用，所以用税后费用来计量。也就是说，凡是可以税前抵扣的项目，都可以起到减免所得税的作用，因而其实际支付的金额并不是真正的成本，还应该考虑因此减少的所得税费用，即

税后成本＝实际支付成本×（1－所得税税率）

▶ 3. 折旧的抵税作用

首先，在会计核算利润时，折旧是税前抵扣的项目，因此可以起到抵减所得税的作用。其次，不同折旧方法的选择也会对资本预算中的现金流量产生不同的影响。

因此，我们换一个角度来观察，

经营现金流量＝税后收入－税后成本＋税负的减少

＝营业收入×（1－所得税税率）－实际支付成本×（1－所得税税率）＋折旧额×所得税税率

7.2.4 终结现金流量

终结现金流量是指项目终结时发生的现金流量，主要包括经营现金流量和非经营现金流量两部分。其中，非经营现金流量主要包括固定资产、无形资产的变价收入，固定资产、无形资产出售的税负损益，初始垫支的营运资金的等额收回。

【例 7-2】公司考虑用一台效率更高的新机器取代现有的旧设备。旧设备的账面净值为 12 万元，当前在二手市场可售得 7 万元；旧设备尚可使用 5 年，预计使用期满后无残值；税法规定的折旧年限尚有 5 年，按直线法计提折旧，税法规定的残值可忽略不计。购买和安装新设备需花费 48 万元，预计可以使用 5 年，预计净残值为 1.2 万元。由于新机器属于环保设备，税法规定可分 4 年计提折旧，并按双倍余额递减法计提折旧，法定残值为原

值的 1/12。由于采用新机器每年可节约付现成本 14 万元，公司所得税税率为 25%，如果项目在任何一年内出现亏损，公司将得到按亏损额的 25%计算的所得税税额的减免。分析该项目各年的现金流量。

分析：按现金流量发生的时点分别计算初始现金流量、经营现金流量和终结现金流量。

计算：(1) 计算项目的初始现金流量。由于该项目没有垫支流动资金和其他项目，初始现金流量的构成主要是固定资产的购买安装成本和原有固定资产的变价及税负影响。

初始现金流量＝－480 000＋70 000＋(120 000－70 000)×0.25＝－397 500(元)

其中，原有固定资产的变价损失＝70 000－120 000＝－50 000 元，也因此带来变价亏损的节税作用，即现金流入＝50 000×0.25＝12 500 元。

(2) 计算项目的经营现金流量。新机器每年计提的折旧分别为：第一年折旧额＝480 000×2/4＝240 000 元，第二年折旧额＝(480 000－240 000)×2/4＝120 000 元，第三年折旧额＝第四年折旧额＝(480 000－240 000－120 000－480 000×1/12)÷2＝40 000 元。由于旧机器使用直线折旧法每年的折旧额均相等，即 120 000/5＝24 000 元。经营现金流量的构成主要有节约的付现成本、增加的折旧和税收的影响。

第一年经营现金流量＝净利润＋折旧
＝[140 000－(240 000－24 000)]×(1－25%)＋(240 000－24 000)＝159 000(元)

第二年经营现金流量＝[140 000－(120 000－24 000)]×(1－25%)＋(120 000－24 000)＝93 000(元)

第三年经营现金流量＝[140 000－(40 000－24 000)]×(1－25%)＋(40 000－24 000)＝109 000(元)

第四年经营现金流量＝[140 000－(40 000－24 000)]×(1－25%)＋(40 000－24 000)＝109 000(元)

(3) 计算项目的终结现金流量。主要包括经营现金流和非经营现金流，其中非经营现金流量主要包括残值和固定资产清理税收影响。

经营现金流量＝[140 000－(0－24 000)]×(1－25%)＋(0－24 000)＝99 000(元)

非经营现金流量＝预计残值＋清理损失的减税
＝12 000＋(480 000×1/12－12 000)×25%＝19 000(元)

7.3　确定增量现金流

投资方案的收入或者支出会影响那一期的现金流量，如果该期间的现金流量没有变化，则与资本预算分析及决策无关。因此，资本预算中与决策有关的现金流量其实就是增量现金流量，或者说资本预算中的现金流量就是增量现金流量。接受投资方案而改变现金流量，即为增量现金流量，包含在资本预算的评估中；反之，不受投资方案影响的现金流量则与资本预算无关。

比如，假设某银行预计会开设新的支行，某些银行原来的客户由于地点或者其他原因选择在新的支行办理业务，则由这些原来的客户带来的现金流量就不是增量现金流量。

下面着重讨论在确定增量现金流量时遇到的几个特殊问题。

7.3.1 沉没成本

沉没成本是指由于过去的决策已经发生的，不能被现在或者将来的任何决策所改变的成本。你是否有过这样的经历：去电影院看电影，在片头的15分钟内你已经意识到这是你看过的最烂的片子，但是你无论如何还是挨到了结束。你坐在座位上，努力忍受，只是因为你不想浪费电影票钱。又或者你曾经买了一场音乐会的门票(不能退票的那种)，但到了那天你忽然病了，或者累了，但是你仍然去参加那场音乐会了，即使你一点都不想去——只是为了证明你花出去的钱有所价值。如果你也有这样的经历，这就是沉没成本，你所花费的电影票或者音乐会票(成本)都不会受到你是否坚持看完电影或者音乐会的决定影响。因此沉没成本不是增量成本，不应该包括在资本预算分析中。

【例7-3】2015年U公司准备在另一城市建立分销中心，以增加该地区的销售量。为了有利于评估工作的开始，U公司雇用一家公司进行厂址分析并作了可行性分析报告，为此支付了8 000元费用。对于这笔费用是否应包含在资本预算中？

分析：无论新的分销中心是否建成，该笔支出都无法收回，因此不应纳入该分销中心的资本预算的评估范围中。

7.3.2 机会成本

机会成本是指为了获得某种选择而所放弃另一些选择的最大价值。在投资方案中可以理解为：面临多种方案时，选择其中一种，而被舍弃的投资方案中价值最高者为该选择投资方案的机会成本。我们在现实生活中也常常面临选择，并在各种选择中权衡利弊做出最合算的选择，也就是令其他选择的机会成本降到最小。比如你有一处自置物业需要每个月支付物业费用，你可以选择自己居住也可以选择出租获得租金收入。这里有两处现金流量，一项是支付的物业费用，一项是获得的租金收入。物业费用不管你选择出租或者自己居住都需要支付，不受决策的影响，即上面提及的沉没成本。当你选择自己居住即放弃了租金收入，所以租金收入是你选择自己居住的机会成本。

【例7-4】承接例7-3，U公司已经确定在S城市建立独立分销中心，公司现有一块合适的土地可直接用来建立分销中心，但是如果该土地不选择建立分销中心，可以将土地出售或者出租，如果出售U公司可获得200 000元。出售土地获得的现金流入是否应纳入该投资方案的资本预算中呢？

分析：如果公司选择在这块土地上建立分销中心，就意味着放弃出售土地获得的现金流量，也就是该投资方案的机会成本。同时，不管以前U公司是花80 000元还是100 000元购进这块土地，本例中该投资方案的机会成本是土地的现行市价即200 000元。因此，出售土地获得的20 0000元现金流是该投资方案的机会成本，即增量现金流应包含在该方案的资本预算中。

7.3.3 外部效应

接下来要考虑的是投资方案对公司其他部门或者其他产品的受益或者受损的情况，即外部效应，也称溢出效应或者外差效应。比如例7-3中U公司的新分销中心设立后，原来的分销中心的客户可能由于新分销中心的地点因素便利而选择新的分销中心。对于U公司整体而言，销售量和利润没有任何改变，只是从一个分销点转移到另一个分销点。这些旧分销中心带来的老客户现金在投资方案的资本预算中不能作为增量现金流。因此估计投资方案的现金流量时，要以方案对公司所有经营活动产生的整体效果为基础进行分析，而不能孤立地分析项目。方案对公司所有经营活动产生的整体效果包括正面效果即与公司的其他产品或者部门带来现金流入，负面效果即新方案可能对公司原有的部门或者产品带来的冲击，即现金流出。

【例 7-5】H 公司生产的个人计算机占有某领域 60%的特定市场份额。目前，该公司计划推出一种新型的功能更强的计算机。新型计算机最主要的竞争对手是该公司现在生产的计算机。在投产第一年，公司预计将销售 100 000 台新型计算机，而其中有 15 000 台的销售量来自对原有产品销售市场的替代。预计新型计算机 100 000 台将带来净现金流 5 000 万元，15 000 台传统计算机损失净现金流 800 万元。新产品的现金流入应该是 5 000 万元吗?

分析：新产品带来的现金流量中包含对原有产品的取代，也就是对公司整体现金流量而言没有影响，只是现金流量从原有产品转移到新产品，因此不能作为项目的增量现金流。新项目的增量现金流为 5 000－800＝4 200 万元。

7.3.4 运输和安装成本

一般地，当公司引进固定资产时，常发生大量运输或者安装成本。在确定投资方案总成本时，这些成本作为固定资产的入账价值之一。并且在处理折旧问题时，一项资产的折旧基数，不仅包括买价，还包括为实现该固定资产正常运行而支付的各种成本费用之和。折旧作为会计对于固定资产耗损的估计，影响着公司的应税收益，从而影响公司支付的所得税，这笔所得税是公司的现金流出。但是折旧也是一项非现金费用，在每年确认折旧费用的同时，不会发生与之相关的现金流出。

7.3.5 通货膨胀

在资本预算时应将通货膨胀包含在分析中。预期通货膨胀应反映在收入和成本的数据中，进而反映在每年的净现金流预测中。如果在确定预期现金流量的过程中没有充分考虑通货膨胀，则净现值和内含报酬率的计算将不准确——两者都将会被高估。

【例 7-6】公司投资的设备价值为 20 000 元，可使用期限为 4 年，各年现金流量如表 7-2 所示，贴现率为 12%，预计通货膨胀率为 10%。是否需要把预计通货膨胀包含在资本预算分析中?

表 7-2 通货膨胀调整现金流 金额单位：元

年份	调整前	调整因素	调整后
1	5 500	(1＋10%)	5 000
2	7 200	$(1+10\%)^2$	5 950
3	9 300	$(1+10\%)^3$	6 987
4	11 000	$(1+10\%)^4$	7 513

分析：由于通货膨胀的存在会降低货币的购买力即降低投资方案的实际投资回报率，因此应将通货膨胀的估计包含在资本预算分析中。同时值得强调的是，这里的通货膨胀率是对未来的预期通货膨胀率而不是过去的通货膨胀率。

假设预期通货膨胀率为 10%，将其包含在现金流量的估计中：

$$调整前的现金流量净现值=5\,500/(1+12\%)+7\,200/(1+12\%)^2+9\,300/(1+12\%)^3+1\,1000/(1+12\%)^4-20\,000=4\,261(元)$$

$$调整后的现金流量净现值=5\ 000/(1+12\%)+5\ 950/(1+12\%)^2+6\ 987/(1+12\%)^3+7\ 513/(1+12\%)^4-20\ 000=-1\ 044(元)$$

可见，包含预计通货膨胀率的资本预算，调整后现金流量的净值小于0，也就是在考虑通货膨胀估计后，该投资方案是不可行的。

7.3.6 利息费用

利息费用和投资方案的其他融资现金流量不应作为该投资方案的增量现金流，因为在评价投资方案和确定现金流量时，往往将投资决策和融资决策分开来，即从全部资本角度来考虑。而且，我们在用公司要求的报酬率作为贴现率来贴现投资项目的增量现金流量时，负债融资的作用已经在用来折现的增量现金流的资本成本中体现了。

7.3.7 分摊成本

通常一项费用会使很多项目或者方案受益。在计算费用时，会计会把这笔成本根据权责发生制原则分摊到不同项目中。但是在资本预算中，只有分摊成本是该项目的增量成本时才被视为项目的增量现金流。

7.4 增量现金流的风险及调整

7.4.1 资本预算分析的风险类型

在确定评价投资方案所使用的报酬率时，需要考察资本预算的风险。资本预算中的风险一方面来自项目特有的因素或者估计的误差；另一方面来自各种外部因素引起的风险。主要包括以下三类不同的风险。

（1）独立风险。独立风险指的是投资项目自身特有的风险——项目未来收益的可能结果与预期收益的离散程度。这类风险是对方案的单独估计，不作为公司资产组合的一部分。

（2）公司内生风险。公司的内生风险是指不考虑公司的风险构成、系统性或者非系统的影响，而是考虑投资方案对公司总风险的影响。为了衡量公司内生风险，需要弄清楚资本预算方案与公司目前资产的相关性。

（3）系统风险。系统风险或者市场风险，是站在一个拥有高度多样化投资组合的股东角度来考虑投资方案的风险。资产定价模型用β系数来衡量项目现金流量与市场收益之间的相关性。

如果判断项目的独立风险与内生风险是高度相关的，则该项目的独立风险可以作为内生风险的估计值。同理，如果判断公司的内生风险与市场风险高度相关，则大于平均水平的内生风险的投资项目也具有较高的市场风险即β风险。

【例7-7】假设通用汽车公司评估是否接受一项大型扩展方案——开发并投产太阳能汽车，评估该投资方案三类风险——方案自身独立风险、公司的内生风险和系统风险。

分析：首先，公司不能确定，在目前技术水平下，是否能采用大批量生产的方式来制造太阳能汽车，说明该投资方案的自身独立风险很大。其次，新产品太阳能汽车的开发与投产与公司其他部门的配合很紧密，比如技术研发、生产部门等，如果其他部门表现良好，方案的效果也会不错，反之也可能方案的效果会很差，说明投资方案还有很高的公司内生风险。最后，根据公司管理层估计，在经济繁荣的情况下人们有更多盈余的资金来购买太阳能汽车，则方案成功的可能性很大。说明该投资方案的报酬率与其他大多数公司报酬率高度相关，所以该方案的 β 系数很高。

从三个层次来分析投资方案的风险，得出的结论是该方案的整体风险比较高。从理论上来看，多样化的投资可以抵消大部分投资项目的独立风险，所以项目的独立风险可以少做考虑或者不予考虑。但是在大部分资本预算中，独立风险与公司内生风险、市场风险是高度相关的，项目的独立风险能够很好地反映公司的内生风险和市场风险。

7.4.2 资本预算中如何考虑风险

评价投资方案的风险与之前介绍的股票、债券等金融资产的风险相似，但是更加复杂。一个投资方案的独立风险可用其预期报酬率的变动程度来衡量；公司的内生风险可按投资方案对公司收益变动的影响来衡量；市场风险可以用公司的 β 系数来衡量。接受一项具有较高独立风险或者具有较高内生风险的投资方案不一定会对公司的 β 系数产生很大影响。但是如果投资方案的报酬具有较高的不确定性，而且这些报酬与公司其他投资方案以及市场中大多数投资的报酬高度相关，则这一类投资方案三种类型的风险都很高。

可以得出结论，项目的采纳会影响公司的内生风险、市场风险或者同时影响两个风险。虽然可以大致判断关于风险大小的结论，但是精准地计量出这些风险并把它们纳入资本预算决策中是十分困难的。在实践中，要么采用风险调整贴现率法，要么采用风险调整现金流法来对投资项目的风险进行调整。

▶ 1. 风险调整贴现率法

风险调整贴现率法是指将与项目有关的风险加入到项目的折现率中。比如，在评价一个低风险的投资项目时将平均必要报酬率降低1%～2%，在评价一个高风险的投资项目时将平均必要报酬率提高若干个百分点。

可根据项目的类别调整具体贴现率，还可以根据项目的资本成本确定贴现率。风险调整贴现率简单直接，运用广泛，但是会把风险收益与货币时间价值混在一起，风险会随着时间的推移逐年扩大。

▶ 2. 风险调整现金流法

风险调整现金流法是指先确定与风险性现金流量同等效用的无风险现金流量，然后用无风险利率进行折现，计算项目的净现值，以此作为决策的基础。通过调整现金流量来反映各年的投资风险，把风险因素与货币时间价值分开讨论。但是确定同等效用的无风险现金流量在实践中难度较大，而且很大程度上受到公司管理层的风险偏好程度的影响。

本章小结

1. 在公司经济效益的评价中，通常采用的是利润指标；在资本预算中，则不能以会计利润评价投资项目收益的高低，而应以现金流量为基础，通过计算有关的决策指标来评价项目的优劣。

2. 分析和估计现金流量是资本预算的基础，投资项目决策只与增量现金流有关。根据项目的周期可将现金流量划分为初始现金流量、经营现金流量和终结现金流量。结合现实中的情况，基于现金流原则——只有投资方案产生的现金流量即增量现金流，对资本预算的现金流量进行调整。

3. 资本预算中的三类风险，分别是项目自身的独立风险、公司的内生风险和系统风险，衡量资本预算中不确定性。可以使用风险调整贴现率法和风险调整现金流量法对资本预算中的风险进行分析并调整增量现金流。

4. 本章节介绍的概念也适用于个人投资理财，比如评估一项汽车或者别墅的购置方案。

课后练习

一、思考题

1. 资本预算与证券估计的相似之处有哪些？

2. 为什么在资本预算中使用现金流量比会计利润更合理？

3. 资本预算中的增量现金流是如何构成的？

4. 在分析增量现金流时应注意哪些问题？

5. 资本预算中有哪三类风险？如何衡量并调整增量现金流？

二、计算分析题

面对国内复杂多变的经济形势，很多企业承受巨大的下行压力。要想突破这一困局，创新求变是法宝。统计局发布的2014年全国企业创新调查显示，创新已成为嘉兴企业发展的主流。位于王店的电器公司计划通过联合复旦大学进行产品技术攻关，研发一种便携、环保的新型取暖设备，其销售前景看好。为了了解新产品的潜在市场，公司支付了50 000元进行前期市场调研，调查结果显示新产品有30%～40%的市场份额有待开发。

公司决定对新产品的投资进行成本效益分析，有关预测资料如下：

1. 支付市场开发调研费用50 000元；

2. 新产品的生产车间可利用公司的一处厂房，如果出售，该厂房当前市场价格为60 000元；

3. 新产品的设备购置费(包括价款、安装费等)为160 000元，使用期限为5年，税法规定设备残值为10 000元，按直线法计提折旧，每年折旧费为30 000元，预计5年后不再生产后设备可变价收入30 000元；

4. 预计新产品每年的销售量(件)如下：500、800、1 200、1 000、600；销售单价预计每件为200元，由于通货膨胀和竞争等因素，销售单价每年将以2%的幅度增长；新产品的付现成本第一年为100元，以后随着原材料价格的上涨，单位成本每年增加10%；

5. 生产新产品需在投资初期垫支流动资金30 000元；

6. 公司的所得税税率为25%，在整个经营期内保持不变。

问题：根据上述材料，分析各年现金流量。

章末案例

“外行”的资本预算

此前美国环保署发现，大众在美国的48.2万辆车安装了作弊软件，它们的氮氧化物排放量最高可达到标准的40倍。2015年11月20日晚，大众汽车公司周五宣布，计划将其年度资本支出预算削减30%，以应对排放数据作弊丑闻相关开支。这是该公司自2009年金融危机以来首次削减资本支出。该公司表示，计划2016年在车辆、工厂和技术开发上投资120亿欧元，较原计划减少30%。大众去年曾承诺，计划未来五年每年平均投资

171 亿欧元。资本预算是公司常见的、用于规划如何给具有长远意义的重大项目投资提供资源支持。制定、增加或者削减资本预算的依据在哪儿呢？

下面我们一起来看 P 公司的新任命总经理遇到的一个新的难题。在他接受任命之前，设备部门经理提出建议，主张引进新生产线。设备部门提供了一份完整的资本预算，在资本预算提交公司资本费用审查委员会后，受到了各方面的攻击。甚至有委员提出这是“十分外行的资本预算”。公司资本费用委员会主席为了避免矛盾，要求新任命的总经理重新分析并提交新的资本预算。

表 7-3 是设备部提交的新生产线预计的收益和成本。表的顶部给出了初始投资和 5 年后预计的残值。这种新产品的技术更新发展相当迅速，以致在预测中，设备部门认为新项目的营运周期是 5 年。表的中部是新产品的预计损益表，以下是项目的财务分析。

表 7-3　新生产线的资本预算　　单位：万元

项　目	0	1	2	3	4	5
初始投入	−60					
前期市场调研	−5					
流动资金	−10					
销售收入		120	147	185	160	135
付现成本		48	78	102	91	68
利息费用		10	8	7	9	12
折旧费		12	12	12	12	12
净利润		37.5	36.75	48	36	32.25
残值						0
流动资金的回收						10
现金流量	−75	37.5	36.75	48	36	42.25

在审查会上存在争议的问题主要有以下几点：

1. 前期的市场调研费用是否应包括在分析中？
2. 以项目运营期内的净利润还是现金流量作为资本预算的评价标准？
3. 现金流量中是否包含折旧的费用？
4. 资本预算中是否含利息费用？

资料来源：大众削减 50 亿欧元资本预算应对排放丑闻[EB/OL].[2015-11-20].http://finance.sina.com.cn/world/20151120/210223811282.shtml.

问题：如果你是被任命的总经理，你如何重新分析这份资本预算？

即测即练

第8章　投资决策

学习目标

- 理解投资决策的概念及过程。
- 了解投资决策方法的种类及其划分。
- 重点掌握净现值法，以及内含报酬率法和获利能力指数法。
- 熟练掌握投资回收期法和投资报酬率法。
- 了解各种投资决策主要方法和辅助方法的优缺点。
- 掌握投资决策方法的财务可行性决策评价标准及具体应用。
- 理解投资决策中不确定性的分析。

引导案例

电力企业的固定资产投资决策

近年来，在“电网建设适度超前于经济发展速度”的指导思想下，电网行业固定资产投资比重相对提高。在“十一五”期间，电网企业累计投资固定资产超过1万亿元，2012年和2013年连续两年电网企业固定资产投资都分别突破了3 000亿元，其中2013年电网固定资产投资达到3 600多亿元，比2012年增长近5%，2013年全年发电总量为52 451亿千瓦时，同比增长7.6%，110(66)千伏及以上交流线路开工5.9万千米，投产4.8万千米；变电容量开工3.1亿千伏安，投产2.3亿千伏安。“十二五”时期计划电网固定资产投资是“十一五”的近两倍，是“六五”的近200倍，可见我国电力系统投资占经济总投资的比重是非常大的。

固定资产的投资管理是公司投资决策的重要组成部分。我国电网企业的快速发展，也在不断推进大规模的固定资产投资。公司的长期固定资产投资需与公司的发展战略相结合，在此基础上对固定资产投资决策的经济效益和风险进行科学合理的测算，运用科学的投资决策方法对固定资产投资决策进行评估，确保投入的资金能够按期收回并创造出相应的经济效益和社会效益。

资料来源：刘灿峰．电网企业固定资产投资管理存在的问题[J]．企业改革与管理，2014(5)：25.

问题：

1. 何谓固定资产投资？投资如何分类？
2. 试述固定资产投资管理的意义。
3. 怎样选择投资决策的方法？

党的二十大报告指出，增强投资对优化供给结构的关键作用。对财务人员来说，提高公司的投资绩效是财务管理职能中的一项重要工作内容。提高公司投资绩效的关键，就在于科学的投资决策。就所谓投资决策，就是公司在进行项目投资时，对各种长期投资方案进行分析、评价、选择，最终确定一个最佳投资方案的过程。投资决策的控制过程包括三个步骤：

首先提出投资方案，其次通过论证识别有潜力投资方案，最后对有潜力的投资方案进行可行性研究即投资方案的评估与决策。可行性研究包括技术上的可行性、建设上的可行性和经济上的可行性。公司理财中考察项目的可行性，主要包含三个层次：预测投资方案的未来现金流量、选取合适的投资方案折现率和运用投资决策的方法。

8.1 投资决策的主要方法

评价投资方案的办法有很多，通常按是否考虑货币的时间价值分为非贴现的现金流量法(静态方法)和贴现的现金流量法(动态方法)。用非贴现的静态法评价固定资产投资决策方案时，因为没有考虑货币未来的时间价值，适用于投资规模不大的项目和利率水平相对较低时的项目。所以，静态法是项目投资决策的一种次要的、辅助性的工具。

8.1.1 净现值法

▶ 1. 净现值与公司价值

从财务管理的角度来看，最科学的投资项目评价方法应具备以下特质：通过这一评价方法，可以找到使得公司价值达到最大化的投资项目。净现值(net present value，NPV)是投资项目的未来现金流入的现值与未来现金流出的现值之间的差额。公司价值创造取决于一系列净现值大于零的投资项目，正净现值的来源分析过程正是公司的战略分析过程，如图 8-1 所示。

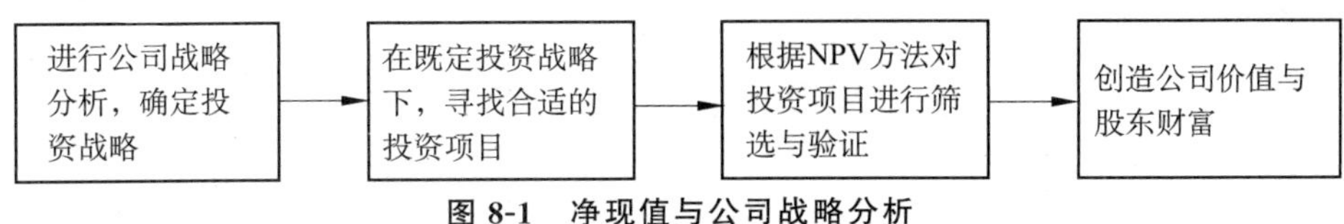

图 8-1 净现值与公司战略分析

净现值法具备三个重要特征：一是运用现金流量，这与公司价值性质完全吻合。对于一个投资项目而言，现金流量越多，项目的收益水平越高。二是分析中运用的是与项目有关的所有现金流量。三是运用反映项目风险水平的折现率计算现金流量的现值。净现值法运用广泛的主要原因之一就是净现值法可以对项目为公司股东所提供的现金收益进行直接的度量，衡量公司价值的增加值。同时随着现金流折现技术的推广和应用，净现值法成为目前应用最基本、最广泛的投资决策方法。计算公式为

$$净现值=未来现金净流量现值-原始投资额的现值$$

即

$$\mathrm{NPV}=\sum_{i=1}^{n}\frac{\mathrm{CIF}_t}{(1+r)^t}-\sum_{t=0}^{n}\frac{\mathrm{COF}_t}{(1+r)^t}$$

其中：n 为投资涉及的年限；CIF_t 为第 t 年的现金流入量；COF_t 为第 t 年的现金流出量；r 为预定的贴现率。

▶ 2. 净现值的计算分析步骤

第一步，计算投资方案的现金流量，确定原始投资额的方案寿命期内各年的现金净流入量。

第二步，确定贴现率，即适当的报酬率或资本成本。

第三步，根据确定的贴现率，将现金流量折算成现值，并累加折现现金流量(现金流入量为正值，现金流出量为负值)，其和即为此方案的净现值。

第四步，根据净现值比较法则确定方案：如果一个投资方案的净现值>0，则可以接受该方案；如果净现值<0，则拒绝该方案；如果在若干净现值>0 的投资方案中进行选择，则应接受净现值大的方案。

【例 8-1】某公司计划投产一条生产线，建设初期需一次投入 800 万元，不考虑机会成本。项目于第一年年末建设完成，同时追加流动资金投资 200 万元，经营期为 5 年，用直线折旧法计提折旧，预计残值为原值的 10%。生产线投产后，预计每年可取得销售收入 600 万元，第一年付现成本为 250 万元，以后每年递增 20 万元维修费，所得税税率为 25%，折现率为 10%。计算项目的净现值并判断其财务可行性。

分析：运用净现值法判断财务可行性，就是找出项目的净现值是否大于零。首先分析各个时间点现金流，然后求出现金流入的现值，计算与现金流出的差额。

解决：(1) 分析项目各年的现金流量。

初始现金流量＝－(800＋200)＝－1 000(万元)

经营现金流量：

折旧＝800×(1－10%)/5＝144(万元)

NCF_2＝(600－250－144)×(1－25%)＋144＝298.5(万元)

NCF_3＝(600－250－20－144)×(1－25%)＋144＝283.5(万元)

NCF_4＝(600－270－20－144)×(1－25%)＋144＝268.5(万元)

NCF_5＝(600－290－20－144)×(1－25%)＋144＝253.5(万元)

NCF_6＝(600－310－20－144)×(1－25%)＋144＝238.5(万元)

终结现金流量＝经营现金流＋非经营现金流＝238.5＋800×10%＋200＝518.5(万元)

生产线的现金流量表如表 8-1 所示。

表 8-1　生产线的现金流量　　单位：万元

项　目	0	1	2	3	4	5	6
初始投入	－800						
流动资金		－200					
销售收入			600	600	600	600	600
付现成本			250	270	290	310	330
折旧费			144	144	144	144	144
净利润			154.5	139.5	124.5	109.5	94.5
经营现金流			298.5	283.5	268.5	253.5	238.5
残值							80
流动资金的回收							200
现金流量	－800	－200	298.5	283.5	268.5	253.5	518.5

(2) 用公式法计算净现值：

$$\begin{aligned}NPV &= 298.5\times(P/F,10\%,2)+283.5\times(P/F,10\%,3)+268.5\times(P/F,10\%,4)+253.5\times(P/F,10\%,5)+518.5\times(P/F,10\%,6)-200\times(P/F,10\%,1)-800\\ &= 298.5\times0.826+283.5\times0.751+268.5\times0.683+253.5\times0.621+518.5\times0.564-200\times0.909-800=111(\text{万元})\end{aligned}$$

(3) 利用 Excel 计算净现值：首先，在 Excel 中单击“fx”按钮，弹出“插入函数”对话框，在“或选择类别”下拉列表中选择“财务”选项，然后在“选择函数”列表中选择“NPV”选项，如图 8-2 所示。

其次，单击“确定”按钮，弹出“函数参数”对话框，在“Rate”文本框中输入10%，在“Value1”中选中－200，向右选中所有现金流量后确定显示的结果为911.35，如图8-3所示，则NPV＝911.35－800＝111.35万元。

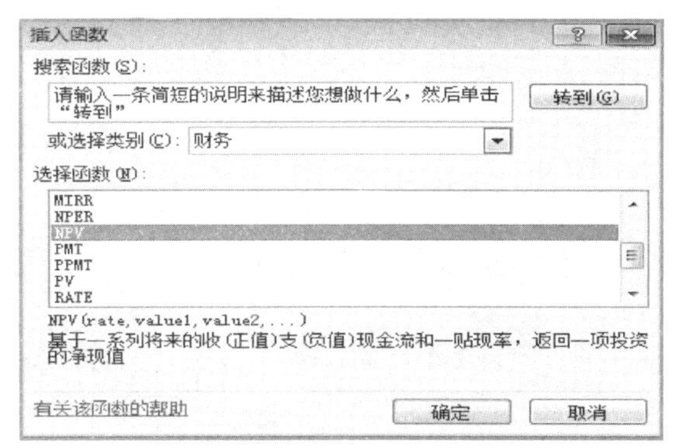

图8-2　利用Excel计算净现值(1)

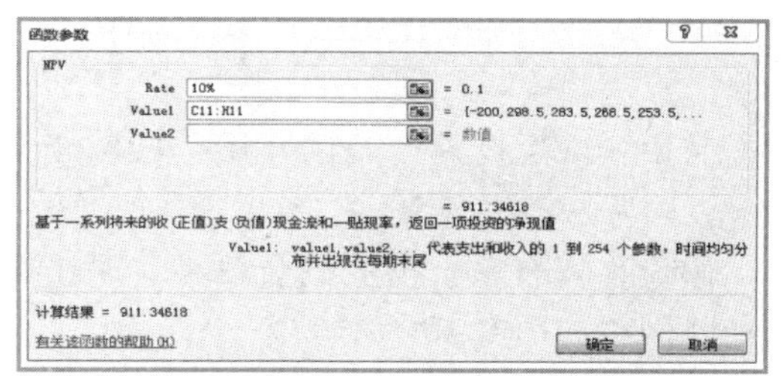

图8-3　利用Excel计算净现值(2)

最后，从计算结果看，该项目的净现值大于零，意味着项目的现金流入超过项目投入的资本，除了用来偿还债务和提供给股东必要报酬以外，还给股东带来额外的现金流，公司的价值也增加了，该项目具有可行性。

▶ 3. 净现值法的优缺点

(1) 净现值法的优点。首先，净现值法原理通俗易懂，适用于任何均匀的现金流量(比如年金)或不规则的现金流量。其次，净现值法既充分考虑了投资方案寿命期内全部相关现金流量，又包含了货币的时间价值和资金的机会成本。最后，从公司追求的价值最大化目标是绝对值的概念来看，净现值本身就是绝对值指标，反映的是投资方案预期产生的净收益的绝对量，对不同投资方案进行比较，就可以找出净现值最大的项目。而且净现值方法具有累加性，把不同投资方案的净现值相加，就可以得到所有拟投资方案可以为公司创造的最大化净收益。

(2) 净现值法的缺点。首先，净现值是一个绝对数指标，不能反映资金的使用效率，也就不能真正反映投资项目获利能力的大小。其次，净现值的计算结果还取决于资本成本的大小，而资本成本的大小主要由公司筹资成本决定。一个获利能力很强的投资项目可能由于企业筹资成本较高而使得该项目的净现值较低。最后，净现值是项目未来各年预期净效益按资金机会成本折现后之和，当未来这些情况发生超出所判断的有利或不利变化时，净现值指标所提供的决策信息就不准确了。因此在后续的投资决策分析中，将介绍通过敏感性分析、概率分析等方法予以修正。

8.1.2　内含报酬率法

▶ 1. 内含报酬率法的基本原理

内含报酬率(internal rate of return，IRR)也称内部报酬率，指的是一个投资方案的内在报酬率，它是在未来现金净流量的现值正好等于投资额的现值的假设下所求出的贴现率，即使投资方案的净现值等于零(NPV＝0)时的贴现率。项目整个生命周期内按照该报酬率恰好能实现其初始投资额，也就是此时的报酬率等于项目的资本成本。如果偿还资本成本后，还会产生剩余的现金流入量，则该剩余归股东所有即增加股东价值，收益的多少反映项目的内在盈利能力；如果内含报酬率低于资本成本率，投资方案的净现值将为负值，则接受该项目将损害现有股东的利益，因此内含报酬率是项目取舍的临界点。

从定义来看，内含报酬率是公司引进投资项目必须赚取的报酬率，其大小依赖项目的现金流量和时间期限。所以某一特定的项目的内含报酬对所有公司是一样的，不管它们的必要报酬率或者资本成本是否相同。同一项目可能对一个公司是可行的(其要求的必要报酬率是10%)，但是对另一个公司可能是不可行的(其要求的必要报酬率是15%)。

根据内含报酬率的原理，可得其计算公式为

$$\sum_{t=1}^{n}\frac{CIF_t}{(1+r)^t}-\sum_{t=0}^{n}\frac{COF_t}{(1+r)^t}=0$$

其中：n 为投资涉及的年限；CIF_t 为第 t 年的现金流入量；COF_t 为第 t 年的现金流出量；r 为内含报酬率。

假设你拥有一个投资机会，要求现在投资10 000元，5年后将获得15 000元。投资机会的时间线如图8-4所示。

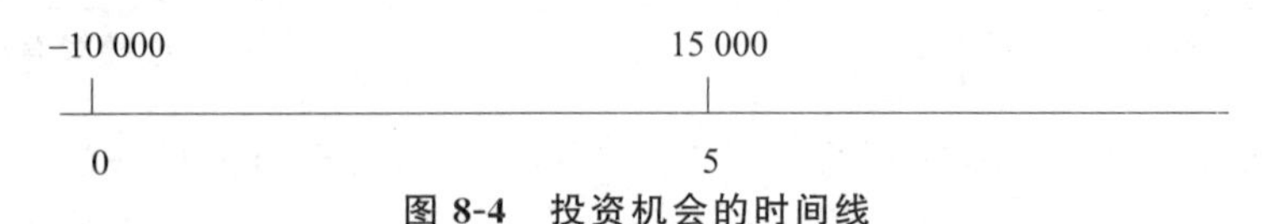

图 8-4 投资机会的时间线

分析这一投资过程和之前探讨的估值原理是一致的，即未来的现金流量＝当下现金流量：

$-10\ 000+15\ 000/(1+r)^5=0$

求解得到 $r=8.44\%$，该利率就是这一投资机会的内含报酬率，选择这一投资机会，在未来5年里，每年都能获得8.44%的回报率。

▶ 2. 内含报酬率的计算

内含报酬率的测算采用逐步测试法或者插值法来计算折现率。首先，估计一个折现率，用它来计算净现值；若净现值大于零，说明该项目本身的报酬率大于估计的折现率，应进一步提高折现率进行测试；若净现值小于零，说明该项目本身的报酬率小于估计的折现率，应降低折现率后进一步测试。经过多次测试或者差值计算，寻找出净现值接近于零的折现率，即为该投资项目的内含报酬率。

对于一般的投资项目，若内含报酬率大于资本成本或者最低收益率，则项目可行；若内含报酬率小于或者等于资本成本或者最低收益率，则投资项目不可行。在多个项目投资评价中，内部收益率一般越大越好，且其内部收益率应大于投资项目基准收益率，并结合资金状况来确定。但是存在某些特定项目，或者有些项目的现金流量呈现非传统的模式，那么内含报酬率在运用时会产生多个内含报酬率的可能性。传统模式的现金流量指的是在项目整个周期内，现金流的方向是先流出后流入，非传统模式的现金流量指的是流出可能出现在项目周期内或者项目终结处。现金流量的方向每改变一次，就会存在一个内含报酬率的解。如果现金流量的方向在整个项目周期内出现变化或者中断，则可能存在无解或者多个内含报酬率。

▶ 3. 内含报酬率法的评价

首先，内含报酬率作为一种折现现金流法，考虑了货币的时间价值，同时也考虑了项目周期的现金流。内含报酬率法作为一种相对数指标除了可以和资本成本率比较之外，还可以与通货膨胀率以及利率等一系列经济指标进行比较。但是内含报酬率是评估投资决策的相对数指标，无法衡量出公司价值(即股东财富)的绝对增长。其次，在衡量非常规项目时(即项目现金流在项目周期中发生正负变动时)内含报酬率法可能产生多个解，造成项目评估的困难。最后，在衡量互斥项目时，内含报酬率法和净现值法会给出矛盾的意见，在这种情况下，采用净现值法往往会得出正确的决策判断或者选择修订的内含报酬率(MIRR)。

修订的内含报酬率是指令以投资项目的必要报酬率折现的现金流出量等于现金流入量终值的折现值，其计算公式为

$$\sum_{t=0}^{n}\frac{\mathrm{COF}_t}{(1+r)^t}=\frac{\sum_{t=0}^{n}\mathrm{CIF}_t(1+r)^{n-t}}{(1+\mathrm{MIRR})^n}$$

其中：COF 为现金流出量；CIF 为现金流入量；r 为投资者要求的必要报酬率。

修订的内含报酬率假设现金流量以必要报酬率进行再投资，能够更好地评价投资项目的获利能力，同时还能解决多重内含报酬的问题。

【例 8-2】公司计划购买一台设备，其采购成本为 75 000 元。该设备将在未来三年带来 30 000 元、38 000 元和 28 000 元的税后现金流量。公司要求的必要报酬率为 10%。该设备的内含报酬率与修订的内含报酬率各是多少？

分析：可运用插值法或者 Excel 计算内含报酬率。

计算：

方法一：逐步测试插值法。经过逐步测试，找到净现值大于零和净现值小于零的两个整数贴现率(一般是越接近零越精确)，如表 8-2 所示。

表 8-2　设备内含报酬率的测试　　单位：元

年　份	现金净流量	贴现率 12%		贴现率 15%	
		贴现系数	现值	贴现系数	现值
0	−75 000	1	−75 000	1	−75 000
1	30 000	0.892 9	26 787	0.869 6	26 088
2	38 000	0.797 2	30 293.6	0.756 1	28 731.8
3	28 000	0.711 8	19 930.4	0.657 5	18 410
净现值			2 011		−1 770.2

$$\left\{\begin{array}{l}12\%\cdots\cdots\cdots\cdots\cdots\cdots 2011\\ \left\{\begin{array}{l}\mathrm{IRR}\cdots\cdots\cdots\cdots\cdots\cdots\cdots 0\\ 15\%\cdots\cdots\cdots\cdots\cdots -1770.2\end{array}\right\}\end{array}\right\}$$

使用内插法：

(12%　15%)/(IRR−15%)=[2 011−(−1 770.2)]/[0−(−1 770.2)]

得

内含报酬率=(3 781.2×15%−1 770.2×3%)/3 781.2=13.59%

方法二：Excel 函数法。在 Excel 中单击“fx”按钮，弹出“插入函数”对话框，在“选择类别”下拉列表框中选择“财务”选项，然后在“选择函数”列表中选择[IRR]和[MIRR]。内含报酬率(IRR)和修订的内含报酬率(MIRR)如图 8-5 和图 8-6 所示。

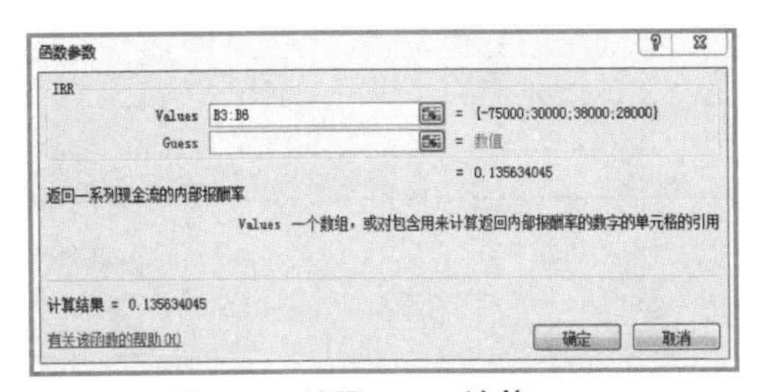

图 8-5　利用 Excel 计算 IRR

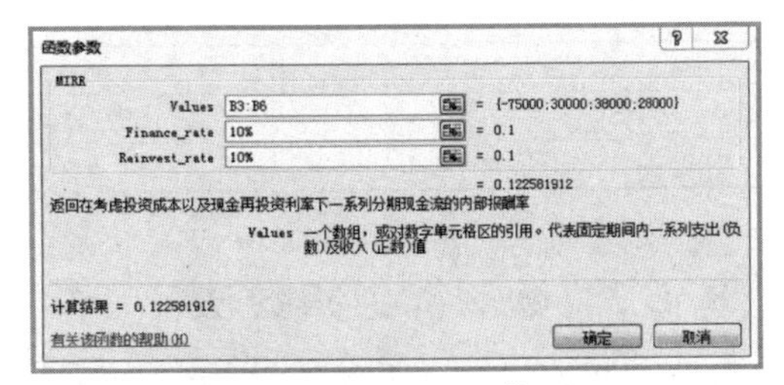

图 8-6　利用 Excel 计算 MIRR

▶ 4. 净现值法与内含报酬率法的区别

净现值和内含报酬率都是反映项目盈利能力的指标，前者体现的是绝对盈利能力，后者体现的是相对盈利能力。净现值法与内含报酬率法的区别如下：

(1) 评价项目投资决策方案的角度不同。尽管净现值和内含报酬率都是衡量投资项目盈利能力的指标，但净现值能直接揭示投资项目对公司财富绝对值的影响，反映投资方案的效益；而内含报酬率与企业财富之间的联系不如净现值明显，在互斥投资项目决策中甚至有可能得出与财富最大化目标不一致的结论，因为内含报酬率最高的方案净现值不一定最大。但如果企业能以现有资金成本获得所需资金，则净现值法能帮助企业充分利用现有资金，获取最大投资收益。

(2) 贴现率的选择不同。内含报酬率法不受贴现率选择的影响，而净现值法计算的结果与资金的机会成本即贴现率的选择密切相关，所选择的贴现率不一样时，对同一个方案用同种方法进行分析时都有可能得出不同的结论。这也是许多公司在实践中偏好内含报酬率的原因之一。内含报酬率作为相对数指标，不受贴现率影响，有利于不同投资方案之间的直接比较。采用净现值法，正确选择折现率是关键。正是由于折现率不易确定，净现值法的应用范围有一定局限性。

(3) 指标计算不同。内含报酬率法要求逐步测算，计算过程相对烦琐，并且还存在一定的误差。而净现值的计算过程则相对较为简单，计算结果也更准确。如果项目经济寿命期内存在资金成本变动或通货膨胀，净现值法也比内含报酬率法更易于调整。

需要注意的是，存在两种情况会导致净现值与内含报酬率的计算结果发生冲突：第一种情况是，项目的投资规模存在差异，即其中一个项目的投资成本远远超过另一个项目，如表 8-3 所示；第二种情况是，现金流量发生的时间不同，比如一个项目的大多数现金流量在项目周期前几年收回，而另一个项目的现金流量在后几年收回，如表 8-4 所示。

表 8-3 投资规模不同的 NPV 与 IRR 比较

时　间	项目 A	项目 B
0	−30 000	−15 000
1	10 000	6 000
2	10 000	4 000
3	10 000	5 000
4	10 000	6 000
NPV(r=10%)	￥1 698.65	￥1 614.99
IRR	13%	15%

表 8-4 现金流不同的 NPV 与 IRR 比较

时间	项目 C	项目 D
0	−12 000	−12 000
1	9 000	32 000
2	9 000	−21 000
NPV(r=10%)	￥3 619.83	￥−264.46
IRR	32%	16.67%和 50%

8.1.3 获利能力指数法

▶ 1. 获利能力指数的概念及计算公式

获利能力指数(profitability index，PI)也称现值指数，它是指投资方案未来现金净流入量的现值与投资额的现值之比。获利能力指数法与净现值法不同之处在于它不是一个绝对数，而是一个相对指标，反映资金的使用效率，可用于不同投资规模的项目比较。

获利能力指数的计算公式为

获利能力指数＝现金流入量的现值/投资额的现值

如果投资方案是期初一次投资的，那么上式的分母就是原始投资额；如果是分期投资的，需先将各期投资分别按贴现率折算成现值，然后再计算。获利能力指数大于1，说明除收回投资外，还可获利，则方案可取；获利能力指数小于1，说明其投资未能全部收回，则方案不可取；如果在若干获利能力指数均大于1的方案之间进行选择，则取其大者。

获利能力指数与净现值之间的关系为：净现值＞0，则获利能力指数＞1；净现值＝0，则获利能力指数＝1；净现值＜0，则获利能力指数＜1。

▶ 2. 获利能力指数法与净现值法的比较

获利能力指数法的优势主要是克服了在不同投资规模下，净现值法用NPV绝对数大小比较以优选方案的不足。例如，有A和B两个项目方案，其NPV和现金流量情况见表8-5。

表8-5 净现值法和获利能力指数法方案决策比较 单位：万元

NPV		原始投资的现值		现金流入量的现值		获利能力指数	
A方案	B方案	A方案	B方案	A方案	B方案	A方案	B方案
100	120	150	200	250	320	1.67	1.60

表8-5中，现金流入量的现值＝NPV＋原始投资的现值。若按照净现值法选优，则应该选择方案B，但在原始投资自由的情况下，按照获利能力指数法选优，则应该选择方案A。

8.2 投资决策的辅助方法

非贴现法投资决策方法不考虑货币的时间价值，把不同时点的现金流量看作是等效的，而且简单易行，是项目投资决策的辅助方法。其分为投资回收期法和投资报酬率法两种。

8.2.1 投资回收期法

▶ 1. 投资回收期的计算

投资回收期(payback period，PP)法就是根据公司用税后净现金流量收回全部投资所需年限进行资本预算决策的方法，也称为还本期间法。按照财务管理的货币时间价值的理念，投资回收期法只能作为投资决策的辅助性方法，但是在现实中，许多企业因为其通俗易懂而作为不愿放弃的决策方法之一。投资回收期法可以根据项目资金占用时间长短直观地衡量项目风险大小。从资金流动性看，短期现金流远比长期现金流风险小，因此，在其他条件相同的情况下，备选方案的投资回收期越短越好。

运用投资回收期法进行投资决策分析时的步骤如下：

(1) 计算投资项目的投资回收期。如果每年现金净流入量相等，则投资回收期＝原始投资额/每年现金净流入量；如果每年现金净流入量不相等时，投资回收期应按累计现金流入量计算，直到累计现金流入量与原始投资额达到相等所需的时间，即为投资回收期。即：最后一项为负值的累计净现金流量对应的年数＋最后一项为负值的累计净现金流量绝对值/下年净现金流量。

(2) 将投资项目的投资回收期与管理决策者主观上既定的期望投资回收期(一般认为应短于项目经营生命周期的一半)相比较，若投资方案回收期<期望投资回收期，则接受投资方案；投资方案回收期>期望投资回收期，则拒绝投资方案；当在两个或两个以上的方案间进行选择时，应比较各个方案的投资回收期，择其短者。

沿用例8-1的资料，项目的累计净现金流量见表8-6。

表8-6　累计净现金流量　　单位：万元

时　间	净现金流量	累计净现金流量
0	−800	−800
1	−200	−1000
2	298.5	−701.5
3	283.5	−418
4	268.5	−149.5
5	253.5	104
6	518.5	622.5

因此，项目的投资回收期＝4＋149.5/253.5＝4.59年。

▶ 2. 投资回收期法的优缺点及应用

投资回收期的优点：第一，可以作为衡量备选方案风险程度的指标；第二，可以衡量出投资方案的变现能力，即投资的回收速度；第三，方法简单，决策的工作成本较低。

投资回收期法的缺点：第一，忽略了投资回收期后的现金流。但实际上，许多企业的重大投资前期都是不盈利甚至是亏损的，若因投资回收期较长而对项目予以否定，可能会导致决策失误。第二，没有考虑货币的时间价值因素。

所以，虽然投资回收期法在投资决策中被广泛利用，但是将它作为项目决策的唯一方法或决定性方法是不合理的，需要配合动态方法共同决策。

▶ 3. 动态投资回收期

为了纠正传统投资回收期法没有考虑货币时间价值的缺陷，很多公司选择在财务分析中运用动态投资回收期亦称为折现投资回收期。动态投资回收期是指根据投资所产生的现金流折现后计算出的投资回收期。其计算公式为

动态投资回收期＝(累计净现金流量现值出现正值的年数−1)＋上一年累计净现金流量现值的绝对值/出现正值年份净现金流量的现值

承例8-1，项目的累计净现金流量及现值如表8-7所示。

表8-7　累计净现金流量及现值

时　间	净现金流量	贴现率10%	折现现金流	累计净现金流量
0	−800	1	−800	−800
1	−200	0.909 1	−181.82	981.82
2	298.5	0.826 4	246.680 4	−735.139 6
3	283.5	0.751 3	212.993 55	−522.146 05
4	268.5	0.683	183.385 5	−338.760 55
5	253.5	0.620 9	157.398 15	−181.362 4
6	518.5	0.564 5	292.693 25	111.330 85

动态投资回收期=5+181.362 4/292.693 25=5.62(年)

与静态投资回收期不同，动态投资回收期考虑货币的时间价值，因此动态投资回收期更符合实际。特别是项目周期特别长的情况下，比如商业房地产开发项目或者引例中的电网固定资产投资项目，采用动态投资回收期比静态投资回收期更合理。但是动态投资回收期的计算中，折现率是关键因素。

投资回收期提供关于项目的风险性和流动性的信息，由于项目投资具有投入资金庞大、项目周期长的特点，公司总是希望能越快收回投资越好。因此在投资回收期法则中，投资回收期可与公司确定的最大成本收回时间相比较，且投资的初始成本回收越快越好。

8.2.2　投资报酬率法

▶ 1. 投资报酬率的计算

投资报酬率(return on investment，ROI)法，是根据投资方案年平均报酬率的高低进行投资决策的一种方法。其计算公式为

投资报酬率=年均现金净流入/原始投资额

一般来说，投资报酬率越高说明投资方案的获利能力越强，备选方案就越可取，其决策标准为：投资方案年平均报酬率>期望年平均报酬率，接受该投资方案；投资方案年平均报酬率<期望年平均报酬率，拒绝该投资方案；当两者或两者以上投资方案可供选择，则应该选择年平均报酬率最高的投资方案。

▶ 2. 投资报酬率法的优缺点及应用

首先，它可以衡量投资方案的获利能力，克服了投资回收期法的第一个缺点，考虑到了投资方案在其寿命期间内的全部现金流量。但是其着眼于年均报酬，而忽视了投资方案在其寿命期间各年的现金流量的差异。其次，它忽视了在两个投资方案之间进行比较时，各方案现金流量不同的先后数额，不能反映投资方案的风险程度。最后，与投资回收期法一样，年平均报酬率法也没有考虑货币的时间价值因素。因此，投资报酬率一般不能作为投资决策的主要方法，它只能是辅助方法。

8.3　投资决策方法的应用

最终决定项目投资决策可行性结论的是财务分析与评价，它是项目投资决策的不可或缺的重要环节和内容，是项目投资决策结论的最直接的体现，是项目投资价值的最先预算。

投资决策方法的应用是在项目投资要符合公司总体的发展战略的前提下，能够实现公司预期的利润目标。全面准确地了解和掌握与决策分析有关的资料数据(包括定性和定量、财务和非财务信息)，是项目决策分析的最基本的要求，有些资料和数据本身还会随时发生变化，所以要及时地获取新的信息，做出追踪分析。

8.3.1　固定资产更新决策

固定资产更新决策是指决定继续使用旧设备还是购买新设备，如果购买新设备，旧设备将以市场价格出售。这种决策的基本思路是：将继续使用旧设备视为一种方案，将购置新设备、出售旧设备视为另一种方案，并将这两个方案作为一对互斥方案按投资决策方法进行对比。或者直接计算两个方案(购置新设备和继续使用旧设备)的现金流量之差以及净现值差额，以净现值是否大于零作为决策标准。

固定资产更新决策有四种方法：总成本法、年平均成本法、差量分析法和最小公倍数法。下面以新旧设备尚可使用年限是否相同为依据进行分析。

1. 新旧设备未来尚可使用年限相同的更新决策

在新旧设备未来使用期相同的情况下，可以选择差量分析法和总成本法进行决策分析。

（1）差量分析法。继续使用旧设备和购买新设备视同互斥方案，也可称为售旧购新方案。需要计算两个方案（购置新设备和继续使用旧设备）的现金流量之差以及净现值差额。如果净现值差额大于零，则购置新设备，否则继续使用旧设备。出售旧设备的现金流入量作为购入新设备现金流出量的抵减。一般分三个阶段分析：

① 初始阶段：

差量现金流量＝－新设备的投资额＋（旧设备的变现收入＋变现损失抵税）

如果是变现收益，“＋变现损失抵税”就是“－变现收益纳税”。

② 经营阶段：

差量现金流量＝Δ新旧设备付现营运成本×（1－所得税税率）＋Δ新旧设备折旧额×所得税税率

“1－所得税税率”一般为正，因为新设备会比旧设备节约营运成本，节约视同现金流入。

③ 终结阶段：

差量现金流量＝（新设备残值收入＋处置净损失抵税）－（旧设备残值收入＋处置净损失抵税）

若是处置产生净收益，“＋处置净损失抵税”就是“－处置净收益纳税”。

然后将各年的差量现金流量按照资本成本率折现，最终求出差量净现值。

（2）总成本法。总成本法是将出售旧设备和购买新设备视同独立方案，分别计算两套方案的现金流出量的总现值，以较低者为较好方案。两套方案各算各的现金流量，互不干涉，出售旧设备的现金流入量不能作为购入新设备现金流出量的抵减。

需要注意的是，在进行决策时，对于出售旧设备引起的现金流入量是否作为购置新设备引起的现金流量的抵减项应区分不同情况：如果采用总成本法，出售旧设备与购买新设备视同为独立方案，现金流量不能混在一起，分别计算各自的现金流量，此时出售旧设备所得价款就不可作为购买新设备发生现金流出的抵减项；如果采用差量分析法，出售旧设备与购买新设备视为互斥方案，即购买新设备就不能再使用旧设备，此时出售旧设备引起的现金流入量可以作为购置新设备引起的现金流量的抵减项。

【例 8-3】公司考虑用一台新设备代替原先的旧设备，提高生产效率。新旧设备均使用直线法计提折旧，公司的所得税税率为 25%，资本成本率为 10%，不考虑营业税等其他因素影响。新旧设备的基本情况见表 8-8。为公司是购置新设备还是继续使用旧设备做出更新的决策。

表 8-8　新旧设备的相关数据　　单位：元

项　目	旧设备	新设备
原价	50 000	80 000
可用年限	10	5
已用年限	5	0
尚可使用年限	5	5
残值	0	5 000
目前变现价值	20 000	80 000
每年可获得的收入	40 000	60 000
每年付现成本	20 000	18 000

计算：（1）用差量分析法。

Δ初始投资＝20 000－80 000＝－60 000（元）

各年经营净现金流量的差量见表8-9。

表8-9　各年经营净现金流量的差量

项　目	第1年	第2年	第3年	第4年	第5年
Δ销售收入(1)	20 000	20 000	20 000	20 000	20 000
Δ付现成本(2)	－2 000	－2 000	－2 000	－2 000	－2 000
Δ折旧额(3)	10 000	10 000	10 000	10 000	10 000
Δ税前利润(4)＝(1)－(2)－(3)	12 000	12 000	12 000	12 000	12 000
Δ所得税(5)＝(4)×25%	3 000	3 000	3 000	3 000	3 000
Δ税后净利(6)＝(4)－(5)	9 000	9 000	9 000	9 000	9 000
Δ营业净现金流量(7) ＝(6)＋(3) ＝(1)－(2)－(5)	19 000	19 000	19 000	19 000	19 000

汇总两个方案的现金流量的差量见表8-10。

表8-10　两个方案现金流量的差量

项　目	第0年	第1年	第2年	第3年	第4年	第5年
Δ初始投资	－60 000					
Δ营业净现金流量		19 000	19 000	19 000	19 000	19 000
Δ终结现金流量						5 000
Δ现金流量	－60 000	19 000	19 000	19 000	19 000	24 000

差量的净现值＝－60 000＋19 000×(P/A，10%，5)＋5 000×(P/F，10%，5)

＝15 129.56（元）

净现值大于零，即新设备的净现值大于旧设备，因此公司应选择更新设备。

（2）用总成本法计算。将新设备与旧设备作为独立项目，分别计算净现值，见表8-11。

表8-11　新旧设备净现值表　　单位：元

项　目	旧设备	新设备
初始	－20 000	－80 000
第1年营业现金流	16 250	35 250
第2年营业现金流	16 250	35 250
第3年营业现金流	16 250	35 250
第4年营业现金流	16 250	35 250
第5年营业现金流	16 250	35 250
终结	0	5 000
NPV	41 600.29	56 729.84

如表8-11所示，新设备的净现值大于旧设备，与差量分析法得出的结果一致。

2. 新旧设备未来尚可使用年限不相同的更新决策

在多数情况下，新旧设备的使用年限有可能不相等，一般来说新设备的使用年限会长于旧设备。不同使用寿命的项目是不能直接用净现值、内含报酬率等方法进行比较的。为了保持可比性，必须设法让其在相等的寿命期内做比较。常用的两种方法是年均净现值法和最小公倍数法。

(1) 年均净现值法。在考虑货币的时间价值的前提下，计算未来使用年限内现金流出总现值(也就是先按照总成本法计算出总成本)与年金现值系数的比值，即平均每年的现金流出。采用平均年成本法进行更新决策时，通过比较继续使用和更新后的平均年成本，以较低者为较好方案。其计算公式为

$$ACF=\frac{NPV}{(P/A,\ r,\ n)}$$

其中：ACF为年均经营现金流量；NPV为净现值；$(P/A,\ r,\ n)$为建立在项目周期和公司最低报酬率基础上的年金现值系数。

需要注意的是，在计算固定资产的折旧时，应以税法规定的折旧方法、折旧年限、预计净残值计算，只有根据税法规定计提的折旧额才允许税前扣除。在分析终结阶段现金流量时，应在处置残值的净收入与按照税法规定计算的账面价值之间作比较，如果前者大于后者，则是处置净收益，产生处置净收益纳税，视同是一项现金流出；如果前者小于后者，则是处置净损失，产生处置净损失抵税，视同是一项现金流入。

(2) 最小公倍数法。由于两个项目的寿命周期不同，导致现金流的不可比，可以将两个项目的寿命周期的最小公倍数作为比较期间，假设两个项目在比较期内多次重复投资，最后将各自多次投资的净现值做比较，净现值较大的项目可取。

承例8-3，假设新设备的使用寿命为10年，每年获得销售收入45 000元，其他条件不变。新旧设备的经营现金流量和现金流量见表8-12、表8-13。

表8-12　新旧设备的经营现金流量　　单位：元

项　目	旧设备(第1～5年)	新设备(第1～10年)
销售收入(1)	40 000	45 000
付现成本(2)	20 000	18 000
折旧额(3)	5 000	7 500
税前利润(4)=(1)−(2)−(3)	15 000	19 500
所得税(5)=(4)×25%	3 750	4 875
税后净利(6)=(4)−(5)	11 250	14 625
营业净现金流量(7)=(6)+(3)=(1)−(2)−(5)	16 250	22 125

表8-13　新旧设备的现金流量　　单位：元

项　目	旧设备		新设备	
	第0年	第1～5年	第0年	第1～10年
初始投资	−20 000		−80 000	
营业净现金流量		16 250		22 125
终结现金流量		0		5 000
现金流量	−20 000	16 250	−70 000	27 125

旧设备的净现值=16 250×$(P/A,\ 10\%,\ 5)$−20 000=41 600.285(元)

新设备的净现值=22 125×$(P/A,\ 10\%,\ 10)$+5 000×$(P/F,\ 10\%,\ 10)$−80 000
=57 876.263 7(元)

如果直接对比两个项目净现值的大小，即应选择更新设备的决策。但是两个项目的使用寿命不同，直接比较的结果是错误的。

使用最小公倍数法可以将两个项目放在同一使用期限内做比较，净现值的决策方法具有可比性。在本例中，旧设备的使用年限是 5 年，新设备的使用年限是 10 年，在共同的使用期间内，继续使用旧设备的投资项目可以进行两次，新设备的投资项目可以进行一次。因此继续使用旧设备的投资项目可以进行两次，相当于 5 年后按照现在的变现价值重新购置一台旧设备进行第二次投资，获得与当前旧设备同样的净现值。也就是

继续使用旧设备的净现值＝41 600.285＋41 600.285×(P/F，10%，5)

＝67 434.06(元)

更新设备的净现值＝57 876.263 7(元)

由比较净现值可知，继续使用旧设备的项目比更新设备的净现值高出 9 557.80 元，所以不应该选择更新设备。由上述计算可见，最小公倍数法易于理解，但其缺点是计算过程复杂，在本例中，旧设备的使用年限是 5 年，新设备的使用年限是 10 年，易于得出最小公倍寿命是 10 年。但是如果某一投资项目的寿命是 7 年，另一投资项目的寿命是 8 年，那么最小公倍寿命是 56 年，则计算过程非常复杂。此时有另一种选择即年平均净现值法。

旧设备的年平均净现值＝41 600.285/(P/A，10%，5)＝10 973.43(元)

更新设备的年平均净现值＝57 876.263 7/(P/A，10%，10)＝9 418.43(元)

年平均净现值法的计算结果与最小公倍数的结果一致，应选择旧设备，不更新设备。

8.3.2 资本限额决策

公司投资决策方法的应用有一个很重要的前提，即企业容易取得投资资金，投资资金没有限制。但现实的情况是，公司用于投资的资金往往被固定在一定限额内，并不是所有的获利项目都可以作为投资对象。如何在有限的资金范围内做出投资决策为企业获取更大利益就值得去研究。

在既定的资本限额下，应先分析备选的投资项目是相互排斥还是相互独立的项目。如果投资项目是相互排斥的，从价值最大化的角度来看，应选择净现值最高的项目作为投资对象；如果投资项目是相互独立的，应选取在资本限额下不超过资本预算所有可能的投资项目组合的净现值之和，得出最大净现值的项目组合。

【例 8-4】假设 P 公司可供选择的 A、B、C、D、E 五个项目彼此独立，公司的初始投资额为 400 000 元，详见表 8-14。找出在公司资本限额内最大的净现值组合。

表 8-14 项目的详细资料

投资项目	初始投资	净现值 NPV
A	120 000	67 000
B	150 000	79 500
C	300 000	111 000
D	125 000	21 000
E	100 000	18 000

分析：公司项目决策中有两个最重要的条件：不能超过资本限额和净现值最大。首先使用穷举法列出所有项目组合的可能性，其次找出能满足资本限额要求的各种投资组合，计算它们的净现值之和，找出在资本限额内净现值最大的组合。

计算：公司资本限额内的投资组合如表 8-15 所示。

表 8-15 投资组合的各种可能性

序　号	项目组合	初始投资	净现值合计	优先级排序
1	A	120 000	67 000	13
2	AB	270 000	146 500	3
3	AD	245 000	88 000	10
4	AE	220 000	85 000	11
5	ABD	395 000	167 500	1
6	ABE	37 000	164 500	2
7	ADE	345 000	106 000	7
8	B	150 000	79 500	12
9	BD	275 000	100 500	8
10	BE	250 000	97 500	9
11	BDE	375 000	118 500	5
12	C	300 000	111 000	6
13	CE	400 000	129 000	4
14	D	125 000	21 000	15
15	DE	225 000	39 000	14
16	E	100 000	18 000	16

从表 8-15 可得项目 ABD 的投资组合净现值最大，为最优投资组合。如果本例中的可供选择项目组合中存在互斥项目，假设 B 与 D 互斥，ABD、BD 和 BDE 的项目组合不存在。

8.3.3 投资时机选择决策

在投资过程中，投资时机的把握对投资结果的影响是最大的，也是最困难的。投资时机选择决策是使决策者确定开始投资的最佳时期，比如某专利权开发者决定何时推出新产品、某林地所有者决定何时砍伐树木比较合适。在投资时机选择的决策中，标准仍然是净现值最大。如果等待的收益超过伴随而来的成本，则公司应该选择等待。

【例 8-5】某林业公司有一片林地准备采伐并加工成木材出售，该林地的树木随着时间的推移会更加茂密，也就是单位面积的经济价值会更高。根据预测，每年每亩树木的销售收入会提高 20%，但是采伐的付现成本每年会增加 15%。按照公司的计划安排，可以选择现在采伐也可以选择 3 年后采伐。无论选择哪种方案，树木都可以采伐 4 年，需购置的采伐和加工设备的初始成本为 150 万元，直线法计提折旧，期满无残值。项目开始时垫支营运资本 30 万元，项目期满收回。计划每年采伐 250 亩，第 1 年每亩树木可获得销售收入 1 万元，采伐每亩树木的付现成本为 0.45 万元。项目的基本信息如表 8-16 所示。公司应该现在采伐还是 3 年后采伐?

表 8-16 某林业公司新项目的相关信息

投资与回收		收入与成本	
固定资产投资	150 万元	年采伐量	250 亩
营运资本垫支	30 万元	当前采伐每亩收入	1 万元
固定资产残值	0 万元	当前采伐每亩付现成本	0.45 万元
固定资产直线法折旧年限	4 年	所得税税率	25%
资本成本率	10%		

分析：公司要做出关于投资时机选择的决策，因为3年后采伐会带来额外的收益即树木茂盛带来额外的销售收入，但是也会增加额外的付现成本、损失的时间价值等。因此应将比较两个选择的净现值作为决策的依据。

计算：如果公司选择现在采伐，经营现金流量见表8-17。

表8-17　现在采伐的经营现金流量　　单位：万元

项　目	第1年	第2年	第3年	第4年
销售收入(1)	250	300	360	432
付现成本(2)	112.5	129.38	148.78	171.10
折旧额(3)	37.50	37.50	37.50	37.50
税前利润(4)=(1)-(2)-(3)	100	133.13	173.72	223.40
所得税(5)=(4)×25%	25	33.28	43.43	55.85
税后净利(6)=(4)-(5)	75	99.84	130.29	167.55
营业净现金流量(7) =(1)-(2)-(5) =(6)+(3)	112.50	137.34	167.79	205.05

现在采伐的现金流量如表8-18所示。

表8-18　现在采伐的现金流量　　单位：万元

项　目	第0年	第1年	第2年	第3年	第4年
固定资产投资	-150				
营运资本垫支	-30				
营业资金流量		112.50	137.34	167.79	205.05
营运资本回收					30
现金流量	-180	112.50	137.34	167.79	235.05

因此，

现在采伐的净现值=112.50×(P/F，10%，1)+137.34×(P/F，10%，2)+167.79×(P/F，10%，3)+235.05×(P/F，10%，4)-180=322.38(万元)

然后计算3年后采伐的净现值，3年后采伐的经营现金流量如表8-19所示。

表8-19　3年后采伐的经营现金流量　　单位：万元

项　目	第4年	第5年	第6年	第7年
销售收入(1)	432	518.40	622.08	746.50
付现成本(2)	171.1	196.77	226.28	260.22
折旧额(3)	37.50	37.50	37.50	37.50
税前利润(4)=(1)-(2)-(3)	223.40	284.14	358.30	448.77
所得税(5)=(4)×25%	55.85	71.03	89.58	112.19
税后净利(6)=(4)-(5)	167.55	213.10	268.73	336.58
营业净现金流量(7) =(1)-(2)-(5) =(6)+(3)	205.05	250.60	306.23	374.08

汇总 3 年后采伐的现金流量如表 8-20 所示。

表 8-20　3 年后采伐的现金流量　　单位：万元

项　目	第 4 年年初	第 4 年	第 5 年	第 6 年	第 7 年
固定资产投资	－150				
营运资本垫支	－30				
营业资金流量		205.05	250.60	306.23	374.08
营运资本回收					30
现金流量	－180	205.05	250.60	306.23	404.08

3 年后采伐的净现值＝205.05×(P/F，10%，4)＋250.60×(P/F，10%，5)＋306.23×(P/F，10%，6)＋404.08×(P/F，10%，7)－180×(P/F，10%，3)＝540.40(万元)

经过比较，3 年后采伐的净现值大于现在采伐的净现值，所以公司应选择等待 3 年后再采伐。

8.3.4　投资期选择权决策

投资期是指项目开始投入资金到项目建成投产所需的时间。如果投资期较短，需要在初期投入更多的人力、物力，但是后续产生现金流入的时间较早；如果投资期较长，初始投资会较少，但是后续产生现金流入的时间也会较晚，也就会损失货币的时间价值。在可选择的情况下，公司应运用投资决策方法，对延长或者缩短投资期的决策，选择差量分析法或者总成本法作出比较。

【例 8-6】J 公司的投资项目，投资周期为 3 年，每年投资 300 万元，第 4 年到第 13 年每年的现金净流量为 350 万元。如果把投资周期缩短为 2 年，每年需投资 500 万元，共投资 1 000 万元，竣工后投产的项目周期和每年的现金净流量不变。假设资本成本率为 10%，项目期满无残值，不用垫支营运资本。公司应选择 2 年投资期还是 3 年投资期？

分析：不同投资期会产生不同的现金流量，应分别计算两种选择下的净现值进行比较。可选择总成本法即正常投资期下净现值和缩短投资期下的净现值，取净现值较大的；也可选择差量分析法，计算不同投资期的现金流量差量，并计算净现值。

计算：(1) 用差量分析法。不同投资期的现金流量差量如表 8-21 所示。

表 8-21　现金流量汇总　　单位：万元

项　目	第 0 年	第 1 年	第 2 年	第 3 年	第 4～12 年	第 13 年
正常投资期	－300	－300	－300	0	350	350
缩短投资期	－500	－500	0	350	350	
现金流量差量	200	200	－300	－350	0	350

差量的净现值＝200×(P/F，10%，1)－300×(P/F，10%，2)－350×(P/F，10%，3)＋350×(P/F，10%，13)＋200＝－27.6(万元)

差量净现值小于零，说明公司应选择缩短投资期。

(2) 用总成本法。分别把正常投资期和缩短投资期作为两个独立的项目分别计算净现值。

正常投资期的净现值＝350×(P/A，10%，10)×(P/F，10%，3)－300×(P/A，10%，2)－300＝795.12(万元)

缩短投资期的净现值＝350×(P/A，10%，10)×(P/F，10%，2)－500×(P/F，10%，1)－500＝822.81(万元)

缩短投资期的净现值比正常投资期的净现值多出27.69万元，因此公司应选择缩短投资期，与差量分析法的结果一致。

8.4　投资决策分析

在投资决策中，一般假设可以合理预测未来现金流入或者流出的时点和金额。然而，投资周期较长，最困难也是最复杂的就是现金流量发生的时点和金额充满不确定性。因此投资决策分析的现金流量实际上只是未来可能发生的结果的一种预测和估计，并不是确定的结果。投资项目的风险包括两部分：项目自身的风险，也就是项目净现金流的不确定性；项目与公司其他资产或者项目组合的问题。下面介绍可用于分析投资决策风险因素的三种方法。

8.4.1　盈亏平衡分析

盈亏平衡分析是指通过计算项目的盈亏平衡点对项目的盈利能力及投资可行性进行分析的方法，即在公司现有的市场、生产能力及经营能力条件下，对产品产量、成本、利润相互关系进行分析，判断公司对市场需求变化适应能力的一种不确定性分析方法。根据是否考虑货币时间价值，盈亏平衡分析包括静态盈亏平衡分析和动态盈亏平衡分析。

▶ 1. 静态盈亏平衡分析

静态盈亏平衡分析是指不考虑货币时间价值，公司不亏不盈即息税前利润为零的销售量。其计算公式为

盈亏平衡点销售量＝固定成本/(销售单价－单位变动成本)

【例8-7】某公司准备以48 000元购置新生产线用于生产新产品，项目的寿命为8年，按直线法计提折旧，无残值；每年的固定成本为10 000元(包含6 000元折旧)，预计新产品售价为25元，单位变动成本为每台20元，公司的所得税为25%，资本成本率为10%。根据以上条件计算盈亏平衡点，分析项目的风险。

分析：当产销量低于盈亏平衡点销售量时，项目处于亏损状态；当产销量高于盈亏平衡点销售量时，项目处于盈利状态。公司越接近盈亏平衡点，项目的经营风险越大。因此，应利用公式计算盈亏平衡点，再判断项目风险。

计算：盈亏平衡点的销售量＝10 000/(25－20)＝2 000(台)

也就是当公司的销售量超过2 000台时，息税前利润大于零，且每超过1台的利润为25－20＝5元，这5元就叫作单位边际利润或单位贡献毛益。

当项目同时生产多种不同的产品，或者对多种产品进行盈亏平衡分析时，一般使用加权平均法进行分析。

▶ 2. 动态盈亏平衡分析

静态盈亏平衡分析没有考虑货币的时间价值、所得税、折现率等因素，因此计算出来的盈亏平衡点销售量只是令项目当期达到盈亏平衡，不能保证项目的净现值为零。动态盈亏平衡点是使得项目净现值为零时的销售水平，其考虑了项目的机会成本，得到一个更现实的最低收益率。

计算动态盈亏平衡销售量时，先估算达到盈亏平衡点即净现值等于零时所需的年平均现金流量ACF为

$$\mathrm{ACF}=\frac{C}{\mathrm{PVIFA}_{r,n}}$$

其中：ACF 为年均经营现金流量；C 为初始投资额；$\mathrm{PVIFA}_{r,n}$ 为建立在项目周期和公司最低报酬率基础上的年金现值系数。

然后推算产生这些现金流量所需的收入水平，最后计算产生这些收入水平所需的销售量。即由

$$\mathrm{ACF}=[(a-v)Q-F](1-T)+D$$

可得

$$Q=\frac{\mathrm{ACF}-D+F(1-T)}{(a-v)(1-T)}$$

承例 8-7，先计算达到动态盈亏平衡的年平均现金流量为

48 000/(P/A，10%，8)=48 000/5.335=8 997.19(元)

则项目的动态盈亏平衡点为

$$Q=\frac{8\,997.19-6\,000+10\,000\times(1-25\%)}{(25-20)\times(1-25\%)}=2\,799.25(\text{元})$$

8.4.2 决策树法

决策树法也是对项目不确定性进行分析的方法。决策树采用图标的方式表述一个多阶段项目投资决策中每一个阶段的投资决策和可能发生的结果及概率，因分析各种方案决策点的各连线形成树状，故称决策树。公司在投资决策分析中，根据项目风险问题的背景和基本特征，决定项目风险发生的概率和后果及其发展动态，直观、清晰地表达各阶段决策与整体决策的前后关联与相互影响。

其具体步骤如下：

(1) 把项目的周期明确划分为几个阶段；

(2) 列出每一个阶段可能发生的结果；

(3) 根据实际情况或者以往经验，估计各个阶段每个结果的概率；

(4) 计算各个备选方案的预期现金流；

(5) 根据前面阶段的结果及其对现金流量的影响，从后向前评估决策树各个阶段所采取的最佳行动，最后估算第一阶段应采取的最佳行动。

【例 8-8】某玩具公司准备推出一组新的按年龄区分的儿童玩具，目前考虑是在国内市场销售还是在国际市场销售的问题。如果在国内销售目前需投资 150 万元购置加工设备及设计、广告等费用；如果开拓国际市场，则需投入 400 万元。如果目前在国内市场销售，两年后进入国际市场，则需要再投入 350 万元。公司的资本成本率为 10%，项目的周期寿命为 5 年。

如果公司一开始就进入国际市场，市场需求水平高、平均、低的概率分别为 0.3、0.4、0.3；如果公司一开始就进入国内市场，则市场水平高、平均、低的概率分别为 0.5、0.3、0.2。在第二年年末，公司要决定是否进入国际市场，若进入，则国际市场的需求情况如图 8-7 所示。若继续在国内市场销售，则市场需求情况与前两年相同。根据以上条件，运用决策树法为公司的市场定位进行分析。

分析：项目中的两个时间点分别是在两年后进入国际市场还是在一开始进入国际市场。先根据不同选择的现金流量及其发生概率计算净现值，通过比较净现值大小，确认不同时间点的决策。

计算：为了简化问题，这里将所有期望现金流量和可能发生的概率标示于图 8-7 中。

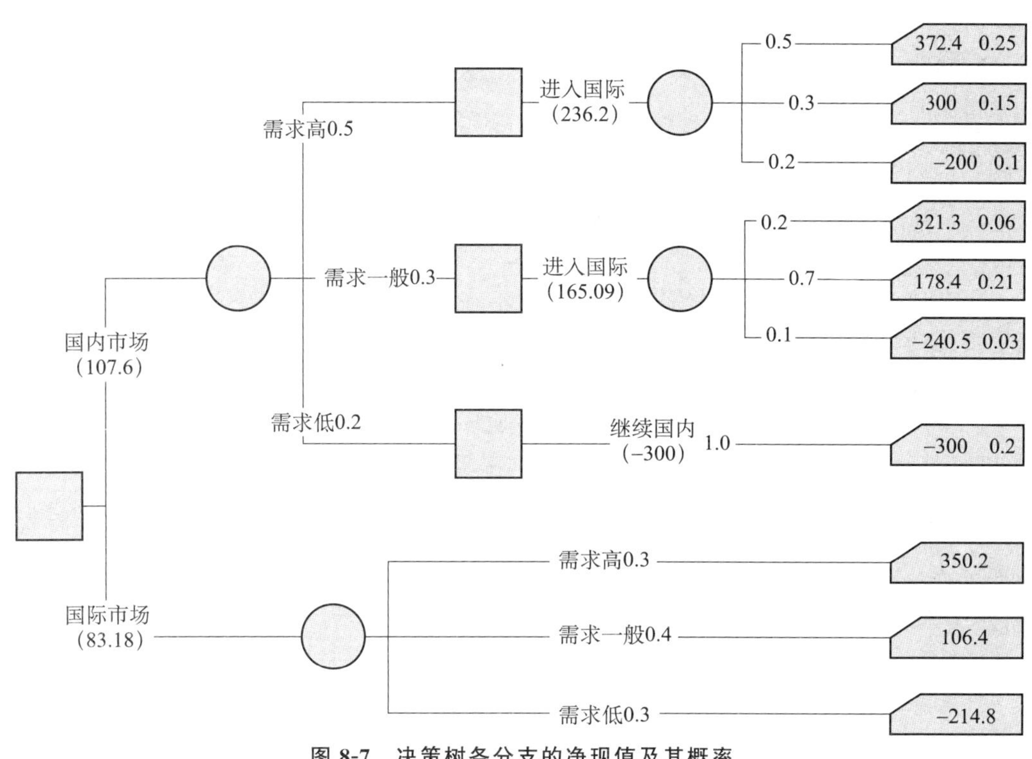

图 8-7 决策树各分支的净现值及其概率

决策树采用从右向左的决策方向，图中○表示随机时间点，□表示决策点，▱表示目标方案的净现值与发生的概率。首先确定是否两年后进入国际市场。在国内市场需求高的情况下，继续留在国内市场的净现值为 210 万元，进入国际市场的净现值为 236.2 万元(372.4×0.5＋300×0.3－200×0.2)，高于 210 万元，因此应选择进入国际市场；在市场需求一般的情况下，进入国际市场的净现值为 165.09 万元，高于国内市场的 150 万元，即使在前两年需求一般情况下，两年后也应进入国际市场；在市场需求低的情况下，应该继续留在国内市场。然后继续向左，对第一阶段做出决策。基于下一阶段决策，可以计算出目前在国内市场的净现值为 107.6 万元(236.2×0.5＋165.09×0.3－324×0.2)，高于直接进入国际市场的 83.18 万元(350.2×0.3＋106.4×0.4－214.8×0.3)。

决策树法应用广泛，对于多阶段、多层次的投资决策可以清楚地表达出各个阶段决策与整体决策的前后联系。但是决策树分析结果可靠与否，主要取决于数据和精准的判断，要求有大量信息的支持，要求将项目周期明确划分为几个阶段，并要求每个阶段的结果是相互离散的，对结果发生的概率及现金流量也要准确预测。这就要求在决策过程中广泛收集数据，同时不断检查和修改概率分配等，尽量使决策树法为决策提供可靠的依据。

8.4.3 敏感性分析

敏感性分析从定量分析的角度研究项目可行性评价指标对相关因素在发生时的影响敏感程度，并计算出变动的可能范围，为投资决策提供依据。敏感性分析有助于确定哪些风险因素对项目具有最大的潜在影响。它把所有其他不确定因素保持在基准值的条件下，考察项目的每项要素的不确定性对目标产生多大程度的影响。

敏感性分析通过找出影响项目经济效益变动的敏感性因素，分析敏感性因素变动的原因，并为进一步进行不确定性分析（如概率分析）提供依据；同时研究不确定性因素的变动，分析判断项目承担风险的能力。

敏感性分析的步骤如下：

（1）确定敏感性分析指标。决策方案的某些经济效益评价指标，如息税前利润、投资回收期、投资收益率、净现值、内含收益率等，都可以作为敏感性分析指标。

（2）计算该决策方案的目标值。一般将在正常状态下的经济效益评价指标数值，作为目标值。

（3）选取不确定因素。并非需要对所有的不确定因素都进行考虑和计算，而是选取几个变化可能性较大，并对目标值影响作用较大的因素，如产品售价变动、产量规模变动、投资额变化等，或建设期缩短、达产期延长等。

（4）计算不确定因素变动时对分析指标的影响程度。若进行单因素敏感性分析，则要在固定其他因素的条件下，变动其中一个不确定因素，然后再变动另一个因素（仍然保持其他因素不变），以此求出某个不确定因素本身对方案目标值的影响程度。

（5）找出敏感因素，进行分析和采取措施，以提高方案的抗风险能力。

可通过设计 Excel 分析模型分析每个因素可能的变动情况，在 Excel 2010 中，可选择【数据】|【模拟分析】|【模拟运算表】命令进行敏感性分析。

敏感性分析在一定程度上能够帮助公司在投资决策中对多种不确定因素的变化对项目评价指标的影响进行定量分析，帮助决策者了解项目决策的重点，进而进行分析与控制。但是敏感性分析没有考虑各种不确定因素在未来发生的可能性及其概率情况，会影响风险分析的准确性。例如，通过敏感性分析获知，某因素对项目决策指标十分敏感，但是其发生变动的可能性很小；相反某些不敏感因素发生变动的可能性很大，进而会对决策评价指标产生影响。也就是说，敏感性分析孤立地分析每一个影响因素的变化，但是实际上这些影响因素都是相互联系的，也就影响了决策指标的分析。

本章小结

1. 对于评价投资决策，根据是否考虑货币的时间价值，分为非贴现方法和贴现方法。贴现方法在投资决策评估时充分考虑货币时间价值，属于主要方法，这类方法主要有净现值法、内含报酬率法和获利能力指数法。

2. 净现值法是通过计算投资项目未来现金流入的现值与未来现金流出的现值之间的差额，比较净现值是否大于零，判断投资项目的财务可行性。它是投资决策最基本、最主要、最常用的投资决策方法。其财务可行性决策标准为 NPV>0。

内含报酬率法是根据投资项目自身内在达到的报酬率来判断项目的财务可行性的一种方法。内含报酬率是能够使未来现金流入量现值等于未来现金流出量现值的贴现率，也就是净现值为零的折现率。

获利能力指数法是为了克服净现值法在不同投资规模下的投资项目决策不可比性而产生的，它是投资项目未来现金流入的现值与现金流出（投资）的现值之比。其财务可行性决策标准为 PI>1。

3. 固定资产更新决策、资本限额决策和投资时机选择决策是常见的长期投资决策，其中固定资产更新决策最常见。固定资产更新决策要根据新旧设备的使用期限是否相同采用不同的投资决策方法进行比较。

4. 对于投资项目现金流量的不确定性可采用盈亏平衡分析、决策树法和敏感性分析方法来对投资项目的风险进行合理的分析和评估。

课后练习

一、思考题

1. 投资决策的主要方法有哪些？各有哪些优缺点？

2. 投资决策的辅助方法有哪些？各有哪些优缺点？

3. 利用净现值法和内含报酬率法对投资项目进行评估时，在什么情况下会产生不一致的结论？

4. 试述各种投资决策主要方法的财务可行性决策评价标准。

5. 内含报酬率法的缺陷是什么？如何改进？

6. 在固定资产更新决策中，如果新旧设备的使用年限不同，可选择哪些方法比较新旧设备的现金流量？

7. 对于投资决策中的不确定性，可采用哪些方法进行分析？各种方法的适用情况如何？

二、计算分析题

A公司某项目投资期为2年，每年投资200万元。第3年开始投产，投产开始时垫支流动资金50万元，于项目结束时收回。项目周期为6年，采用直线法计提折旧，期满残值为40万元。每年增加营业收入400万元，付现成本280万元。公司所得税税率为25%，资本成本率为10%。

要求：

(1) 计算每年经营现金流量；

(2) 计算项目周期各年现金净流量；

(3) 计算项目的投资回收期、净现值和内含报酬率，并判断项目是否可行。

章末案例

天山纺织：关于公司重大资产重组募集资金投资项目可行性的分析报告

在本次募集资金到位前，公司将根据项目的实际付款进度，通过自有资金或借款支付项目款项。在本次募集资金到位后，部分募集资金将用于置换先期投入的自有资金及偿还银行借款。

一、项目概况

嘉林有限制剂生产基地建设项目位于北京市通州区西集靓丽三街以南、靓丽四街以北、创益东一路以东、创益东二路以西，厂区占地面积41 400平方米。本项目主要建设内容有：新建固体制剂生产厂房，用于片剂、颗粒剂、胶囊剂的生产，建筑面积约11 822平方米；新建注射制剂生产厂房，用于小容量注射剂、冻干粉针剂的生产，建筑面积约11 647平方米；新建试验车间，建筑面积约6 237平方米；新建质检车间，建筑面积约2 419平方米；新建仓库，建筑面积约6 378平方米；新建办公楼及辅助配套设施等，总建筑面积约42 739平方米。

二、项目的必要性

1. 本项目的实施有利于把握医药行业发展机遇

我国人口众多，药品刚性消费需求巨大。随着我国经济的持续发展、人口老龄化进程的加快、医保体系的不断健全，以及人们对身体健康重视程度的不断提高，我国对药品消费的需求将逐步释放扩大，目前我国已成为全球药品消费增速最快的地区之一，同时也是仅次于美国的全球第二大药品市场。根据Wind资讯数据显示，我国医药工业产值从2007年的6 719亿元增至2014年的25 798亿元，年均复合增长率约为23.31%。根据工业和信息化部2012年1月颁布的《医药工业“十二五”发展规划》，“十二五”期间，医药行业产业规模将继续平稳增长，预计工业总产值年均增长将达到20%，工业增加值年均增长将达到16%，我国医药行业市场前景十分广阔。本项目实施后，嘉林药业通过提高生产能力、提升企业生产线技术水平等手段，抓住医药行业快速发展的大好机遇，增强其市场竞争力。

2. 本项目的实施是提前应对公司未来产品产能不足的必要手段

本项目实施前，嘉林药业的生产厂区中，用于固体制剂生产的车间总建筑面积仅为1 500平方米。生产能力有限，员工需要两班生产甚至是加班生产，才能勉强供应销售需求。按照北京市朝阳区的规划要求，嘉林药业不能在现有厂区中扩建新的厂房，此外，现有厂房有限的建筑面积，严重制约着高效率的、先进的生产设备的引进。通过本项目的实施，嘉林药业可有效解决其现有产能不足的问题，满足不断扩大的产品销售规模的需要。

3. 本项目的实施有助于丰富公司的产品结构

目前，嘉林药业的主要产品为阿乐(10mg)、阿乐(20mg)、凡乐片一型、凡乐片二型、硫唑嘌呤片、盐酸胺碘酮片、羟基脲片、盐酸曲美他嗪胶囊和秋水仙碱片等，均属于固体制剂，产品结构相对单一。为丰富公司的产品结构，嘉林药业近年来不断加大新药的研发投入，取得了良好效果，已经新研发了多个新品种和新剂型，如液体制剂、膏剂等，受厂区容量的限制，一直未达到生产条件。因此，嘉林药业通过建立高标准的生产基地，对满足新品种和新剂型的生产需要、丰富产品结构具有积极作用。

4. 本项目的实施是满足新版GMP以及开拓国际市场的需要

为了提高我国药品生产管理水平，适应国际药品GMP发展趋势，2011年1月17日，卫生部发布《药品生产质量管理规范(2010年修订)》(即新版GMP)，新版GMP对药品生产质量管理体系建设、操作规程和生产记录、从业人员的素质及药品安全保障措施等提出更高的要求。同时，嘉林药业为了将产品打入国际市场，需按美国cGMP标准和欧盟GMP要求对生产硬件进行改造更新。受制于现有厂区的规划限制，同时满足国内及国际标准的生产厂房改造成本高、难度大。因此，通过兴建新的满足新版GMP、美国cGMP标准和欧盟GMP要求的生产基地对公司业务的开展及开拓国际市场十分必要。

资料来源：凤凰网．财经．天山纺织(000813)公告正文[EB/OL]．[2015-12-15]．http：//app. finance. ifeng. com/data/stock/ggzw/000813/15401897.

问题：

1. 天山纺织项目投资决策中需要哪些数据？
2. 哪些投资决策方法可以用于该项目的投资决策？如何判断项目的财务可行性？

即测即练

扫描封底二维码

获取答题权限

第9章 筹资概述

学习目标

- 了解筹资的内在动机。
- 了解筹资外部环境对筹资活动的影响。
- 理解筹资的要求。
- 掌握资金需要量的预测方法。
- 熟悉筹资方法与筹资渠道。

引导案例

中国人寿拟130亿入股中国邮政储蓄银行

中国邮政储蓄银行(以下简称“邮储银行”),成功引入战略投资者,上市临近。

中国人寿股份有限公司2015年12月8日公告称,作为邮储银行增资扩股引入境内外战略投资者的一部分,中国人寿拟斥资约130亿元,定向购买邮储银行增发的33.419亿股,交易完成后,中国人寿持股比例将不超过5%。不过,中国人寿并未披露邮储银行此次引入的其他战略投资者,亦未公布总筹资金额。

另据新华社旗下《经济参考报》11月底报道,邮储银行的其他战略投资者还包括淡马锡、瑞银以及世界银行旗下机构国际金融公司(IFC)和阿里巴巴(蚂蚁金服)等。上述报道提及,邮储银行引入战略投资者事宜正在等待监管部门最终审批通过,若顺利的话,预计将于12月正式签署有关协议。而邮储银行H股IPO或于明年启动。

资料来源:澎湃新闻.中国人寿以130亿入股中国邮政储蓄银行,持股不超5%[EB/OL].[2015-12-08].http://www.thepaper.cn/www/resource/jsp/newsDetail_forward_1406558.

问题:

1. 分析中国邮政储蓄银行的筹资环境和筹资动机。
2. 指出中国邮政储蓄银行的筹资渠道和筹资方式。

任何企业为了保证生产经营的正常进行及扩大生产经营的需要,必须持有一定数量的资金筹集资金。这部分资金不能单纯靠企业生产运作获取盈利来提供,需要进行筹资补充。筹资是公司理财的一项基本内容。

9.1 筹资的内在动机和要求

9.1.1 筹资的概念和分类

1. 筹资的概念

所谓筹资,是指企业根据生产经营、对外投资及调整资本结构的需要,通过筹资渠道和资本市场，运用筹资方式，经济有效地筹集企业所需资金的财务活动。它是企业财务管理工作的起点，关系到企业生产经营活动正常发展和企业经营成果的获取。

▶ 2. 筹资的分类

(1) 按资金的权益特性分。筹资按其资金的权益性质可分为权益性资金筹资与债务性资金筹资。

① 权益性资金属于投资者提供的资金来源，企业可因此获得一项永久性使用且自由支配的资金，无须按期偿还利息及本金。权益性资金的所有权归属所有者，即企业对权益性资金拥有所有权，所有者可参与企业的经营管理，取得收益后可自由支配但需承担一定责任；其次，股东在经营期无权以任何方式抽回资本，即企业可长期占有这部分资金，且无须承受还本付息的压力，筹资风险较小。权益性资金的具体形式包括吸收直接投资、股票投资及留存收益等。

② 债务性资金指企业依法筹集并使用、按期偿还的资金。首先，企业筹集到的负债资金，只能在约定期限内享有使用权，并需承担按期还本付息的责任，筹资风险较大，且融资数额受目标资本结构限制；其次，债权人无权参与企业经营，也不承担企业的经营风险，相较于权益性资金而言，成本较低。债务性资金的筹集方式主要包括长期银行借款、长期债券、融资租赁等。

(2) 按资金使用期限分。按资金使用期限，筹资分为长期筹资及短期筹资。

① 长期资金指企业使用期限超过一年的资金，这部分资金主要用于购买厂房、机器设备，取得无形资产，或开展对外投资等方面。由于占用时间长，对企业短期经营的影响较小，但成本相对高昂。

② 短期资金指企业使用期限短于一年的资金，这部分资金主要用于支撑企业的经营活动，满足平时运作的资金需求。短期资金的占用期限短，资本成本相对低廉。

(3) 按是否借助中介分。按是否借助中介，筹资分为直接筹资及间接筹资。

① 直接筹资是指企业不通过中介机构直接筹集资金，可通过债权人借入，也可通过发行股票或债券进行筹集。常用的直接筹资方式包括出让控股权、联合经营、融资租赁等。

② 间接筹资是指企业借助金融机构进行的筹资活动，如获得银行借款需向银行提出申请等候获批、向非银行金融机构借款等，是我国企业最重要的筹资途径。

9.1.2 筹资的动机

企业筹资最基本的目的是为了企业经营的维持和发展，为企业的经营活动提供充足的资金保障。每次具体的筹资行为往往会受特定动机的驱使，因此各种筹资活动的具体原因都有所不同。归纳起来筹资动机共有创立性筹资动机、支付性筹资动机、扩张性筹资动机及调整性筹资动机四大类以及这四类综合的混合性筹资动机。

(1) 创立性筹资动机。创立性筹资动机是指企业设立时，为取得资本金形成开展经营活动的基本资金条件而产生的筹资内在动机。在企业创立初期，必须拥有充足资金，以便购置厂房、机器设备、原材料及支付开办费等。作为企业设立的前提，筹资在当下显得尤为重要。

(2) 支付性筹资动机。企业日常经营过程中，业务活动的正常波动将形成额外的支付需要。为了满足这些支付需要而产生的动机被称为支付性筹资动机。支付性筹资动机是指为了满足诸如原材料购买的大额支付、员工工资集中发放等这类临时性、季节性的交易支付需要而产生的筹资动机。

(3) 扩张性筹资动机。扩张性筹资动机是指企业因扩大经营规模或对外投资需要而产生的筹资动机，如企业研发新产品、投入资金改善生产流程、提高产品质量、追加对外投资以便开拓企业经营领域，或执行对外兼并等。

(4) 调整性筹资动机。调整性筹资动机是指企业因调整资本结构而产生的筹资动机。其主要原因包括优化资本结构及偿还到期债务，其目的仅限于调整资本结构，通常不会影响企业资本总额。

(5) 混合性筹资动机。在实务中，企业筹资的目的并不是唯一的，可通过追加筹资，达到满足一般资金需求又优化资本结构的目的；也可既为了扩大规模又为了调整资本结构而产生筹资动机，这类情况可归纳为混合性筹资动机，一般会改变企业的资产总额、结构和资本结构。

9.1.3　筹资的要求

企业筹资的基本要求是经济有效。在企业进行筹资决策前，必须对可影响筹资活动的各种因素进行详细分析，保证能合理、有效、及时地筹措资金。筹资活动进行时必须保证下述几点：

(1) 筹资与投资相结合，提高筹资收益；

(2) 合理选择筹资渠道和方式，降低资本成本；

(3) 合理安排自有资金与债务资金比率，正确利用财务杠杆。

9.2　筹资的外部环境

筹资外部环境指企业治理契约或公司治理结构以外的其他影响企业融资业务的外部条件和因素。外部环境因素一方面能为公司的融资提供便利；另一方面会因为其不完善甚至恶劣而阻碍公司的发展。

9.2.1　筹资外部环境的种类及内容

筹资外部环境主要包括政治环境、法律环境、经济环境、金融环境等。显然，对上市公司和大中型企业来说，外部融资环境相对有利，而中小企业融资相对处于劣势，其中，政府支持和社会服务环境对中小企业融资影响较大。

政府支持的环境是指政府在税收、融资、金融支持等方面，为了促进和规范公司的发展，而制定的优惠政策。政府支持对公司融资的影响很大，它很大程度上决定了公司的融资行为的可能性和可行性。社会服务环境主要是指为了支持公司的发展而专门建立的社会组织，如经济管理、会计、税务、法律咨询、行业协会和其他社会服务机构。社会服务是公司健康、稳定、快速可持续发展不可分割的一部分。良好的社会服务是促进市场经济和中小型企业发展的保证，更有利于解决公司融资问题。

由于中小企业对外部融资环境较为敏感且具代表性和普遍性，加上创新创业时代下的小微企业如雨后春笋般涌现，下面主要介绍中小企业融资。

9.2.2　国内中小企业融资问题的研究观点

相对于国外对中小企业融资的研究来说，我国学者对该问题的研究起步较晚。所形成的研究成果大多是在国外学者的理论和观点的基础上建立起来的。我国学者也从不同角度对中小企业的融资环境进行了研究，其中，具有代表性的观点和主张有：信息不对称决定论、中小企业与中小金融机构“门当户对”论、金融体制与环境制约论、制度“偏好”影响论。而环境制约论是主流的理论。①

彭莉戈(2006)对各国中小企业的融资环境进行了研究，认为中小企业的发展在国家经济发展中起重要的作用，国家要为中小企业的发展提供良好的环境，通过出台各种形式的优惠政策或是制定相关法律等措施来实现。

郭娜(2013)利用枣庄市中小企业融资状况问卷调查所获得的数据，采用规范的实证分析方法对中小企业融资难问题进行了研究，结果发现积极推动担保机构发展和完善信用评级机制等市场手段较之政府支持手段对缓解中小企业融资难问题更为有效。从目前的情况来看，中小企业的融资难问题依然困扰着我国中小企业的长期发展。因此，针对主要结论提出了两点具有针对性的政策建议：一是大力发展担保机构，提高担保机构的服务质量；二是不断完善信用评级机制，降低企业评级门槛。②

9.2.3 外部融资环境对我国中小企业融资困境的影响

我国中小企业在融资过程中存在着其自身的特点，一方面有利于中小企业发挥其灵活快速的优势；另一方面使中小企业融资难的问题越发突出。影响中小企业融资的因素众多，其中外部融资环境发挥着巨大的作用，主要表现在以下几个方面：

▶ 1. 宏观经济环境的影响

宏观经济环境的影响主要体现在货币控制政策不断变化、通货膨胀严重制约着中小企业的发展。

▶ 2. 金融服务环境的影响

(1) 融资渠道有限。一是以间接融资为主，方式单一，银行信贷作为其主要资金来源途径；二是中小企业资金来源无法受益于直接融资。

(2) 商业银行融资制度存在缺陷。一是中小企业不是各商业银行贷款发放的对象；二是商业银行推出的面向中小企业的信贷品种比较少而且价格普遍较高；三是中小银行体制转轨未能给中小企业融资带来一些有益的影响。

(3) 信贷约束机制使得中小企业外部融资难度增加。

▶ 3. 政府扶持环境的影响

(1) 从政策制度层面来看，我国在政策体系上对中小企业的扶持力度较弱，需要进一步改进完善。

(2) 对中小企业的扶持政策设计规划不具备应有的完整性和系统性。

(3) 政府在对中小企业财税扶持政策的数量以及覆盖面方面的努力还远远不够。

▶ 4. 法律法规环境的影响

(1) 中小企业立法相对滞后。

(2) 基本法律过于简化，相关配套法律不完备。

(3) 对法律法规的实施监管力度不够。

▶ 5. 社会服务环境的影响

在我国社会服务环境不完善的阶段，无法保证政府扶持政策的完全发挥，主要表现在以下几个方面：

---

① 郭伟．我国中小企业外部融资环境研究[D]．济南：山东大学，2012.

② 郭娜．政府？市场？谁更有效——中小企业融资难解决机制有效性研究[J]．金融研究，2013(3)：194-205.

（1）缺乏专门的中小企业综合管理机构。

（2）中小企业行业协会不规范。

（3）融资担保机构不健全。

9.3 筹资需要量的预测

公司在筹资之前，必须用科学的方法预测资金需要量，这样才能保证筹集到的资金既能满足生产经营的需要，又能最大限度地节约资金。

资金需要量的预测方法有定性预测法和定量预测法两类。定性预测法主要依靠预测者的个人经验，结合直观资料对资金需要量进行预测。这种方法适合缺乏完备资料的公司使用。定量预测法是从历史数据的变化规律中，运用归纳分析手段，预测出未来的资金需求量。

对公司资金需要量的预测，最常用的定量预测方法有销售百分比法和资金习性预测法。

9.3.1 销售百分比法

▶ 1. 销售百分比法的概念

销售百分比法是假设资产、负债与销售收入存在的稳定的依存(比例)关系，按照计划期销售收入增长情况，确定融资需求的一种预测方法。

销售百分比法是基于资产负债表进行计算的。其中，可将资产看作企业所需的资源，比如资产、应收账款、存货、固定资产等，都是企业正常运营的必要条件。负债和所有者权益可看作是企业所需资源的来源，这部分资源可以是向外部借来的，比如短期借款及应付账款，也可以由自有资金提供，如实收资本或资本公积、留存收益。基期及预测期中的一些项目与销售活动关系不密切，不随销售量变动而变动，这部分项目属于非敏感类项目。敏感类项目是可随着销售增长而同比例增长的项目。

▶ 2. 销售百分比法的步骤

销售百分比一般包括以下步骤：

（1）分析基期资产负债表中各项目与销售总额之间的依存关系，将资产及负债分别区分为敏感类项目及非敏感类项目两类。

（2）确定敏感类资产及敏感类负债占销售额的百分比。

（3）计算预测期销售收入，预计各项敏感类资产及敏感类负债。

预测期各项敏感类资产(或负债)＝预计销售收入×各项销售百分比

（4）计算融资需求。

融资总需求＝敏感类资产增加值－敏感类负债增加值

＝(预测期敏感类资产－基期敏感类资产)－

(预测期敏感类负债－基期敏感类负债)

＝(敏感类资产销售百分比－敏感类负债销售百分比)×

(预测期销售额－基期销售额)

（5）预计增加的留存收益。留存收益是企业内部融资来源。留存收益的增加作为一种资金来源，可满足企业的部分或全部资金需求。留存收益数量多少，取决于净利润和股利支付率，即

留存收益增加＝预计销售收入×计划销售净利率×(1－股利支付率)

(6) 预计对外筹资额。通过对外筹资获取外部融资额，可以通过增加借款或增发股票。对外筹资额多少取决于留存收益无法填补的资金缺口，即

对外筹资＝融资总需求－留存收益增加
＝(敏感类资产销售百分比－敏感类负债销售百分比)×
(预测期销售额－基期销售额)－
预计销售收入×计划销售净利率×(1－股利支付率)

销售百分比法是基于敏感类资产和负债与销售收入同比增长的假设进行资金需要量预测的，在现实中上述假设难以完全成立，因此估计的结果准确度不高。但预测和计划并未因此失去意义。

【例 9-1】嘉禾公司 2015 年实际销售收入为 30 000 万元，销售净利率为 5%，股利发放率为净利润的 40%，固定资产的利用程度已达到饱和状态。2015 年底的资产负债表如表 9-1 所示。假设 2016 年的销售额增长 10%，并按照前一年股利发放率支付股利，留存收益可以抵充筹资额。预测 2016 年需要对外筹资追加的资金数量。

表 9-1　嘉禾公司资产负债表

2015 年 12 月 31 日　　单位：万元

资　产	金　额	负债及股东权益	金　额
货币资金	600	应付票据	1 500
应收账款	500	应付账款	3 000
预付账款	4 000	预收账款	2 500
存货	6 000	长期负债	5 000
固定资产	6 900	股本	10 000
在建工程	3 000	留存收益	1 000
无形资产	2 000		
资产总计	23 000	负债及股东权益合计	23 000

分析：首先，根据 2015 年 12 月 31 日的资产负债表内容分析表内各项目的性质，分析各项目与销售收入总额的依存关系，划分出敏感类项目及非敏感类项目。接着分别计算 2015 年各项目的销售百分比，计算结果如表 9-2 所示。

表 9-2　嘉禾公司销售百分比表

2015 年 12 月 31 日　　单位：万元

资　产	销售百分比/%	负债及股东权益	销售百分比/%
货币资金	0.02	应付票据	0.05
应收账款	0.02	应付账款	0.10
预付账款	0.13	预收账款	0.08
存货	0.20	长期负债	不变动
固定资产	0.23	股本	不变动
在建工程	不变动	留存收益	不变动
无形资产	不变动		
资产总计	0.60	负债及股东权益合计	0.23

从表 9-2 可以看出，销售收入若每增长 100 元，企业需要的资源数量将增加 60 元，而可获得的相应资金来源增加值仅为 23 元，二者相减，意味着企业需要额外的 37 元资金来

源进行补充，以便填补资金缺口。根据"对外筹资＝融资总需求－留存收益增加"的相关公式计算就不难了。

需要注意的是，固定资产一般为非敏感项目，但常常被错误地认为它绝对是非敏感项目。固定资产的利用程度已达到饱和状态，意味着当前的资产数额仅够负担当前的销售量，倘若下一年将有销售增长，则必须扩充固定资产才可维持企业的正常运营。因此，这里应将固定资产归入敏感类资产，并假设其与企业销售额同比例增长。

计算： 对外筹资＝融资总需求－留存收益增加

＝(敏感类资产销售百分比－敏感类负债销售百分比)×(预测期销售额－基期销售额)－预计销售收入×计划销售净利率×(1－股利支付率)

＝(0.60－0.23)×30 000×10%－30 000×1.1×5%×(1－40%)

＝1 100－990＝110(万元)

结果表明，嘉禾公司2016年计划对外追加筹资总额为110万元。该公司可根据上述计算结果进行筹资决策，合理利用可能的筹资渠道取得资金，满足计划年度的资金需求。

9.3.2　资金习性预测法

▶ 1. 资金习性预测法的概念

资金习性预测法，是指根据资金习性预测未来资金需要量的一种方法，又可分为总额法和逐项分析法。按资金同产量之间的不同依存关系，可以把资金划分为不变资金、变动资金和半变动资金三类。

不变资金是指在一定的产销量范围内，不受产销量变动的影响而保持固定不变的那部分资金。这部分资金包括为维持营业而需要持有的最低数额的原材料的保险储备、必要的成品储备及固定资产占用的资金等。

变动资金主要指随着产销量变动而呈现同比例变动的资金占用，如直接构成产品实体的原材料、外购件等。此外，在最低储备以外的现金、存货、应收账款等也具有变动资金的性质。

半变动资金是指受产销量变动影响，但不属于同比例变动，如一些辅助材料上占用的资金。进行资金预测时，半变动资金可以采用一定的方法划分为不变资金和变动资金两部分。

▶ 2. 总额法

总额法主要根据资金占用总额与产销量的关系，利用线性回归，根据一系列历史数据来建立产销量和资金占用的函数关系，进而结合计划收入预测融资需求。其预测模型为

$$y=a+bx$$

其中：y 为资金需求量；a 为不变资本；b 为单位业务量所需要的可变资本额；x 为产销量。

用回归分析法计算 a、b 的公式如下：

$$b=\frac{n\sum xy-\sum x\sum y}{n\sum x^2-(\sum x)^2}$$

$$a=\frac{\sum y-b\sum x}{n}$$

根据历史数据 x 和 y 的取值，计算回归系数 a 和 b，即可得到产销量与资金占用的数量关系。已知预测期的产销量，就可以通过关系式计算出资金需要量。

【例 9-2】某公司 2010—2015 年产品销售量与资金变化情况见表 9-3。预计 2016 年产品销售量为 1 600 万件，试计算 2016 年的资金需要量。

表 9-3　某公司 2010—2015 年产销量与资金变化情况表

年　度	销售量/万件	资金占用/万元
2010	1 200	1 000
2011	1 100	900
2012	1 010	880
2013	1 200	1 000
2014	1 300	1 050
2015	1 350	1 100

分析：已知条件中给出 2010—2015 年的产品销售量及资金占用值，把资金分为不变和变动两部分。用 a 表示不变资金，b 表示单位产销量所需占用的变动资金。假设变量之间存在线性关系，用线性模型 $y=a+bx$ 代表二者之间的数量关系，通过最小二乘法进行回归分析，求出系数 a 和 b 的值。设产销量为自变量 x，资金占用为因变量 y，将已知条件代入 a 和 b 的计算公式，即可求出回归直线方程。将预测期产销量代入回归方程，便可求得预测期的资金占用量。

计算：按总额预测可计算出资金需要量，如表 9-4 所示。

表 9-4　资金需要量计算表

年　度	销售量/万件	资金占用/万元	xy	x^2
2010	1 200	1 000	1 200 000	1 440 000
2011	1 100	900	990 000	1 210 000
2012	1 010	880	888 800	1 020 100
2013	1 200	1 000	1 200 000	1 440 000
2014	1 300	1 050	1 365 000	1 690 000
2015	1 350	1 100	1 485 000	1 822 500
合计 $n=6$	7 160	5 930	7 128 800	8 622 600

$$b=\frac{n\sum xy-\sum x\sum y}{n\sum x^2-(\sum x)^2}=\frac{6\times 7\ 128\ 800-7\ 160\times 5\ 930}{6\times 8\ 622\ 600-7\ 160^2}=0.668\ 1$$

$$a=\frac{\sum y-b\sum x}{n}=\frac{5\ 930-0.668\ 1\times 7\ 160}{6}=191.067\ 3$$

解得

$y=191.067\ 3+0.668\ 1x$

把 2016 年预计销售量 1 600 万件代入上式，可得出该年资金需要量为 1 260.027 3 万元。

▶ 3. 逐项分析法

逐项分析法是根据各资金占用项目（如现金、存货、应收账款）同产销量之间的关系，分别把各个项目占用的资金分为变动和不变两部分，然后汇总在一起，求出企业变动资金总额和不变资金总额，来确定预测资金需求量。

【例 9-3】某企业历年应收款的资金占用与销售额之间的关系如表 9-5 所示。2016 年预计销售收入为 1 000 000 元，预测该年资金需要量。

表 9-5　某企业历年应收账款与销售额变化情况表　　单位：元

年　度	销售收入(x)	应收账款占用(y)
2011	1 000 000	220 000
2012	1 200 000	260 000
2013	1 300 000	280 000
2014	1 400 000	300 000
2015	1 500 000	320 000

分析：根据以上资料，采用适当的方法将占用资金分为变动和不变两部分。此处假定采用高低点法求 a 和 b 的值。

$$b=\frac{\text{最高收入期的资金占用量}-\text{最低收入期的资金占用量}}{\text{最高销售收入}-\text{最低销售收入}}$$

计算出的结果代表每 1 元销售收入所需占用的变动资金。将上式计算的结果与某一年的数据(最高或最低点)，如 2015 年，代入 $y=a+bx$ 计算出 a 值，就可从“应收账款”项目的占用资金中区分出可变资金和不可变资金。以此类推，对“现金”“存货”等各个项目占用的资金进行区分，汇总入表。将各项目的年度不变资金累加，可得年度不变资金总额；将单位销售收入所需变动资金累加，可得单位销售收入所需的总变动资金。

通过高低点法算出 b，任选一年数据与 b 值一起，代入直线方程，算出 a 值。将所有项目的 a 累加，计算不变资金总额；将所有项目的 b 累加，可计算单位变动资金总额。

计算：$b=\frac{320\ 000-220\ 000}{1\ 500\ 000-1\ 000\ 000}=0.2$

将 $b=0.2$ 代入 $y=a+bx$，x 与 y 的取值分别是最高点的销售收入和现金占用。

则可得

$a=y-bx=320\ 000-0.2\times1\ 500\ 000=20\ 000$(元)

对货币资金、存货、流动负债等其他科目也根据历史资料做这样的划分，然后将结果汇总于表 9-6 中。

表 9-6　资金需要量预测表(分项预测)　　单位：元

项　目	年度不变资金	每 1 元销售收入对应的变动资金
流动资产		
货币资金	7 000	0.05
应收账款	20 000	0.2
存货	120 000	0.25
流动资产小计	147 000	0.5
减：流动负债		
应付账款及应付费用	7 000	0.11
净资金占用	140 000	0.39
固定资产		
厂房、设备	500 000	0
所需资金合计	640 000	0.39

根据表 9-6 计算，结果显示，预测模型为 $Y=640\ 000+0.39x$

如果 2016 年产品销售收入为 1 000 000 元，则 2016 年资金需要量 $=640\ 000+0.39\times1\ 000\ 000=1\ 030\ 000$ 元。

9.4 筹资渠道与筹资方式

公司筹资活动需要通过一定的渠道并采用一定的方式来完成。筹资渠道和筹资方式的正确选择，有利于公司合理确定资本结构，降低筹资成本和风险。

9.4.1 筹资渠道

企业的筹资渠道主要指资金的具体来源，体现资本的源泉和流量。对筹资渠道加以分析，有助于认识筹资渠道的概念及特点；有助于结合企业的金融特点及大环境，选择适合的正确的筹资渠道。按照我国当前的金融环境，可供企业选择的筹资渠道主要包括以下几种：

（1）国家财政资金。国家财政资金是指国家以财政拨款、财政贷款、国有资产入股等形式向企业投入的资金。

（2）银行信贷资金。向银行贷款是目前我国各类企业最重要的资金来源。我国银行分为商业性银行和政策性银行两种。

（3）非银行金融机构资本。非银行金融机构主要指除了银行以外的各种金融机构及金融中介机构，如信托投资公司、保险公司、证券公司及租赁公司等。

（4）其他企业资金。其他企业或非营利组织，如基金会、社会团体等，在一些时候也能成为企业的筹资来源，主要途径包括通过联营、入股、合资等，或通过商业信用方式。

（5）居民个人资金。企业职工或城乡居民个人结余的货币，形成民间资本来源渠道。

（6）企业自留资金。企业若可实现盈利，都能通过提取盈余公积和保留未分配利润的方式将利润保留在企业内部，形成资本。

9.4.2 筹资方式

筹资方式是指公司筹措资金时所采用的具体方法和手段，具体包括下述七种方式。

（1）吸收直接投资。吸收直接投资是非股份制企业筹集权益资本的一种基本方式。这里是指企业以协议等形式吸收国家、其他法人单位、个人等直接投入的资本金。

（2）发行股票。发行股票是股份制企业筹集权益资本的主要方式。

（3）借款。这是企业负债筹资所采取的主要方式，包括信用贷款和抵押贷款。

（4）发行债券。债券是一种金融契约，是一种有价证券，是企业负债筹资的另一种重要方式。

（5）商业信用。商业信用是企业融通短期资金的一种常见的主要筹资方式，主要指企业在商品或劳务交易中由于延期付款或预收货款形成的借贷关系，也是一种信用形式。

（6）融资租赁。融资租赁也叫资本租赁，是以融资为目的，承租公司在获得资产使用权的同时，也取得经营所必需的长期资金。

（7）留存收益。留存收益是企业内部形成的资金，指企业从税后利润中提取的盈余公积金和未分配利润等。

9.4.3 筹资渠道与筹资方式的关系

资金筹集的渠道和方式常常被混为一谈，其实二者既有联系又有区别。渠道是指从哪里来，方式是指怎么来。筹资渠道体现的是企业筹集资金的具体来源，说明筹得资金的客观可能性；筹集方式体现的是企业用什么方式取得资金，将可能性转化为现实性，属于企业的主观能动行为。

筹资渠道与筹资方式密不可分。一定的筹资方式可能是适用于某一特定的筹资渠道，但同一渠道的资金往往可采用不同方式取得，同一筹资方式又往往适用于不同的筹资渠道。因此，企业在筹资时，必须实现两者的合理选择和有机结合。它们之间的对应关系如表9-7所示。

表9-7　筹资渠道与筹资方式的对应关系

筹资方式 筹资渠道	留存收益	吸收直接投资	发行股票	银行借款	发行债券	商业信用	融资租赁
国家财政		√	√				
银行信贷				√			
非银行金融机构		√	√	√	√		
其他企业		√	√		√	√	√
居民个人		√	√		√	√	√
企业自留	√						

党的二十大报告指出，“弘扬诚信文化，健全诚信建设长效机制”。企业应根据自身特点与行业特征，选择恰当的筹资渠道和筹资方式，在合理确定资本结构、降低筹资成本和风险的同时，不忘遵循契约精神，正确处理当前与长远的关系，树立诚信、合规、守法、风险意识。

本章小结

1. 筹资是指企业通过筹资渠道和资本市场，运用筹资方式经济有效地筹集企业所需资金的财务活动。筹资动机主要包括创立性筹资动机、支付性筹资动机、扩张性筹资动机以及调整性筹资动机四种。

2. 筹资的基本要求是经济有效。筹资活动的进行必须保证：筹资与投资相结合，提高筹资收益；合理选择筹资渠道和方式，降低资本成本；合理安排自有资金比率，正确利用财务杠杆。

3. 筹资的外部环境包括政治环境、法律环境、经济环境及金融环境。筹资外部环境将对企业的筹资活动产生影响。

4. 筹资前企业需预测出资金需要量，筹集到的资金需既能满足生产经营的需要，又能避免发生资金闲置。资金需要量的预测方法主要包含销售百分比法和资金习性预测法。

5. 企业的筹资渠道主要指资金的具体来源。企业的筹资渠道主要包括国家财政资金、银行信贷资金、非银行金融机构资本、其他企业资金、居民个人资金以及企业自留资金。

6. 企业的筹资方式主要包括吸收直接投资、发行股票、借款、发行债券、商业信用、融资租赁、留存收益。

课后练习

一、思考题

1. 归纳起来筹资活动共有哪几种动机？

2. 筹资的要求是什么？

3. 筹资的外部环境包括哪些？请举例说明外部环境对公司筹资的影响。

4. 销售百分比法是基于什么假设来预测资金需要量的？

5. 用销售百分比法估计资金需要量的基本思路是什么？

6. 用资金习性预测法估计资金需要量的基本思路是什么？

7. 企业进行筹资有哪些筹资渠道可供选择？

8. 企业进行筹资有哪些筹资方式？

二、计算分析题

1. 湖滨公司2015年销售额为5 000万元，资产负债表中各项目占销售额的百分比分别为：货币资金4%，应收账款20%，存货30%，固定资产40%，应付账款15%，应付票据5%。假设公司的销售净利率为10%，实行60%的固定股利支付率政策。假定2015年固定资产未被充分利用，下年度无须添置新的固定资产；2016年销售额比2015年增加20%。

要求：计算公司2016年的外部筹资额。

2. 某公司产销量和资金变化情况如表9-8所示。

表9-8　产销量与资金变化情况

年　份	产销量(x)/万件	资金占用量(y)/万元
2011	15	200
2012	25	230
2013	40	250
2014	35	240
2015	55	280

预计2016年产销量为90万件，试计算该公司2016年的资金需要量。

章末案例

京东融资7亿美元

一、京东商城介绍

京东是中国最大的综合网络零售商，是中国电子商务领域最受消费者欢迎和最具有影响力的电子商务网站之一，在线销售家电、数码通信、电脑、家居百货、服装服饰、母婴、图书、食品、在线旅游等12大类数万个品牌百万种优质商品。京东在2012年的中国自营B2C市场占据49%的份额，凭借全供应链的优势继续扩大在中国电子商务市场的领先优势。京东已经建立华北、华东、华南、西南、华中、东北六大物流中心，同时在全国超过360座城市建立核心城市配送站。2012年8月14日，京东与苏宁开打“史上最惨烈价格战”。

2013年3月30日19点整京东正式切换了域名，并且更换新的Logo。

二、京东商城融资

京东商城无论在访问量、点击率、销售量及行业影响力上，均在国内B2C网购平台中首屈一指。飞速发展和广阔前景使京东赢得了国际著名风险投资基金的青睐，资本注入势不可当。近几年来，京东商城曾经有过多次融资。

(1) 2007年8月，京东赢得国际著名风险投资基金——今日资本的青睐，首批融资千万美金。

(2) 2009年1月，京东商城获得来自今日资本、雄牛资本以及亚洲著名投资银行家梁伯韬先生的私人公司共计2 100万美元的联合注资，这也是2008年金融危机爆发以来，中国电子商务企业获得的第一笔融资。京东商城在2009年年初获得2100万美元融资时，将70%的资金投向了物流系统的建设，其中包括建设自有快递公司，把北京、上海、广州三地仓储中心扩容至9万平方米，开通26个城市配送站等，全面提升了京东商城的物流体系。

(3) 2010年1月，京东商城获得老虎环球基金领投的总金额超过1.5亿美元的第三轮融资。这是金融危机发生以来中国互联网市场金额最大的一笔融资，国际知名的老虎环球基金注资京东商城，说明投资者对京东商业模式和出色经营业绩的认可。此次融资的成功，对于正在发展的京东商城乃至中国电子商务行业都有着非常积极的意义。刘强东表示，1.5亿美元新资金中将有50%用于仓储、配送、售后等服务能力的提升。

(4) 2011年4月1日，刘强东宣布完成C2轮融资，投资方俄罗斯的DST、老虎基金等六家基金和一些社会知名人士融资金额总计15亿美元，其中11亿美元已经到账。

(5) 2012年10月，京东完成第六轮融资，融资金额为3亿美元，并非外界传说的4亿美元。该笔融资由安大略教师退休基金领投，京东的第三轮投资方老虎基金跟投，两者分别投资2.5亿美元和5 000万美元。

(6) 2013年2月，京东完成新一轮7亿美元融资，投资方包括加拿大安大略教师退休基金和沙特亿万富翁阿尔瓦利德王子控股的王国控股集团以及公司一些主要股东跟投。

资料来源：陈妍妍．京东7亿美元融资施压电商[EB/OL]．[2013-02-19]．http：//www.ccidnet.com/2013/0219/4726167.shtml.

问题：

1. 简述京东筹资的外部环境。
2. 京东的筹资动机是什么？
3. 指出京东选择的筹资渠道和筹资方式。

即测即练

第10章　股权筹集与债务筹资

学习目标

- 熟悉股权筹资中三种筹资方式的概念、特点及评价。
- 熟悉债务筹资中三种筹资方式的概念、特点及评价。
- 了解可转换债券、认股权证及优先认股权三类混合型筹资方式的特点。
- 理解和掌握不同筹资工具的运作及其财务效应。
- 能用不同筹资工具解决公司筹资问题。
- 理解公司治理下的股权筹资代理成本和债务筹资代理成本对资本结构(负债比例)的影响。

引导案例

海底捞应该上市吗?

12月10日，据彭博援引知情人士的话称，海底捞正考虑首次公开发行(IPO)，最多可能筹资3亿美元，中国香港目前是考虑的上市地点，但尚未有最终决定。

海底捞以令人称道的服务而出名，早在三年前就已经传出上市消息。2012年，海底捞发源地四川省简阳市政府对外发布消息称，海底捞已经成为当地政府全力支持上市的重点企业，该企业已经完成股份制改造，进入上市辅导期。

据了解，成立于1994年的海底捞目前共有131家门店，较媒体此前报道的2014年年底门店数量又增加了30家，其中新加坡有3家，在美国洛杉矶、日本东京、韩国首尔各有1家。

加速开店通常被认为是在为上市铺路——门店越多，规模化越高，与供应商的谈判能力会增强，更有利于引入资本。2014年在香港上市的呷哺呷哺曾在2012—2013年加速开店。

但在外界看来，海底捞不缺钱，人员也很稳定，没必要上市。

也有分析认为，海底捞一直未启动IPO，原因在于其核心竞争力在于它的服务，这种依靠服务的发展模式无法实现标准化，也就无法仅依靠资本扩张，它需要的是时间和人的积累。

但企业做大了，即便不缺钱也会有其他的上市动因，譬如《海底捞你学不会》一书的作者黄铁鹰曾提及海底捞创始人暨董事长张勇对上市的看法："我们海底捞是一个平民公司，没有任何根基，没有任何背景；现在做这么大，而且会越来越大。生意越大，麻烦越多；如果我们是上市公司，碰到惹不起的人和麻烦，可能就多一层保护，至少上市公司的地位和社会股东也会帮帮我们。"

张勇本人也不排斥上市，他在2011年年初接受媒体采访时明确表达了上市的意愿，称"上市可以促进公司正规化"，他也不否认想借上市促使海底捞更为"知名"和"成功"。

资料来源：宦艳红．海底捞被曝拟在香港上市，四年前已经年赚3个亿[EB/OL]．[2015-12-10]．http：//www.thepaper.cn/newsDetail_forward_1407340.

问题：

1. 海底捞当前可能选择哪些筹资方式？
2. 若选择上市，筹资方式改变将使海底捞在财务方面受到哪些影响？
3. 文中“上市可以促进公司正规化”主要体现在哪几方面？

公司融资是以公司为融资主体，基于市场经济环境，结合产业特点、生产经营条件，根据公司对外投资以及调整资本结构等具体需要，通过一定渠道，有计划、经济有效地筹措资金的活动。

10.1　股权筹资

通过股权筹资是公司融通资金来源的重要途径之一。股权筹资形成的资金也称为权益资本。股权筹资包括吸收直接投资、发行股票和利用留存收益三种主要方式。

10.1.1　吸收直接投资

▶ 1. 吸收直接投资的概念

吸收直接投资，是指公司按照“共同投资、共同经营、共担风险、共享利润”的原则达成协议，直接吸收国家、法人、个人和外商投入资金的一种筹资方式，也是非股份制公司筹集权益资本的基本方式。吸收直接投资的实际出资额中，注册资本部分形成实收资本；超过注册资本的部分属于资本溢价，形成资本公积。

▶ 2. 吸收直接投资的出资方式

吸收直接投资的出资方式主要有货币资产出资、以实物资产出资、以土地使用权出资、以工业产权出资。

▶ 3. 吸收直接投资的评价

(1) 能尽快形成生产力。一般情况下，吸收直接投资的手续较简便，且筹资费用较低，可使公司立刻拥有一笔货币资金，或能直接获得先进设备或技术，在短期内可迅速转化为生产经营能力。

(2) 容易进行信息沟通。吸收直接投资者的筹资者比较单一，股权没有分散化，便于公司与投资者沟通。

(3) 资本成本较高。投资者投入的资本将作为公司的永久性资本长期使用，面临较高风险，进而投资者将索取较高的投资报酬。公司用税后利润向投资者支付报酬，不像债务利息具有节税功能。

(4) 容易导致公司控制权分散。对投资额较大的投资者而言，其分到的控制权或管理权的份额也将相应增加。当企业接受外来投资较多时，容易造成控制权分散。

(5) 不利于产权交易。由于吸收投入资本没有证券为媒介，产权转让需办理复杂的手续，不利于产权交易。

10.1.2　发行股票

▶ 1. 股票概述

1) 股票的概念和特征

发行股票是股权筹资的一种主要方式，是股份有限公司筹集资金的主要手段。股票是一种有价证券，是股份公司发给股东的所有权凭证，作为投资入股并取得经营决策权的凭证和取得股息的证明。

股票是一种有价证券、一种金融工具。股票本身没有价值，没有到期偿还期限，投资者认购股票后不能要求退还出资。但因股票持有人可凭借股票定期从股票发行公司取得股利收入，股票拥有价格，可以在资本市场上自由转让和买卖，价格波动很大，不确定性很强，因此具有高风险、高收益的特征。

股票按照股东享有权益的顺序及承担风险的大小，可分为普通股与优先股。

2）股票的种类

股票可以按照不同标准进行分类。

（1）按股票是否记名可分为记名股票和不记名股票。记名股票是指在股票上注明持有者的姓名或名称及住所，并将其记入公司股东名册的一种股票。记名股票是只有同时具备股票和股东名册，才能领取股息和红利的股票，且持有人不得私自转让，股票所有权的转移必须办理过户手续，即由股东以背书方式或者法律、行政法规规定的其他方式转让，转让后由公司将受让人的姓名或者名称及住所记载于股东名册。我国《公司法》规定，公司向发起人、法人发行的股票，应当为记名股票。

无记名股票是不在股票票面上记载股东姓名或名称的股票，股东的姓名或名称也不记入公司的股东名册。发行无记名股票的，公司应当记载其股票数量、编号及发行日期。无记名股票的转让，由股东将该股票交付给受让人后即发生转让的效力，不需要特别办理过户手续。

（2）按股票票面是否标明金额可分为有面额股票及无面额股票。有面额股票在发行时票面标有股票金额。持有这种股票的股东，对公司享有权利及承担的义务，以其所持有的所有股票面额之和占公司在外发行的股票总面额的比例大小确定。

无面额股票上不注明票面金额，只在股票上载明所占公司股本总额的比例或股份数，也称份额股票，每股份额代表总资产的一定比值。股票价值随公司资产价值的增减变化而变化，持有人享有的权益和应负担的义务由股份代表的比例确定。

（3）按股票投资主体不同可分为国家股、法人股、个人股和外资股。国家股是有权代表国家投资的部门或机构以国有资产向公司投入而形成的股份。国家股由国务院授权的部门或机构持有，并向公司委派股权代表。

法人股是指公司法人依法以其可支配的资产向公司投入而形成的股份，或具有法人资格的事业单位和社会团体以国家允许用于经营的资产向公司投入而形成的股份。

个人股是社会个人或本公司职工以个人合法财产投入公司而形成的股份。

外资股是指外国和我国港澳台地区投资者购买的人民币特种股票。

（4）按股票发行的对象、上市地区和认购的币种划分为A股、B股、H股等。A股是在我国大陆上市，供个人和法人以人民币认购的股票；B股俗称“人民币特种股票”，是在我国大陆上市，以人民币标价，供境内外投资者以外币认购的股票；H股是在我国香港地区上市，以港币认购的股票。

▶ 2. 普通股筹资

1）普通股股东的权利

普通股股票持有人即为普通股股东，普通股股东具有如下权利：

（1）公司管理权。普通股股东有权参加公司的股东大会，有选举权、被选举权、查账权和表决权，并有权对公司重大事项发表意见和投票表决。若股东无法亲自参加股东大会，也可以委托他人代表或通过通信方式、上网投票行使股东权利。

(2) 股利分配要求权。利润分配方案由董事会提出并经过股东大会批准，普通股股东有权获取股利，但分到的股利往往是不固定的。公司盈余首先用于发放优先股股利，剩余部分才可发放普通股股利。

(3) 出售或转让股份的权利。股东有权将其所持有的股票出售或转让。

(4) 剩余财产的要求权。当公司解散、清算时，普通股股东有权按持股比例对清算净资产进行分配，但分配顺序在公司向债权人清偿债务和向优先股持股人分配剩余财产之后。

(5) 优先认股权。若公司增发普通股股票，普通原有股东拥有优先认购权，从而保持其在公司股份中的原有持股比例。

2) 普通股的发行

(1) 发行目的。股份有限公司的股本需要通过发行股票进行筹资，主要目的包括设立发行和扩大经营规模。

设立发行是指在股份公司成立时，通过发行股票方式来筹集资金。新公司发行股票可由发起人全部认足公司发行的股份，即发起设立，也可以在社会上公开募股，称为募集设立。

增资扩股发行主要指已设立的公司为不断扩大经营规模，需要增加资金，或改变公司资本结构，通过发行股票进行资金筹集。其发行方式包括有偿发行和无偿发行两种方式。有偿发行指投资者必须支付资金才能获得股票，认购对象包括原有股东、公司职工和社会公众。无偿发行指投资者无须支付资金就可取得股票，仅对原有股东发行，以增强股东信心，增加公司信誉，或调整公司资本结构。

(2) 发行要求。根据公司法证券法等相关法规规定，股份有限公司发行股票必须满足下列基本要求：

① 股份有限公司的资本划分为股份，每一股的金额相等。

② 公司的股份采取股票的形式，股票是公司签发的证明股东所持股份的凭证。

③ 股票的发行实行公平、公正的原则，同种类的每一股份应当具有同等权利。

④ 同次发行的同种股票，每股的发行条件和价格应当相同；任何单位或者个人所认购的股份，每股应当支付相同金额。

⑤ 股票发行价格可以按票面金额确定，也可以按超过票面金额的价格(即溢价)确定，但不得按低于票面金额的价格(即折价)确定。

(3)股票发行注册。2020年3月1日《中华人民共和国证券法》正式实施，全面推行证券发行注册制度。新《证券法》规定，公开发行证券，必须符合法律、行政法规规定的条件，并依法报经国务院证券监督管理机构或者国务院授权的部门注册。未经依法注册，任何单位和个人不得公开发行证券。

公司首次公开发行新股(IPO)应当符合的条件包括具备健全且运行良好的组织机构；具有持续经营能力；最近三年财务会计报告被出具无保留意见审计报告等条件；发行人及其控股股东、实际控制人最近三年不存在贪污、贿赂、侵占财产、挪用财产或者破坏社会主义市场经济秩序的刑事犯罪；经国务院批准的国务院证券监督管理机构规定的其他条件。

(4) 发行程序。我国对股票的发行程序有着严格的法律规定，未经法定程序发行的股票无效。根据我国《证券法》及《上市公司证券发行管理办法》等的规定，上市公司申请发行股票以及可转换债券，应当依照规定的程序。

(5) 销售方式。股份有限公司向社会公开发行股票时采取的股票销售方式包括自行销售和委托中介机构销售。

自行销售方式是指公司直接将股票销售给认购者，过程中公司可控制发行过程，实现发行意图，可节省发行费用。但由于受众面有限，筹资时间较长，且发行公司要承担全部发行风险，对发行公司知名度及实力有较高要求。

委托销售方式是指发行公司将股票销售业务委托给证券经营机构代理。这种方式在当下被普遍采用。股份公司需与依法设立的证券机构签订承销协议，并由证券机构承销。委托销售又分为包销和代销两种。包销是指根据承销协议商定的价格，证券机构一次性发行公司公开募集的全部股份，再以较高的价格出售给公众。包销方式可让发行公司及时筹足资本，无须承担发行风险，但公司将股票出售给承销商时难免被压低价格，进而损失部分溢价。代销是指证券经营机构代替发行公司销售股票，并获取一定佣金，但不承担股款未募足的风险。

（6）发行价格。股票发行价格是指股份公司在股票市场上发行股票时确定的价格。通常股票的发行价格有面值价、时价和中间价三种。

面值价是指以股票面额为发行价格，也叫平价发行或面值发行。股票面值通常为每股1元。时价是指以流通中的股票现行价格作为基准确定的新股发行价，是股票在市场上的交易价格，也叫市价。中间价是取股票市场价格与面值的中间值作为股票的发行价格。股票不准折价发行。

股票发行价格的确定方法如下：

① 市盈率法。市盈率法是指依据注册会计师审核后的发行人的盈利情况计算发行人的每股收益，然后根据二级市场的平均市盈率，发行人的行业状况、经营状况和未来的成长情况拟定其市盈率，是新股发行定价方式的一种。

② 净资产倍率法。净资产倍率法又称资产净值法，是指通过资产评估和相关会计手段，确定发行公司拟募股资产的每股净资产值，然后根据证券市场的状况将每股净资产值乘以一定的倍率，以此确定股票发行价格的方法。计算公式是

$$发行价格=每股净资产值\times溢价倍数$$

③ 竞价法。竞价法是由各股票承销商或者投资者以投标方式相互竞争确定股票发行价格。具体实施中有三种形式：网上竞价、机构投资者(法人)竞价、券商竞价。

④ 议价法。议价法是指由股票发行人与主承销商协商确定发行价格。发行人和主承销商在议定发行价格时，主要考虑二级市场股票价格的高低(通常用平均市盈率等指标来衡量)、市场利率水平、发行公司的未来发展前景、发行公司的风险水平和市场对新股的需求状况等因素。一般有两种方式：固定价格方式和市场询价方式。

⑤ 现值模型法。现值模型法就是以公司未来股票股利及其增长模式和必要报酬率建立贴现模型进行估价。

在国际股票市场上，在确定一种新股票的发行价格时，一般要考虑其四个方面的数据资料，用公式表示为

$$P=A\times40\%+B\times20\%+C\times20\%+D\times20\%$$

其中：P 为新股发行价格；A 为公司每股税后纯收益×类似公司最近3年平均市盈率；B 为公司每股股利×类似公司最近3年平均股利率；C 为最近期每股净值；D=预计每股股利/1年期定期存款利率。

（7）股票上市。股票上市是指股份有限公司公开发行的股票，符合规定条件，经过核准后在证券交易所作为挂牌交易的对象。股份有限公司被称为上市公司。

公司股票上市主要目的在于形成稳定资本来源，可提高公司发行股票的流动性，便于投资者认购及交易；有利于公司提高知名度；有助于确定公司增发新股的发行价格；可促进公司股权社会化，避免过于集中；便于确定公司价值，有利于促进公司实现财富最大化目标。

但上市公司需公开各种信息，可能泄露公司商业机密；股市波动可能歪曲公司经营状况，损害公司声誉；上市后公司股票向公众发售，可能分散公司控制权。

3）普通股筹资的评价

（1）发行普通股没有固定股利负担。当公司当年盈余较多时，可选择向普通股股东发放股利；若盈余有限或没有盈余，也可以不发放股利，公司股利政策的制定可自由裁决。

（2）普通股没有到期日，融资风险小。通过发行普通股筹集到的资金，是永久性权益资本，无须偿还。普通股没有到期日，无须定期支付股利，因此风险较小。

（3）能使公司增强再举债融资能力，增加公司信誉。普通股融资资金越多，权益资金随之增长，权益资本的增加是债务偿还的有力保证，因此，公司可支持更多的债务融资，且较多的权益资金可提高公司信誉。

（4）资本成本负担较重。虽然普通股没有固定股利负担，支付金额相对比较灵活，但普通股筹资的成本要高于债务筹资。因为股票投资风险大，要求的报酬率也相应较高；股利或红利都从税后利润中扣除，而债务利息于税前利润扣除有节税效应。此外，普通股发行或上市过程中的费用也较大。

（5）容易分散公司控制权。因发行新股而引入新的投资者，拥有表决权的人数增加，原有股东的控制权和管理权容易被分散。而控制权的改变，将在一定程度上影响公司管理层的决策效率，影响公司的经营效率。

▶ 3. 优先股筹资

（1）优先股的概念。优先股股票是公司发行的与普通股相比具有一定优先权的股票。发行优先股股票也是公司获得权益筹资的一种方式，通过优先股股票募集来的资金被称为优先股股本。①

优先股股票是兼有普通股股票和债券特点的有价证券，比如优先股和普通股类似，筹集到的资金没有到期日；优先股也具有类似债券的性质，比如股息率固定，优先股发行时就约定了固定的股息率，无论公司经营状况好坏，股息率都保持不变。基于上述特征，优先股也被归类于混合型证券。

（2）优先股的种类。优先股按照不同标准可分为下述几类：

① 累积优先股和非累积优先股。累积优先股是指若公司在某个年度内因故无法按期发放优先股股利，则这些优先股股利可被累积，日后一并发放。且公司将以前欠下的优先股股利全部发放完毕之前，不得向普通股股东发放普通股股利。非累积优先股则不具备这个特点，如某年度公司因故无法按时发放优先股股利，则以后年度无须补付。累积优先股比非累积优先股具有更大的优越性。

② 参与优先股与非参与优先股。参与优先股是指股东除了享受既定比例的利息之外，还可以与普通股共同参与利润分配，即可拥有双重股利。而非参与优先股只能享受优先股股利，不能参与剩余利润的分配。

③ 可转换优先股与不可转换优先股。可转换优先股是在特定条件下，可将优先股按一定比例转换成普通股。不可转换优先股则不可进行转换。

④ 可赎回优先股与不可赎回优先股。可赎回优先股也被称为可收回优先股，是指在发行后一定时期内，发行公司可按照约定的赎买价格将优先股赎回。不可赎回优先股则不

---

① 《优先股试点管理办法》于2013年12月9日由中国证券监督管理委员会第16次主席办公会会议审议通过，自2014年3月21日公布之日起施行。

具备这项特征。发行可赎回优先股有利于公司应对现金紧缺，当资金紧缺时，有条件的公司可发放优先股进行筹资，当现金充足时，可将优先股赎回。

可见，公司可通过发行不同种类的优先股调节资本结构，在特定条件下，公司可通过优先股的发行、转换或赎回等手段调节资本结构及现金余额。

（3）优先股的权利。

① 可优先获得股利。公司盈利首先支付债权人本金及利息，其次支付优先股股利，最后才发放普通股股利。

② 具有优先清偿权。当公司破产需要清算时，相较于普通股，优先股对剩余财产有优先请求权。

③ 不参与公司管理。优先股一般无权参与公司的经营活动，没有选举权和被选举权，对股份公司的重大经营无投票权，只拥有有限表决权。

（4）优先股筹资的评价。优先股筹资兼具普通股筹资及债务筹资的特点，因此这种筹资方式相对灵活，优点不少。

① 股利支付仍有一定灵活性。虽然优先股采用固定股利政策，但是公司并不需要定期支付股利，若财务状况欠佳，可不支付。

② 保护普通股股权不被稀释。优先股不具备投票权，不参与公司管理，因而发行优先股不会分散原有股东对公司的管理权和控制权。

③ 通过优先股筹集的资金可供公司长期持有。优先股没有到期日，构成公司长期资金，且股利的支付具有很强的机动性，从而使公司财务结构更为灵活。

④ 优先股股本可保护债券人的利益。优先股股本是公司权益资本的构成部分，可增加公司的资产及举债能力，提高增强公司信誉。

⑤ 优先股筹资成本高于债券成本，低于普通股成本。由于优先股的股利利率固定，因此需承担的风险较小，要求的回报率也必然低于普通股。但优先股的股利仍具有一定不确定性，优先股所筹集资金为企业长期持有，持股人要求更高的投资回报，因此优先股股利高于债券的利息，且也须从税后利润中扣除，无法享受节税效应。故公司发行优先股需承担较高的资本成本。

⑥ 固定股利率可形成较重财务负担。当公司利润缩水、公司盈利下降时，优先股固定股息将加重公司的财务负担，有时不得不延期支付或暂停支付，从而影响公司信誉及形象。

10.1.3 利用留存收益

▶ 1. 留存收益的概念及性质

留存收益是企业最常见的资金来源形式。留存收益是指留存于企业内部，未对外分配的企业合法经营赚取的税后净利润。

公司经营状况好且出现盈利，但现金流量不一定增加，因此不一定有足够的现金将利润全部或部分派分给股东；另外，基于保护债权人利益和要求公司可持续发展等理念，必须提取10%作为法定盈余公积金。从公司自身发展而言，也会考虑将一部分利润作为留存收益。

▶ 2. 留存收益的筹资途径

（1）提取盈余公积金。盈余公积金有法定和任意之分。

（2）未分配利润。是指未限定用途的留存净利润。

▶ 3. 留存收益的筹资特点

（1）无筹资费用。筹资费用指在筹资过程中为获得资本而付出的代价，一般为一次性支出，主要包括佣金、手续费、咨询费、印刷费等。此处指的留存收益无筹资费用并不代表无筹资成本(资本成本)。留存收益筹资方式的资本成本就是股东放弃获取股利的机会成本。内部筹资方式无须花费筹资费用，从而降低了资本成本。

(2) 维持原有股东的控制权。通过留存收益筹集资金不会改变公司原有的资本结构，不会改变权益资本，不会稀释原有股东的控制权。

(3) 筹资数额有限。股东往往希望公司保持每年发放一定的股利。若公司盈利有限，则留存收益数目较少；若公司亏损，那么当年就不存在利润留存。因此通过留存收益筹集到的资金相对有限。

10.2　债务筹资

债务筹资包括长期负债筹资和短期负债筹资，本章只介绍长期负债筹资，而短期负债筹资将在后面的章节中讲解。长期负债是指期限超过一年的负债，具体形式包括长期借款、公司债券、融资租赁等。通过债务资本筹资，公司可解决长期资金不足的问题，有助于满足公司长期性资产的资金需要。

10.2.1　长期借款筹资

▶ 1. 长期借款的种类

(1) 按照用途划分，可分为固定资产投资借款、更新改造借款、科技开发和新产品试制借款等。

(2) 按照提供贷款的机构划分，可分为政策性银行贷款、商业银行贷款及其他金融机构贷款。

(3) 按照有无担保，分为抵押贷款及信用贷款。抵押贷款主要指贷款机构要求公司以特定的抵押品作为担保的贷款。抵押贷款有利于降低银行贷款的风险，提高贷款的安全性。信用贷款指不需企业提供抵押品，仅凭其信用或担保人信誉而发放的贷款；债权人仅向资本雄厚、信誉良好的企业提供贷款。

▶ 2. 长期借款的取得

金融机构对企业发放贷款的原则是按计划发放、择优扶持、有物资保证、按期归还。企业申请贷款一般应具备规定的条件。具备条件的企业需先向银行提出贷款申请，陈述借款原因与金额、用款时间及计划、还款期限与计划。银行根据企业的借款申请，针对企业的财务状况、信用情况、盈利的稳定性、发展前景、借款投资项目的可行性等进行审查。银行审查同意贷款后，再与借款企业进一步协商贷款的具体条件，明确贷款的种类、用途、金额、利率、期限、还款的资金来源及方式、保护性条件、违约责任等，并以借款合同的形式将其法律化。借款合同生效后，企业便可取得借款。

▶ 3. 长期借款的保护性条款

由于长期借款的期限长、风险大，按照国际惯例，银行通常对借款企业提出一些有助于保证贷款按时足额偿还的条件，形成了合同的保护性条款。保护性条款大致可归纳如下：

(1) 一般性保护性条款。一般性保护性条款应用于大多数借款合同，但根据具体情况会有所不同，主要包括以下内容：

① 规定借款企业流动资金保持量，以保持企业资金流动性和偿债能力；

② 对支付现金股利和再购入股票限制，限制现金外流；

③ 限制资本支出规模，减少企业变卖固定资产偿还贷款的可能性，保持借款企业资金的流动性；

④ 限制其他长期债务，以防止其他贷款人取得对企业资产的优先求偿权；

⑤ 借款企业定期向银行提交财务报表，有助于债权人及时了解企业的财务状况；

⑥ 不允许借款企业在正常情况下出售较大资产，保持企业正常的生产经营能力；

⑦ 如期缴纳税费和清偿其他到期债务，以防被罚款而造成现金流失；

⑧ 不准以任何资产作为其他承诺的担保或抵押，以避免企业负担过重；

⑨ 不准贴现应收票据或出售应收账款，避免或有负债；

⑩ 限制租赁固定资产的规模，防止企业负担巨额租金而削弱偿债能力，也有助于防止企业以租赁固定资产的办法摆脱对其资本投资和负债的约束。

(2) 特殊保护性条款。特殊保护性条款是针对某些特殊情况而出现在部分借款合同中的，主要包括以下内容：

① 贷款专款专用；

② 不准企业投资于短期内不能收回资金的项目；

③ 限制企业高级职员的薪金和奖金总额；

④ 要求企业主要领导人在合同有效期间担任领导职务；

⑤ 要求主要领导人购买人身保险等。

▶ 4. 长期借款的成本

通常，长期借款的利率高于短期借款，但会根据借款人信用状况不同做调整。长期借款利率有固定利率和浮动利率两种，对于借款企业而言，若预测市场利率上升，应与借款机构签订固定利率合同；反之，则应采用浮动利率。

此外，借款企业还需缴纳其他费用，如实行周转信贷协定需缴纳承诺费；若企业被要求在银行账户中保持补偿性余额，也将形成相关的间接费用，这些费用将影响长期借款的总成本。

▶ 5. 长期借款筹资的评价

(1) 筹资速度快。借款手续相对简单，花费时间较短，可以较快获取所需资金。

(2) 筹资成本较低。长期借款的利息相比股权筹资之投资人要求的报酬率低，且可在税前支付，起到抵税作用；长期借款一般而言不需花费大量的筹资费用。

(3) 借款弹性较大。公司可与银行进行商榷，对借款数额、期限、利率及还款方式进行商讨。若征得银行同意，可以提前或延期归还借款，也可以对借款数额进行调整。

(4) 财务风险较大。债务筹资必须按期还本付息。若企业经营状况欠佳，流动资金有限，偿还债务将加重公司的财务负担，可能无法偿还债务，甚至导致企业破产，财务风险较大。

(5) 有一定的限制条款。长期借款合同中往往设置了一些保护性条款，对企业的经营及财务行为进行限制，不利于公司对借入的资金进行灵活运用，并在一定程度上削弱公司再筹资效率。

(6) 筹资数额有限。与发行股票筹资相比，长期借款无法筹集到大量资金。

10.2.2 公司债券筹资

▶ 1. 债券的概念及性质

债券是借款公司为筹资而发行的有价证券，是向债权人承诺按期还本付息的一种书面凭证，体现持有人和发行公司之间的债权债务关系。发行债券是企业筹集债券资本的重要方式。从性质而言，债券与借款一样都是企业的债务，债券发行不影响企业控制权。

▶ 2. 债券的基本要素

(1) 债券面值。债券面值包括币种和票面金额两方面内容。债券的票面金额是债券到期时偿还的本金，金额固定不变。

(2) 债券期限。债券从发行之日至到期日之间的时间被称为债券的期限。在债券期限内，发行公司必须定期支付利息，债券到期时须偿还本金，也可按规定分批偿还或提前偿还。

(3) 债券利率。债券上必须注明票面利率，用于计算应付利息。一般为固定利率，也可为浮动利率。

(4) 债券价值。债券的价值为债券的现值。债券的本金和利息两部分均须按市场利率折现计算债券价值。因此也可将市场利率看作债券的基本要素之一。

在计算时很容易混淆票面利率和市场利率。票面利率用来计算债券发行者每期需支付的利息，一经确定则固定不变。票面利率越高，则债券价值越高；反之，则债券价值越低。市场利率是债券估价时的贴现率，常常发生变动。市场利率上升则债券价值下降；反之则债券价值上升。

▶ 3. 公司债券的种类

(1) 按债券是否记名，可分为记名债券和不记名债券。记名债券是指债券上记有债权人的姓名、本息只向登记人支付、转让需办理过户手续费的债券。不记名债券是指券面上无债权人姓名、本息直接向持有人支付、可由持有人自由转让的债券。

(2) 按债券能否转换为公司股票，分为可转换债券和不可转换债券。可转换债券是指可转换为普通股的公司债券。当公司发行股票筹资时遇到股价偏低的情况时，可考虑发行可转换债券，在比较有利的条件下筹集到所需资金。

(3) 按债券有无财产担保，分为抵押债券和信用债券。抵押债券是指以发行公司的特定财产作为抵押品的债券。根据抵押品的种类，抵押债券又分为不动产抵押债券、动产抵押债券和信托抵押债券。信用债券是凭企业信誉或信托契约发行的债券，通常只有信誉好、财务能力强、资产实力雄厚的企业发行。

(4) 按债券利率是否固定，分为固定利率债券和浮动利率债券。利率水平按票面利率固定不变的即固定利率债券。浮动利率债券中规定最低利率，实际付息则根据市场利率变动情况进行调整。

▶ 4. 公司债券的发行

根据2021的《公司债券发行与交易管理办法》的规定，发行人应当依照《公司法》或者公司章程相关规定对以下事项作出决议：发行债券的金额、发行方式、债券期限、募集资金的用途和其他按照法律法规及公司章程规定需要明确的事项。发行公司债券，如果对增信机制、偿债保障措施作出安排的，也应当在决议事项中载明。

发行公司债券，可以附认股权、可转换成相关股票等条款。上市公司、股票公开转让的非上市公众公司股东可以发行附可交换成上市公司或非上市公众公司股票条款的公司债券。商业银行等金融机构可以按照有关规定发行公司债券补充资本。上市公司发行附认股权、可转换成股票条款的公司债券，应当符合上市公司证券发行管理的相关规定。

公开发行公司债券筹集的资金，必须按照公司债券募集说明书所列资金用途使用；改变资金用途，必须经债券持有人会议作出决议。非公开发行公司债券，募集资金应当用于约定的用途；改变资金用途，应当履行募集说明书约定的程序。公开发行公司债券筹集的资金，不得用于弥补亏损和非生产性支出。发行人应当指定专项账户，用于公司债券募集资金的接收、存储、划转。

▶ 5. 债券筹资的评价

（1）筹资数额较大。发行公司债券可以获取大额资金，满足公司筹资需求，适应大型公司经营规模的需要。

（2）具有长期性和稳定性。债券的期限相对较长，且在债券到期之前，投资者无法向企业索取本金。

（3）限制条件少。与银行借款相比，通过债券筹资募集资金相对更具灵活性和自主性，合同对债券所募资金的使用范围并未做太多限制。

（4）有利于资源优化配置。债券是公开发行的，投资者可根据自己对市场的判断来决定是否购买债券，是否及时进行交易及转让，有助于市场竞争，优化社会资金的资源配置效率。

（5）资本成本较高。相对于银行借款筹资，债券的发行费用较大，需负担的资本成本较高；特别在利息或本金到期日，将会对公司现金流量产生巨大的财务压力。

（6）发行资格要求高，手续复杂，发行成本较高。相关法规对发行债券的公司的资格有严格限制，从申报到取得资金，需经过众多环节，需要聘请保荐人、会计师、律师、资产评估机构等中介，耗费较多时间，发行成本较高。

10.2.3 融资租赁

▶ 1. 融资租赁的概念

随着社会的发展及科技的进步，企业购置的固定资产价值也不断增加，大大增加了企业购买的难度。此外，科技的高速发展又不断推动设备更新换代，越来越多的公司开始运用租赁的方式进行融资。融资租赁，是指需要资产的一方(承租方)通过支付租金，向出让资产的一方(出租方)取得资产使用权的一种交易行为。交易中，承租方得到所需资产的使用权，过程等同于筹集资金。

▶ 2. 融资租赁的特点和种类

（1）融资租赁的特点。融资租赁是由出租方按照承租单位的要求购买设备，在较长合同期内提供给承租单位使用的融资信用业务，它是以融通资金为主要目的的租赁。融资租赁的主要特点包括：出租的设备由承租企业提出要求购买，或者由承租企业直接选定；租赁期较长，接近于资产的有效使用期，在租赁期间双方无权取消合同；承租企业负责设备的维修及保养；租赁期满，按事先约定的方法处理设备，包括退还租赁公司，或继续租赁，或企业留购。通常采用企业留购的办法，即承租方用低廉的“名义价格”买下设备。

（2）融资租赁的种类。融资租赁是现代租赁的主要形式，具体可以分为如下几种：

① 直接租赁。直接租赁模式下，通常由出租方与承租方订立契约，出租方应承租方的要求购置资产并直接租给成承租方，并收取租金。直接租赁的出租人主要是制造厂商、租赁公司等，也可以是租赁公司或金融机构。

② 出售与租回。根据协议，企业作为承租方将某资产卖给出租人，再将其租回使用。出售资产时承租方取得一笔资金，可有效解决资金不足的问题，满足筹资需要；同时，租赁期间承租方每年支付租金的同时又可换取资产的使用权，满足经营需要。一般而言，从事售后租回的出租人为租赁公司等金融机构。

③ 杠杆租赁。杠杆租赁涉及的三方当事人包括承租人、出租人及资金出借者。因有借款，故名“杠杆”。对于大额资产的租赁业务，出租人购买设备时只支付设备的一部分价款，其余金额以该设备做抵押，向银行申请贷款，并由银行收取租金作为保证，出租期内由承租人替代出租人向银行交付租金。

▶ 3. 租金

(1) 租金的构成。融资租赁的租金主要取决于下述因素：

① 设备价款，由设备的购买价格、运杂费和保险费等构成。

② 融资成本，是出租公司为购买设备所筹集资金的成本，即设备租赁期间贷款的利息。

③ 租赁手续费，主要指租赁公司承办租赁设备所发生的业务费用和必要利润。手续费一般由租赁公司与承租企业协商确定。

(2) 租金的计算方法。我国融资租赁实务中，大多采用平均分摊法和等额年金法来计算租金。

① 平均分摊法。平均分摊法是以商定的利息率和手续费率计算出租赁期间的利息和手续费，再连同设备成本按支付次数平均。这种方法没有考虑时间价值的因素，计算较为简单。租金计算公式为

$$租金=\frac{(设备成本-预计残值)+租期内利息+租赁手续费}{租期}$$

【例 10-1】某企业 2015 年 1 月向租赁公司租入设备一套，价值为 200 万元，租期为 6 年，预计残值为 10 万元(归出租方所有)，租期年利率为 10%，租赁手续费为设备价值的 3%，租金为每年末支付一次，计算该设备每年支付的租金。

计算：租期内利息 $=200\times(1+10\%)^6-200=154.32$(万元)

租赁手续费 $=200\times3\%=6$(万元)

每年支付的租金 $=(200-10+154.32+6)/6=58.39$(万元)

② 等额年金法。等额年金法是运用年金现值的计算原理计算每期应付租金的方法。通过将利率和手续费率综合成租赁费率，作为贴现率。

等额年金法中，每年租金可在年末支付，即采用普通年金的方式；也可以在年初支付，即采用先付年金的方式。无论哪种方式，均属于已知现值(设备价款)和贴现率求年金的计算模式。

【例 10-2】某企业采用融资租赁方式于 2015 年 1 月 1 日从某租赁公司租入一台设备，设备价款为 100 000 元，租期为 8 年，到期后设备归企业所有，双方商定采用 16% 的折现率，计算企业每年年末应支付的等额租金：

计算：$每年年末应支付的租金=\frac{100\ 000}{(P/A,\ 16\%,\ 8)}=\frac{100\ 000}{4.343\ 6}=23\ 022.38(元)$

【例 10-3】承例 10-2，若双方商定租金在年初支付，计算该企业每年年初应支付的租金。

计算：$每年年初应支付的租金=\frac{100\ 000}{(P/A,\ 16\%,\ 7)+1}=\frac{100\ 000}{4.038\ 6+1}=19\ 846.78(元)$

(3) 租金的支付方式。租金支付方式包括：①按支付间隔期长短，有年付、半年付、季付和月付等方式。②按在期初还是期末支付，分为现付和后付。③按每次支付额，分为等额支付和不等额支付。实务中，承租企业与租赁公司商定的租金支付方式大多为后付等

额年金。

▶ 4. 融资租赁筹资的评价

(1) 可迅速获得所需资产。融资租赁是融资与融物的结合，由承租方直接向出租方提租，迅速引进设备，节省时间。特别是针对中小企业及新创企业而言，可迅速进行资金融通。大型企业对于大型设备的需求，也可以借助融资租赁解决资金问题，如航空公司需要飞机，可通过融资租赁取得。

(2) 财务风险小。融资租赁与购买一次性支出相比，租金是按期交付，能够避免一次性支付的负担。还可通过项目本身产生的收益来支付资金，转移财务风险。

(3) 限制条件较少。相比发行股票、债券及长期借款等筹资方式，租赁筹资的限制条件很少。

(4) 资本成本高，但也更节税。融资租赁需缴纳的资金比举借银行借款或发行债券所负担的利息要高很多，通常租金总额要高于设备价值的30%以上。融资租赁减缓了企业一次性的还款压力，但高额的租金也加重了企业的负担。当然，较高的租金计入成本费用，比直接购置设备提取折旧更加节税。

(5) 租赁能延长资金融通的期限。通常贷款的借款期限比资产的寿命要短，而租赁的融资期限可以接近资产的使用期限，且金额随设备价款金额而定，无融资额度的限制。

10.3 混合型筹资

10.3.1 可转换债券筹资

▶ 1. 可转换债券的概念及特征

可转换债券是一种特殊债券，可以在将来某一时间按特定的转换比率转换为普通股。在转换前以债券形式存在，是公司的负债，转换后则具有股票的特征，成为公司所有者权益。

可转换债券具有以下特征：

(1) 转换性。在转换成普通股之前，可转换债券是公司的负债，在转换成股票后，属于股权性质。

(2) 期权性。可转换债券给予投资者未来的选择权。可转换债券持有人具有在未来按一定价格购买股票的权利，实质上持有人拥有一种未来的买入期权。

可转换债券赋予持有人转换的权利，而非义务，投资者有选择转换或不转换的权利。

▶ 2. 可转换债券的基本要素

(1) 标的股票。标的股票一般是债券发行公司发行的股票，或债券发行公司的上市子公司的股票。

(2) 票面利率。可转换债券的票面利率较低，一般低于普通债券的票面利率。

(3) 转换价格。转换价格是指可转换债券在转换期间内转换为普通股的折算价格，即转换后每股普通股的价格。

(4) 转换比率。转换比率是指每一份可转换债券在既定的转换价格下能转换为普通股股票的数量。即

$$转换比率=债券面值/转换价格$$

(5) 转换期限。转换期限指的是可转换债券持有人能够行使转换权的有效期限，转换期不可超过债券期限。

(6) 赎回条款。赎回条款是指发债公司按事先约定的价格买回未转换的可转换债券的条款规定。赎回一般发生在公司股票价格在一段时期内连续高于转换价格达到某一幅度时。

(7) 回售条款。回售条款是指债券持有人有权按照事前约定的价格将债券卖给发债公司的规定。回售一般发生在公司股票价格在一段时期内连续低于转换价格达到某一幅度时。

(8) 转换调整条款或保护条款。若股价长期表现不佳，公司发行时又未设定回售条款，投资者则不会转股，选择继续持有债券至到期。公司设置前置性转换条款，则可保证可转换债券在到期前顺利转换成股票，预防投资者到期集中挤兑引发公司破产的情况。

▶ 3. 可转换债券筹资的评价

(1) 筹资灵活。可转换债券兼具债务筹资功能和股票筹资功能，在筹资性质上具有灵活性。

(2) 资本成本较低。可转换债券的票面利率低于同一条件下普通债券的利息，支付的利息费用较低。但当可转换债券转换为普通股时，低资本成本的优势就将消失。

(3) 筹资效率高。可转换债券发行时规定的转换价格往往高于公司的股票价格，如果这些债券将来都转换成股权，相当于投资者花费高于购买时市价的价格购买了股票，企业则筹集更多的股权资金。因此，当股票价格低迷、公司发行新股时机不佳时，可通过发行可转换债券来筹资，类似于变相发行普通股。

(4) 面临股价大幅上涨的风险。若在可转换债券的转换期内，公司股票价格不断上扬，公司只能以约定的转换价格换出股票，则失去以更高价格在市场发售股票的机会，降低公司的股权筹资额。

(5) 存在回售的财务压力。若债券转换时公司股票价格低迷，且发行时设置了回售条款，则投资者可能在股价很低的那段时间里集中将债券回售给发行公司，加大公司财务支出压力。

10.3.2 认股权证筹资

▶ 1. 认股权证的概念及特征

认股权证是公司向股东发放的一种凭证，授权其持有者在一个特定期间以特定价格购买特定数量的公司股票。认股权证一般具有以下几点特征：

(1) 证券期权性。认股权证属于衍生金融工具，具有事先融资和股票期权激励的双重功能。认股权证的持有人只享受认购的权利，不承担认购的义务，即可自由选择是否行使认购权。一般情况下，只有认购价格低于股票市价时，持有人才会行使认购权利。

(2) 认股权证有一定价值，是一种投资工具。投资者可通过购买认股权证获得市场价与认购价之间的股票差价收益，因此认股权证是一种具有内在价值的投资工具，可以作为一种衍生金融工具流通。

▶ 2. 发行认股权证的目的

(1) 避免股票被稀释。认股权证被执行时，公司需新发股票供投资者认购，因此存在股票被稀释的问题，对原有股东的控制权产生影响。为避免原有股东每股收益和股价被稀释，可给原有股东配发一定数量的认股权证，使其可以按优惠价格认购新股，或直接出售认股权证，以弥补新股发行的稀释损失。

（2）降低资本成本。发行认股权证后，公司支付的资本成本比发行债券等其他方式支付的少。具有信用风险危机的公司可采用认股权证方式进行筹资，可由不能债券融资转换为能类似债券融资。

（3）作为筹资工具。认股权证具有一定价值，可在证券市场上流通，公司也可以将其视为一种筹资方式，直接向投资者出售认股权证来换取资金。

（4）作为“奖励期权”。作为发给公司管理人员的奖励，认股权证还可给予他们一定时期内以固定价格购买公司股票的权利。执行时若股票市价高于认购价值，持有人可收益。

3. 认股权证的价值

认股权证的市场价值由两部分构成：内在价值和时间价值。它与股票价格的关系如图 10-1 所示。

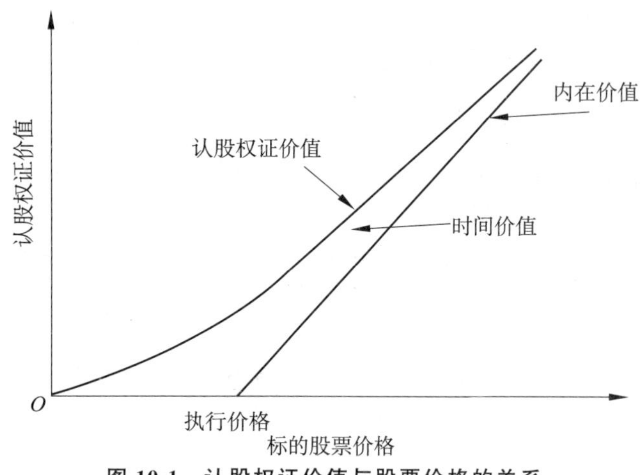

图 10-1　认股权证价值与股票价格的关系

（1）内在价值。内在价值也叫内含价值，指权证立即履约的价值，即认股权证行权时所得的利润。认股权证的内在价值估价模型为

内在价值＝MAX[（标的股票市价－行权价格）×数量，0]

如图 10-1 所示，当标的股票的价格高于行权价格时，持有人可用较低的价格购买股票，标的价格与市价的差值，即是持有人每股可获得的收益。若标的股票的价格低于行权价格，按市价购买股票比行使认购权证购买更为划算。此时，认股权证是无效的，内在价值为 0。

（2）时间价值。如果权证未被立即行权，而未来时间里股票仍有波动空间，选择在未来行权有更大的获利可能，且股票波动幅度越大，获利的可能性也越大。因此，权证的市场价值通常会高于内在价值，市场价值超过内在价值的部分，即为认股权证的时间价值，体现未来进一步获利的可能性。随着权证到期日的接近，波动的空间越来越小，认股权证获利的可能性也越来越有限，权证的时间价值也逐渐缩小。当权证到期时，时间价值消失。

4. 认股权证筹资的特点

（1）是上市公司再融资的有效方式，可促进其他融资方式的运用。认股权证发行时都可为公司筹集资金，增加公司的资本实力。认股权证发行时可单独发行也可附带发行。

（2）可降低融资成本。附认股权证的债券的投资者在将来可能赚取股票利差，因而附认股权证的债券的利率低于同等级的一般债券，因此可有效降低发行企业的筹资成本。

(3) 稀释股权，分散控制权。认股权证持有人若选择行使认股权证而认购新股，则在外发行的股票数量增加，可导致公司的控制权被分散，原有股东的股权被稀释。

(4) 行权不确定性增加经营管理难度。权证的行使时间和数量具有较高的不确定性，加大了公司的资金规划和控制难度。

10.3.3 优先认股权筹资

▶ 1. 优先认股权的概念及特性

优先认股权是指当股份公司为增加资本而增加发行新的普通股股票时，普通股股东可以优先购买新增股票的权利。

对普通股股东规定优先认股权首先是为了保持现有股东在公司中的股份权益比例，避免控制权及管理权被稀释，比如避免当局因与股东意见不合而大量发行股票并自己购买其中的大部分，削弱现有股东的控制权。其次可避免现有股东的股票价值被稀释。倘若新股票以低于市场价值的价格出售，则股票的平均市价将会被拉低，影响现有股东的权益。

发行时，公司应向现有普通股股东发出"优先认股权"证明，股东可凭借此证明在股权登记日之前按低于股票市价的价格认购新增发行的普通股股票，此时交易取得的股票中包含优先认股权，为附权股票。股权登记日之后至到期日之间交易的股票中不具有优先认股权，为除权股票，新持有者不拥有优先认股权。

需注意的是，所谓"优先"指的是股份认购顺序上的优先，而非针对价格。优先认股权赋予普通股股东优先认购的权利可根据情况转让或放弃。

普通股股东针对优先认股权可做三种选择，包括行使权利购买股票、出售认股权，或放弃行使认股权。一般情况下股东采取第一种或第二种方式。资金充足者可以选择购入新股，资金短缺者可选择出售认股权。若认股权价值计算准确，无论做出什么决策，股东拥有的股票价值在配股前后都会保持稳定。

▶ 2. 优先认股权筹资的评价

(1) 可为公司筹集大量急需资本。以附权形式对原有股东发行新股，认购价格低于原有股票的市价，可激发投资者兴趣，增加股票受欢迎程度，当公司急需大量资本时可募集资本，抵消新股发行时股票价格下降的压力。

(2) 附权发行普通股比公开发行普通股的成本低。公司可将新股推销给原有股东，无须中介机构参与，一定程度上可减少发行成本。

(3) 可起到股票分割的作用，降低股票的绝对价格，吸引投资者前来投资。

(4) 若附权发行新股时认购价格设置过高，且高于股票市价，原有股东则将放弃优先认购权，则公司无法实现筹资计划；若认购价格过低，公司可筹集的资金偏少，对公司信誉与形象不利。

10.4 股权筹资与债务筹资比较分析

10.4.1 股权筹资的优缺点

▶ 1. 股权筹资的优点

(1) 可为公司提供稳固的长期资本。股权资本没有固定到期日，无须偿还，是永久的资本，除非企业清算时才有可能偿还。可有效促进企业长期稳定持续经营，可保障企业对资本的最低需求。

（2）可增强公司的信誉基础。股权资本作为企业最基本的资本，代表公司资本实力，是企业与其他单位组织开展经营业务、进行业务活动的信誉基础。同时，股权资本也是债券筹资的基础，可为银行借款、发行公司债券等筹资方式提供信用保障。

（3）财务风险较低。股权资本无须在企业正常营运期内偿还，不存在还本付息的财务风险。此外，相对于债务资本，股权资本筹资限制较少，资本使用上也无特别限制。另外，企业可以根据经营状况与业绩情况，决定向投资者支付多少报酬，资本成本负担较为灵活。

▶ 2. 股权筹资的缺点

（1）资本成本较高。一般而言，股权筹资的资本成本高于债务筹资。由于投资者投资股权时需承受较高的风险，因此相应地要求得到较高的收益率。从企业成本开支来看，股利或红利均为税后支付，相较于债务成本税前支付可减少所得税缴纳金额，股权筹资的资本成本更高。

（2）容易分散公司控制权。采用股权筹资，将出现新的投资者或原有股东转让股份，必然导致公司控制权结构改变，分散公司控制权。控制权的转变也将导致管理层人事变动，影响决策效率及企业正常经营。

（3）信息沟通与披露成本较大。公司需要通过多种渠道和方式加强与投资者的关系管理，保障投资者权益。特别是上市公司，因向公众发行股票，股东分散人数众多，投资者只能通过公司公开信息披露了解公司情况，公司须花费更多精力，甚至设置专门部门，用于公司信息披露和投资者关系管理，将耗费更高的成本。

10.4.2 债务筹资的优缺点

▶ 1. 债务筹资的优点

（1）筹资速度快。与股权筹资相比，债务筹资不像股权筹资需要经历繁复的审批手续和发行程序，因此可迅速获得资金，如银行借款、融资租赁等。

（2）筹资弹性大。股权筹资需要经过严格的政府审批，且资本成本负担较重。与之相比，债务筹资可根据企业经营情况和财务状况，灵活商定债务条件，控制筹资数量及筹资时间，较为灵活。

（3）资本成本较低。取得债务成本所需的手续费用及利息等用资费用较低，再则债务利息均为税前支付，有抵税效应。

（4）具有财务杠杆效应。如果投资报酬率大于借入资金利息率，则提高负债比率可发挥“借鸡生蛋”的作用，使得公司的税后利润增长比营业利润增长更多更快。

▶ 2. 债务筹资的缺点

（1）无法形成稳定的资本基础。债务需按期偿还，无法形成稳定的资本基础，只能作为补充性资本来源。且对于缺乏信用基础或新创立的企业，无法通过债务筹资满足用资需求。对于债务资本已达到一定比例的公司，出于财务风险升高的考虑，将难以取得新的债务资金。

（2）财务风险较大。债务资本有固定到期日，每月需支付固定利息，往往还有些作为抵押或质押的财产，在资本使用上有特别限制。因此要求企业需具有一定偿债能力，保持资产流动性及一定的获利能力，以保障到期按时清偿债务，否则将会给企业带来财务风险，甚至导致破产。

（3）筹资数额有限。债务筹资在数额上往往受到贷款机构的制约，无法如股权筹资一样一次性筹得大笔资金，满足公司大规模用资需求。

10.4.3　基于公司治理视角的股权筹资与债务筹资对比分析

MM定理假定市场无交易成本，企业和个人可以相同的利率借入资金，这在实际经营环境中无法得到满足。第一，企业和个人在市场上存在着相当大的差别；第二，市场交易成本的存在影响融资成本；第三，由于交易成本的存在，股东与经理、股东与债权人的利益冲突而形成的代理成本将对企业价值产生重要影响。比如，经理和股东之间的利益冲突将导致企业选择那些能给经理人带来最大利益的项目，而不一定是企业价值最大化的项目；在债权人和股东的冲突中，股东会选择风险程度较高的项目，并不一定以企业价值最大化为目标。

由于现实中的资本市场是不完善的，所以，公司治理问题必将影响公司价值和公司的融资成本，而公司治理问题的核心就是代理问题及代理成本。代理成本包括债权代理成本与股权代理成本。针对MM定理的局限性，詹森和麦考林(Jensen and Meckling，1976)提出代理成本及其权衡是资本结构的决定因素。代理成本是企业契约参与各方的利益冲突而发生的费用，包括委托人的监督支出、代理人的保证支出、剩余损失。股权代理成本是外部股东与企业家或经理人之间利益冲突引起的费用，包括股东利益最大化与企业家或经理人利益最大化行为之间差别造成的福利损失、企业家或经理人的保证成本、监督和激励成本；债权代理成本是由于股东和债权人之间的利益冲突而引起的费用，包括由于债权人对公司投资决策的影响而导致的债权人机会财富的损失、债权人的监督与约束支出、破产和重组成本。

由于交易成本的存在，这些利益冲突不能通过合约来解决，给企业价值带来了影响，于是，企业实际价值＝交易成本为零的价值－代理成本后的价值。既然融资过程中利益冲突会影响企业的实际价值，人们希望寻求一种可以使代理成本最小化(最优)的“资本结构”，如图10-2所示。

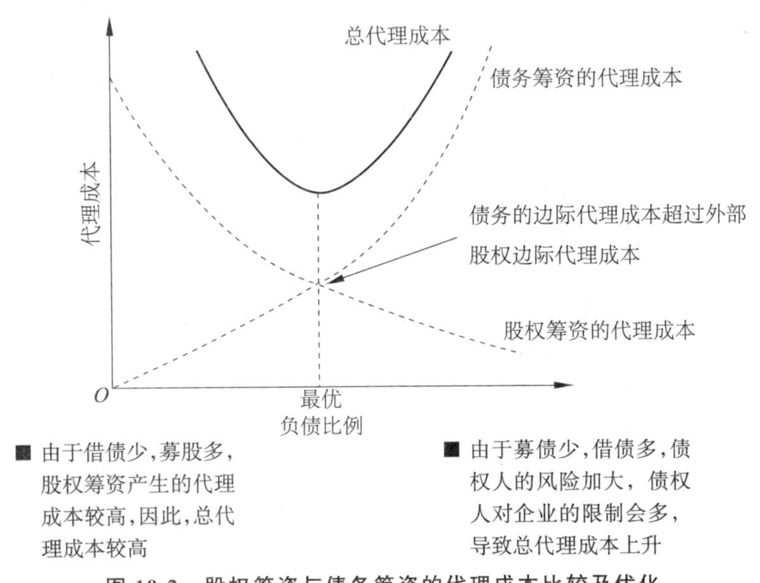

图10-2　股权筹资与债务筹资的代理成本比较及优化

可见，最优代理成本就是使得股权筹资代理成本与债务筹资代理成本之和最低时的总代理成本。比如，为什么一些实物资产少的公司(如咨询公司)的负债不会很高？因为这些企业没有办法让债权人相信自己到时会还钱；为什么IT类的高风险行业需要风险资本来孵化？因为IT企业的实物资产(计算机设备等)和无形资产贬值比较迅速，难以成为高额贷款的担保，所以，这类企业往往难以得到银行贷款。

本章小结

1. 股权筹资形成的资金也称为权益资本，股权资本主要包括吸收直接投资、发行股票以及利用留存收益三种方式。吸收直接投资是企业直接吸收国家、法人、个人和外商投入资金的一种筹资方式，也是非股份制公司筹集资金的主要方式。吸收直接投资的出资方式包括货币资产出资、以实物资产出资、以土地使用权出资及以工业产权出资四种。吸收直接投资手续简便，筹资费用低，可减少筹资时间，有利于企业快速形成生产力，但资本成本较高，易分散公司控制权，不利于公司治理。

2. 普通股的发行须具备一定的条件，普通股股东拥有公司管理权、股利分配要求权、出售转让股份的权利、剩余财产要求权及优先认股权等。公司发行普通股无须承担固定股利负担，筹集来的资金可供公司长期使用，没有到期日，因此公司面临的筹资风险较小；筹资后公司资本实力增强，可增加举债融资能力，增加公司信誉。但公司需承担较重的资本成本，且发行普通股容易分散公司控制权。

3. 优先股股票是与普通股相比具有一定优先权的股票。优先股持股人可优先获得股利，具有优先清偿权，但不得参与公司管理。优先股在股利支付上具有一定的灵活性，可有效保护普通股权不被稀释，但优先股的成本高于债券成本，有可能形成较重的财务负担。

4. 债务筹资主要包括长期借款筹资、公司债券筹资及融资租赁三类。长期借款融资具有筹资速度快、成本低、借款弹性大的优势，但企业需承担较大的财务风险，受若干限制条款约束，筹资数额有限。债券筹资有助于企业获得较为充足的筹资数额，且限制条件较少，但企业将负担较高的资本成本，且发行债券的资格较高，手续复杂。融资租赁包含直接租赁、售后租回及杠杆租赁三种形式，可帮助企业迅速获得所需资产，财务风险较小，限制条件较少，资金融通期限可被延长，但资本成本较高，不过颇具节税优势。

5. 可转换债券是一种特殊债券，可在将来一段时间内按特定比率转换为普通股，具有转换性及期权性，筹资灵活，资本成本低，筹资效率高，但需警惕股价大幅上涨的风险，且发行公司存在债券回售的财务压力。认股权证是公司向股东发放的一种凭证，授权其持有者在一个特定期间以特定价格购买特定数量的公司股票，是具有证券期权性的一项投资者工具，认股权证有一定价值。认股权证融资具有一定的优缺点。优先认股权是指当股份公司为增加资本而增发新的普通股股票时，普通股股东可以优先购买新增股票的权利，可为公司筹集大量急需资本，且一定程度上可减少发行成本。

6. 股权筹资与债务筹资各自具有鲜明的特点，比较这两大类筹资的优缺点，是筹资决策的战略准备。从公司治理的代理视角分析，对比股权筹资与债务筹资的代理成本，对确定公司的负债比例、最佳资本结构以及其对公司价值的影响将更具指导性。

课后练习

1. 如何评价吸收直接投资的融资方式？
2. 股票具有哪些特征？其发行价格如何确定？
3. 留存收益有哪些筹资途径？
4. 设置长期借款的保护性条款的主要目的是什么？
5. 公司债券的基本要素有哪些？请说明各种基本要素对债券发行价格的影响。
6. 融资租赁的租金取决于哪些因素？
7. 可转换债券的内在价值如何确定？
8. 评价认股权证融资的优缺点。
9. 说明发行优先股如何体现混合属性。
10. 列表比较各种股权筹资和债务筹资的优缺点。

章末案例

阿里巴巴再筹资 80 亿美元　国字号银行“捧场”

继完成对雅虎 76 亿美元的股份回购计划之后，2015 年，阿里巴巴集团(下称“阿里”)再次“筹钱”。

外媒援引知情人士消息称，为偿还当前债务，阿里计划再次借贷 80 亿美元。2015 年 3 月，《第一财经日报》记者证实：贷款正在计划中，资金将主要用于回购雅虎所持股票交易等。

根据与雅虎的回购协议，阿里有权在 IPO 之际回购雅虎持有股份的剩余一半的前提是，阿里在 2015 年 12 月前进行 IPO。

“去年参与回购计划的大部分资本，在这轮借贷中将继续参与。”据参与阿里回购计划的投行知情人士透露，阿里已经与出借方进行了接触，通过此次贷款，阿里将解决去年 40 亿美元贷款的问题，而另外 40 亿美元将用于回购雅虎所持股票交易。

去年 9 月，阿里宣布对雅虎 76 亿美元的股份回购计划已全部完成。在此次回购中，雅虎转让阿里 40% 股份的一半，获得的对价总额为 76 亿美元，其中包括 63 亿美元现金、价值 8 亿美元优先股以及价值为 5.5 亿美元的技术许可合同。

根据已披露的资料，上述 76 亿美元回购资金的构成，有国资背景的国开行、中投公司、中信资本和博裕资本等，外资背景有以银团模式提供贷款的花旗、瑞信和巴克莱等。其融资细节显示：国开行作为唯一一家来自中国的银行，为此次交易提供了 10 亿美元的银行贷款，剩余 10 亿美元由花旗、瑞士信贷集团、德意志、摩根士丹利等八家国际性银行提供。在 20 亿美元的普通股认购中，“国家队”也堪称中流砥柱。中投参与其中认购 10 亿美元，另外 10 亿美元的认购者中则还有国开金融以及两家中国 PE 公司：中信资本及博裕资本。“此次融资，向阿里抛出绣球的(金融机构)更多。”上述投行知情人士告诉记者，在新一轮的融资中，花旗等八家国际性银行，以及中投、国开行等“国家队”大部分都会继续参与。“由于竞争者增多，此次贷款的利率将低于去年的贷款利率。”

根据 2012 年 5 月的回购协议，阿里以 63 亿美元现金及价值 8 亿美元的阿里优先股，回购雅虎持有阿里 40% 股份的一半。据双方协议，阿里需要在 2015 年前启动 IPO，否则该公司未来上市时将无权买回剩余 20% 的雅虎所持股份。再次借贷也被业内视作阿里为

IPO铺路的积极信号。

尽管阿里集团管理层反复表示“整体上市并无时间表”，加之将5.7亿美元的利润，作为一次性技术费用支出，也暗示阿里有意延缓上市。但通过从雅虎手中回购股份，阿里集团已经铺平整体上市的道路。上述投行人士认为，“实际完成借贷的八家国际银行也是未来阿里巴巴整体上市潜在的承销商”。

马云更曾多次表示，不希望看到另一家像雅虎这样把持过多公司股权的巨头进来，这将保证5年或者10年之后，阿里的下一代管理者不会过多地承受来自股东的压力。

在回购之前，阿里集团估值为350亿美元，而据巴克莱(Barclays)最新发布的投资报告，对阿里的估值提高到550亿美元。阿里未来的盈利能力是巴克莱调整估值的一大原因。

回想2005年雅虎花费10亿美元和雅虎中国换来阿里40%股份，其一半股份已实现76亿美元的交易价格，其盈利能力和成长空间被无数投资者看在眼里，俨然成了“香饽饽”。

业界普遍预测阿里IPO规模将有望攀上千亿美元。另据接近阿里的知情人士称，阿里整体上市时机将在2015年之前。

资料来源：阿里巴巴再筹资＄80亿国字号银行“捧场”[EB/OL].[2015-03-06].http://www.ebrun.com/20150306/126256.shtml.

问题：

1. 根据文中资料，分析阿里巴巴采用了哪些方法进行筹资？
2. 阿里巴巴的这些筹资方式有哪些特点？
3. 如何评价阿里巴巴的这些筹资方式？

即测即练

第11章 杠杆利益

学习目标

- 了解成本习性及分类，掌握边际贡献、息税前利润及保本点的计算与应用。
- 理解经营杠杆的基本原理，掌握经营杠杆系数的计算与应用。
- 理解财务杠杆的基本原理，掌握财务杠杆系数的计算与应用。
- 理解联合杠杆的基本原理，掌握联合杠杆系数的计算与应用。
- 领会联合杠杆对公司治理的意义。

引导案例

企业应抵住高杠杆诱惑

截至2023年第一季度末，正邦科技资产负债率高达97%，现金及现金等价物余额仅约7亿元。正邦科技的资产负债率高企，从直接原因上看，与公司此前“豪赌”猪周期不无关联。

由于豪赌猪周期，导致正邦科技短借长投。2019—2021年，正邦科技购建固定资产、无形资产和其他长期资产支付的现金合计约225.5亿元，其中一大部分源于举债。在利润率为正的情况下，如此操作并不会导致多大问题，但伴随猪价下跌，此操作便让企业栽了大跟头。要想穿越行业周期，企业应当抵挡住高杠杆诱惑。企业不应当过度自信，特别是使用超过自身承受能力的财务杠杆进行产能扩张，最终短借长投导致企业陷入困境。

资料来源：赵李南．正邦科技豪赌新能源 企业应抵住高杠杆诱惑[N]．每日经济新闻，2022-06-24(008).

问题：

1. 什么是财务杠杆？什么是财务杠杆效应？
2. 影响财务杠杆高低的因素有哪些？
3. 企业应该如何运用财务杠杆？

杠杆原理是一种物理现象，阿基米德曾经形象地描述过杠杆原理：“给我一个支点，我就能撬动整个地球。”因为固定费用的存在，公司经营过程中也存在杠杆效应，这种杠杆效应包括经营杠杆效应、财务杠杆效应和联合杠杆效应。公司的管理者可以利用这种杠杆效应获取更高的回报，但是，杠杆效应也是一把“双刃剑”——公司经营良好时会锦上添花，而当公司经营陷入困境时会雪上加霜。

11.1 经营杠杆

11.1.1 成本习性及分类

成本习性，也称成本性态，是指成本总额与业务量之间的依存关系。按成本习性可将成本分为固定成本、变动成本和混合成本。

▶ 1. 固定成本

（1）固定成本的概念。固定成本是指其成本总额在一定期间和一定业务量范围内不随业务量变动而变动的成本，如管理人员的薪酬、固定资产按直线法计提的折旧费等。固定成本可以分为酌量性固定成本和约束性固定成本，其中酌量性固定成本指公司管理当局在编制预算时可以根据自己的意图确定并改变其发生数额的一种固定成本，比如广告费和新产品开发费等；约束性固定成本则是指公司管理当局在编制预算时不可以根据自己的意图确定并改变其发生数额的一种固定成本，如固定资产的折旧费等。

（2）固定成本的特征。固定成本具有以下两个特征：

① 在一定期间和一定业务量范围内，固定成本的总额保持不变；

② 在一定期间和一定业务量范围内，单位固定成本随着业务量的增加而减少。正因为固定成本具有这种特性，在生产经营过程中可以产生杠杆效应。

▶ 2. 变动成本

（1）变动成本的概念。变动成本是指在一定期间、一定业务量范围内，其成本总额随着业务量呈正比例变化的那部分成本，如材料费、计件工资等。

（2）变动成本的特征。变动成本也具有以下两个特征：

① 在一定期间和一定业务量范围内，变动成本的总额随着业务量的增加成正比例增加，随着业务量的减少成正比例减少；

② 在一定期间和一定业务量范围内，单位变动成本不受业务量的影响而保持不变。

▶ 3. 混合成本

混合成本是介于固定成本与变动成本之间、既随业务量变动又不成正比例变化的那一部分成本，这类成本的基本特征是其发生额的高低虽然直接受业务量大小的影响，但不存在严格的比例关系。混合成本可以按照一定的方法，将其分解成固定成本和变动成本。

▶ 4. 总成本

综上所述，公司的总成本可以最终分解成固定成本和变动成本两大类，其公式如下：

总成本＝变动成本＋固定成本＝业务量×单位变动成本＋固定成本

11.1.2 保本点分析

▶ 1. 边际贡献

边际贡献总额，也称贡献毛益或边际利润，是指销售收入总额减去变动成本总额以后的差额，其计算公式为

边际贡献总额＝销售收入总额－变动成本总额

若以 T_{cm} 表示边际贡献，S 表示销售收入总额，Q 表示业务量，P 表示销售单价，V 表示单位变动成本，则上述公式可以表述为

$$T_{cm}=Q\times P-Q\times V=Q(P-V)=S(1-V')$$

其中：V'为变动成本率，即 $V'=V/P$。

销售单价减去单位变动成本后的差额，称为单位边际贡献，可以用 P_{cm} 表示，其计算公式为

单位边际贡献＝销售单价－单位变动成本

$$P_{cm}=P-V$$

则

$$边际贡献率=P_{cm}/P=(P-V)/P=1-V'$$

▶ 2. 息税前利润

边际贡献反映了产品为公司盈利的贡献大小，但边际贡献首先要弥补固定成本，只有公司所发生的全部固定成本都得到弥补后，公司才能实现盈利。公司的边际贡献总额扣除固定成本后的利润，也就是公司支付利息和缴纳所得税前的利润，简称息税前利润，一般用 EBIT(earnings before interest and tax)表示，计算公式如下：

$$\begin{aligned}息税前利润&=销售收入总额-总成本\\&=销售收入总额-变动成本总额-固定成本\\&=边际贡献总额-固定成本\end{aligned}$$

或

$$\text{EBIT}=Q(P-V)-\text{FC}=T_{cm}-\text{FC}$$

其中：FC 表示固定成本。

▶ 3. 保本点

只有所有成本都得到弥补后公司才有盈利，此时的息税前利润大于零，息税前利润越大，表明公司的盈利能力越强。公司的生产经营存在风险，作为公司管理者来说，首先必须搞清楚公司的保本点，然后要搞清楚业务量的变动对公司盈亏的影响。保本点(盈亏平衡点)是指公司的息税前利润为零时的销售水平，此时公司的销售收入刚好能够弥补全部成本。保本点有两种表现形式：保本点的销售量和保本点的销售额。

(1) 保本点的销售量。设保本点销售量为Q_{BE}，此时 EBIT＝0，假设公司只生产一种产品，则

$$0=Q_{BE}(P-V)-\text{FC}$$

可得

$$Q_{BE}=\frac{\text{FC}}{P-V}$$

也可以表示为

$$保本点销售量=\frac{固定成本}{单位边际贡献}$$

【例 11-1】假设诚毅公司只生产一种产品，单位售价为 100 元，单位变动成本为 40 元，公司年固定成本为 2 400 万元，请计算该公司的保本点销售量。

计算：$Q_{BE}=\frac{2\,400}{100-40}=40$(万件)

(2) 保本点的销售额。如果公司生产的产品品种较多，保本点一般用销售额表示，其计算公式如下(推导过程略)：

$$边际贡献率=\frac{边际贡献}{销售收入}$$

$$保本点的销售额=\frac{固定成本}{综合边际贡献率}$$

【例 11-2】诚毅公司生产两种产品，其中：甲产品年销量 90 000 件，单位售价为 10 元，单位变动成本为 4 元；乙产品年销量 40 000 件，单位售价为 15 元，单位变动成本为 9 元。该公司年固定成本为 400 000 元，求该公司保本点的销售额。

分析：该公司生产两种产品，因此先要确定综合边际贡献率，然后再计算保本点销售

额。第一步，分别计算个别产品的边际贡献率；第二步，计算个别产品的销售比重；第三步，加权平均计算全部产品的综合边际贡献率；第四步，计算确定保本点的销售额。

计算：(1) 计算个别产品的边际贡献率。

$$甲产品的边际贡献率=\frac{10-4}{10}=60\%$$

$$乙产品的边际贡献率=\frac{15-9}{15}=40\%$$

(2) 计算个别产品的销售比重。

销售总额＝10×90 000＋15×40 000＝1 500 000(元)

$$甲产品的销售比重=\frac{10\times 90\ 000}{1\ 500\ 000}=60\%$$

$$乙产品的销售比重=\frac{15\times 40\ 000}{1\ 500\ 000}=40\%$$

(3) 计算综合边际贡献率。

综合边际贡献率＝60%×60%＋40%×40%＝52%

(4) 计算保本点的销售额。

$$保本点的销售额=\frac{400\ 000}{52\%}=769\ 230(元)$$

11.1.3 经营风险与利益

如果公司的销售水平刚好处于保本点的销售水平，意味着公司的业务量每增加一个单位，公司就可以实现盈利；相反，公司的业务量每减少一个单位，公司就会陷入亏损。这说明，在其他条件不变的情况下，公司的业务量的变动会导致公司的息税前利润增加或者减少，而且息税前利润的变动率远大于业务量的变动率，现举例说明其中的变动规律。

【例 11-3】假设有 A、B 两家公司生产同一种甲产品，甲产品单位售价为 10 元。A 公司生产的甲产品单位变动成本为 7 元，固定成本为 2 000 万元。B 公司生产的甲产品单位变动成本为 3 元，固定成本为 6 000 万元。假定在正常情况下，A、B 两家公司甲产品的年销售量均为 1 000 万件。假设甲产品的销售量分别增加 20%和减少 20%，则 A、B 两家公司销售量的变动对息税前利润的影响如表 11-1 所示。

表 11-1　销售收入及息税前利润变动情况表　　单位：万元

项　目	正常销售水平		销售量增加 20%		销售量减少 20%	
	A 公司	B 公司	A 公司	B 公司	A 公司	B 公司
销售收入	10 000	10 000	12 000	12 000	8 000	8 000
销售成本						
变动成本	7 000	3 000	8 400	3 600	5 600	2 400
固定成本	2 000	6 000	2 000	6 000	2 000	6 000
息税前利润	1 000	1 000	1 600	2 400	400	−400
销售收入变动率			20%	20%	−20%	−20%
息税前利润变动率			60%	140%	−60%	−140%

分析表 11-1 的相关数据，可以得出如下结论：

(1) A、B 两家公司在正常销售水平下，其息税前利润是相等的，但其成本构成显著不同：A公司固定成本总额低但单位产品变动成本较高，而B公司则刚好相反，固定成本总额较高但单位产品变动成本较低。

(2) 在公司的销售收入比正常销售收入增长20%的情况时，A公司的息税前利润增长了60%，而B公司的息税前利润增长了140%，表明销售收入(量)的增长会导致息税前利润的增长，而且息税前利润的增长幅度远大于销售收入(量)的增长幅度，这就是公司经营过程中存在的经营杠杆利益，即销售收入(量)的增长会引起息税前利润更大幅度地增长。另外，对比A公司和B公司息税前利润的增长幅度，可以发现B公司的息税前利润的增长幅度更大，说明B公司的经营杠杆利益更高。

(3) 当公司的销售收入比正常销售收入减少20%的情况时，A公司的息税前利润减少了60%，但仍然盈利400万元；B公司的息税前利润减少了140%，且出现了400万元的亏损。这表明销售收入(量)的减少会导致息税前利润的减少，而且息税前利润的减少幅度远大于销售收入(量)的减少幅度，这就是公司经营过程中存在的经营杠杆损失，即销售收入(量)的减少会引起息税前利润更大幅度的减少，甚至让公司出现亏损。同样通过对比分析可以发现，B公司的经营杠杆损失更高。

(4) 计算A、B两家公司不同销售量水平下的产品成本，见表11-2。

表11-2　不同销售量水平下的甲产品成本表　　单位：元/件

项　目	销售量1 000万件		销售量1 200万件		销售量800万件	
	A公司	B公司	A公司	B公司	A公司	B公司
单位变动成本	7.00	3.00	7.00	3.00	7.00	3.00
单位固定成本	2.00	6.00	1.67	5.00	2.50	7.50
单位产品总成本	9.00	9.00	8.67	8.00	9.50	10.50
销售量变动率			20%	20%	−20%	−20%
单位产品总成本变动率			−4%	−11%	6%	17%

从表11-2可以看出，在不同销售量水平下，A、B两家公司的单位变动成本都保持不变，单位固定成本与产品销售量呈反方向变动，即销售量增加时，单位固定成本减少，导致单位产品总成本减少；销售量减少时，单位固定成本增加，导致单位产品总成本增加。而且，B公司的单位产品总成本变动率要比A公司的单位产品总成本变动率高，主要原因是B公司的固定成本总额要比A公司高，销售量变动导致单位产品分摊的固定成本以较大幅度增加或减少。由此可见，公司经营的杠杆收益和杠杆损失，是因为公司存在固定成本导致的，固定成本总额越大，杠杆效益就越大。

从例11-3的分析可知，固定成本的存在引起公司的息税前利润的变动率大于业务量的变动率，这种现象称为经营杠杆。经营杠杆会产生经营杠杆效应，即业务量的增加会导致息税前利润更大幅度的增加而产生经营杠杆利益，而业务量的减少会导致息税前利润更大幅度的减少而产生经营杠杆损失。公司经营过程中的这种不确定性就是经营风险，经营杠杆效应大小反映了经营风险的大小。

11.1.4　经营杠杆系数

1. 经营杠杆系数的计算

要反映经营杠杆效应的大小，需要计算经营杠杆系数。经营杠杆系数也称经营杠杆度，是指息税前利润变动率相当于业务量变动率的倍数。如果公司只生产一种产品，业务量变动率通常采用产品的产销量变动率来表示(假设产量等于销量)；如果公司生产多种产品，业务量变动率可以用销售收入变动率来表示。因此，经营杠杆系数的计算公式如下：

$$\text{经营杠杆系数}=\frac{\text{息税前利润变动率}}{\text{业务量变动率}}=\frac{\text{息税前利润变动率}}{\text{产销量变动率}}=\frac{\text{息税前利润变动率}}{\text{销售收入变动率}}$$

经营杠杆系数一般用DOL表示，息税前利润用EBIT表示，产销量用Q表示，销售收入用S表示，则上述公式可以表述为

$$\mathrm{DOL}=\frac{\Delta \mathrm{EBIT}/\mathrm{EBIT}}{\Delta Q/Q}=\frac{\Delta \mathrm{EBIT}/\mathrm{EBIT}}{\Delta S/S}$$

【例 11-4】沿用例11-3的相关数据，请计算A、B两家公司年销售量为1 000万件(销售收入10 000万元)时的经营杠杆系数。

计算：$\mathrm{DOL}_A=\frac{(1\,600-1\,000)/1\,000}{(1\,200-1\,000)/1\,000}=\frac{(1\,600-1\,000)/1000}{(12\,000-10\,000)/10\,000}=\frac{60\%}{20\%}=3$

$\mathrm{DOL}_B=\frac{(2\,400-1\,000)/1\,000}{(1\,200-1\,000)/1\,000}=\frac{(2\,400-1\,000)/1\,000}{(12\,000-10\,000)/10\,000}=\frac{140\%}{20\%}=7$

上述经营杠杆系数的计算公式是根据其定义来计算的，实务中，一般计算的是公司当前的经营杠杆系数，因而没有息税前利润的变动率的历史数据可供参考，所以要根据量本利之间的关系来计算经营杠杆系数。经推导，经营杠杆系数的公式可演变为

$$\text{经营杠杆系数}=\frac{\text{变动前边际贡献}}{\text{变动前息税前利润}}$$

如果公司只生产一种产品，则上述公式可以表述如下：

$$\mathrm{DOL}_Q=\frac{Q(P-V)}{Q(P-V)-\mathrm{FC}}$$

如果公司生产多种产品，则上述公式可以表述如下：

$$\mathrm{DOL}_S=\frac{S-\mathrm{VC}}{S-\mathrm{VC}-\mathrm{FC}}$$

其中：VC表示变动成本总额。

【例 11-5】继续沿用例11-3的相关资料，请计算A公司业务量为1 000万件、1 200万件、1 500万件时的经营杠杆系数。

计算：$\mathrm{DOL}_{1\,000}=\frac{1\,000\times(10-7)}{1000\times(10-7)-2\,000}=3$

$\mathrm{DOL}_{1\,200}=\frac{1\,200\times(10-7)}{1\,200\times(10-7)-2\,000}=2.25$

$\mathrm{DOL}_{1\,500}=\frac{1\,500\times(10-7)}{15\,00\times(10-7)-2\,000}=1.8$

▶ 2. 经营杠杆系数与经营风险

(1) 经营杠杆系数是一个倍数，表明业务量每变动1%，息税前利润变动的倍数。根据经营杠杆系数的大小，可以预测公司业务量变动后的息税前利润的水平，具体预测公式为

预期的息税前利润＝基期的息税前利润×(1＋DOL×业务量变动率)

【例 11-6】继续沿用例11-3的相关资料，如果A公司现年销量1 000万件，假设该公司预计下一年度销量增长25%，请预测该公司下一年度的息税前利润。

分析：A公司年销售量1 000万件时的经营杠杆系数为3，息税前利润为1 000万元，可以直接根据经营杠杆系数预测其下一年度的息税前利润。

计算： 下一年度的预计息税前利润＝1 000×(1＋3×25％)＝1 750(万元)

(2) 公司的经营风险是指公司经营过程中因产品价格、销售量和成本等因素的变化而导致的经营利润的不确定性，其中尤其指因为经营杠杆而导致的息税前利润的不确定性。经营杠杆系数反映了经营风险的大小。一般来说，经营杠杆系数越大，经营风险就越大；反之，经营杠杆系数越小，经营风险就越小。

(3) 经营杠杆系数与固定成本的变化呈同方向变化，在其他因素不变的情况下，固定成本越大，经营杠杆系数越大，公司业务量的细微变化就会导致息税前利润剧烈变化，公司的经营风险大。当固定成本等于零时，经营杠杆系数等于1，此时不存在经营杠杆效应。

(4) 在不同的业务量水平上，经营杠杆系数是不同的，因此，经营杠杆系数只是反映某一特定业务量水平下的经营风险，而且这种经营风险是潜在的风险，这种潜在的风险只有在业务量水平和成本结构等因素发生变化的情况下才有可能被激活。

(5) 经营杠杆系数与业务量(销售收入)呈反方向变化，公司业务量(销售收入)越大，经营杠杆系数就越小。随着公司业务量的增加，经营杠杆系数逐渐减少并趋于1，意味着经营风险随着业务量的增加而逐渐降低；反之，随着公司业务量的减少，经营杠杆系数会逐渐增加，当公司的业务量水平越接近保本点的业务量水平时，经营杠杆系数趋于无穷大，表明此时公司的经营风险最大。也就是说，经营杠杆系数的大小，取决于变动前业务量水平与保本点业务量水平之间的距离，两者的距离由小到大，经营杠杆的作用程度由强到弱，经营风险由大到小。

(6) 经营杠杆系数的影响因素主要包括产销量、产品单价、单位变动成本和固定成本总额，说明公司的经营风险主要受上述因素的影响。而且产销量和产品单价与经营杠杆系数的变化呈反方向变化，单位变动成本和固定成本总额与经营杠杆系数的变化呈同方向变化。因此，要降低经营风险，应该提高公司的产销量和产品单价，降低单位变动成本和固定成本总额。但是，这四个因素是相互影响的，比如提高产品单价可能会导致产品销量的减少，降低固定成本总额则可能要增加单位变动成本，因此，控制经营风险是一个系统工程，需要综合考虑各因素之间的相互影响。

11.2　财务杠杆

11.2.1　财务风险与利益

公司的长期资本一般是由权益资本和债务资本构成的，权益资本的资本成本是变动的，一般从公司的税后利润中支付，股利的多少受公司盈利高低和股利政策的影响；债务资本的资本成本则是固定的，不论公司是盈利还是亏损，也不论公司盈利的大小，都需要按照合同约定的固定的利率支付利息，但是，利息在税前支付，可以产生节税效应。正是由于债务资本的这种特性，即使息税前利润是相等的，但在不同的资本结构下，股东的每股收益也是不同的；而且息税前利润发生变化时，不同资本结构下股东的每股收益的变化也存在很大的差别。现举例说明之。

【例 11-7】假设有甲、乙两家公司，资本总额均为5 000万元，其中甲公司的资本由发行在外的每股面值为1元的普通股组成，共5 000万股，乙公司的资本由发行在外的每股面值为1元的普通股2 000万股和年利率为8％的债券3 000万元组成，两家公司的所得税税率均为25％，息税前利润均为500万元。

要求：

(1) 计算甲、乙两家公司的每股收益。

(2) 假设息税前利润在现有基础上增加20%，计算变动后的甲、乙两家公司的每股收益及每股收益的变化情况。

(3) 假设息税前利润在现有基础上减少30%，计算变动后的甲、乙两家公司的每股收益及每股收益的变化情况。

计算：根据题意，甲、乙两家公司的每股收益及变动情况计算结果如表11-3所示。

表11-3　甲、乙两家公司的每股收益及变动情况表　　单位：万元

项　目	息税前利润变动前状况		息税前利润增加20%		息税前利润减少30%	
	甲公司	乙公司	甲公司	乙公司	甲公司	乙公司
资本总额	5 000	5 000	5 000	5 000	5 000	5 000
普通股(面值1元)	5 000	2 000	5 000	2 000	5 000	2 000
负债		3 000		3 000		3 000
普通股数(万股)	5 000	2 000	5 000	2 000	5 000	2 000
息税前利润	500	500	600	600	350	350
减：利息(利率8%)	0	240	0	240	0	240
税前利润	500	260	600	360	350	110
减：所得税(税率25%)	125	65	150	90	87.5	27.5
净利润	375	195	450	270	262.5	82.5
每股收益	0.075	0.098	0.090	0.135	0.053	0.041
息税前利润变动率			20.00%	20.00%	−30.00%	−30.00%
每股收益变动率			20.00%	38.46%	−30.00%	−57.69%

从表11-3的计算结果可以看出：

(1) 在息税前利润变动前，甲、乙两家公司的息税前利润都是500万元，资本总额也都是5 000万元，虽然甲公司的净利润375万元比乙公司的净利润195万元要高，但乙公司的每股收益为0.098元比甲公司的0.075元要高，造成这种差异的原因是乙公司有负债而甲公司没有，说明合理利用负债，能够增加股东的收益。导致这种情况的主要原因有两点：一是负债的利息是固定的，一旦投资报酬率高于负债的利率，如本例中变动前投资报酬率为10%(500万元/5 000万元)大于负债的利率8%，则支付利息剩余的收益都归股东享有；二是利息的节税效应，如本例中息税前利润变动前，乙公司的所得税为65万元，比甲公司的所得税为125万元少了60万元，这部分就是乙公司负债的节税效应(240×25%=60万元)。

(2) 负债也会带来不利影响。本例中，息税前利润减少30%到350万元以后可以发现，甲公司的每股收益0.053元比乙公司的每股收益0.041元要高，主要原因是投资报酬率7%(350万元/5 000万元)要低于负债的利率8%，此时，公司仍需要按固定的利率8%向债权人支付利息，公司只能将股东的一部分收益支付给债权人，从而损害了股东的利益。不仅如此，如果公司出现亏损，也仍然需要支付固定的利息给债权人，会进一步加剧公司的亏损，这就是负债产生的风险。

(3) 负债能够给公司带来杠杆收益，也能给公司带来杠杆损失。对比甲公司和乙公司每股收益的变动可以发现，甲公司的每股收益变动率与息税前利润的变动率是一致的，说明甲公司没有杠杆收益也没有杠杆损失；但是，乙公司每股收益变动率大于息税前利润变

动率，如息税前利润率增加20%，其每股收益增加38.46%，息税前利润减少30%，其每股收益减少57.69%，这是因为负债的固定利息导致的财务杠杆效应：在息税前利润上涨的情况下，每股收益会以更大的幅度上涨，从而产生杠杆收益；反之，在息税前利润下降的情况下，每股收益会以更大的幅度下降，从而导致杠杆损失。

综上所述，负债筹资对普通股每股收益所产生的影响，通常称为财务杠杆。公司利用负债筹资给股东带来的额外收益，称为财务杠杆收益；公司利用负债筹资给股东带来的额外损失，称为财务杠杆损失。这种公司因负债筹资而导致的普通股每股收益变化的不确定性，称为财务风险，特别是指因负债的财务杠杆作用而导致普通股每股收益下降的风险。公司利用负债筹资要获得财务杠杆收益，必须有一个前提，即投资报酬率必须大于负债的利率。如果公司的投资报酬率小于负债的利率，就会产生杠杆损失，使股东利益受损，情况严重的时候，会使公司背负还本付息的巨大压力，导致公司现金流枯竭，经营亏损，长此以往，有可能导致公司因财务状况恶化而破产。

11.2.2 财务杠杆系数

1. 财务杠杆系数的计算

财务杠杆系数，也称财务杠杆度，是指普通股每股收益变动率相对于息税前利润率变动的倍数，一般用来衡量财务杠杆的大小。财务杠杆系数的计算公式如下：

$$财务杠杆系数=\frac{每股收益变动率}{息税前利润变动率}$$

财务杠杆系数一般用DFL表示，每股收益用EPS表示，息税前利润用EBIT表示，则上述公式可以表述为

$$DFL=\frac{\Delta EPS/EPS}{\Delta EBIT/EBIT}$$

根据例11-7的资料，可以计算出甲、乙公司的财务杠杆系数为

$$DFL_{甲}=\frac{20\%}{20\%}=\frac{-30\%}{-30\%}=1$$

$$DFL_{乙}=\frac{38.46\%}{20\%}=\frac{-57.69\%}{-30\%}=1.92$$

实务中，负债的利息和优先股的股利都是固定的，都能产生财务杠杆作用，经推导（推导过程略），财务杠杆系数的公式还可以演变为

$$DFL=\frac{EBIT}{EBIT-I-\frac{D}{1-T}}$$

其中：I 表示负债的利息；D 表示优先股的股利；T 表示所得税税率。如果公司没有优先股，则上述公式可以简化为

$$DFL=\frac{EBIT}{EBIT-I}$$

【例11-8】沿用例11-7的资料，请计算乙公司息税前利润分别为350万元、500万元和600万元时的财务杠杆系数。

计算：$DFL_{350}=\frac{350}{350-240}=3.18$

$$DFL_{500}=\frac{500}{500-240}=1.92$$

$$DFL_{600}=\frac{600}{600-240}=1.67$$

▶ 2. 财务杠杆系数与财务风险

从上面关于财务杠杆系数的定义和计算可以看出：

(1) 财务杠杆系数是一个倍数，表明息税前利润每变动1%普通股每股收益变动的倍数，根据财务杠杆系数的大小，可以预测公司普通股每股收益，具体预测公式为

预期的每股收益＝基期的每股收益×(1＋DFL×息税前利润变动率)

继续沿用例11-7的资料，假设乙公司现在息税前利润是600万元，此时的财务杠杆系数为1.67，每股收益为0.135元，如果乙公司下一个年度的息税前利润增长15%，则乙公司下一年度的每股收益为

下一年度的每股收益＝0.135×(1＋1.67×15%)＝0.17(元)

(2) 财务杠杆系数反映了财务风险的大小，财务杠杆系数越大，说明财务风险越大。如果公司没有负债和优先股，所有的资本都由普通股构成时，财务杠杆系数永远等于1，此时没有财务杠杆效应，也没有财务风险。公司的负债比重越高，财务杠杆系数就越大，此时每股收益受息税前利润的影响就越大，财务风险就越高。另外，如果公司的利率上升，财务杠杆系数也会随之上升，财务风险也随之增加。

(3) 从例11-8的计算可以发现，当公司利息固定时，息税前利润越大，财务杠杆系数越小，息税前利润越小，财务杠杆系数越大。也就是说，随着息税前利润由大变小，财务杠杆系数由小变大，财务风险由弱变强。当息税前利润趋近于公司的利息时，财务杠杆系数趋近于无穷大，此时的财务风险最大。

(4) 当息税前利润小于负债的利息时，财务杠杆系数为负，说明此时没有财务杠杆收益，只有财务杠杆损失，负债损害了股东的利益。只有息税前利润大于负债的利息，投资报酬率大于利率时，才会产生财务杠杆收益。因此，公司在筹集资本时，应当在财务杠杆利益和负债筹资的财务风险之间做出权衡。一般来说，当投资报酬率大于负债的利率，预期销售水平较高并稳步上升时，可以适当地多利用负债筹资，提高财务杠杆系数；反之，则应减少负债筹资，降低财务杠杆系数。

11.3 联合杠杆

11.3.1 综合风险与利益

一般公司，既有经营杠杆，也有财务杠杆，这两种杠杆联合在一起，就形成了联合杠杆，又称总杠杆或综合杠杆。如前所述，因为固定成本的存在，产生了经营杠杆效应，业务量的变动引起息税前利润更大幅度的变动；因为固定的利息费用的存在，产生了财务杠杆效应，息税前利润的变动引起了普通股每股收益更大幅度的变动。两者综合作用的结果，最终体现为公司业务量的变化引起普通股每股收益更大幅度的变动，这就是综合杠杆效应：业务量的增加会引起普通股每股收益以更大幅度增加，形成综合杠杆利益；反之，业务量的减少会引起普通股每股收益以更大幅度减少，产生

综合杠杆损失。

普通股每股收益的这种不确定性就是公司的综合风险，又称总风险或复合风险，是财务风险和经营风险综合作用的结果。公司在生产经营过程中，要合理确定总风险的承受水平，在财务风险和经营风险之间进行权衡，使公司的总体风险可控。

11.3.2　联合杠杆系数

▶ 1. 联合杠杆系数的计算

公司综合风险的大小通常用联合杠杆系数来衡量。联合杠杆系数，又称综合杠杆系数，是指公司普通股每股收益变动率相对于业务量(产销量)变动率的倍数。其计算公式如下：

$$联合杠杆系数=\frac{每股收益变动率}{业务量变动率}$$

联合杠杆系数一般用DCL(或DTL)表示，上述公式可用符号表示为

$$DCL=\frac{\Delta EPS/EPS}{\Delta Q/Q}$$

上述公式可以展开为

$$DCL=\frac{\Delta EBIT/EBIT}{\Delta Q/Q}\times\frac{\Delta EPS/EPS}{\Delta EBIT/EBIT}$$

因此，联合杠杆系数是经营杠杆系数与财务杠杆系数之积，公式为

$$DCL=DOL\times DFL$$

实务中，联合杠杆系数还可以通过如下公式来计算(具体推导过程略)：

$$DCL=\frac{S-VC}{S-VC-FC-I-\frac{D}{1-T}}$$

如果公司没有优先股，则上述公式可以简化为

$$DCL=\frac{S-VC}{EBIT-I}$$

此时，联合杠杆系数实际上为某一销售水平下的边际贡献总额与税前利润的比率。

▶ 2. 联合杠杆系数和综合风险

从上面关于联合杠杆系数的定义和计算，可以看出：

(1) 联合杠杆系数是一个倍数，表明业务量每变动1%普通股每股收益变动的倍数，根据联合杠杆系数的大小，可以预测公司普通股每股收益，具体预测公式为

$$预期的每股收益=基期的每股收益\times(1+DCL\times业务量变动率)$$

【例11-9】诚毅公司的资本总额为8 000万元，其中普通股5 000万元(每股面值1元，普通股数为5 000万股)，长期负债3 000万元，年利率8%。2015年的销售收入为20 000万元，变动成本率为45%，固定成本总额为4 000万元。公司所得税税率为25%。假设2016年的资本结构不变，公司销售收入计划增长30%，请预测该公司2016年的普通股每股收益。

分析：本例中，已知销售收入的增长率为30%，要预测该公司2016年的普通股的每股收益，可以根据联合杠杆系数的基本原理来进行预测。

首先，应该计算出该公司2015年的每股收益；其次，计算该公司基期的联合杠杆系数；最后，根据联合杠杆系数的原理来预测每股收益。

计算：① 计算2015年普通股的每股收益。

$$2015\text{年普通股的每股收益}=\frac{[20\ 000\times(1-45\%)-4\ 000-3\ 000\times8\%]\times(1-25\%)}{5\ 000}=1.014(\text{元})$$

② 计算基期的联合杠杆系数。

$$DOL=\frac{20\ 000\times(1-45\%)}{20\ 000\times(1-45\%)-4\ 000}=1.57$$

$$DFL=\frac{20\ 000\times(1-45\%)-4\ 000}{20\ 000\times(1-45\%)-4\ 000-3\ 000\times8\%}=1.04$$

$$DCL=DOL\times DFL=1.57\times1.04=1.63$$

或

$$DCL=\frac{20\ 000\times(1-45\%)}{20\ 000\times(1-45\%)-4\ 000-3\ 000\times8\%}=1.63$$

③ 计算2016年的预期每股收益。

2016年普通股预期每股收益$=1.014\times(1+1.63\times30\%)=1.51$(元)

(2) 只要公司同时存在固定成本和固定利息支出，就会存在联合杠杆，产生综合杠杆效应。联合杠杆系数反映了公司综合风险的大小，联合杠杆系数越大，说明公司的综合风险越大。联合杠杆系数是经营杠杆系数与财务杠杆系数两者之积，说明公司的综合风险不是经营风险和财务风险简单相加的结果，而是综合作用的结果，财务风险和经营风险相互作用，使公司的总体风险呈几何级数增加。

(3) 如果公司没有负债，就没有财务杠杆，此时公司的经营风险不会被放大，公司的总风险就等于经营风险。一旦公司使用了财务杠杆，财务杠杆就会放大经营风险对每股收益的影响，因此，公司应该权衡财务杠杆和经营杠杆的作用，使公司的总体风险控制在合理水平。一般来说，经营杠杆大、经营风险高的公司，应该采取财务杠杆有限的融资组合，以降低财务风险；反之，经营杠杆小、经营风险低的公司，可以采取高财务杠杆的融资组合，充分发挥财务杠杆的正效应。因此，公司应该坚持股东价值最大化的目标，根据公司的生产经营情况，权衡风险与收益，合理确定融资策略，关键在于选择最佳资本结构。

3. 联合杠杆系数对公司治理的意义

从联合杠杆系数的概念公式，即公司普通股每股收益变动率/业务量(产销量)变动率，可以看出，股东或者董事会成员若想获得更高的公司普通股每股收益增长率，要么在DCL固定的情况下提高业务量(产销量)增长率，要么在业务量(产销量)增长率不变的情况下提高DCL，总之他们关心的是业务量(产销量)增长率和DCL的大小(风险)。而联合杠杆系数的联动公式(DOL×DFL)又表明，DCL受DOL和DFL的协同效应影响，也即股东或者董事会成员把DCL的大小(公司的总体风险)控制管理信任委托给了总经理(或CEO)及其下属的首席经营官(COO)和首席财务官(CFO)，他们直接关心的是公司产品的市场占有率大小变化给业务量(产销量)带来怎样的变化。因此可以这样理解：联合杠杆系数蕴含着在现代公司制度下，由于所有权和经营权的分离而产生的代理问题是公司治理的核心，在控制好DCL(公司的总体风险)和代理成本的前提下，公司所有权人——股东通过控制提高公司营业收入的增长率，便可以控制自己的利益——每股收益的增长率。

本章小结

1. 按成本习性可将成本分为固定成本、变动成本和混合成本，而混合成本可以分解成固定成本和变动成本，因此，公司的总成本可以最终分解成固定成本和变动成本。边际贡献总额，是指销售收入总额减去变动成本总额以后的差额。息税前利润是指公司的边际贡献总额扣除固定成本后的利润。保本点，也称盈亏平衡点，是指公司的息税前利润为零时的销售水平，此时公司的销售收入刚好能够弥补全部成本。保本点有两种表现形式：保本点的销售量和保本点的销售额。

2. 固定成本的存在引起公司的息税前利润的变动率大于业务量的变动率，这种现象称为经营杠杆。经营杠杆会产生经营杠杆利益，也可能导致经营杠杆损失。公司经营过程中的这种不确定性，就是经营风险。经营杠杆系数是指息税前利润变动率相对于业务量变动率的倍数，它反映了经营风险的大小。其影响因素有产销量、产品单价、单位变动成本和固定成本总额，说明公司的经营风险主要受上述因素的影响。

3. 负债筹资对普通股每股收益所产生的影响，通常称为财务杠杆。负债筹资给股东带来的额外收益，称为财务杠杆收益；负债筹资给股东带来的额外损失，称为财务杠杆损失。这种公司因负债筹资而导致的普通股每股收益变化的不确定性，称为财务风险。财务杠杆系数是指普通股每股收益变动率相对于息税前利润率变动的倍数，它反映了财务风险的大小，其影响因素包括息税前利润和固定财务费用(利息)。

4. 经营杠杆和财务杠杆联合在一起，就形成了联合杠杆(综合的杠杆效应)。联合杠杆系数是指公司普通股每股收益变动率相对于业务量(产销量)变动率的倍数，它反映了公司综合风险的大小，等于经营杠杆系数和财务杠杆系数两者之积。公司要在财务风险和经营风险之间进行权衡，使公司的总体风险可控。联合杠杆蕴含在现代公司制度下，由于所有权和经营权的分离而产生的代理问题以及制度安排和经营与财务协同管理的关键。

课后练习

一、思考题

1. 按照成本习性，成本分成哪几类？

2. 什么是边际贡献总额？什么是息税前利润？应该如何确定保本点？

3. 经营杠杆的基本原理是什么？经营杠杆系数如何计算？有何含义？

4. 财务杠杆的基本原理是什么？财务杠杆系数如何计算？有何含义？

5. 联合杠杆的基本原理是什么？联合杠杆系数如何计算？有何含义？

6. 联合杠杆系数对公司治理有何意义？

二、计算分析题

甲公司每月固定制造费用 20 000 元，固定销售费用 5 000 元，固定管理费用 50 000 元；单位变动制造成本 50 元，单位变动销售费用 9 元，单位变动管理费用 1 元。该公司生产一种产品，单价 100 元，所得税税率为 25%。如果保证本年不亏损，则至少应销售多少件产品？

章末案例

深万科财务杠杆的异象

根据深万科 2007—2011 年的年报计算的相关财务指标值见表 11-4。

表 11-4 深万科 2007—2011 年部分财务指标

年 份	2007 年	2008 年	2009 年	2010 年	2011 年
资产负债率	66.11	67.44	67	74.68	77.1
净资产收益率(%)	16.55	12.65	14.26	16.47	18.17
总资产收益率(%)	6.46	3.68	4.15	4.12	3.25
财务杠杆系数	1.049	1.104	1.067	1.042	1.032

从表 11-4 可以看出：

(1) 深万科近五年的资产负债率较高，尤其是近两年其资产负债率竟达到 70%以上。

(2) 深万科总资产收益率呈下降趋势，净资产收益率却逐年上升。2011 年净资产收益率达到 18.17%，这比同行业的其他公司要高很多。虽然深万科的财务杠杆系数不大，但其近几年资产负债率和净资产收益率的上升，都表明深万科的负债规模在加大。

(3) 深万科近五年财务杠杆系数总体维持在 1.0 左右，且变化幅度不大。这表明深万科举债经营的规模不大，其产生的利息费用相对于息税前利润而言影响不够大，财务杠杆系数较小，财务风险较小。

一般而言，除金融业和航空业以外，多数企业的合理负债率水平在 50%左右。房地产行业由于在前期需投入较多的资金，其资产负债率正常范围为 60%～70%，如果超过 80%，负债率比例已过高，公司的财务风险会加大。从表 11-4 可以看出，深万科资产负债率已接近 80%，由此推导深万科财务杠杆系数应该很大，财务风险加大，总资产收益率和净资产收益率随财务杠杆系数的增加而降低。但是，即使在 2011 年资产负债率达到 77.10%时，深万科财务杠杆系数也只有 1.032，总资产收益率相较于 2010 年下降 0.87%。也就是说深万科虽然负债规模大，但其为此支付的代价却很小，即债务所产生的利息费用对息税前利润几乎没什么影响。

资料来源：陈云清，杨柳．深万科财务杠杆的异象[J]. 财会月刊，2013(3 上)：50-51.

问题：

1. 是什么因素造成这种异常现象(高资产负债率，低财务杠杆系数，低总资产收益率)的？

2. 深万科的这种财务杠杆异象会带来什么后果？结合 2015 年年底宝能与万科的控制权争夺战，谈谈你对此的看法。

3. 近年来，房地产行业的“高杠杆、高负债、高周转”模式广受质疑，请你查阅深万科近 5 年的年报，分析其相关财务指标有何新变化？同时谈谈，在新形势下，深万科应当如何应变。

即测即练

扫描封底二维码

获取答题权限

第12章　资本成本

学习目标

- 了解资本成本的含义，理解资本成本的本质及作用。
- 掌握个别资本成本的计算，领会债务资本成本与股权资本成本的区别。
- 掌握加权平均资本成本的计算，领会个别资本权重对加权平均资本成本的影响。
- 掌握边际资本成本的计算，理解边际资本成本如何计量。
- 领会加权平均资本成本在实务中的应用。

引导案例

加速绿色转型，资本成本是关键

国际可再生能源署发布一项针对陆上风电、海上风电和太阳能技术资本成本的全球调查报告指出，资本成本是影响可再生能源电价的主要决定因素。

资本成本可以反映金融市场感知风险的程度，比如可再生能源取代煤炭的速度等，是金融体系与实体经济之间的关键传导机制，影响着金融机构和企业的投资决策。全球范围内，推动绿色转型提速的关键在于如何进一步降低绿色能源和技术的资本成本。

资本成本是决定可再生能源平均度电成本的重要因素，这在不同国家和技术路径之间存在实质性差异。国际可再生能源署通过对2019—2021年全球45个经济体调查发现，各国风光电力项目资本成本加权平均值并不相同，如果资本成本为10%，代表电力成本将增加80%。

以太阳能为例，成熟市场资本成本更低，这意味着可再生能源融资可以为可再生能源发电能力部署提供保证。在中国、北美和西欧等太阳能发展较成熟的市场，可再生能源发电能力与资本成本之间保持良性平衡。公用事业规模太阳能发电的区域融资成本加权平均值在中国为3.9%，其他亚太国家为6.1%、西欧地区为4%、东欧地区为7.7%、中东地区为8.7%、拉美地区为6.6%、北美地区为5.4%。

资料来源：王林．加速绿色转型，资本成本是关键[N]．中国能源报，2023-05-29(014)．

问题：

1. 什么是资本成本？其本质是什么？
2. 如何理解推动绿色转型提速的关键在于如何进一步降低绿色能源和技术的资本成本？

企业筹资，不仅需要考虑筹资渠道和筹资方式，还需要考虑筹资成本。企业短期资金的筹集跟企业的营运资金管理相关，筹资决策时主要考虑的是长期资金的成本，因而筹资成本一般也特指长期资金的成本，即资本成本。资本成本是公司进行筹资决策的客观标准，也是公司判断投资项目是否可行的主要标准。

12.1 资本成本概述

12.1.1 资本成本的概念

资本成本是公司为筹集资金和使用资金而付出的代价，它包括资金占用费和资金筹集费两部分。资金占用费是公司使用资本而向资本提供者支付的报酬，从债务资本的角度来看主要是支付给债权人的利息，而从股权资本的角度来看则主要是支付给股东的股利和股东获得的资本利得。资金占用费一般与筹资额的大小、资金使用的期限相关，往往具有经常性、定期支付等特征，是资本成本的主要组成部分。资金筹集费则是公司在筹集资本过程中所发生的各项费用，如发行股票或债券等的发行费用、银行贷款的手续费、律师费、评估费、担保费等。资金筹集费一般属于一次性费用，与筹资的次数有关，资金筹集费的发生实际上会导致可用资金数的减少，所以一般将其作为一个减项直接从筹资额中扣除。

公司筹集数额往往不一致，因而在比较资本成本高低时，一般不用绝对数，而用相对数表示。另外，资金使用的期限也不一致时，在比较不同期限的筹资成本，一般将其转化为年化成本率来表示。因此，资本成本的计算公式如下：

$$\text{资本成本率}=\frac{\text{资金占用费}}{\text{筹资额}-\text{资金筹集费}}=\frac{\text{资金占用费}}{\text{筹资额}\times(1-\text{筹资费用率})}$$

其中：筹资费用率为资金筹集费占筹资额的比例。筹资费用是公司在筹集一定数额资金时一次性发生的，不能加在上面公式的分子，因为分子是每期均需支付的使用费用。如果用 K 表示资本成本率，D 表示资金占用费，P 表示筹资额，F 表示资金筹集费，f 表示筹资费用率，则上述公式用字母表示如下：

$$K=\frac{D}{P-F}=\frac{D}{P(1-f)}$$

12.1.2 资本成本的本质

资本成本是从筹资者的角度来说的，如果从投资者的角度来看问题，资本成本实际上是投资者要求补偿的资金报酬率。投资者愿意将资金让渡给筹资者使用，并承担了不同程度的风险，是因为筹资者能够支付符合其心理预期的报酬。如果筹资者支付的报酬过低，投资者会选择将资金投往其他项目，而如果资本提供者要求的报酬过高，筹资者也会因超过其承受能力而选择放弃筹资。因此，资本成本本质上就是一定风险水平下的必要报酬率，具体由无风险收益率与风险溢价两部分组成。资本成本与必要报酬率本质上是一致的，只是表述不同而已。

12.1.3 资本成本的作用

▶ 1. 资本成本是判断投资项目可行性的主要标准

公司筹资是为了满足其投资需要，投资项目的期望报酬率只有大于资本成本，经济上才是可行的，因为只有投资的回报用于支付资金的成本后仍有剩余，才会给公司带来价值。因此，资本成本率是投资项目必须赚取的最低收益率，也即投资项目的必要报酬率。在进行投资项目的可行性评价时，可以直接选择投资项目的资本成本率作为折现率来计算项目的净现值。

▶ 2. 资本成本是公司进行筹资决策的依据

公司应尽可能降低筹资的成本以增加企业的效益。具体来说，在选择筹资的方式时，应选择个别资本成本较低的筹资方式；在公司资本结构决策时，应选择综合资本成本较低的方案；在公司新增筹资方案决策时，应选择边际资本成本较低的方案。

▶ 3. 资本成本是业绩评价的基准

资本成本本质上是投资者要求的必要报酬率，只有当公司的预期经营利润率(一般采用总资产报酬率表示)高于资本成本时，投资者才会进行投资；也只有当公司的实际经营利润率高于资本成本时，企业的经营者才真正为投资者创造了价值。在评价企业经营者的业绩时，可以选择经济增加值(EVA)作为评价指标。

12.2　公司债务资本成本和股权资本成本

公司筹资的资金来源和筹资方式不同，其资本成本的构成也不相同，个别资本成本的计算也就不同。

12.2.1　公司债务资本成本的计算

▶ 1. 长期借款资本成本的计算

长期借款的资本成本主要是支付的借款利息和借款过程中发生的相关手续费等筹资费用，借款的利息在计算所得税时可以从税前扣除，因此分期付息、到期还本的长期借款资本成本的计算公式如下：

$$K_1=\frac{I_t(1-T)}{L(1-f)}$$

其中：K_1 表示长期借款的资本成本；I_t 为第 t 年的利息；T 为所得税税率；L 为借款本金；f 为筹资费用率。

【例 12-1】诚毅公司向某银行借入人民币 1 000 万元，借款期限为 3 年，年利率为 8%，按年付息，到期还本，借款过程中发生的手续费为借款额的 1%，该企业所得税税率为 25%，请计算该借款的资本成本。

分析：本例中，借款本金 L 为 1 000 万元，年利率为 8%，则利息 I 为 80 万元(1 000×8%)，筹资费用率 f 为 1%，所得税税率 T 为 25%，并采用按年付息，到期还本的方式付息，因此可以直接用长期借款资本成本的计算公式计算资本成本。

计算：$K_1=\frac{1\,000\times 8\%\times(1-25\%)}{1\,000\times(1-1\%)}=6.06\%$

由于长期借款的筹资费用一般占借款的比例较少，计算时可以忽略不计，设 R 为借款的利率，则计算公式可以简化为

$$K_1=R(1-T)$$

实务中，为了降低风险，借款银行可能要求借款公司在账户中保留一部分补偿性余额，此时，公司实际能够使用的资金为借款的本金扣除补偿性余额后的金额。如果借款合同中存在补偿性余额条款，在计算其资本成本时应按实际可用的资金额来计算，设补偿性余额占借款本金的比例为 r，则其资本成本的计算公式如下：

$$K_1=\frac{I_t(1-T)}{L(1-r)(1-f)}$$

【例 12-2】沿用例 12-1 的资料，假设银行要求诚毅公司在其账户中保留借款本金的 10%作为补偿性余额，其他条件不变，请计算该借款的资本成本。

分析：由于借款本金的 10%作为补偿性余额不能使用，在计算资本成本时应该扣除。

计算：$K_1=\frac{1\ 000\times 8\%\times(1-25\%)}{1\ 000\times(1-10\%)\times(1-1\%)}=6.73\%$

通过计算可以发现，由于补偿性余额的存在，使其资本成本由 6.06%增加到了 6.73%，说明补偿性余额会导致企业的资本成本上升。

长期借款的利息支付方式，除了分期付息、到期还本以外，还有到期一次还本付息。在到期一次还本付息方式下，计算其资本成本需要考虑货币时间价值，其计算公式为

$$L(1-f)=\sum_{t=0}^{n}\frac{I_t}{(1+K)^t}+\frac{L}{(1+K)^n}$$

$$K_1=K(1-T)$$

在计算上述的贴现率 K 时，应采取逐次测试法和插入法，详见后文长期债券资本成本的计算。

▶ 2. 长期债券资本成本的计算

长期债券的成本与长期借款的成本近似，其成本主要包括支付的债券利息和债券发行费用，利息同样可以在税前列支，应以税后利息计算资本成本。不同的是，长期债券的发行费用一般较高，不能省略，债券的发行价格并不一定等于债券的面值，应按实际发行价格扣除发行费用来计算资本成本。分期付款、到期一次还本付息的长期债券资本成本的计算公式如下：

$$K_b=\frac{I_t(1-T)}{B(1-f)}$$

其中：K_b 为长期债券的资本成本；I_t 为第 t 年的利息；T 为所得税税率；B 为债券发行价格；f 为债券发行费用率。

【例 12-3】诚毅公司 2015 年 7 月 1 日发行面值为 1 000 元，票面利率为 9%，按年付息、到期还本的 5 年期债券。假设该债券的发行费用率为发行价格的 2%，企业所得税税率为 25%。

要求：

(1) 若发行价格为 1 000 元，计算该债券的资本成本。

(2) 若发行价格为 1 100 元，计算该债券的资本成本。

(3) 若发行价格为 950 元，计算该债券的资本成本。

分析：本例中，债券的利息按面值和票面利率计算，而债券的发行价格包括平价、溢价和折价三种方式，发行价不同，资本成本也存在差异。

计算：

(1) 发行价格为 1 000 元时，其资本成本计算如下：

$K_b=\frac{1\ 000\times 9\%\times(1-25\%)}{1\ 000\times(1-2\%)}=6.89\%$

(2) 发行价格为 1 100 元时，其资本成本计算如下：

$K_b=\frac{1\ 000\times 9\%\times(1-25\%)}{1\ 100\times(1-2\%)}=6.26\%$

(3) 发行价格为 950 元时，其资本成本计算如下：

$$K_b=\frac{1\ 000\times9\%\times(1-25\%)}{950\times(1-2\%)}=7.25\%$$

长期债券的利息支付方式与长期借款一样有多种形式，其他利息支付方式下(如到期一次还本付息、按半年度或季度支付利息)，计算资本成本时应考虑货币的时间价值，其计算公式为

$$B(1-f)=\sum_{t=0}^{n}\frac{I_t}{(1+K)^t}+\frac{L}{(1+K)^n}$$

$$K_b=K(1-T)$$

上式中的折现率即为长期债券的资本成本。

【例 12-4】诚毅公司 2015 年 1 月 1 日按面值发行期限 5 年、面值 1 000 元、票面年利率为 8%的债券，发行费用率为 2%，企业所得税税率为 25%，到期一次还本付息。

要求：

(1) 请计算该债券的资本成本。

(2) 假设其他条件不变，但每半年付息一次、到期一次还本，请计算此时该债券的资本成本。

分析：该债券的利息支付方式分别为到期一次还本付息和每半年付息一次、到期一次还本，计算资本成本时必须考虑货币时间价值。

计算：

(1) 到期一次还本付息时，有

$1\ 000\times(1-2\%)=(1\ 000+1\ 000\times8\%\times5)(P/F, K, 5)$

可得

$(P/F, K, 5)=0.7$

查表可得，$(P/F, 7\%, 5)=0.7130$，$(P/F, 8\%, 5)=0.680\ 6$，运用插值法可得 $K=7.04\%$，则

$K_b=7.04\%\times(1-25\%)=5.28\%$

(2) 每半年付息一次、到期一次还本时，有

$$1\ 000\times(1-2\%)=1\ 000\times(P/F, K/2, 5\times2)+1\ 000\times8\%\times\frac{1}{2}(P/F, K/2, 5\times2)$$

运用逐次测试法和插值法可得 $K=8.52\%$，则

$K_b=8.52\%\times(1-25\%)=6.39\%$

3. 融资租赁资本成本的计算

公司通过融资租赁租入固定资产的成本主要包括定期支付的租金和租赁期满后可能的优惠购买价款(称为租赁付款额)，公司支付的租金实际上包括该资产的价款和融资的利息，因此，租赁付款额的现值与该资产的公允价值相等时的折现率为该融资租赁的实际利率。由于融资租入固定资产的租金可以在税前列支，因而融资租赁的资本成本为税后的融资租赁的利率，其计算公式如下：

$$P=\sum_{t=0}^{n}\frac{E_t}{(1+K)^t}+\frac{p}{(1+K)^n}$$

$$K_m=K(1-T)$$

其中：P 为租赁资产的价值；E_t 为支付的租金；p 为租赁期满的优惠购买价款；K_m 为融资租赁的资本成本。

12.2.2 公司股权资本成本的计算

▶ 1. 优先股资本成本的计算

优先股通常按市价发行，在发行过程中需要支付发行费用(如律师费、广告费、承销费等)，发行后要按年支付固定股利，虽然公司亏损年度不需要支付股利，但一般以后年度实现盈利后需要补付以前年度的股利，因而在计算其资本成本时视同每年的股利固定不变。另外，优先股的股利用税后利润支付，不能抵减所得税。因此，优先股的资本成本计算公式为

$$K_p=\frac{D}{P(1-f)}$$

其中：K_p 为优先股的资本成本；D 为每年的股利；P 为优先股发行价格；f 为优先股发行费用率。

【例 12-5】诚毅公司发行 1 000 万股面值为 10 元的优先股，发行价为 12 元，每年按面值的 10%支付股利，发行费用率为发行价的 3%，请计算该优先股的资本成本。

分析：本例中，每年股利 D 应按面值计算，为 1 元(10×10%)，P 为 12 元，f 为 3%，不应考虑所得税的影响。

计算：$K_p=\frac{10\times 10\%}{12\times(1-3\%)}=8.59\%$

▶ 2. 普通股资本成本的计算

普通股与优先股同属于权益资本，其成本同样包括股票的发行费用和每年支付的股利，股利用税后利润支付，也不能抵减所得税。不同的是，普通股的股利支付并不固定，原因有二：一是公司必须有盈利才能支付股利；二是股利的支付受公司股利支付政策的制约。虽然公司有时可能不支付股利，但并不意味着普通股没有成本，因为股东将股利留在公司将要享受公司价值升值带来的资本利得，所以计算普通股的成本还需要考虑资本利得的影响。在实务中，一般采用股利折现法(DDM 模型)、资本资产定价法(CAPM 模型)和风险溢价法三种方法来计算普通股的资本成本。

1）股利折现法(DDM 模型)

资本成本的本质就是投资者要求的必要报酬率，普通股的资本成本也就是股东要求的必要报酬率，理论上，股价就是公司未来的股利的折现值之和，此时的折现率即为股东要求的必要报酬率，也就是普通股的资本成本，这种运用股利折现模型(DDM 模型)来计算资本成本的方法就是股利折现法。DDM 模型具体又分为三种情况：股利零增长模型、股利固定增长模型、股利变动增长模型。运用 DDM 模型计算普通股资本成本，一般假定股利零增长或者股利固定增长，股利变动增长的情况下一般采用资本资产定价法或风险溢价法来确定其资本成本。

(1) 股利零增长模型。普通股股利零增长是指公司未来保持现有股利不变，此时，普通股的资本成本的计算与优先股资本成本计算基本一致，其计算公式如下：

$$K_s=\frac{D}{P(1-f)}$$

其中：K_s 为普通股的资本成本；D 为每股股利；P 为每股价格；f 为发行费用率。

(2) 股利固定增长模型。普通股股利固定增长是指公司在现有股利的水平上，未来支付的股利保持固定增长，此时，普通股的资本成本计算公式如下：

$$K_s=\frac{D_0(1+g)}{P(1-f)}+g=\frac{D_1}{P(1-f)}+g$$

其中：K_s 为普通股的资本成本；D_0 为基期每股股利(在我国，一般当年支付上一年度的股利)；D_1 为预期的下一年度每股股利，P 为每股价格；f 为发行费用率；g 为股利增长率。一般来说，股利增长率 g 为留存收益率与净资产收益率的乘积，其计算公式如下：

$$g = 留存收益率 \times \mathrm{ROE}$$

其中：留存收益率为留存收益除以净利润的比率；ROE 为净资产收益率。

【例 12-6】诚毅公司计划发行面值为 1 元的普通股 1 000 万股，发行价格为 20 元，发行费用率为 5%，预计该普通股下一年度的每股股利为 1.5 元，以后将保持 4%的速度增长。请计算该普通股的资本成本。

分析：本例中，P 为 20 元，f 为 5%，预期股利 D_1 为每股 1.5 元，g 为 4%，可以直接用股利固定增长模型计算确定资本成本。

计算：$K_s = \dfrac{1.5}{20 \times (1-5\%)} + 4\% = 11.89\%$

2) 资本资产定价法(CAPM 模型)

资本资产定价模型(CAPM 模型)揭示了股票的期望收益率与其风险之间的关系，股票的期望收益率就是其资本成本，所以，可以运用资本资产定价模型来计算确定普通股的资本成本，这种方法就是资本资产定价法，具体计算公式如下：

$$K_s = R_s = R_f + \beta(R_m - R_f)$$

其中：K_s 为普通股的资本成本；R_f 是无风险利率；β 表示股票的贝塔系数；R_m 表示股票市场的平均收益率。

上式表明，普通股的资本成本是无风险收益率和风险收益率之和，其中无风险收益率 R_f 通常用一年期国债利率来表示，股票的贝塔系数 β 反映了股票不可分散风险的大小，其数值是股票收益率与市场组合收益率的协方差，一般会有专门的机构计算每只股票的 β 系数，但选择时仍需要考虑公司的经营情况，如果公司的经营与行业中其他企业的经营十分类似，选择行业的 β 系数会减少估计误差，但是如果认为公司的经营与行业中其他企业有着本质区别，则直接选择公司自身的 β 系数。

【例 12-7】假设诚毅公司普通股的 β 系数为 1.5，一年期国债的市场利率为 3.5%，股票市场的平均收益率为 10%，请计算该公司普通股的资本成本。

分析：本例中，β 系数为 1.5，无风险收益率 R_f 用一年期国债利率表示，为 3.5%，股票市场的平均收益率 R_m 为 10%，直接运用资本资产定价模型即可计算该普通股的资本成本。

计算：$K_s = 3.5\% + 1.5 \times (10\% - 3.5\%) = 13.25\%$

3) 风险溢价法

根据风险和收益对等的原则，普通股的风险要比长期债券的风险大，那么，普通股的收益率也应该比长期债券的收益率高。因此，可以在长期债券的资本成本上加上一定的风险溢价来计算确定普通股的资本成本，这种方法就是风险溢价法，具体计算公式如下：

$$K_s = K_b + \mathrm{RP}_c$$

其中：K_s 为普通股的资本成本；K_b 为长期债券的利率；RP_c 为普通股股东所要求的风险报酬率。需要注意的是，因为普通股不能抵扣所得税，必须选择长期债券的税前利率而非长期债券的资本成本，而普通股股东所要求的高于长期债券的风险报酬率则需要根据经验来进行估计，一般在 3%～5%。

【例 12-8】诚毅公司目前发行在外的 3 年期债券的实际利率为 8%，根据经验判断，公司普通股股东要求的报酬率一般高于债券利率约 4%，请确定该普通股的资本成本。

分析：该公司3年期长期债券的利率K_b为8%，普通股股东所要求的风险报酬率RP_c为4%，可以用风险溢价法确定其资本成本。

计算：$K_s=8\%+4\%=12\%$

普通股的资本成本的计算是比较复杂的，实务中，资本资产定价法是运用最广泛的一种方法，但是β系数的选择受公司的负债水平、业务的多元化等的影响难以合理确定，对于非上市公司来说确定β系数就更加困难；股利折现法虽然受到很多诟病，但实务中仍有很多企业采用且非常有效；风险溢价法中风险溢价的确定易受人为因素影响，一般只有在对资本成本的计算准确度要求不高的情况下才能采用。另外，在我国资本市场中长期存在一种错误思想，认为普通股的股利支付是公司说了算的，如果不支付股利就没有成本，但是，我们必须意识到，短期内不支付股利，从长期角度来看需要付出高额的资本利得的代价，所以其资本成本实际上仍然是很高的。

▶ 3. 留存收益资本成本的计算

留存收益是公司的税后利润形成的，属于公司的内部权益资本筹资。从股东的角度来说，将税后利润留在公司实际上是一种追加投资，只有当公司将税后利润留在公司用于再投资获得的报酬率大于股东自行投资获得的报酬率时，股东才愿意将税后利润留在公司，因此，留存收益也是有成本的。股东选择了留存收益继续投资于本公司的机会，而放弃了选择从本公司拿取股利的机会，因此，应该把本应拿取的股利作为留存收益的机会成本。留存收益的资本成本与普通股的资本成本基本相同，其区别主要是留存收益属于内部筹资，不需要支付筹资费用，在计算资本成本时不需要考虑筹资费用率。留存收益的资本成本计算可以参考普通股的资本成本计算，如以股利折现法中的股利固定增长模型为例，留存收益的资本成本计算公式如下：

$$K_e=\frac{D_0(1+g)}{P_e}+g=\frac{D_1}{P_e}+g$$

其中：K_e表示留存收益的资本成本；D_0为基期每股股利；D_1为预期的下一年度每股股利；P_e为留存收益额；g为股利增长率。

12.3 加权平均资本成本和边际资本成本

从个别资本成本的计算可知，不同的筹资方式资本成本是不同的，一般来说，债务资本的资本成本比权益资本的资本成本要低，原因有二：一是债务资本的风险要低于权益资本的风险；二是债务资本的成本可以抵减所得税。在权益资本中，普通股和留存收益的资本成本高于优先股的资本成本。但是，仅仅计算个别资本成本是不够的。首先，公司一般需要从不同来源、采取不同的筹资方式才能筹集到足够的资金；其次，公司的新增筹资经常需要考虑几种筹资方式进行组合；最后，公司也需要考虑新增资本对公司筹资成本的影响，这就需要公司计算其加权平均资本成本和新增筹资的边际资本成本，以便进行合理的筹资和投资决策。

12.3.1 加权平均资本成本

▶ 1. 加权平均资本成本的概念及计算

加权平均资本成本（weighted average cost of capital，WACC），也称综合资本成本，是以个别资本成本为基础，个别资本在总资本中的比重为权数计算的公司平均资本成本，其计算公式如下：

$$K_{WACC}=\sum_{i=1}^{n}K_iW_i$$

其中：K_{WACC} 表示公司的加权平均资本成本；K_i 表示第 i 种资本的个别资本成本；W_i 表示第 i 种资本在总资本中的比重。

【例 12-9】诚毅公司现有长期资金共计 10 000 万元，其中长期借款 1 000 万元，借款利率 8%，长期债券 3 000 万元，债券利率为 9%，优先股 1 000 万元，每年按优先股面值支付 10%固定股利，普通股 5 000 万元。公司的 β 系数为 1.2，一年期国债利率为 3%，股票市场的平均收益率为 10%，公司的所得税税率为 25%，假设不考虑其他因素，请计算该公司的综合资本成本。

分析：本例中，长期借款和长期债券的资本成本为其税后的利率，优先股每年按面值支付固定股利，其资本成本即为其股利支付率，普通股的资本成本需要运用资本资产定价模型计算。具体分三个步骤：第一步，先计算个别资本成本；第二步，计算个别资本成本占总资本的比重；第三步，运用公式计算加权平均资本成本。

计算：(1) 计算个别资本成本。

长期借款的资本成本$K_1=8\%\times(1-25\%)=6\%$

长期债券的资本成本$K_2=9\%\times(1-25\%)=6.75\%$

优先股的资本成本$K_3=10\%$

普通股的资本成本$K_4=3\%+1.2\times(10\%-3\%)=11.4\%$

(2) 计算个别资本在总资本中的比重。

长期借款的比重$W_1=\dfrac{1\ 000}{10\ 000}=10\%$

长期债券的比重$W_2=\dfrac{3\ 000}{10\ 000}=30\%$

优先股的比重$W_3=\dfrac{1\ 000}{10\ 000}=10\%$

普通股的比重$W_4=\dfrac{5\ 000}{10\ 000}=50\%$

(3) 计算该公司的加权平均资本成本即综合资本成本。

$K_{WACC}=6\%\times10\%+6.75\%\times30\%+10\%\times10\%+11.4\%\times50\%-9.33\%$

▶ 2. 个别资本权重的确定

加权平均资本成本是以个别资本在总资本中的比重为权数计算的，个别资本的权重直接影响了加权平均资本成本的大小，合理确定个别资本的权重是正确计算加权平均资本成本的关键之一。确定个别资本成本的权重通常有三种方法：账面价值法、市场价值法和目标价值法。

(1) 账面价值法。账面价值法是直接按资产负债表中的个别资本账面价值计算其权重的方法，这种方法可以直接从资产负债表中获取相关数据，计算简单，使用方便。但是，资产负债表中的个别资本都是按历史成本计量的，反映的是过去筹集相关资本时的价值，以其为权重计算的加权平均资本成本反映的也是过去的筹资成本，无法反映现在的市场筹资成本。如果公司的普通股市价与账面价值偏离较大，将导致公司做出错误的决策。

(2) 市场价值法。市场价值法是以目前市场上债券、股票的市场价值计算其权重的方法，这种方法计算的加权平均资本成本反映了目前市场的实际筹资成本，有利于帮助公司做出正确的筹资决策。但是，债券、股票的市场价值受到诸多因素的影响，波动幅度较大，这样容易导致计算的结果不稳定和不适应筹资时的实际情况，因此对现行筹资和投资决策的指导意义也就大大削弱。

(3) 目标价值法。目标价值法是以未来债券、股票的预计市场价值计算其权重的方法，这种方法计算的加权平均资本成本反映的是未来的筹资成本，也反映了企业期望的最优资本结构，不仅有利于企业筹措新的资金，也有利于公司的实际资本结构与目标资本结构保持一致，从而实现资本结构的优化。从理论上来说，目标价值法是计算加权平均资本成本的最优方法，但是，公司很难合理确定目标价值，使这种方法的实际应用效果大打折扣。

综合以上三种方法，在公司个别资本成本不变的情况下，三种方法计算的公司加权平均资本成本都不一致，实际上反映了公司的资本结构不同，公司的加权平均资本成本也就不同。因此，影响公司加权平均资本成本的因素有两个：个别资本成本和公司的资本结构。公司在进行筹资决策时关键是确定筹资组合及其结构。

12.3.2 边际资本成本

▶ 1. 边际资本成本的概念及计算

实务中，公司进行筹资决策时，一般是在现有的资本和资本结构的基础上，对新增的资本和资本结构进行决策，而且，公司不可能以某一个固定的资本成本筹集到所有的资金，随着筹资数额的增加，个别资本的资本成本也会随之变化，因此，此时应该考虑的是新增资本的资本成本和新增资本的资本结构，也就是公司应该考虑新增资本的边际资本成本。边际资本成本是指新增一单位资金而增加的成本，是新增资金的加权平均资本成本，其计算公式如下：

$$\text{边际资本成本} = \sum \text{新增某种资本的个别资本成本} \times \text{该个别资本在总资本中的比重}$$

▶ 2. 边际资本成本的计算

边际资本成本的计算一般分为以下四个步骤：

第一步，确定目标资本结构。

第二步，计算新增资本的个别资本成本。

第三步，计算筹资总额分界点(或称“突破点”，下同)。筹资总额分界点是指筹资总成本发生变化的分界点，计算公式为

$$\mathrm{BP}_i = \frac{\mathrm{TF}_i}{\mathrm{W}_i}$$

其中：BP_i 为筹资总额分界点；TF_i 为第 i 种筹资方式的成本分界点；W_i 为目标资本结构中第 i 种筹资方式所占的比例。

第四步，根据上一步的筹资总额分界点，确定不同的筹资范围，计算每个筹资范围内的加权平均资本成本，即为该筹资范围内的边际资本成本。

【例 12-10】诚毅公司目前资本为 10 000 万元，其中长期借款 2 500 万元，优先股 2 500 万元，普通股 5 000 万元。为了满足投资需要，公司需要新筹措资金，经分析后认为，公司目前的资本结构是最佳资本结构，即长期借款 25%、优先股 25%、普通股 50%，其他资料如表 12-1 所示，请计算该公司的边际资本成本。

分析：公司筹措新资金时，个别资本的筹资成本会随着筹资额的增加而增加，因此，需要在保持最佳资本结构的前提下，计算筹资总额分界点，确定不同的筹资范围，计算不同筹资范围的边际资本成本，以便决策。

表 12-1 诚毅公司筹资资料

筹资方式	目标资本结构	新筹资额/万元	个别资本成本
长期借款	25%	100 以内	6%
		100～500	7%
		500 以上	8%
优先股	25%	400 以内	10%
		400 以上	12%
普通股	50%	500 以内	13%
		500 以上	15%

思路及计算：

(1) 确定目标资本结构。由于公司现行资本结构为最佳资本结构，因此筹资时仍应保持长期借款 25%、优先股 25%、普通股 50%的资本结构不变。

(2) 新增筹资的个别资本成本如表 12-1 所示。

(3) 计算筹资总额分界点，其中长期借款的筹资总额分界点有两个，具体为

第一个分界点：$\frac{100}{25\%}=400$(万元)

第二个分界点：$\frac{500}{25\%}=2\ 000$(万元)

优先股的筹资分界点为

$\frac{400}{25\%}=1\ 600$(万元)

普通股的筹资分界点为

$\frac{500}{50\%}=1\ 000$(万元)

(4) 根据上述筹资总额分界点，可以确定五个不同的筹资范围，具体如下：

① 400 万元以下；

② 400 万～1 000 万元；

③ 1 000 万～1 600 万元；

④ 1 600 万～2 000 万元；

⑤ 2 000 万元以上。

对以上五个筹资范围分别计算其加权平均资本成本，即为不同筹资范围的边际资本成本，计算结果见表 12-2。

表 12-2 诚毅公司不同筹资规模边际资本成本计算表

筹资范围/万元	筹资方式	资本结构(%)	个别资本成本(%)	边际资本成本(%)
400 以下	长期借款	25	6	1.50
	优先股	25	10	2.50
	普通股	50	13	6.50
小计				10.50
400～1 000	长期借款	25	7	1.75
	优先股	25	10	2.50
	普通股	50	13	6.50

续表

筹资范围/万元	筹资方式	资本结构(%)	个别资本成本(%)	边际资本成本(%)
小计				10.50
1 000～1 600	长期借款	25	7	1.75
	优先股	25	10	2.50
	普通股	50	15	7.50
小计				11.75
1 600～2 000	长期借款	25	7	1.75
	优先股	25	12	3.00
	普通股	50	15	7.50
小计				12.25
2 000 以上	长期借款	25	8	2.00
	优先股	25	12	3.00
	普通股	50	15	7.50
小计				12.50

通过上述计算可以发现，不同筹资规模下的边际资本成本呈阶梯式上升，因此，公司应合理确定筹资方式、筹资规模和资本结构，最大可能地降低资本成本。

12.4 WACC 的应用

12.4.1 WACC 的高低是判断公司筹资方案优劣的标准

WACC 反映的一家公司所有长期资本的平均成本，所以也叫综合资本成本。公司面临多种筹资方案可供选择时，通常选择边际资本成本最低的方案，而 WACC 最低时的资本结构就是公司的最佳资本结构。

12.4.2 WACC 可以用于公司或投资项目的价值评估

从公司投资者的角度来看，WACC 是公司所有资本提供者期望获得的必要报酬率，或者说，是公司为满足所有投资者需求必须获得的税后报酬率。因此，在对公司进行整体价值(公司的股权价值和债务价值之和)评估时，WACC 一般作为评估的折现率使用。在公司的并购过程中，也可以使用并购方的 WACC 作为折现率，对被并购的公司或项目进行价值评估。

12.4.3 WACC 是投资项目的“取舍率”

在公司进行资本预算时，只有项目的报酬率超过 WACC 才会被接受。因此，WACC 是投资项目的“取舍率”。

本章小结

1. 资本成本是公司为筹集资金和使用资金而付出的代价，它包括资金占用费和资金筹集费两部分。资本成本本质上就是一定风险水平下的必要报酬率，具体由无风险收益率与风险溢价两部分组成。

2. 资本成本率是投资项目必须赚取的最低收益率，也即投资项目的必要报酬率，只有投资项目的预期收益率大于资本成本率，投资项目才是可行的。资本成本是公司筹资决策时选择资金来源和筹资方式的判断标准。在评价公司业绩时，以资本成本为基准，公司的总资产报酬率应高于资本成本。

3. 债务资本的资本成本一般表示为税后利息与用资额的比率，优先股的资本成本可用每年的股利与股票发行价(扣除发行费用率)的比率表示，普通股的资本成本则可以用股利折现法、资本资产定价法和风险溢价法计算确定，留存收益的资本成本参照普通股计算确定。对比个别资本成本，一般来说，债务资本的资本成本比权益资本的资本成本要低，原因有二：一是债务资本的风险要低于权益资本的风险；二是债务资本的成本可以抵减所得税。

4. 加权平均资本成本(WACC)，也称综合资本成本，是以个别资本成本为基础，个别资本在总资本中的比重为权数计算的公司平均资本成本。权重的确定通常有三种方法：账面价值法、市场价值法和目标价值法。影响公司 WACC 的因素有个别资本成本和公司的资本结构，公司在进行筹资决策时关键是确定筹资组合及其结构。边际资本成本是指新增一单位资金而增加的成本，是新增资金的加权平均资本成本，不同筹资规模下的边际资本成本呈现阶梯式上升。

5. WACC 的高低是判断公司筹资方案的优劣标准，而 WACC 最低时的资本结构，就是公司的最佳资本结构。在对公司进行整体价值(公司的股权价值和债务价值之和)评估时，WACC 一般作为评估的折现率使用；WACC 是投资项目的"取舍率"。

课后练习

一、思考题

1. 什么是资本成本？如何理解资本成本的本质？资本成本的作用有哪些？
2. 普通股资本成本如何确定？如何理解公司不支付股利时普通股仍有资本成本？
3. 为什么股权资本的资本成本一般比债务资本的资本成本高？
4. 什么是加权平均资本成本？计算加权平均资本成本的关键是什么？
5. 什么是边际资本成本？边际资本成本如何计量？
6. 加权平均资本成本在实务中如何应用？

二、计算分析题

甲公司拟添置一套市场价格为 6 000 万元的设备，需筹集一笔资金。现有三个筹资方案可供选择(假定各方案均不考虑筹资费用)：

(1) 发行普通股。该公司普通股的 β 系数为 2，一年期国债利率为 4%，市场平均报酬率为 10%。

(2) 发行债券。该债券期限为 10 年，票面利率为 8%，按面值发行。公司适用的所得税税率为 25%。

(3) 融资租赁。该项租赁租期为 6 年，每年租金为 1 400 万元，期满租赁资产残值为零。

要求：

(1) 利用资本资产定价模型计算普通股资本成本；

(2) 利用非折现模式(即一般模式)计算债券资本成本；

(3) 利用折现模式计算融资租赁资本成本；

(4) 根据以上计算结果，为甲公司选择筹资方案。

章末案例

提高直接融资比重　助力实体经济高质量发展

党的二十大报告提出，要健全资本市场功能，提高直接融资比重。这一表述明确了资本市场发展方向，未来资本市场将在直接融资体系中发挥重要价值。

回望2022年，以注册制试点为牵引的资本市场全面深化改革持续推进，中国资本市场股权融资规模持续上涨，直接融资比重不断上升。

Wind数据显示，截至2022年12月26日晚，A股市场股权融资规模已突破1.66万亿元，其中IPO融资5759亿元，增发融资7092亿元。

展望2023年，资本市场改革将全面推进，相关配套制度也将进一步完善。其中，注册制改革全面深化、健全多层次资本市场体系有望成为资本市场提升直接融资比重、服务实体经济高质量发展的重要举措。

2022年12月21日，中国证券监督管理委员会党委在学习传达中央经济工作会议精神时指出，要"推动全面深化资本市场改革走稳走深走实"，包括"深入推进股票发行注册制改革"，"紧紧围绕制造业重点产业链、科技创新、民营企业等重点领域和薄弱环节，完善资本市场制度供给，助力'科技—产业—金融'良性循环"等。

招商基金研究部首席经济学家李湛指出："提高直接融资比重既是应时之举，也是我国经济长期高质量发展的需要。健全资本市场功能，提高直接融资比重，有利于拓宽投融资渠道，降低社会融资成本和杠杆率，提振市场信心，促进经济温和复苏。"

资料来源：杨坪，王梓萌. 2023资本市场全面深化改革前瞻：提高直接融资比重 助力实体经济高质量发展[N]. 21世纪经济报道，2022—12—30(023).

问题：

1. 直接融资与间接融资的融资成本有何区别？
2. 为什么提高直接融资比重能够降低企业的融资成本？
3. 如何理解提高直接融资比重能助力实体经济高质量发展？

即测即练

第13章 资本结构

学习目标

• 掌握资本结构的概念，理解资本结构选择的馅饼理论和影响资本结构选择的主要因素。

• 重点掌握比较资本成本法和每股收益无差别点分析法，理解公司价值比较法。

• 了解资本结构的早期理论，理解MM理论，掌握MM理论的基本定理。

• 掌握财务困境成本和代理成本的构成，理解权衡理论的基本原理，领会信号理论和融资优序理论的基本原理。

引导案例

中国中冶拟发行优先股募资以优化资本结构

2023年6月21日晚，中国中冶发布向特定对象发行优先股预案。本次发行的优先股数量为不超过1.5亿股，募集资金总额不超过150亿元，本次募集资金扣除发行费用后的净额拟全部用于补充流动资金。

2022年5月27日，国务院国资委制定印发《提高央企控股上市公司质量工作方案》，对提高央企控股上市公司质量工作作出部署，明确提出要充分发挥上市平台功能，支持主业发展。兼顾发展需要和市场状况开展股权或债务融资，灵活运用发行股债结合产品、探索不动产投资信托基金(REITs)等多种手段，优化融资安排，改善资本结构，提升直接融资比重。

中国中冶主营业务包括工程承包、房地产开发、装备制造及资源开发等四大业务，有"冶金建设国家队"称号。

在业内人士看来，建筑企业资产负债率普遍较高，中国中冶亟须通过融资来改善资产负债结构。根据预案显示，截至2020年12月31日、2021年12月31日及2022年12月31日，中国中冶合并口径资产负债率分别为72.28%、72.14%及72.34%，处于较高水平。

中国中冶方面表示："本次向特定对象发行优先股完成后，公司的权益资本将得到充分补充，资产负债率下降，资本结构进一步优化，综合抗风险能力提升，为公司的健康、稳定发展奠定基础。"

资料来源：向炎涛. 中国中冶拟发行优先股募资不超150亿元 用于补充流动资金[N]. 中国证券报，2023-06-22(B3).

问题：

1. 什么是资本结构，为什么要优化资本结构？
2. 企业应该如何优化资本结构？
3. 什么是优先股？优先股在企业优化资本结构过程中能发挥什么作用？

公司筹资决策，不仅要考虑个别资本的资本成本高低问题，还需要考虑资金的来源和比例问题，因为资金的来源与比例会影响公司的综合资本成本的高低，决定了公司的财务风险，也会影响公司的价值。因此，资本结构是公司筹资决策的核心问题。

13.1 资本结构及其选择

13.1.1 资本结构的概念及馅饼理论

▶ 1. 资本结构的概念

公司的资本结构，有广义与狭义之分。广义的资本结构包括全部资金的来源及比例关系，具体包括两个层次：一是短期资金与长期资金之间的比例；二是短期资金与长期资金内部的构成及比例。狭义的资本结构，是指企业各种长期资金筹集的来源及比例关系。由于短期资金的需要量和筹集是经常变化的，在整个资金总量中所占的比重不稳定，因此一般将其纳入营运资本管理范畴，本章所指资本结构特指狭义的资本结构。

公司的长期资金来源主要有两类：一是债务资本，主要包括长期借款、长期债券和融资租赁；二是股权资本，主要包括优先股、普通股和留存收益。理论上，资本结构决策就是要合理安排上述资金的来源及比例问题，但实务中，由于债务资本和优先股的资本成本相对固定，一般公司资本结构的选择主要是合理确定长期债务、优先股和普通股的比例问题。

▶ 2. 馅饼理论

公司资本结构选择的基本理论模型称为馅饼模型(pie model)，其基本原理如图 13-1 所示(为简化论述，在此将资本结构简化为负债和股东权益之间的权衡)。

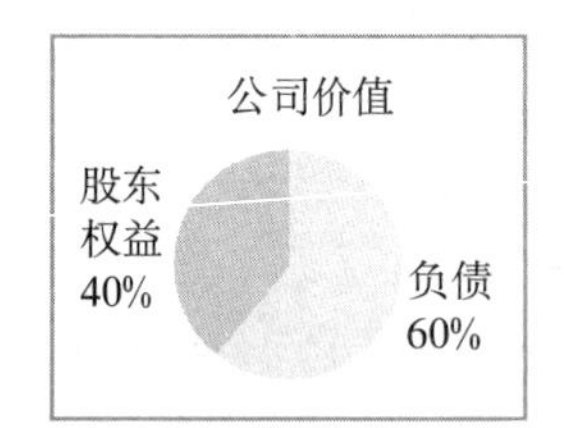

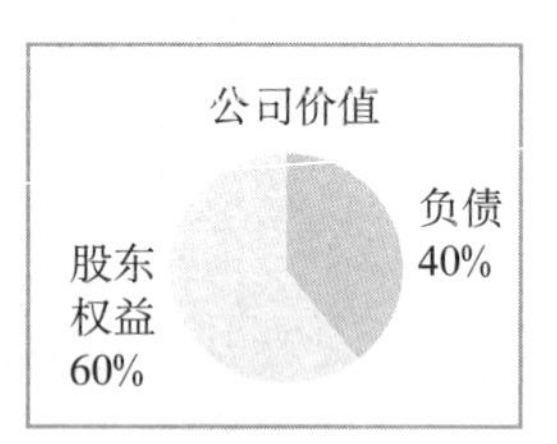

图 13-1 资本结构的两个馅饼模型

从图 13-1 可以看出，公司的价值是负债和股东权益的价值之和，公式为

$$V=B+S$$

其中：V 表示公司价值；B 表示负债的价值；S 表示股东权益的价值。图 13-1 表示了负债和股东权益的两种可能结构：一是负债 60%和股东权益 40%；二是负债 40%和股东权益 60%，这两种不同结构下，公司的价值 V 不一定相等。公司管理层在选择负债与股东权益的比例时，一定要选择使公司总价值最大的负债与股东权益的比例。因此，只有当且仅当公司的价值提高时，公司资本结构的变化对股东才是有利的；相反，当且仅当公司的价值减少时，资本结构的变化会损害股东利益。实务中，公司资本结构选择的主要问题，就是根据实际情况，合理确定长期债务、优先股和普通股的最佳比例，使得在其他因素不变的情况下，实现公司价值最大化，此时的资本结构就是最佳资本结构。

13.1.2　资本结构的影响因素

虽然从理论上公司存在最佳资本结构，但实际工作中，要确定最佳资本结构几乎是不可能的。公司需要结合定性与定量分析，综合考虑各种因素，选择适当的资本结构。定性分析是要分析影响资本结构的主要因素。长期的实务经验和研究表明，影响资本结构的主要因素有以下几种。

▶ 1. 公司的销售情况

公司未来销售收入的增长率，决定了公司财务杠杆对每股收益的影响程度。如果公司未来的销售收入呈现高增长，较高地使用财务杠杆，就会增加普通股的每股收益，因此销售收入增长率较高的公司，负债比例也就较高；反之，销售收入增长缓慢的公司，负债比例应该低一些。另外，销售收入的稳定程度对资本结构也有重要影响，公司拥有稳定的销售收入，可以较多地承担利息费用，有利于负债筹资，如公用事业的收入一般很稳定，其负债率也较高；销售收入不确定或易受经济周期性影响的公司，则主要依靠权益性融资，负债率通常维持在较低的水平，如创新创业公司初始阶段主要依靠股权融资。

▶ 2. 公司的资产结构

公司的资产结构会影响公司的筹资方式和资本结构。一般来说，固定资产的投资回收期较长，因此，拥有大量固定资产的公司主要通过发行股票和长期负债来筹集长期资金；而拥有较多流动资产的公司，主要通过流动负债来筹集短期资金；资产适合抵押的公司举债数额较多，如房地产企业的抵押贷款就较多；轻资产运行的公司，负债比例通常不高，如以技术研究开发为主的公司负债就很少。

▶ 3. 行业特点

不同的行业面临的经营风险、资产结构和外部环境都存在差别，因而其资本结构也会不同。比如互联网企业，初始投入巨大，经营风险高，但一旦成功会获得高额利润，因此一般不采用负债筹资，但备受风险资本青睐，股权融资比较容易。又如零售企业，存货周转周期短、变现能力强、现金流充足，短期偿债能力强，可以更多地采用负债筹资。

▶ 4. 公司所处生命周期

公司的经营一般会经历投入期、成长期、成熟期和衰退期四个阶段。投入期，公司需要大量资金，但市场表现不稳定，风险较大，一般主要靠股东的原始投入和吸收风险资本投资；成长期，公司销售收入快速增长，投资也大幅增加，但经营活动的现金流入无法满足投资活动现金需求，由于良好的成长预期使投资者愿意购买公司股票，此时通常通过发行普通股来筹资；成熟期，公司销售收入稳定，现金流充足，可以增加负债以便更好地发挥财务杠杆作用；衰退期，公司销售收入减少，经营风险增加，现金流也逐渐枯竭，此时应该减少公司的负债以降低财务风险。

▶ 5. 信用评级

一方面，公司信用评级的高低直接影响公司的融资方式、融资能力和融资成本；另一方面，公司的贷款人不希望公司负债比例太高，如果公司负债过高，不仅会导致贷款人拒绝提供新的贷款，也可能会导致信用评级机构降低公司信用等级。因此，公司通常要保持一个合理的负债比例以获得一个较高的信用等级。

▶ 6. 利率水平及其变动趋势

利率的高低直接影响了公司筹资成本的高低，因而也直接影响了公司筹资的方式和资本结构。而利率的高低与宏观经济周期密切相关，当经济繁荣时，资金供需旺盛，利率水平上升，股市上涨，公司股价保持在较高水准，此时以较高的市盈率发行股票来筹集资金能够有效降低资本成本，改善资本结构；而当经济萧条时，资金供应不足，股市低迷，政府通常会采取降息措施来刺激经济，此时负债的资本成本大大降低，如果企业有足够的融资能力，可以加大负债融资的比例。

▶ 7. 所得税税率高低

由于负债的利息可以税前列支，具有节税效应，因此所得税税率的高低直接影响公司的筹资选择。所得税税率较高时采取负债筹资的节税效应较明显，公司偏爱负债筹资；所得税税率降低时，节税效应减弱，公司的负债比率也会随之降低。

▶ 8. 公司股东和管理层的态度

发行普通股会稀释原有股东的控制权，因此，股东的态度在公司资本结构选择中具有重大影响。如果公司股东人数众多，股东持股比例分散，不存在绝对的控股股东，股东不用担心控制权被稀释，此时，公司可能会更多地采用发行股票来筹集资金；相反，如果公司被少数几个股东控制，特别是某些股东的控股比例处于关键节点时（如持股比例在 1/2 或 1/3 左右时），股东为了保护其控股权，会尽量避免采取普通股筹资，更倾向于采取优先股或负债的方式筹资。

公司管理层对待风险的态度，也会影响资本结构的选择。如公司管理层偏好高风险高收益，就会更多地采用负债来筹资；反之，如果公司管理层偏好安全性，则可能更多地选择股权融资。

13.1.3 最佳资本结构的确定

最佳资本结构是指加权平均资本成本最低、公司价值最大的资本结构，虽然实务中很难直接计算出最佳的资本结构的具体数额，但仍需要进行定量分析，在备选方案中选出最好的方案。最佳资本结构的定量分析法主要有比较资本成本法、每股收益无差别点分析法与公司价值比较法三种方法。

▶ 1. 比较资本成本法

比较资本成本法就是在公司进行筹资决策前，先制订若干个备选方案，分别计算各方案的加权平均资本成本，从中选择加权资本成本最低的方案来确定其资本结构的办法。公司资本结构的决策包括初始资本结构决策和追加资本结构决策两种形式，因此要酌情考虑运用加权资本成本比较或者边际资本成本比较。

【例 13-1】诚毅公司原有资本总额 3 000 万元，其中长期债券 1 000 万元，债券年利率 8%；每股面值为 1 元的普通股 400 万股，每股发行价为 5 元，明年预计每股股息为 0.5 元，以后每年增长率为 2%。该公司现有一个新的投资机会，需筹集资金 2 000 万元，现有两种方案可供选择：

方案甲：以 9%的年利率借入长期借款 1 000 万元，并同时发行优先股 1 000 万元，其固定股息为 10%。采用这一方案，估计普通股股价可能会降到每股 4 元。

方案乙：以 10%的年利率发行长期债券 1 200 万元，并同时增发普通股 800 万元。采用这一方案，估计普通股股价可能会上升到每股 5.5 元。

诚毅公司的所得税税率为 25%，假设其他条件不变，请选择筹资方案。

分析：本例有两种筹资方案可供选择，每一种筹资方案都会改变公司的资本结构，同时也会改变个别资本的资本成本。由于可选方案只有两种，所以直接用比较资本成本法比较两种方案实施后的加权资本成本的大小，并选择加权平均资本成本低的方案。

可分三个步骤：第一，先计算原有方案的个别资本成本和加权平均资本成本；第二，假设方案实施，计算实施方案后的个别资本成本和加权平均资本成本，但此时必须注意资本市值的变化；第三，比较两种方案的加权平均资本成本，并做出选择。

计算：(1) 计算公司原有资本的加权平均资本成本。

$$W_b=\frac{1\ 000}{3\ 000}=33.33\%$$

$$W_S=\frac{2\ 000}{3\ 000}=66.67\%$$

$$K_b=8\%\times(1-25\%)=6\%$$

$$K_S=\frac{0.5}{5}+2\%=12\%$$

$$K_{WACC}=6\%\times33.33\%+12\%\times66.67\%=10\%$$

(2)计算方案甲的加权平均资本成本。

$$W_{b1}=\frac{1\ 000}{5\ 000}=20\%$$

$$W_{b2}=\frac{1\ 000}{5\ 000}=20\%$$

$$W_P=\frac{1\ 000}{5\ 000}=20\%$$

$$W_S=\frac{2\ 000}{5\ 000}=40\%$$

$$K_{b1}=8\%\times(1-25\%)=6\%$$

$$K_{b2}=9\%\times(1-25\%)=6.75\%$$

$$K_P=10\%$$

$$K_S=0.5/4+2\%=14.5\%$$

$$K_{WACC}=6\%\times20\%+6.75\%\times20\%+10\%\times20\%+14.5\%\times40\%=10.35\%$$

(3) 计算方案乙的加权平均资本成本。

$$W_{b1}=\frac{1\ 000}{5\ 000}=20\%$$

$$W_{b2}=\frac{1\ 200}{5\ 000}=24\%$$

$$W_S=\frac{2\ 800}{5\ 000}=56\%$$

$$K_{b1}=8\%\times(1-25\%)=6\%$$

$$K_{b2}=10\%\times(1-25\%)=7.5\%$$

$$K_S=\frac{0.5}{5.5}+2\%=11.09\%$$

$$K_{WACC}=6\%\times20\%+7.5\%\times24\%+11.09\%\times56\%=9.03\%$$

通过上述计算可以发现，该公司原有加权平均资本成本为10%，如果实施方案甲，加权平均资本成本会上升到10.35%，而实施方案乙，加权平均资本成本会下降到9.03%，因此，应该选择方案乙。

比较资本成本法通俗易懂，计算过程简单，是资本结构选择的常用方法。但这种方法只能从备选方案中进行选择。由于备选方案有限，容易漏掉更好的方案，从而无法确定公司的最佳资本结构。

2. 每股收益无差别点分析法

每股收益无差别点，也称息税前利润无差别点，是指不同资本结构下，公司每股收益均相等时的息税前利润数额。公司在进行筹资决策时，先计算不同方案的每股收益无差别点的息税前利润数额，然后比较项目预期的息税前利润水平与每股收益无差别点的息税前利润的数额，选择能使每股收益最大的方案。这种方法正是利用了每股收益与息税前利润之间的关系来进行资本结构决策，因此称每股收益无差别点分析法，又叫作 EBIT—EPS 分析法。

假设某公司有一个投资项目需要筹集资金，现有两种方案可供选择：发行债券或发行普通股，则该项目的每股收益无差别点可用图 13-2 表示。

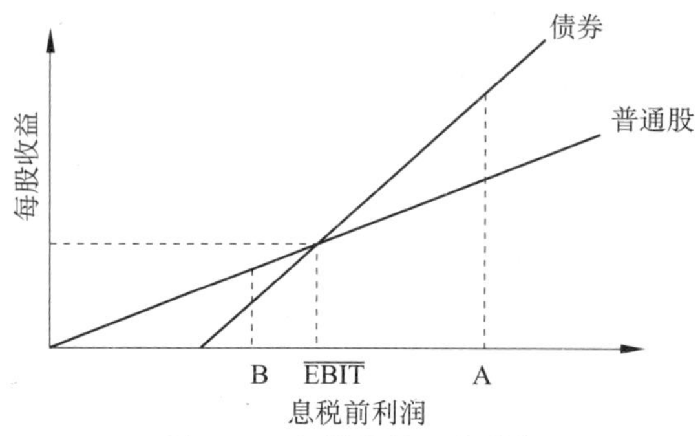

图 13-2　每股收益无差别点

从图 13-2 可以看出，当项目的息税前利润为 $\overline{\text{EBIT}}$ 时，发行普通股与发行债券筹资的每股收益相等，因此，$\overline{\text{EBIT}}$ 为每股收益无差别点，此时筹资方案没有优劣之分。但如果项目预期的息税前利润大于无差别点的 $\overline{\text{EBIT}}$，此时采用发行债券筹资获得的每股收益大于采用发行普通股筹资获得的每股收益，所以应发行债券筹资；而如果项目预期的息税前利润小于无差别点的 $\overline{\text{EBIT}}$，此时采用发行债券筹资获得的每股收益小于采用发行普通股筹资获得的每股收益，所以应发行普通股筹资。

每股收益无差别点的计算公式如下：

$$\frac{(\overline{\text{EBIT}}-I_1)(1-T)-D_{\text{P1}}}{N_1}=\frac{(\overline{\text{EBIT}}-I_2)(1-T)-D_{\text{P2}}}{N_2}$$

其中：$\overline{\text{EBIT}}$ 表示每股收益无差别点的息税前利润；I 表示不同方案的利息费用，D_{P} 表示不同方案的优先股股息；T 表示公司的所得税税率；N 表示不同方案的普通股数。方案选择的标准是：如果项目 EBIT 大于 $\overline{\text{EBIT}}$，应选择债务筹资；如果项目 EBIT 小于 $\overline{\text{EBIT}}$，应选择股权筹资。

【例 13-2】诚毅公司 2015 年 12 月 31 日的长期负债及所有者权益总额为 18 000 万元，其中，发行在外的普通股 8 000 万股(每股面值 1 元)，公司债券 2 000 万元(按面值发行，票面年利率为 8%，每年年末付息，三年后到期)，资本公积 4 000 万元，其余均为留存收益。2016 年 1 月 1 日，该公司拟投资一个新的建设项目需追加筹资 2 000 万元，现有 A、B 两个投资方案可供选择；A 方案为发行普通股，预计每股发行价格为 5 元；B 方案为按面值发行票面年利率为10%的公司债券(每年年末付息)。

假定该建设项目投产后，2016年度公司可实现息税前利润5 000万元。公司适用的所得税税率为25%。请帮该公司做出筹资决策。

分析：本例的A、B两个方案，其中方案A采用普通股筹资，方案B采用债券筹资，所得资金均投入同一建设项目，因此，可以采用每股收益无差别点分析法来进行决策。

具体步骤为：第一，确定如果实施方案A后公司发行的普通股总数以及应支付的债券利息额；第二，确定如果实施方案B后公司全年的债券利息额及发行在外的普通股股数；第三，利用每股收益无差别点计算公式计算公司计算无差别点的息税前利润；第四，比较项目的息税前利润与每股收益无差别点息税前利润并做出决策。

计算：(1) 假设实施方案A，则

实施方案A发行在外的普通股股数＝2 000/5＋8 000＝8 400(万股)

实施方案A的全年债券利息＝2 000×8%＝160(万元)

(2) 假设实施方案B，则

实施方案B发行在外的普通股股数＝8 000(万股)

实施方案B的全年债券利息＝2 000×8%＋2 000×10%＝360(万元)

(3) 根据公式，可得

$$\frac{(\overline{EBIT}-160)\times(1-25\%)}{8\ 400}=\frac{(\overline{EBIT}-360)\times(1-25\%)}{8\ 000}$$

$\overline{EBIT}=4\ 360$(万元)

(4) 该项目的息税前利润为5 000万元，大于无差别点的息税前利润4 360万元，因此，应选择负债筹资，即方案B。

评析：为了进一步说明问题，我们可以分别计算实施方案A和方案B后的每股收益。

$$EPS_A=\frac{(5\ 000-160)\times(1-25\%)}{8\ 400}=0.432(\text{元/股})$$

$$EPS_B=\frac{(5\ 000-360)\times(1-25\%)}{8\ 000}=0.435(\text{元/股})$$

从计算可以看出，实施方案B的每股收益0.435(元/股)比实施方案A的每股收益0.432(元/股)高，从而印证了方案B比方案A更好。

3. 公司价值比较法

在每股收益无差别点分析法中，公司以每股收益的高低作为决策标准，易于被股东接受，但这种方法没有考虑风险因素。增加负债固然可以增加每股收益，但并不一定会增加股东价值，因为随着负债的增加风险也随之增加，如果每股收益增加不足以弥补风险增加所需的报酬，那么，股价仍然会下降。因此，最佳资本结构应该是公司总价值最高的资本结构，而不一定是每股收益最高的资本结构。公司价值比较法就是通过对公司风险、资本成本和公司价值进行综合分析，通过测算和比较不同资本结构下的公司总价值，以公司总价值最大和加权平均资本成本最低为判断标准确定公司最佳资本结构的决策分析方法。

公司的总价值等于股票的总价值加上债务的总价值，计算公式如下：

$$V=B+S$$

其中：V表示公司总价值；B表示债务的总价值；S表示股票的总价值。相对于股票

的价值，债务的价值受外界影响较小，为简化起见，假设债务的总价值等于其面值，而股票的市场价值可以用以下计算公式计算：

$$S=\frac{(EBIT-I)(1-T)}{K_S}$$

其中：EBIT 表示公司的息税前利润；I 表示债务利息；T 表示公司的所得税税率；K_S 表示股票的资本成本。股票的资本成本 K_S 可以用资本资产定价模型计算确定，其公式为

$$K_S=R_f+\beta(R_m-R_f)$$

【例 13-3】诚毅公司息税前利润为 500 万元，现有资本全部由普通股组成，账面价值为 1 000 万元，公司所得税税率为 25%。公司拟通过发行债券购回部分普通股股票的方法调整其资本结构。假设无风险报酬率为 8%，市场证券组合的必要报酬率为 12%。请确定该公司的最佳资本结构。

分析：本例中，公司调整资本结构会导致公司总价值发生变化，因此，可以用公司价值分析法来确定其最佳资本结构。

具体步骤为：首先，公司应确定不同负债水平下公司的 β 系数，计算出对应的权益资本的资本成本；其次，计算该负债水平下公司的总价值，公司总价值最大时的资本结构即为最佳资本结构；最后，确定最佳资本结构下的加权平均资本成本。

计算：(1) 确定不同负债水平下的个别资本成本，具体见表 13-1。

表 13-1 不同负债水平下的个别资本成本

债务市场价值 B /万元	债券利率 K_b	β 系数	无风险报酬率 R_f	股票市场的必要报酬率 R_m	权益资本成本 K_s
0		1.1	8.00%	12.00%	12.40%
200	5.00%	1.2	8.00%	12.00%	12.80%
400	6.00%	1.3	8.00%	12.00%	13.20%
600	7.00%	1.5	8.00%	12.00%	14.00%
800	8.00%	1.7	8.00%	12.00%	14.80%
1 000	9.00%	1.9	8.00%	12.00%	15.60%

(2) 计算不同负债水平下的公司总价值与对应的加权资本成本，具体见表 13-2。

表 13-2 不同负债水平下的公司总价值与加权平均资本成本

债务市场价值 B /万元	股票市场价值 S/万元	公司市场价值 V/万元	税前债务成本 K_b	权益资本成本 K_S	加权平均资本成本 K_{WACC}
0	3 024.19	3 024.19		12.40%	12.40%
200	2 871.09	3 071.09	5.00%	12.80%	12.21%
400	2 704.55	3 104.55	6.00%	13.20%	12.08%
600	2 453.57	3 053.57	7.00%	14.00%	12.28%
800	2 209.46	3 009.46	8.00%	14.80%	12.46%
1 000	1 971.15	2 971.15	9.00%	15.60%	12.62%

（3）通过表 13-2 可知，公司负债 400 万元时，公司总价值 3 104.55 万元，此时公司的加权平均资本成本 12.08%最低。

13.2　完美资本市场中的资本结构理论

13.2.1　早期资本结构理论

美国学者大卫·杜兰特(David Durand)是资本结构理论的开拓者，1952 年发表论文《公司债务和所有者权益费用：趋势与问题的度量》，系统总结和提出了西方早期资本结构理论：净收益理论、净经营收益理论和处于两者之间的折中理论。

净收益理论假定负债和权益的资本成本不受财务杠杆风险的影响，负债资本成本和权益资本成本保持固定不变，只要负债的资本成本低于权益的资本成本，负债越多，公司的加权平均资本成本就越低，公司的价值越大。当负债筹资达到 100%时，公司的加权平均资本成本最低，企业价值最大。

净经营收益理论认为，不论财务杠杆如何变化，公司的加权平均资本成本保持不变，因为公司提升债务融资的比例时，股东会认为债务增加了权益的风险，使得权益资本成本上升，抵消了债务资本的影响，公司的加权平均资本成本不变。因此，公司的价值与资本结构无关，其价值取决于净经营收益(EBIT)的大小，公司不存在最佳资本结构。净收益理论与净经营收益理论得出了资本结构的两个极端的状态。

折中理论认为，公司利用财务杠杆会导致权益资本的上升，但在一定程度上却不会完全抵消利用低成本的债务所获得的好处，因此会使加权平均资本成本下降，公司总价值上升。但债务融资超过一定限度时，权益成本的上升超过了财务杠杆的好处，公司的加权平均资本成本上升，公司价值会逐渐回落。因此，适度举债可以降低加权平均资本成本，举债比例使公司价值达到最大时的资本结构就是最佳资本结构。

杜兰特归纳的净收益理论和净经营收益理论比折中理论在数学上更精确，但折中理论更为合理地描述了财务杠杆与公司价值的关系，但这种关系主要依靠经验判断，三种理论都缺乏实证数据的支持，只是资本结构早期的一些朴素的理论。

13.2.2　MM 理论

MM 理论是现在资本结构理论研究的起点。1958 年 6 月，弗兰克·莫迪格莱尼(Franco Modigliani)和默顿·米勒(Merton Miller)在《美国经济评论》上发表《资本成本、公司理财和投资理论》一文，同年 9 月在《美国经济评论》上又发表了《资本成本、公司理财和投资理论：答读者问》一文，1963 在《美国经济评论》上再度发表《税收和资本成本：校正》一文，科学、严谨地研究了资本结构与公司价值的关系，形成了著名的 MM 理论，被认为是现代资本结构理论的核心内容。

▶ 1. 无公司税的 MM 模型

MM 理论描述了完美资本市场的资本结构理论模型，完美资本市场假设是 MM 理论的基础，主要包括以下几个假设：

（1）没有公司和个人所得税，证券没有交易成本，也没有破产成本。

（2）公司和个人都能够以无风险利率借入或者借出款项。

（3）信息是对称的，即公司的经理人和一般投资者获取的信息完全相同。

（4）公司的融资决策不会改变其投资所产生的现金流，公司的现金流是一种永续年金，即公司的 EBIT 处于零增长状态。

（5）相同风险等级的公司股票的收益与在该等级上的其他公司的股票收益完全比例相关，这些股票相互间可以完全替代。

在这些条件下，MM 证明了关于资本结构对公司价值的影响，形成了如下结论：

MM 定理Ⅰ：在完美资本市场中，公司的总价值等于其资产所产生的全部现金流的市场价值，它不受公司资本结构选择的影响。

定理Ⅰ用公式表示为

$$V_{L}=V_{U}=\frac{\mathrm{EBIT}}{K}=\frac{\mathrm{EBIT}}{K_{U}}$$

其中：V_L 表示有负债的公司价值；V_U 表示无负债的公司价值，EBIT 表示公司的息税前利润；K 表示适合公司风险等级的资本化率；K_U 表示无负债公司的资本成本。

MM 定理Ⅱ：负债公司的股本成本等于同风险企业的无负债公司的股本成本加风险报酬，该风险报酬的大小取决于无负债公司的股本成本、债务成本及负债与股本的数量之比。

定理Ⅱ用公式表示为

$$K_{S}=K_{U}+\mathrm{RP}=K_{U}+\frac{B}{S}(K_{U}-K_{b})$$

其中：K_S 表示有负债公司的资本成本；RP 表示风险溢价；K_b 表示公司负债的利息率；B 表示公司负债的价值；S 表示公司普通股市价。

综合定理Ⅰ和定理Ⅱ可知，无论企业是否举债，公司的加权平均资本成本等于无负债时的资本成本，因为低成本的举债利益正好会被股本成本的上升所抵消，所以增加负债不会增加或降低企业的加权资本成本，也不会改变企业的价值，即公司的价值和加权平均资本成本不会因其资本结构的变化而变化，因而就不存在最优资本结构。

2. 有公司税的 MM 模型

MM 无税模型最初受到了严厉的批评，由于其推理的有关假设显然是不现实的，其资本结构与公司价值无关的结论在实践上面临了挑战。1963 年，MM 提出了存在公司所得税时的 MM 模型，指出了在有公司所得税时，举债会增加企业的价值，因为利息具有抵税效应。

MM 定理Ⅲ：负债公司的价值等于相同风险等级的无负债公司的价值加上税负节约价值（又称税盾效应）。

定理Ⅲ用公式表示为

$$V_{L}=V_{U}+T_{C}B$$

其中：T_CB 表示税负节约价值，等于公司所得税税率 T_C 与公司负债额 B 的乘积。

MM 定理Ⅳ：在考虑公司所得税的情况下，负债公司的股本成本等于同风险等级无负债公司的股本加风险溢价。该风险溢价取决于无杠杆公司的股本成本和债务成本的差异、财务杠杆的情况和所得税税率。

定理Ⅳ用公式表示为

$$K_{S}=K_{U}+(K_{U}-K_{b})(1-T_{C})\cdot B/S$$

其中：T_C 表示公司所得税税率。由于 $(1-T_C)$ 小于 1，因此，公司税负节约使权益资本成本上升的幅度低于无税时上升的幅度，随着负债额的增加，公司的加权平均资本成本会逐渐下降，公司价值会逐渐增加，当公司负债率达到100%时，公司价值最大，而资本成本最小。

▶ 3. 米勒模型

有公司所得税的MM模型虽然考虑了公司所得税，但仍然没有考虑个人所得税的影响。米勒1977年在《财务学杂志》上发表《债务与税收》一文，阐述了同时存在公司所得税和个人所得税时资本结构对企业价值的影响，称为米勒模型。米勒模型保持了MM理论的所有假设，在同时存在公司所得税和个人所得税时，无负债公司的价值可以用公式表示为

$$V_U=\frac{\text{EBIT}(1-T_C)(1-T_S)}{K_U}$$

其中：T_C 表示公司所得税税率；T_S 表示股息收入的个人所得税税率。有负债公司的价值则可以用公式表示为

$$V_L=V_U+\left[1-\frac{(1-T_C)(1-T_S)}{(1-T_b)}\right]B$$

其中，T_b 表示债权人的个人所得税税率。

可见，由于个人所得税的存在，公司的总价值总会小于不存在个人所得税时的公司总价值。

虽然MM理论是在极端假设的前提下得出的，在实践中受到了挑战，但它奠定了现代资本结构理论的基础，使我们能够从数量上揭示资本结构最本质的问题——资本结构与公司价值的关系，这就是MM理论的精髓所在。

13.3　资本结构对公司价值的影响

根据MM理论，增加负债能够增加公司的价值，公司负债率达到100%时，公司的价值最大，显然，这与客观事实不符。现实中，一般公司都奉行适度举债的原则，只有一些特殊公司，才实行全部资本由权益资本构成或全部资本由债务资本构成的极端资本结构。权衡理论、信号传递理论和融资优序理论等从不同角度描述了资本结构对公司价值的影响——公司存在一个理论上的最优负债和权益比，此时的资本结构是最佳资本结构，公司价值也最大。虽然在实务中很难去量化一家公司的最优负债与权益比，但是，公司应该坚持适度举债的原则，设定一个目标资本结构，在筹资决策中尽最大可能去实现这个目标资本机构，以增加公司价值。

13.3.1　权衡理论

▶ 1. 财务困境成本

负债具有税盾效应，增加负债固然可以增加公司的价值，但同样也带来了风险。极端情况下，公司无法偿还债务本息而被迫破产清算。公司应对财务困境而发生的成本就是财务困境成本，也称财务拮据成本，具体包括两部分：财务困境的直接成本和财务困境的间接成本。财务困境成本是由负债造成的，财务困境成本会降低公司价值。

(1) 财务困境的直接成本。财务困境的直接成本，也称破产成本，主要是指公司因财务困境而导致破产或重整过程发生的律师费、诉讼费等法律成本和管理成本，同时还包括

在破产清算过程中因争吵和拖延等行为而造成的固定资产、存货等资产损失。

（2）财务困境的间接成本。财务困境的间接成本是指公司的生产经营受财务困境影响而导致的损失。间接成本主要包括：①公司经营和服务受到影响以及信用减损造成的损失；②公司不堪债务到期而被迫以更高利率借款导致雪上加霜，陷入恶性循环；③公司管理层不得不采取短期行为；④公司的人才大量流失。

经验研究表明，财务困境成本的增加与负债的增加并不成正比。在负债水平较低时，财务困境成本增加的幅度小于负债增加的幅度；当负债超过一定的水平后，财务困境成本增加的幅度也会大于负债增加的幅度。

2. 代理成本

根据委托代理理论，有负债公司的利益冲突，主要是公司股东和经理人与债权人之间的利益冲突。在公司经营决策中，股东可能会采取损害债权人而有利于自己的策略；当公司出现财务困境乃至濒临破产时，这种利益冲突愈加明显，股东甚至采取冒进投资、投资不足、撇脂等利己而损害债权人的策略，产生高昂的代理成本，从而降低公司的价值。

3. 权衡理论的内容

在考虑财务困境成本和代理成本后，有负债的公司价值(不考虑个人所得税的影响)的计算公式如下：

$$V_L = V_U + T_C B - \text{FPV} - \text{TPV}$$

其中：V_L 表示有负债公司的价值；V_U 表示无负债公司的价值；$T_C B$ 表示税负节约价值，也即税盾效应的价值；FPV 表示财务困境成本的现值；TPV 表示代理成本的现值。

上述公式之间的关系，也可以用图 13-3 表示。通过图 13-3 可以看出，在 A 点之前，财务困境成本与代理成本为零，负债的税盾效应使公司价值不断上升。在 A 点之后，公司负债额达到一定规模，开始产生财务困境成本与代理成本，抵消了部分税盾效应的价值，但增加负债导致的财务困境成本与代理成本的现值仍然低于增加负债获得的税盾效应的价值，公司的总价值仍不断增加。达到 B* 点时，增加负债导致财务困境成本与代理成本的现值等于增加负债获得税盾效应的价值，此时，公司的总价值达到了最大值。超过 B* 点以后，增加负债导致财务困境成本与代理成本的现值大于增加负债获税盾效应的价值，从而导致公司的总价值减少。因此，权衡理论认为，增加负债导致的财务困境成本与代理成本会抵消负债带来的税盾效应，公司存在最佳资本结构，就是图中的 B* 点，当公司负债额达到此点时，公司的价值最大。

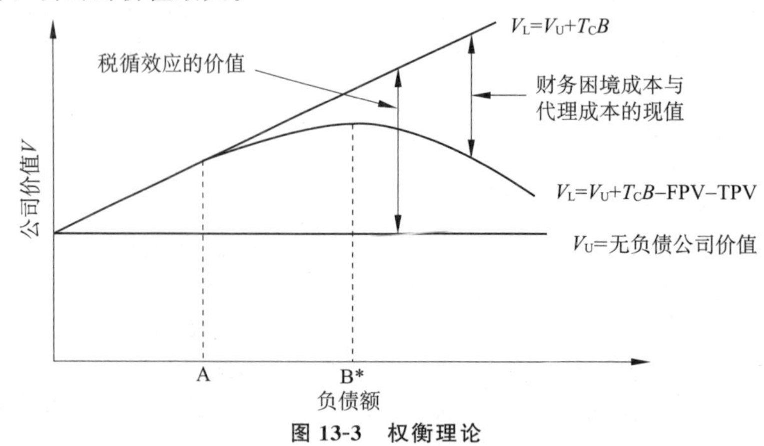

图 13-3 权衡理论

权衡理论揭示了公司价值、节税效应、财务困境成本和代理成本四者之间的数量关系，指出了公司存在最佳资本结构，使资本结构理论更加符合客观实践。但是，权衡理论无法精确地计算财务困境成本和代理成本的价值，因而无法在实务中确定最佳资本结构的具体负债与权益比例。

13.3.2 信号理论

MM理论和权衡理论都基于一个假设：信息是对称的，即公司的经理人和一般投资者获取的信息完全相同。但实践中，公司的经理人与一般投资者信息是不对称的，公司经理人拥有信息优势，因而经理人比一般投资者更清楚公司应采取什么样的资本结构。根据罗斯(Ross)1977年提出的信号理论，对于投资者而言，负债率高可能就是优质公司的信号，负债率低可能就是劣质公司的信号，它们可以根据信号传递的信息来做出自己的选择；而对于经理人来说，他们必须选择一个适当的负债率，向公司投资者传递必要的信号，使其预期效用最大化。

13.3.3 融资优序理论

同样基于信息不对称的研究，梅耶斯(Myers)和梅吉拉夫(Majluf)于1984年提出了融资优序理论，又称啄食顺序理论(pecking order theory)。融资优序理论认为，公司的管理者更了解公司的前景，在项目具有较好的盈利能力和股票价格被低估时，公司不会采取股票融资，而更愿意采取债券融资，因为此时发行股票融资额低，也会将投资收益转移给新股东，使原有股东蒙受损失；而作为投资者来说，他们认为公司会进行逆向选择，只有在股价高估时才会发行股票，因此公司发行股票对于他们来说是一个坏消息，自然也就不愿意购买股票，从而引起股票下跌。经理人与投资者的这种博弈，使得公司面对良好的投资机会时，会首选采用内部融资(留存收益融资)，然后才是对外融资；而对外融资，首先选择发行最稳健的证券融资(债券、优先股或可转换债券)，最后才会选择普通股融资。根据融资优序理论，不存在公司最优资本结构和目标债务比例，债务比例是融资结果的积累。

融资优序理论可以解释成熟的资本市场的融资偏好。成熟资本市场中公司的资本结构特征是：在内部融资和外部融资关系上，内部融资比重占绝对优势；外部融资中，包括银行借款、企业债券等债权融资比重大，而股权融资比重很低。但是在新兴资本市场并没有显现出明显的融资优先顺序，如我国体现出了一种“强股权”偏好，其融资顺序表现为股权融资、长期债务融资和内源融资，这是我国资本市场制度尚不成熟导致股权融资成本低于债权融资成本等原因导致的。随着我国资本市场的发展，其融资偏好也会逐渐变化。

本章小结

1. 资本结构，是指企业各种长期资金筹集的来源及比例关系。实务中，公司须根据实际情况，合理确定长期债务、优先股和普通股的最佳比例(最佳资本结构)，使得在其他因素不变的情况下，实现公司价值最大化。

2. 公司需要结合定性与定量分析，综合考虑各种因素，选择适当的资本结构。定性分析法需要进行因素影响分析。定量分析法主要有比较资本成本法、每股收益无差别点分析法和公司价值比较法。比较资本成本法就是从比较中选择WACC最低的方案来确定其资本结构。每股收益无差别点分析法是通过比较项目预期的 EBIT 水平与每股收益无差别点的 EBIT 的数额，选择能使每股收益最大的方案的方法。公司价值比较法就是通过对公司风险、资本成本和公司价值进行综合分析，通过测算和比较不同资本结构下的公司总价值，以公司总价值最大和 WACC 最低为判断标准确定公司最佳资本结构的方法。

3. 西方早期资本结构理论包括净收益理论、净经营收益理论和处于两者之间的折中理论，三种理论都缺乏实证数据的支持，只是资本结构早期的一些朴素的理论。

4. MM 理论指出：在完美资本市场中，如果不考虑公司所得税，公司的总价值等于其资产所产生的全部现金流的市场价值，它不受公司资本结构的影响(即资本结构不会影响企业价值)。在考虑公司所得税的情况下，负债公司的价值等于相同风险等级的无负债公司的价值加上节税价值(税盾效应)。负债公司的股权成本等于同风险等级无负债公司的股权成本加风险溢价。

5. 权衡理论认为，增加负债导致的财务困境成本与代理成本会降低公司价值，抵消负债带来的税盾效应。公司存在最佳资本结构，当公司的负债与权益比达到最佳时，公司的价值最大。

6. 在投资者与经理人信息不对称的情况下，有两种基本理论：一是信号理论，认为负债率高可能就是优质公司的信号，负债率低可能就是劣质公司的信号；二是融资优序理论，认为经理人与投资者的这种博弈，公司融资时应首选采用内部融资(留存收益融资)，然后才是对外融资；而对外融资，首选发行最稳健的证券融资(债券、优先股或可转换债券)，最后才会选择普通股融资，公司不存在最优资本结构和目标债务比例。

课后练习

一、思考题

1. 什么是资本结构？如何理解资本结构选择的馅饼理论？

2. 影响资本结构的主要因素有哪些？

3. 什么是每股收益无差别点？公司应如何利用每股收益无差别点进行资本结构的选择？

4. MM 理论的无税模型和有税模型的基本原理是什么？

5. 什么是财务困境成本和代理成本？权衡理论的基本原理是什么？

6. 简要介绍信号理论和融资优序理论的基本原理。

二、计算分析题

某公司目前拥有资金 2 000 万元，其中，长期借款 800 万元，年利率 10%；普通股 1 200 万元，上年支付的每股股利 2 元，预计股利增长率为 5%，发行价格为 20 元，目前价格也为 20 元，该公司计划筹集资金 100 万元，企业所得税税率为 25%，有两种筹资方案：

方案 1：增加长期借款 100 万元，借款利率上升到 12%，假设公司其他条件不变。

方案 2：增发普通股 40 000 股，普通股市价增加到每股 25 元，假设公司其他条件不变。

要求：

(1) 计算该公司筹资前加权平均资金成本。

(2) 用比较资本成本法确定该公司最佳的资本结构。

章末案例

老干妈“三不”政策拒资本：“不贷款、不融资、不上市”

2013年，老干妈风味食品有限责任公司(以下简称“老干妈”)全球销售额超过37亿元人民币。很难想象，这艘只做辣椒酱的调味品业“航母”，是个资本市场绝缘体。“不贷款、不融资、不上市”，已然成为老干妈的标签之一，也让众机构垂涎三尺却只能望而却步。

据工商资料显示，这家年销售额数十亿元的贵阳南明老干妈风味食品有限责任公司，注册资本仅1 000万元。

公司成立于1997年10月5日，股东结构极其简单，只有陶华碧与其两个儿子。其中，陶华碧仅占1%的股份，大儿子李贵山持有49%，小儿子李辉2012年5月才入股，持有50%。

如今，陶华碧已不再管老干妈的具体事务，只掌握大方向。李贵山主管市场，李辉负责生产。

“老干妈是一家非常纯粹和质朴的公司，有一个最简单的商业模式。我觉得这个模式是合理的。”深创投西南大区负责人许翔对记者说。在许翔看来，企业是千姿百态的，不是每一家公司都适合上市，也不是每一家公司都必须依靠资本才能做强做大。

“我没有去找过它。找它的那些投资机构说简单一点就是想忽悠它上市赚钱，这是很低的理念。人家企业不需要，你就让它自己生长，不要去打扰人家嘛。”许翔告诉记者。

许翔表示，老干妈是一个很不错的企业，但并不是一个好的投资标的。他解释，“发展理念不吻合，而且老干妈现金流很充足，不缺钱，非得去投资它，那不是浪费社会资源吗？投资应该是优化社会资源的配置，投给需要的人，投后能产生协同效应，能起到一加一大于二的作用。”

相反，许翔认为，老干妈现金流充足，是投资人、LP很好的人选。“不过，他们不理解你也很难说服他们。”

资料来源：老干妈“三不”政策拒资本：“不贷款、不融资、不上市”[N]. 现代快报，2014-04-01，A14.

问题：

1. 老干妈的资本结构属于什么类型的资本结构？这种资本结构对公司的价值有何影响？

2. 影响公司资本结构的因素有哪些？如何评判老干妈的资本结构？

即测即练

扫描封底二维码

获取答题权限

第14章 股利政策

学习目标

- 了解公司收益的形成，理解公司利润分配的顺序、决策与分配程序。
- 了解股利的种类，理解影响股利政策的因素。
- 理解和掌握常见的股利政策。
- 理解和掌握股票股利对公司与股东的影响。
- 了解股票分割与分拆的概念与作用，了解股票回购的概念与形式，掌握股票回购的动机。
- 了解几种代表性的股利理论。

引导案例

2022年分红总额突破2万亿元 上市公司积极回报投资者成市场新风尚

《上海证券报》记者7月24日从中国上市公司协会获悉，A股上市公司2022年度分红总额达2.13万亿元，首次突破2万亿元。

据统计，2022年，A股市场3446家上市公司实施(或公告)现金分红(或预案)，占全市场上市公司总数量的67%。最近3年、5年和10年连续分红的公司分别有2023家、1687家和750家，上市公司回报投资者意识明显提高。2022年度，上市公司分红总额达2.13万亿元，首次突破2万亿元，这是继2017年分红总额首次破万亿元后一个新的里程碑。分红比例上，2022年平均股利支付率为34.12%，较3年前、5年前分别提升近2个和3个百分点。

另一大显著特征是，央企国企分红占比近半，国有控股贡献近七成，“双创”板块公司分红比例快速提升。

从控股类型来看，央企控股上市公司2022年分红总额达1.06万亿元，占全市场的比重为49.85%。进行现金分红的国有控股上市公司为927家，占全部分红公司数量不足三成，但贡献分红总额近七成(1.47万亿元)。一些大型央企上市公司保持高比例分红，如中国移动、中国神华、中国石化等派息率均在60%以上。国有企业已成为分享经营成果、积极回馈投资者的标杆，在资本市场发挥了良好的示范作用。

从板块来看，2022年沪深主板上市公司分红2万亿元，占总额的94%。主板上市公司大多是业务模式成熟、经营业绩稳定、具有行业代表性的优质企业，是资本市场分红的主力军。同时，“双创”板块上市公司现金分红意识越来越高。2022年，科创板和创业板上市公司股利支付率分别较2021年增长2.7个和1.7个百分点。

在资本市场，现金分红作为实现投资回报、共享经营成果的重要形式，是尊重和保护投资者权益、助力实现共同富裕的重要体现。A股市场曾被投资者质疑为“重筹资、轻回报”，但近年来，上市公司现金分红回报意识明显提高、分红金额持续增长，分红稳定性日益增强。

此外，股票回购和现金分红这两种回馈股东的方式在动因和市场效应方面均存在一定程度的替代作用，但A股市场股票回购同现金分红相比尚有较大发展空间。与发达资本市场相比，A股上市公司回购注销比例低，通过回购助力回报投资者的效果仍有较大空间。

资料来源：张雪．上市公司积极回报投资者成市场新风尚[N]．上海证券报，2023-07-25(002)．

问题：

1．什么是现金股利？什么是股票回购？

2．公司应如何制定股利分配政策？

3．如何理解现金分红是尊重和保护投资者权益、助力实现共同富裕的重要体现？

股东对公司的投资，其目的是获取回报，这种回报包括从公司获得的股利以及股权的增值。不论是股利还是股权增值，都客观要求公司能够获利，因此，营利是现代公司的本质特征。那么，公司的收益是如何形成的、公司的收益应该如何分配、公司的收益分配政策是否会影响公司的价值？这些都是公司理财应该解决的核心问题，也是迄今实务界和理论界存有争论的问题。

14.1 公司的收益及其分配

14.1.1 公司收益的形成

收益是一个经济学的概念，经济学家将其理解为实际物质财富的绝对增加；而利润是一个会计学的概念，一般指收入扣除费用后的余额。因此，公司收益与公司利润这两个概念是存在差别的。目前，我国会计核算已经引入收益的概念，要求公司在编制利润表时提供综合收益的信息，在计算公司的净利润的基础上进一步计算公司的综合收益总额。本书不去探讨公司收益与会计核算中的综合收益总额是否存在差异，在此仅以综合收益总额为例来说明公司收益的形成。综合收益总额的形成包括以下几个层次：

（1）营业利润。营业利润是公司一定时期内基本生产经营活动的成果，也是公司一定时期获得利润中最主要、最稳定的来源，没有足够的营业利润公司就无法继续生存与发展，因此，获取营业利润是公司生产经营活动的基本目标。计算公式如下：

营业利润＝营业收入－营业成本－营业税金及附加－销售费用－管理费用－研发费用－财务费用＋其他收益±投资损益±净敞口套期损益±公允价值变动损益－信用减值损失－资产减值损失±资产处置损益

（2）利润总额。利润总额是指公司一定时期内全部经营活动的经营成果，包括营业利润和应计入当期损益的各项利得和损失。计算公式如下：

利润总额＝营业利润＋营业外收入－营业外支出

（3）净利润。净利润是指按照税法规定，向国家缴纳所得税费用后的余额，净利润是归属于股东的利润。计算公式如下：

净利润＝利润总额－所得税费用

（4）综合收益总额。综合收益，是指公司在某一期间除与所有者以其所有者身份进行的交易之外的其他交易或事项所引起的所有者权益变动。综合收益总额项目反映净利润和其他综合收益扣除所得税影响后的净额相加后的合计金额，其中其他综合收益是指公司按规定未在当期损益中确认的各项利得和损失。计算公式如下：

综合收益总额＝净利润＋其他综合收益

但是，根据我国现行公司法的规定，公司可供股东分配的是税后利润，也就是净利润，而非综合收益总额，因此，实务中公司收益的分配就是对公司净利润的分配。

14.1.2 公司利润的分配

▶ 1. 公司利润分配的顺序

根据我国公司法和企业所得税法等相关法律法规的规定，公司的净利润按照以下顺序分配：

（1）弥补以前年度的亏损。公司某年度发生的亏损，可以在其后5年内用税前利润弥补，逾期未弥补完的，从第6年开始，用税后利润弥补。（当年具备高新技术企业或科技型中小企业资格的企业，其具备资格年度之前5个年度发生的尚未弥补完的亏损，准予结转以后年度弥补，最长结转年限由5年延长至10年。）以前年度的亏损未弥补完的，不能进行利润分配；如果公司有较大的亏损额未弥补完而影响公司的利润分配时，可以用以前年度计提的盈余公积弥补亏损，但弥补亏损后的法定盈余公积不得低于注册资本的25%。

（2）提取公积金。公积金分法定公积金和任意公积金，公司分配当年税后利润时，应当提取利润的10%列入公司法定公积金，公司法定公积金累计额为公司注册资本的50%以上的，可以不再提取。公司从税后利润中提取法定公积金后，经股东会或者股东大会决议，还可以从税后利润中提取任意公积金。

（3）分配股利。公司弥补亏损和提取公积金后所余税后利润，可以向股东分配利润。一般按照实缴的出资比例分取红利，但是，约定不按照出资比例分取红利的除外。如果公司有优先股，则需要先支付优先股股利，有剩余的才能向普通股股东支付股利。公司股本不得用于分配利润。股东必须将违反规定分配的利润退还公司。

▶ 2. 公司利润分配的程序

公司利润分配的决策权属于股东大会。公司董事会制定利润分配的预案，形成专项决议后须提交股东大会审议批准后2个月之内实施。我国上市公司股利支付的规定日程是：预案公布日→股利宣告日→股权登记日→除权除息日→股利支付日。

【例 14-1】宜宾五粮液股份公司2023年6月17日发布2022年度分红派息实施公告，称公司2022年度分配方案为：以公司现有总股本3 881 608 005股为基数，向全体股东每10股派37.82元人民币现金，该分配方案已经2023年5月26日召开的2022年度股东大会审议通过。本次分派对象为：截至2023年6月26日下午深圳证券交易所收市后，在中国证券登记结算有限责任公司深圳分公司登记在册的本公司全体股东。该公司委托中国结算深圳分公司代派的A股股东现金红利将于2023年6月27日通过股东托管证券公司(或其他托管机构)直接划入其资金账户。请确定此次分红派息的股利宣告日、股权登记日、除权除息日和股利发放日。

分析：该公司此次分红派息的股利宣告日为2023年6月17日，股权登记日为2023年6月26日，除权除息日为2023年6月27日，股利发放日也为2023年6月27日。

14.2 股利与股利政策

14.2.1 股利的种类

股利是指从公司的利润中分配给股东的报酬，实务中，股利、股息和红利混用，其实它们之间是有差别的。股息一般指股东定期按一定的比率从公司分配的利润，而且往往特指优先股每年按固定比率分配的利润；红利则是指公司支付固定的股息后按持股比例向股东分配的剩余利润，红利通常是不固定的，往往随着公司可供分配的利润的多少而上下波动，公司支付红利俗称分红。股息和红利都属于公司利润的分配，统称为股利。股利按照支付的方式不同，可以分成四类：现金股利、股票股利、财产股利和负债股利。

(1) 现金股利。现金股利是指用现金方式支付给股东的股利，它是股利支付的最常见的方式。现金股利是投资者最容易接受的股利支付方式。

(2) 股票股利。股票股利是公司以增发的股票作为股利支付给股东，也称“红股”，如10送2转3(即每10股送2股转增3股)，送股是指用未分配利润送股，转股则是指用资本公积金和公积转增股票。

(3) 财产股利。财产股利是指公司用现金以外的资产支付股东股利，财产股利可以是商品、不动产或其他公司的有价证券等。

(4) 负债股利。负债股利是以负债的方式发放股利，通常是以公司的应付票据或债券抵付股利。

各种股利支付方式各有利弊，财产股利和负债股利，实际上是现金股利的替代方式。目前，证监会发布的《上市公司修订公司章程有关利润分配政策的内容指引》中规定，我国的上市公司可以采用现金、股票或者现金与股票相结合的方式分配利润。

14.2.2 影响股利的因素

公司制订股利分配方案，除了要考虑当年的盈利情况外，还需要综合考虑各方面的因素，正是不同的公司所面临的实际情况不同，在股利分配方面会体现出不同的偏好。影响公司股利分配的因素主要有以下几个方面：

▶ 1. 法律因素

(1) 资本保全约束。资本保全要求公司发放的股利不得来源于股东的原始投资，即不能用公司的股本支付股利(我国公司法规定资本公积金不得用于发放股利，只能用于转增股本)。

(2) 资本积累约束。我国规定要按当年净利润的10%计提法定公积金，要求股利的支付只能来源于当期利润和累积的留存收益。

(3) 累计利润约束。许多国家规定留存收益不能超过一定的限额，超过限额后要征收额外的税。我国没有此类限制，而且我国的股票交易所得免税，个人股东收到的股利需要缴纳个人所得税，因此，我国公司的留存收益的比例较高。

▶ 2. 股东因素

(1) 控制权因素。大股东倾向于实施低股利高留存收益政策，以免公司增发新股融资可能会稀释其控制权，中小股东不用担心控制权被稀释，更愿意公司发放较高的股利。

(2) 避税。资本利得一般税率较低甚至免税，出于避税的考虑，一些比较富有的股东希望公司减少现金股利的发放。在我国，由于过去股票股利免税，导致我国资本市场的投资者偏好股票股利，但是，现在个人股东获得股票股利，适用20%税率征收个人所得税(且根据持股期限的不同给予不同的税收优惠)，公司发放股票股利时就不得不考虑股东的税负了。

(3) 股东的投资机会。如果公司的留存收益再投资的报酬率高于股东自己投资所获的报酬率，股东愿意减少分红；反之，则股东倾向于分红。

（4）稳定的收入。有些投资者希望获得稳定的现金股利收入，往往会要求公司支付稳定的现金股利。

▶ 3. 公司自身的因素

（1）资产的流动性。公司分配现金股利应以不影响公司的流动性为前提，因此，公司的现金股利与公司资产的流动性大小成正比。

（2）筹资能力。公司股利的支付跟筹资能力也呈正相关，如果公司的负债水平低，举债能力强，或者能够通过发行新股来融资，则公司会较多地支付现金股利；反之则不然。

（3）盈利能力及盈余的稳定性。公司的盈利能力越强且盈余的稳定性越高，则股利支付率通常较高；反之则不然。

（4）公司的投资机会。公司具有较多的投资机会时，往往需要筹资，会首选保留盈余而选择较低的现金股利政策。

（5）资本结构和资本成本。公司的股利支付会引起公司资本结构的变化，从而影响资本成本的高低。一般地，公司负债比例较高时，应减少支付现金股利，多保留留存收益，降低资产负债率。

▶ 4. 其他因素

（1）契约因素。公司在向银行借款、发行债券和发行优先股时，合同中往往会有一些限制股利支付的条款，以保护债权人或优先股股东的利益。公司在支付股利时，必须满足这些条款。

（2）通货膨胀因素。在通货膨胀下，以历史成本计算的利润进行分配，必然会使公司的实物资本受到侵蚀，此时，公司会采取相对较低的股利支付政策。

除了上述因素之外，公司的股利支付还受宏观经济、融资环境、市场成熟等因素影响，这些因素相互影响、相互制约。因此，公司在制订股利分配方案时，应结合企业所处的实际情况，综合考虑各种因素，以实现各种利益关系的均衡。

14.2.3 股利政策

股利政策是现代公司理财活动的三大核心内容之一。一方面，股利政策主要是确定公司的利润如何在股东红利和再投资之间的分配，与公司的筹资决策、投资决策密切相关，同时也是公司筹资、投资活动的延续，是为股东提供回报的一种重要方式；另一方面，恰当的股利政策，有利于树立公司良好的形象，创造良好的融资环境，为今后的筹资创造有利条件。股利政策主要包括股利发放比率的确定、股利支付方式的选择、股利发放的流程以及发放现金股利所需资金的筹集等几方面的内容，其核心则是股利发放比率的确定。实务中常见的股利政策主要有四种：剩余股利政策、固定或持续增长的股利政策、固定股利支付率政策和低正常加额外股利政策。

▶ 1. 剩余股利政策

剩余股利政策是指公司的盈余在首先满足投资性项目资金的需要后仍有剩余，才可将剩余部分用于发放股利。如留存收益不能完全满足投资需要，公司不进行利润分配。

【例 14-2】鹭江股份有限公司现有普通股 10 000 万股，公司的目标资本结构为权益资本 60%，债务资本 40%。2015 年该公司实现净利润 5 000 万元，2016 年总的投资计划所需资金为 6 000 万元。假设该公司采用剩余股利政策。请确定 2015 年度普通股的每股股利。

分析：首先应根据目标资本结构确定所需权益资本数额，其次用 2015 年的利润满足权益资本的需要，确定是否有剩余利润可供分配，最后将剩余利润按比例分配给普通股股东，计算每股股利。

计算： 2016 年投资所需权益资本数额＝6 000×60%＝3 600(万元)

2015 年可供剩余分配的利润＝5 000－3 600＝1 400(万元)

2015 年度普通股每股股利$=\frac{1\ 400}{10\ 000}=0.14$(元)

从例 14-2 可以看出，公司采用剩余股利政策，有利于保持公司的最佳资本结构，降低加权平均资本成本，提升公司的价值。但是，剩余股利政策股利的发放与公司的投资资金需要相关，即使公司的盈利水平不变，公司股利支付的多少也随投资机会的波动而波动，投资机会越多，股利支付就越少；反之，投资机会越少，股利支付就越多。因此，如果严格执行剩余股利政策，公司的股利支付会毫无规律，不利于公司树立良好的形象，也不利于投资者安排收入和支出。实务中，公司不会机械地执行剩余股利政策，而是运用剩余股利政策来建立一个长期的目标股利发放率。在公司初创阶段，公司投资机会多，需要的资金多，比较适合采用剩余股利政策。

▶ 2. 固定或持续增长的股利政策

固定或持续增长的股利政策是指公司将每年的股利固定在一个相对稳定的水平上并在较长时间内保持不变，只有当公司认为未来的盈余的增加足以使股利维持到一个更高的水平时，公司才会提高每股股利的发放额。实施这种股利政策的公司，一般坚持一个基本原则：绝对不会降低年度的股利发放额。如果出现通货膨胀，公司的收益出现增长，投资者也希望股利能够增长以抵消通货膨胀的影响，此时公司往往会转为实施稳定增长的股利政策，即按一个稳定的增长率来发放股利。

这种股利政策的理论依据是“一鸟在手”理论和信号传递理论，具有以下积极的意义：

(1) 传递良好信号，增强投资者信心；

(2) 满足投资者稳定收入的需要；

(3) 因稳定而降低投资的风险，从而可降低权益资本成本，提升公司的价值。

这种股利政策的不足之处在于股利的支付与盈利相脱节，无法体现股东风险与收益共担的原则。而且，当公司盈利下降或不稳定时，这种股利政策将举步维艰而黯然失色。

▶ 3. 固定股利支付率政策

固定股利支付率政策是指公司按照一个固定的股利支付率向股东支付股利，公司每年的股利发放额会随着公司的盈利的波动而波动，所谓“水涨船高”，充分体现了多盈多分、少盈少分、无盈不分的原则。这种股利政策的理论依据是“一鸟在手”理论，体现了股利支付与公司盈利的紧密联系，也体现了风险投资和风险收益的关系。但是，这种股利政策却无法替代其他股利政策的优点，因此适合于公司经营和财务状况比较稳定的公司。

▶ 4. 低正常加额外股利政策

低正常加额外股利政策是指公司在一般年份只支付固定的、数额比较低的正常股利，只有在公司经营业绩好、有较多盈余的年份才会支付额外的股利。这种股利支付政策介于固定或持续增长的股利政策与固定股利支付率政策之间，是一种折中方案。这种股利政策的理论依据也是“一鸟在手”理论与信号传递理论，具有两大优点：一是决策具有较大弹性；二是“旱涝保收”，对稳定股价有一定的益处。但是，额外股利取消的时候会给股东造成消极的印象。这种股利政策适用于公司高速成长的阶段。

上述股利政策具有不同的特点和适用性，公司要根据自身所处的生命周期和所处的客观环境，制定合适的股利政策。到目前为止，股利政策如何选择仍是一个谜，但是普遍认为选择股利政策时应遵循以下原则：

（1）在公司有较多的投资机会时，应减少分红比例；

（2）应考虑未来盈利能力和盈利风险，以保持股利政策的稳定性；

（3）存在个人所得税时，公司应该避免发行新股取得现金来发放股利。

14.3 股票股利、股票分割与分拆、股票回购

14.3.1 股票股利

▶ 1. 股票股利概述

股票股利是公司以增发的股票作为股利支付给股东，但是并不会增加股东的财富，也不会导致公司资产和负债增加或减少，不会改变所有者权益总额，但会引起所有者权益内部的结构发生变化。

【例 14-3】假设鹭江股份有限公司 2015 年年末发行在外的普通股为 3 000 万股，每股面值为 1 元，资本公积 2 000 万元，未分配利润 8 000 万元。假设该公司 2016 年宣告发放 30％的股票股利，即增发普通股 900 万股，每持有 10 股的股东可得到 3 股新发行的股票，宣告时股票市价为 8 元。请比较该公司发放股票股利所有者权益变化的情况。

分析：根据我国现行会计制度的规定，发放股票股利应该按市价计算股票价值，按股票面值确认股本，市价和面值之间的差额计入资本公积，因此，该公司发放股票股利前后所有者权益变化的情况如表 14-1 所示。

表 14-1　鹭江公司发放股票股利前后所有者权益变动表　　单位：万元

项　目	发放股票股利之前	发放股票股利之后
股本(每股面值 1 元)	3 000	3 900
资本公积	2 000	8 300
未分配利润	8 000	800
所有者权益总额	13 000	13 000

从表 14-1 可以发现，鹭江公司发放股票股利，使股本增加 900 万元，资本公积增加 6 300 万元(900 万×7)，未分配利润减少 7 200 万元(900 万×8)，所有者权益内部的结构发生了变化，但所有者权益的总额没有变化。

继续沿用例 14-3 的资料，另假设鹭江公司 2016 年预计的净利润为 1 200 万元，假设该公司的股东甲持有该公司 10％的股份。由于发放股票股利并没有改变其所有者权益总额，公司的理论价值不变，所以，除权后的股票价格应该按比例下降，因此，该公司发放股票股利后对每股收益及股东价值的影响如表 14-2 所示。

表 14-2　发放股票股利前后每股收益及股东价值对比表

项　目	发放股票股利之前	发放股票股利之后
股票价格/元	8	8/(1＋30％)＝6.15
预期每股收益/元	1 200/3 000＝0.4	1 200/3 900＝0.31
公司总价值/万元	24 000	24 000
甲股东持股数量/万股	300	390
甲股东持股股票市值/万元	2 400	2 400

从表 14-2 可以看出，发放股票股利后，公司的总价值并没有发生改变，股东的持股数量增加了，但持股股票的市值并没有发生任何变化，因此，发放股票股利理论上不会增加股东的财富。但是，发放股票股利会导致股票市价下降，在预期收益不变的情况下，公司的每股收益会降低。

▶ 2. 股票股利的优点

尽管如此，在我国，股票股利仍广受投资者和上市公司欢迎，是因为股票股利有如下优点：

（1）发放股票股利属于利润分配，但不需要支付现金，这样公司既达到了分配利润的目的，又保留了大量现金可以用于再投资，有利于公司的长远发展。

（2）发放股票股利会增加发行在外的股票数量，增加了股票的供给，活跃了市场。另外，对那些股票价格较高的公司来说，高股价使投资者望而却步，发放股票股利可以降低股票市价，有利于吸引投资者购买，也有利于日后发行新股融资。

（3）发放股票股利可以向市场传递积极信息，即公司管理层看好公司未来的发展，公司的规模和业绩都会有较大的提升，从而增强投资者信心。这些反映在股价上，一方面，公司发放股票股利后股价往往不会成比例下降，公司股东可以获得相对价值增值；另一方面，良好的预期经常会导致股票市场上的填权行情，从而可以大大提升公司的总体价值。如例 14-3 中，发放股票股利后，股价理论上应该从 8 元调整到 6.15 元，但实务中，股价往往不会完全调整到位，假设该公司除权后股票的开盘价为 6.5 元，此时公司的总价值为 25 350 万元(3 900 万×6.5)，总市值上升了 1 350 万元(25 350－24 000)，甲股东的持股市值也会随之变化为 2 535 万元，市值增加了 135 万元(2 535－2 400)，发放股票股利使公司的价值和股东的财富都相对增加了，这就是我国资本市场中投资者偏好股票股利的主要原因。当然，我们也应注意到，如果公司的经营状况没有实质性的好转，这种相对的价值增加会随着时间的推移而降低，股票价格最终会回归其价值。

（4）发放股票股利增加股票数量的同时，会增加股东的人数，分散持股，会增加恶意并购的难度。

▶ 3. 股票股利的缺点

发放股票股利也会给公司和股东带来不利影响，主要有以下几点：

（1）如果公司业绩不能有较大幅度的提升，会降低预期的每股收益，对公司的形象不利；

（2）增加股票数量后，今后发放股利时会导致更多的现金流出；

（3）发放股票股利时股东并没有收到现金，但可能需要缴税。

14.3.2　股票分割与分拆

▶ 1. 股票分割

股票分割，又称股票分拆、股票拆细或拆股，是指将面额较高的股票拆分成面额较低的股票的行为，股票分割不属于股利分配的方式，但起到的作用与股票股利近似。

【例 14-4】假设诚毅股份有限公司发行在外的普通股 2 000 万股，每股面值为 5 元，每股股票市价 100 元，资本公积 5 000 万元，未分配利润 12 000 万元。该公司作出决定，将每股股票分拆成 5 股，新股每股面值 1 元。则股票分割前后所有者权益及股价变动如表 14-3 所示。

表 14-3 诚毅公司股票分割前后所有者权益及股价变动表

项　目	股票分割之前	股票分割之后
股本数量/万股	2 000	10 000
股本/万元	10 000	10 000
资本公积/万元	8 000	8 000
未分配利润/万元	20 000	20 000
所有者权益/万元	38 000	38 000
股票价格/(元/股)	100	20

从表 14-3 可以看出，股票分割前后所有者权益的总额、结构都没有发生任何变化，但是发行在外的普通股数量从分割前的 2 000 万股变成了分割以后的 10 000 万股，面值也从分割前的 5 元下降到了 1 元，另外，股票的价格从分割前的每股 100 元下降到了每股 20 元。因此，股票分割和发放股票股利非常相似，都是在所有者权益总额不变的情况下增加了股票数量，降低了股票价格。两者不同的是股票分割不会使所有者权益内部的结构发生变化，而发放股票股利会导致所有者权益的内部结构发生变化。会计处理上两者存在差异：股票分割不需要进行账务处理；发放股票股利则要进行账务处理。实务中，两者的差别较小，一般根据证券监管部门的有关规定加以区分，如有些国家规定发放 25%以上的股票股利即属于股票分割。

对于管理层来说，股票分割会起到以下作用：

（1）降低公司股票价格。一般情况下，公司股票价格暴涨且难以下降时，会采取股票分割的方式降低股票价格，促进股票的流通和交易。

（2）可以向投资者传递良好信号，有助于提升投资者对公司的信心。

（3）为新股发行和公司兼并做准备，新股发行前，利用股票分割降低股票价格，促进股票的发行，在公司兼并中，股票的分割可以提高对被兼并方股东的吸引力。

（4）分散股东持股，降低恶意收购的难度。

▶ 2. 股票分拆上市

分拆上市概念是指一个母公司通过将其在子公司中所拥有的股份，按比例分配给现有母公司的股东，从而在法律上和组织上将子公司的经营从母公司的经营中分离出来，成立一个新的上市公司的一种概念。

▶ 3. 股票反分割

与股票分割对应的是股票反分割，也称股票合并，是指将若干发行在外的旧股换成一股面值较高的新股的行为，通常在公司股票价格长期低迷时通过股票合并提升股价，但也向市场传递公司经营不利的信号。

14.3.3 股票回购

▶ 1. 股票回购的概念

股票回购，是指公司利用现金等方式，从股票市场回购本公司发行在外的一定数量的股票的行为。公司回购股票后可以将其注销，但绝大多数情况下，将回购的股票作为“库藏股”保留，不再属于发行在外的股票，因此，库藏股不能享受分红，也没有表决权。库藏股日后有多种用途，如发行可转债、进行股票激励等，股价价格上涨时也可以再次出售来获取资金。库藏股是公司管理层进行资本运作的一种有效手段，在国外市场中极为常见，但在我国，只有在特殊目的下才能进行股票回购。《公司法》第一百四十二条规定公司不得收购本公司股份，但是，有下列情形之一的除外：①减少公司注册资本；②与持有本公司股份的其他公司合并；③将股份奖励给本公司职工；④股东因对股东大会作出的公司合并、分立决议持异议，要求公司收购其股份的；⑤将股份用于转换上市公司发行的可转换为股票的公司债券；⑥上市公司为维护公司价值及股东权益所必需。

▶ 2. 股票回购的动机

公司进行股票回购，主要有如下几个动机：

(1) 防止收购与兼并。在公司遇到敌意收购时，公司可以通过股票回购进行反击：一是，公司以较高的价格回购股票，刺激股价上升，增加收购成本；二是通过回购减少发行在外的股票数量，增加收购方控股的难度；三是进行股票回购，减少公司的现金，削弱对收购方的吸引力。

(2) 现金股利的替代。首先，公司发放现金股利，会对公司未来的派现产生压力，而选择回购股票同样可以达到向股东派发现金的目的，而且股票回购属于非正常股利政策，不用担心带来派现压力；其次，发放现金股利需要缴纳股利所得税，而出售股票的资本利得税通常低于股利所得税，所以选择回购股票作为发放股利的替代，能合理减少股东的税负；最后，有些股东希望获得现金股利，而有些股东则希望持有股票享受股票增值的好处，此时，可以选择向需要现金股利的股东回购股票，让那些希望持股的股东继续持股，可以满足不同股东的需求。

(3) 股权激励。公司选择在适当的时候回购股票，可以用于以后实施员工持股计划或者其他形式的股权激励，不仅能有效地控制股权激励的成本，也能充分调动员工的工作积极性。

(4) 改善资本结构。公司实施股票回购，会减少股东权益总额，改善公司的资本结构，提高财务杠杆水平。

(5) 维持或提高每股收益。公司通过回购股票，将现金返还给股东，可以减少公司的资金占用，提升资金使用效率。另外，回购股票可以减少发行在外的股票数量，相对提升每股收益水平，改善公司的形象。

(6) 提高公司股价。在公司股价低迷的时候，公司管理层可以选择用较高的价格回购公司股票，向市场传递公司股票的真实投资价值，稳定和提高公司的股价。

▶ 3. 股票回购的缺点

股票回购也会产生一些不利影响：

(1) 股票回购会造成公司资金紧张，特别是当股票回购作为应对恶意收购的时候更是如此；

(2) 股票回购很容易导致内幕交易，扰乱市场交易秩序；

(3) 股票回购减少了公司的权益资本，不利于保障债权人的利益；

(4) 股票回购对持有股票的股东不公平。

▶ 4. 股票回购的形式

股票回购的形式主要有三种：公开市场回购、要约回购和协议回购。

14.4 股利理论

股利政策是现代财务学研究的一个重要分支，也是困扰财务与经济学界的一个未解之谜。公司股利政策是否会影响公司的价值？如果影响，那么应该如何合理确定公司的股利支付率以使公司价值最大？在这两个问题上，西方财务学界形成了两类有代表性的观点：股利无关论和股利相关论。

14.4.1 股利无关论

股利无关论的代表性观点就是MM理论。MM理论认为，在完善的资本市场条件下，股利政策不会影响公司的价值。股利政策只不过是公司的一种融资策略而已。公司价值完全取决于公司未来的盈利能力，而不是盈利的分配方式。

14.4.2 股利相关论

股利无关论是建立在完美市场的基础上的，而现实并非如此，公司的股利政策要受很多因素的影响，如筹资成本、所得税负、市场效率、投资者的非理性行为等，使得股利无关论的假设条件不能成立，所以，股利政策与公司的价值实际上是相关的。股利相关论的代表性观点主要有"一鸟在手"理论、信号传递理论、所得税差异理论和代理理论。

▶ 1."一鸟在手"理论

西方谚语云："双鸟在林，不如一鸟在手。""一鸟在手"理论认为，在股东的报酬中，股利与资本利得的风险等级是不同的，股价不可预测，资本利得就如林中之鸟不一定能抓得到，而股利是可预测的，公司分派股利使股东能够获得实实在在的收益，如手中之鸟是飞不走的，因此，发放股利能够减少股东报酬的不确定性。

▶ 2. 信号传递理论

发放股利是公司管理者向股东传递信息的一种有效手段。股利政策会影响投资者对企业的信心和财务形象，从而影响股价。

▶ 3. 所得税差异理论

股利和资本利得收入适用的所得税税率是不同的，一般来说，资本利得税的税率比股利所得税的税率要低，甚至对资本利得免税。这样，投资者为了降低税负，自然希望公司减少股利支付，将收益用于再投资，提高股票价格，将股利转化为资本利得。

▶ 4. 代理理论

代理理论认为，股利的支付有利于减少由于所有权和控制权分离而产生的代理成本。但是，公司的股利政策应该在再融资交易成本和代理成本之间进行权衡，确定一个最佳的股利支付率。

综上所述，各种股利支付理论虽然能够从某些方面解释股利发放对公司价值的影响，但是，这些理论有时相互矛盾，而且都无法对股利政策会不会导致股价变动以及为什么会引起股价变动做出完美解释，所以股利政策仍是一个谜，还有待人们进一步研究。

本章小结

1. 目前我国公司收益主要分为几个层次：营业利润、利润总额、净利润和综合收益总额。实务中公司收益的分配就是对公司净利润的分配。

2. 我国公司利润的分配顺序为：弥补以前年度的亏损、提取公积和分配股利。公司利润分配的决策权属于股东大会，应遵循相关法规的要求安排如下日程：预案公布日、股利宣告日、股权登记日、除权除息日和股利支付日。

3. 股利是指从公司的利润中分配给股东的报酬，按照支付的方式不同可分成四类：

现金股利、股票股利、财产股利和负债股利。

4. 公司制订股利分配方案，需要综合考虑法律因素、股东因素、公司自身的因素和其他因素，以实现各种利益关系的均衡。

5. 股利政策是现代公司理财活动的三大核心内容之一。股利政策主要包括股利发放比率的确定、股利支付方式的选择、股利发放的流程以及发放现金股利所需资金的筹集等，其核心则是股利发放比率的确定。股利政策主要有剩余股利政策、固定或持续增长的股利政策、固定股利支付率政策和低正常加额外股利政策。

6. 股票股利并不会增加股东的财富，也不会导致公司资产和负债增加或减少，不会改变所有者权益总额，但会引起所有者权益内部的结构发生变化。股票分割也称股票分拆，但股票分拆有时也指将子公司股票分拆上市。股票分割不属于股利分配的方式，但起到的作用与股票股利近似。股票回购，是指公司利用现金等方式，从股票市场回购本公司发行在外的一定数量的股票的行为。

7. 对于公司股利政策是否会影响公司的价值，西方财务学界形成了两类有代表性的观点：股利无关论和股利相关论。MM 理论是股利无关论的主要代表，股利相关论则包括“一鸟在手”理论、信号传递理论、所得税差异理论与代理理论等。

课后练习

一、思考题

1. 简述我国公司利润分配的基本顺序和基本程序。

2. 股利有哪些种类？各有何特点？

3. 公司制定股利政策应该综合考虑哪些因素？

4. 常见的股利政策包括哪几种？基本内容是什么？

5. 什么是股票股利？有何优缺点？对公司有何影响？

6. 什么是股票分割与分拆？对公司有何影响？

7. 什么是股票回购？其动机是什么？

8. 西方有代表性的股利理论有哪些？基本内容是什么？

二、计算分析题

1. 甲股份有限公司发行在外的普通股股数为 2 000 万股，该公司 2015 年实现税后利润为 4 000 万元，预计该公司在 2016 年有良好的投资机会，需要追加投资 5 000 万元。该公司的资本结构为：资产权益率 60%，目前的资金结构为企业最佳资本结构。

要求：如果该公司采用剩余股利政策，计算 2015 年将发放的现金股利。如果追加投资需要 10 000 万元，计算 2015 年将发放的现金股利。

2. 某公司年终利润分配前的股东权益项目资料如下：

项目	金额
普通股(每股面值 2 元，200 万股)	400 万元
资本公积	160 万元
未分配利润	840 万元
所有者权益合计	1 400 万元

公司普通股的每股现行市价为 35 元。

要求：

(1) 公司计划按每 10 股送 1 股的方案发放股票股利，股票股利的金额按现行市价计算。计算完成这一分配方案后的股东权益各项目的数额。

（2）如若按1股换2股的比例进行股票分割，计算股东权益各项目的数额、普通股股数。

章末案例

腾讯派息式清仓美团、京东

2022年11月16日，腾讯控股(00700.HK)发布2022年第三季度业绩报告，同时披露，拟以分发特别红利方式，将其所持有的约9.58亿股美团股票分发给股东，分派比例为10∶1(每持有10股腾讯获派1股美团)。也就是说，腾讯方面要将持有的美团17%股权中的15%分掉，仅仅留下2%。腾讯总裁刘炽平同时卸任美团董事。以2022年11月16日收市价每股162港元计算，待分派的美团股份的总市值约为1 554亿港元。

腾讯从2014年起参与美团多轮融资。腾讯曾经在美团2016年E轮融资、2017年的战略融资和2018年Pre-IPO轮次的融资中深度参与，同时还在2021年4月参与了美团的定向增发。据统计，腾讯在过去一共投资美团超40亿美元，目前持有美团约17%的股份，市值约1 700亿港元，按照当前汇率计算，增值大约5倍，赚了1 400亿元人民币。

腾讯一直在回购股权，现金流充沛，第三季度回购了133亿港元，腾讯卖掉美团的话也只是增加手中现金而已，通过分股息的方式，不仅能够回馈股东，也可最大限度避免对美团二级市场价格造成波动。

这是腾讯第二次使用这种方式，上一次是京东。2021年12月23日，腾讯宣布将以中期派息方式，把所持有的约4.6亿股京东股权分派给股东。派息后，腾讯对京东持股比例将由17%降至2.3%，不再为第一大股东，同时腾讯总裁刘炽平也卸任京东董事。

资料来源：余胜良. 腾讯将分派美团9.58亿股给股东　第三季度净利润小幅增长[N]. 证券时报，2022-11-17(A06).

问题：

1. 腾讯将持有的美团、京东股票以特别红利的方式分派给股东，属于哪种方式的股利？这种方式的股利有何优缺点？

2. 腾讯为什么要将持有的美团、京东股票以特别红利的方式分派给股东？请谈谈你的看法。

即测即练

第15章 营运资金管理策略

学习目标

- 掌握营运资金的概念及特点。
- 理解营运资金管理的原则。
- 了解营运资金的结构性管理。
- 掌握营运资金投资策略及筹资策略。

引导案例

鼎汉技术拟定增4.5亿元补充流动资金

鼎汉技术（股票代码300011，创业板上市公司）荣获“2015年中国中小板、创业板公司治理五十强”称号。公司治理水平决定中国中小上市公司的成长能力，在中国经济进入新常态之际，中小板、创业板的上市公司肩负着中国经济转型和产业升级的重任。2009年上市以来，鼎汉技术长期重视公司治理结构的构架和优化，不断完善制度修订和升级，为企业规范发展、不断壮大提供了重要保障，良好的治理结构的建设，使得整个公司治理效果更加显著。

鼎汉技术拟以25.04元/股的价格非公开发行不超过1 798万股，募集资金总额预计不超过45 021.92万元，全部用于补充流动资金。公司股票将于2015年1月22日复牌。公司实际控制人顾庆伟拟认购665万股，侯文奇拟认购799万股，国联鼎汉技术1号集合资产管理计划拟认购334万股。公司部分管理层人员通过资管计划认购本次非公开发行股票，有利于完善公司管理层与全体股东的利益共享和风险共担机制，提高管理层的凝聚力和公司的竞争力，充分调动管理层的积极性和创造性，使管理层利益与公司长远发展紧密结合，实现公司可持续发展，为实现公司发展战略夯实基础。

本次非公开发行募集资金的投入使用，有利于公司发展现有业务和持续开拓新的业务。轨道交通装备行业为资金密集型行业，随着公司业务规模的快速健康成长、营运资金需求的大幅上升，此次非公开发行股票募集资金，能够有效降低公司的财务负担，有利于改善公司资本结构，增强财务稳健性和防范财务风险，同时，有利于进一步拓宽公司的融资渠道，降低公司融资成本，为公司未来发展提供充实资金保障。

资料来源：陈天戈．鼎汉技术拟定增4.5亿元补充流动资金[EB/OL].[2016-01-21].http://stock.hexun.com/2016-01-21/181942386.html.

问题：

1. 发行股票筹资补充营运资金对公司的生产经营活动会产生什么影响？
2. 这属于哪种营运资金筹资策略？作用是什么？

15.1 营运资金概述

15.1.1 营运资金的概念

营运资金是企业得以生存的重要因素，是衡量企业短期偿债能力的重要指标，因此，营运资金管理是企业财务管理的重要组成部分，保持营运资金良性运作具有非常重要的意义。

营运资金有广义和狭义之分。广义的营运资金又称总营运资本，通常指企业流动资产的总额，如现金、应付账款和存货等，从营运资金的占用形态考虑，其在数值上等同于流动资产的资金。因此广义上营运资金与流动资产为同义词。

狭义的营运资金又称为净营运资金，是指流动资产减除流动负债后的余额，也称营运资本净额。其计算公式为

净营运资金＝流动资产－流动负债
＝(总资产－非流动资产)－(总资产－所有者权益－长期负债)
＝(所有者权益＋长期负债)－非流动资产
＝长期资本－长期资产

当流动资产大于流动负债时，净营运资金数额大于零，表示流动资金中一部分由流动负债提供，剩余部分来源于长期负债。也可将净营运资金理解为由长期负债提供的流动资产。

本书探讨的营运资金是狭义的营运资金概念。营运资金管理包括流动资产管理和流动负债管理。

▶ 1. 流动资产

流动资产是指在一年以内或超过一年的一个营业周期内变现的资产。流动资产周转速度快，占用时间短，变现能力强，是维持企业正常运作的必要组成部分。

流动资产的分类方法繁多，常见的分类有以下几种：

(1) 按占用形态不同，可分为货币资金、交易性金融资产、应收及预付款项、存货等，资产负债表按此类方法进行区分。

(2) 按生产的环节不同，可分为生产领域的流动资产、流通领域的流动资产和其他领域的流动资产。

企业拥有较多的流动资产，则短期偿债能力强，能在一定程度上降低风险。

▶ 2. 流动负债

流动负债又称短期负债，指需在一年或超过一年的一个营业周期内偿还的债务。流动负债的偿还期短、成本低。流动负债的常见分类方法如下：

(1) 按应付金额是否确定，可将流动负债分为应付金额确定的流动负债及应付金额不确定的流动负债。

应付金额确定的流动负债是指根据法律或者合同到期必须支付的流动负债，具体包括短期借款、应付票据等。应付金额不确定的流动负债是金额需要根据生产经营状况，具备一定条件或者达到一定时期才能确定，或者金额需要估计后才可知的流动负债，比如应交税金及产品质量保证金等。

(2) 按流动负债的形成情况，可将流动负债分为自然性流动负债及人为性流动负债。

自然性流动负债是由于法律规定或者结算程序等原因自然形成的、不需要正式安排的流动负债，如应付职工薪酬、应交税费等。人为性流动负债是通过人为安排形成的流动负

债，比如银行短期借款等。

(3) 按是否支付利息，可将流动负债分为有息流动负债及无息流动负债。

15.1.2　营运资金的特点

▶ 1. 流动资产的特点

(1) 回收期短。相对于固定资产，流动资产回收期短。流动资产投资所需要的资金一般可通过商业信用、短期银行借款等途径解决。

(2) 变现能力强。流动资产具有较强的变现能力，资产容易变卖及转让，当企业出现资金周转困难、资金短缺而面临财务危机时，可迅速变卖资产，获取现金以满足周转需求。

(3) 实物形态具有多变性。在营运资金的周转过程中，共经过供、产、销三个阶段，占有形态不断变化：现金→材料(商品)→在产品或自制半成品→产成品→应收账款→现金。为了使营运资金周转顺利进行，必须在各项营运资金上合理配置资金数额。

(4) 流动资产获利能力弱，但投资风险小。流动资产一般被认为是企业生产经营过程中的垫支性资金，如现金、应收款等都属于非生产性资产，不能直接创造价值，且相对于固定资产而言，获利能力较弱。但流动资产通用性强，周转速度快，投资者风险小。

(5) 流动资产数量波动大。流动资产的数量将随着经济环境、市场供需要求及企业内外条件的变动而变动，季节性企业所受影响更加突出。

(6) 来源具有灵活性。筹集营运资金的方式灵活多样，通常有银行借款、短期融资券、各种商业信用形成的预收款、票据贴现等。

▶ 2. 流动负债的特点

(1)偿还期短，偿债风险大。长期债务的利率相对比较稳定，而短期债务的利率却随市场利率的变化而变化，企业难以适应。另外，流动负债的偿还期短，可能在某一时间集中到期，偿还压力大，将会增加企业的财务风险，甚至有可能将企业推向破产的境地。

(2) 筹资成本低。短期债务利息支出低于长期负债，筹资成本较低。而应付账款、应交税费等自然筹资性质的流动负债甚至没有筹资成本。

(3) 融资速度快。由于流动负债偿还期短，对借款方的财务评估较为简略，申请短期贷款比申请长期贷款容易，融资速度快。

(4) 弹性大。相比长期借贷，短期借款合约的限制条款较少，使得借款人在经营决策上拥有更大的灵活性。另外，企业可根据资金需要量大小，及时调整数额，财务弹性高。

15.1.3　营运资金的管理原则

实证研究表明，财务人员的大量时间都用于营运资金管理。企业进行营运资金管理，应遵循以下原则：

(1) 保证合理的资金需求。企业应把满足正常合理的资金需求作为首要任务，认真分析生产经营状况，合理确定营运资金的需求数量。一般情况下，要随企业的业务(产销)量增减而增减。

(2) 提高资金使用效率。加速资金周转，提高营运资金使用效率的关键就是缩短营业周期，加速变现过程和提高营运资金周转率，以便用有限的资金满足更大产业规模正常运作的切实需要。

(3) 节约资金使用成本。营运资金管理中，必须正确处理保证生产经营需要和节约资金使用成本二者之间的关系。要在保证生产经营需要的前提下，遵守勤俭节约的原则，尽量降低资金使用成本。

(4) 保持足够的短期偿债能力。偿债能力的高低是衡量企业财务风险的标准之一。要合理安排流动资产与流动负债的比例关系，保持流动资产结构与流动负债结构的适配性，但也要控制二者数值不能有太大差距。

15.2 营运资金结构性管理

良好的营运资金管理要求企业结合行业特点及营运资金周转的规律，对营运资金进行结构性管理，在提高营运资金使用效率的同时，有效降低财务风险。

15.2.1 流动资产的结构性管理

对流动资产进行结构性管理，旨在确定流动资产水平在合理范围内浮动，在保持企业生产经营活动正常进行的同时，尽可能提高资产周转速度，为企业创造更多收益，并有效避免出现财务危机。一方面，若流动资产投资不足，则可能对企业正常经营带来负面影响，出现短缺成本，甚至引发经营中断，给企业带来损失；另一方面，若企业在流动资产上投资过量，将出现大量闲置流动资产，增加持有成本。因此，企业有必要全面权衡盈利与风险，确认流动资产的最佳持有水平。

▶ 1. 流动资产盈利与风险的关系

一般而言，流动资产的盈利水平低于固定资产。除有价证券外，库存现金、应收账款及存货等这类流动资产，基本不具备直接盈利性。由于流动资产具有较强的变现能力，企业若持较多流动资产，则偿债能力增强。换言之，虽然企业持有流动资产获得的回报较低，但承担的风险也较小。

因此，财务主管应制定合理的流动资产投资政策，对流动资产进行结构性管理，必须在盈利性与风险性之间进行全面权衡。

▶ 2. 营运资本投资策略的报酬与风险分析

流动资产占全部资产的比例越大，在流动负债保持不变的情况下，财务风险也就越小，在某一特定的销售水平下，其冻结或闲置的流动资产上的资金也越多，利润率也就低于将这些资金投入固定资产的结果，盈利能力也就越低。相反，流动资产占全部资产的比例越小，企业盈利能力越大，而风险也越大。

15.2.2 流动负债的结构性管理

由于难以对流动资金的需求数量与流动负债的数量和到期时间进行准确把握并协调一致，企业只能将负债的到期结构作为流动负债结构性管理的中心，尽可能在负债到期结构上保持足够的安全边际，这将有助于企业权衡流动负债的资本成本和风险。

▶ 1. 长短期筹资来源的风险与成本

企业生产经营活动需要流动资产，那么就必须为流动资产筹资，而长短期筹资在数量上及偿还时间上的分配将如何进行，这涉及流动负债的结构性管理。

短期筹资和长期筹资涉及的风险不同，资本成本也不同。

首先，风险不同。相较于长期借款而言，短期借款较快到期，有可能筹措不到资金来偿还贷款，因此公司需承担的风险较大。另外，短期融资的利息成本具有不确定性，需承担更高的财务风险。

其次，利息成本不同。对于出资人来说，由于长期资金比短期资金的风险大，要求的报酬率就高，因此长期筹资的资本成本比流动负债高。而且，短期融资在资金数额和使用上更具有弹性。如果公司的资金需要具有季节性，则采用短期融资方式，可节省不必要的利息支付。

▶ 2. 基于盈利与风险的结构性管理

由于长、短期负债的盈利水平与风险各不相同，这要求企业应慎重对待债务盈利能力及风险权衡的选择问题，合理安排流动负债与长期负债的比例结构，确保企业财务杠杆发挥应有作用，降低资本成本，降低财务风险。

企业可用流动负债占全部资产的比率来反映企业的全部资产中由流动负债融资的百分比。若比率值提高，则意味着短期负债的比重加大，可使企业融资成本下降，提高收益水平，但同时偿还到期债务的压力加大，企业面临更高风险。

选择筹资策略时，除了风险和收益外，财务人员还必须结合其他各种因素，如销售情况、现金流变动等进行综合考虑。只有在对不同结构负债的成本与盈利进行全面分析之后，结合企业对风险的态度及把控，才能较合理地确定企业的最优负债结构。

15.3　营运资金管理策略

15.3.1　营运资金投资策略

▶ 1. 宽松的投资策略

在企业经营活动中，若销售额及其增长水平、成本水平均不稳定且难以估计，企业无法计算出其需要的流动资产数额。鉴于这种不稳定性，企业可选择宽松的流动资产投资策略。在该策略下，企业通常会维持高水平的流动资产与销售收入比率。也就是说，企业应持有较多的现金及有价证券，保持存货充足，设置宽松的信用政策，保持高水平的应收账款，使销售水平上升。对流动资产的高投资可能导致较低的投资收益率，但由于具有较高的流动性，企业的运营风险较小。

▶ 2. 紧缩的投资策略

紧缩的投资策略下，公司将持有的现金及有价证券投资额降至较低水平，并减少对存货的投资，采用更严格的信用条件，甚至禁止赊销，使销售量因此而受到限制。该策略下，企业持有的流动资产减少，可节约流动资产的持有成本和机会成本，释放潜在的获利能力，将资金用在具有高收益的渠道上，企业将获得较高的投资收益。但企业需承担较大的经营风险，经营中断的风险、发生短缺成本的可能性也将加大。

▶ 3. 适中的投资策略

适中的投资策略主要介于前两项策略之间，确定最优投资规模，安排流动资产投资。

若企业安排较少的流动资产投资，除了缩短流动资产周转天数以外，还可有效节约投资成本。投资不足可能引发经营中断，增加短缺成本，给企业带来损失。企业为了减少经营风险，可安排较多的营运资本投资，这样可延长流动资产周转天数。但是从另一方面说，若企业投资过量，会出现闲置的流动资产，使营运资金投资不能发挥作用，浪费投资，也会增加持有成本。因此，权衡得失，使短缺成本和持有成本之和最小的投资额就为最佳投资需要量，或称最优投资规模。在最优点上，短缺成本和持有成本大体相等，被称为适中型投资策略。

▶ 4. 流动资产投资策略的选择

(1) 企业在流动资产投资策略方面的选择取决于企业对风险和收益的权衡。流动资产的投资策略决定企业的流动性水平。通常，银行等债权人对企业的流动性十分重视，非常关注应收账款和存货的质量，并将根据流动性决定债权人对信贷扩张和借款利率的决策。

（2）不同的企业在不同阶段选择的流动资产投资策略各不相同。许多企业在准备上市或持有大量短期借贷的较困难时期，通常采用紧缩的投资策略。而具有较高销售边际毛利的企业，倘若从额外销售中获得的利润超过额外应收账款所增加的成本，则应采用宽松的流动资产投资策略，给予宽松的信用政策，可能为企业带来更可观的收益。

（3）企业决策者的态度也决定企业流动资产投资策略的选择。财务管理人员与运营或销售经理，在流动资产管理策略的选择上，通常具有不同观点。运营经理或销售经理通常喜欢质量上乘的原材料存货或部分产成品，以便满足生产所需及满足客户需求，偏好用宽松的信用政策刺激销售。相反，财务人员喜欢使存货和应收账款最小化，以降低流动资产融资的成本。

15.3.2 营运资金筹资策略

▶ 1. 营运资金筹资策略的概念

营运资金筹资策略，是指在总体上如何为流动资产筹资，采用短期资金来源还是长期资金来源，或兼而有之。

一个企业对流动资产的需求数量，是会随着产品销售的变化而变化的。在企业经营状况不发生大的变化的情况下，流动资产的最基本的需求是具有一点刚性和稳定性的，我们习惯将其界定为流动资产的永久性水平，将此时的流动资产称为永久性流动资产。当销售发生季节性或周期性变化时，流动资产将会在永久性水平的基础上波动。因此，流动资产可以被分解为两部分，即永久性部分和波动性部分。

流动资产的永久性水平具有相对稳定性，是企业的一种长期资金需求，需要通过长期负债筹资或权益性资金解决；波动性部分的筹资则相对灵活，最经济的办法是通过低成本的短期筹资解决其资金需求，如向银行申请短期借款或发行融资券等筹资方式。现实中的配合型策略就是长期占用的资产(包括永久性流动资产投资及固定资产)应由长期资金来源支持，短期占用的资产(只是波动性流动资产需求，不是全部流动资产)应由短期资金支持。

▶ 2. 营运资金筹资策略的类型

营运资金筹资策略可以划分为配合型筹资策略、保守型筹资策略和激进型筹资策略。这些策略如图 15-1 所示。顶端方框将流动资产分为永久性和波动性两类，剩余的方框显示了短期和长期筹资的三种策略。任何一种方法在特定的时间都可能是合适的，没有优劣之分，具体取决于管理者对风险的解读及承受力。

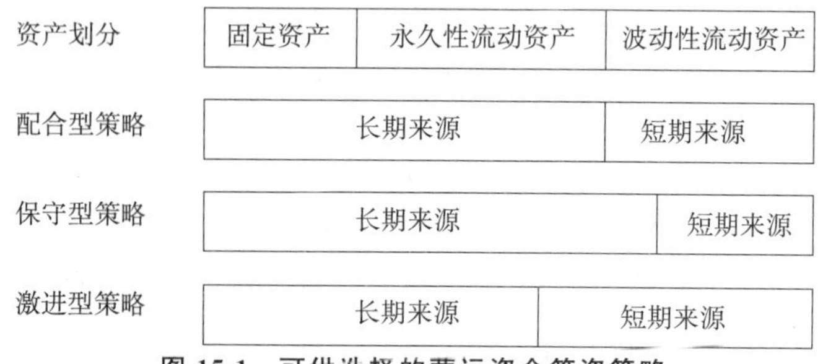

图 15-1 可供选择的营运资金筹资策略

（1）配合型筹资策略。企业通过筹措短期资金来满足波动性流动资金的需求，永久性流动资产及固定资产主要由长期筹资提供。配合型筹资策略将使企业资产与负债的到期时间协调一致，企业也无须支付过高的资本成本，有利于降低利率风险及偿债风险，因此也称中庸策略。

（2）保守型筹资策略。保守型筹资策略也叫稳健策略，用短期借款满足部分波动性流动资产的资金需要，剩余的波动性流动资产及长期资产均由长期借款筹集。若企业极端保守，甚至可能完全利用长期负债满足所有长短期的资金需求。这种情况下，短期负债占所有负债的比重较小，企业所需承担的资本成本较高，或因经营淡季资金需求走低而出现资金剩余，但需支付高额资本成本，而导致企业盈利能力降低。当然，企业的短期负债较少，面临的偿债风险也较低。因此，这种策略是收益性及风险性都较低的管理模式。

(3) 激进型筹资策略。激进型筹资策略通过短期资金来满足部分永久性流动资金与波动性流动资金的需求。而极端激进的策略是用短期借款来满足所有长期流动资产的需求，甚至部分固定资产的需求也用短期借款支撑。在这种策略下，短期负债在资金来源中占有相当大的比重。

与长期负债及权益资本相比，短期债务的成本较低。在这种策略下，短期筹资占筹资总额的比重较大，企业的资本成本较低。再则，短期债务偿债压力大，财务风险大，而且若利率水平发生变动，企业也将面临资本成本增加的风险。因此，这种策略是收益性及风险性都较高的营运资本管理策略。

【案例 15-1】

万科的营运资金筹资政策

与制造业相比，房地产开发行业存货变现的时间更长，受宏观环境和政策的影响更多，经营风险也更大。很多房地产企业通过囤地和捂盘追求高销售利润率，或通过保持投资性房地产(商业地产出租)平滑利润，借以控制经营风险。万科地产(000002)作为房地产行业的龙头老大，2006 年以来一改前期“现金为王”的策略，开始大规模“囤地”。即使以每年平均 500 万平方米的消化量计算，公司土地储备也至少可以维持 4 年以上，即便如此，万科的“囤地”步伐丝毫没有停止。相比较于其他几家规模较大、发展迅速的房地产企业(保利地产、招商地产、金融街和陆家嘴)来说，万科的“囤地”行为并不是盲目的。虽然 2007 年万科高价拿地，吃过“地王”苦头，但从 2008 年和 2009 年的拿地面积来看，万科启动了其久违的“拿地模式”，营业收入和营业利润在经过 2008 年的低谷期之后，迅速回升。但是，这主要是由于其之前计提的资产减值准备的转回、大额的投资收益以及利息费用的减少造成的，而其主要经营活动创造利润的能力略有下降，并未得到增强。红火的市场需求固然喜人，可是大规模“囤地”引发的高比率的存货又会给万科带来怎样的影响？利润的激增表明了企业迅速成长，可是公司是否有足够的融资能力满足经营活动对现金流的需求？在高成长性的背后，万科的营运资金管理状况究竟如何？

2007—2009 年，万科经营活动产生的现金流不断增加，商品、劳务收入支出比例逐年增大，用于商品和劳务的资金缺口越来越小，2008 年和 2009 年甚至出现收入大于支出。行业平均值显示，房地产行业经营活动对资金的需求比较高，商品、劳务收入支出比例的行业均值约为 1，万科该比率显著高于行业均值。虽然投资活动产生的现金流连续三年为负，但由于经营活动现金流比较充裕，万科 2007—2009 年筹资活动现金流显著下降，通过筹资活动来满足经营活动需求的量越来越小，请见表 15-1。

表 15-1　2007—2009 年万科现金流量结构　　单位：亿元

项目＼年份	2007 年	2008 年	2009 年
经营活动产生的现金流	−104.38	−0.34	92.53
投资活动产生的现金流	−46.04	−28.44	−41.91
筹资活动产生的现金流	213.61	58.66	−30.29
现金净流量	63.19	29.88	20.34
每股经营现金流/元/股	−1.518 9	−0.003 1	0.841 6

虽然万科经营活动创造现金流的能力不断加强，但是总的来说，万科 2007—2009 年三年中的每股经营现金流很小，甚至为负，三年分别为－1.519 元/股、－0.003 元/股和 0.842 元/股。万科依靠规模效益实现了业务的迅速扩张，“囤地”支出越来越大，沉淀在存货中的资金占用越来越多，这也意味着接下来的几年万科对资金的需求仍然十分强烈。如果现金流不足以应对购买土地的大额支出的话，这种极度的扩张将给万科带来巨大的负面影响，不仅将限制企业进一步发展，而且可能会引发财务危机等一系列的问题。因此，如何提高自身的融资能力是万科亟待解决的问题。

如表 15-2 所示，由于购地支出，房地产行业普遍需要部分长期负债和权益对流动资产进行补充融资。随着规模的扩大，万科的净营运资金不断增长，从 2007 年的 466.59 亿元增长到 2009 年的 622.65 亿元，增长幅度大约为 40%，而万科的流动负债基本稳定在流动资产的 50% 左右，也就意味着长期负债和权益融资要满足部分流动资产资金的需求。与同行业其他规模较大、盈利能力较强的公司进行对比发现，这种流动负债融资相对不足的现象普遍存在。在房地产行业，土地就是资本，优质土地更无疑会提高公司的盈利能力，因此，盈利能力很强的公司普遍净营运资金较多。然而，高盈利能力相应的代价是高昂的融资成本和较长的资金链，大量净营运资金缺口需要依靠长期负债和权益融资进行补充。长期资金的到期日远，到期不能还本付息的风险较小，但是长期资金的利息成本较高，并且缺乏弹性，会影响企业的经济效益。股权融资固然拥有着不用偿还等好处，但是不仅成本高昂，而且存在着股权稀释等问题。

表 15-2　万科净营运资金存量及融资结构　　单位：亿元

项目 公司		2007 年		2008 年		2009 年	
		净营运资金	流动负债/流动资产	净营运资金	流动负债/流动资产	净营运资金	流动负债/流动资产
万科地产		466.59	51.11%	489.02	56.90%	622.65	52.22%
对比	保利地产	217.12	46.55%	336.965	36.67%	502.706	43.20%
	招商地产	93.842	56.69%	182.79	43.75%	189.239	55.62%
	金融街	34.964 4	62.20%	141.588 3	32.79%	210.31	36.99%
	陆家嘴	62.748 1	43.22%	41.025 6	66.94%	28.672 4	72.54%

从当时整个房地产行业来看，国家加强对银行信贷管制的情况没有改变，为了保证企业对现金流的需求，万科加强了融资力度，努力开拓融资途径。万科主要通过股权融资、银行信贷、债券融资和信托借款来进行融资。股权融资固然是一种好的方式，但毕竟有限，大约占到所有融资的 30%，其余 70%资金为债权融资。虽然万科也努力扩充融资渠道，但这逾七成的负债还是主要来自高利率的银行信贷。高比例的银行信贷不仅提高了万科的经营成本，同时也加大了企业的风险。购地的巨额支出和融资不足，使得万科的经营现金流十分紧张，营运压力巨大。如果不能很好地解决“囤地”带来的存货激增的问题，企业可能会因为业务的过度扩张而产生资金链的断裂，从而引起一系列的严重后果。

资料来源：根据网络资料整理.

融资组合

什么是融资组合

融资组合是指对两种或两种以上融资种类进行某种方式的搭配，将其捆绑在一起，使其成为一个组合，以满足企业一项或多项资金需求。融资组合不是简单地把两笔或多笔业务简单地捏在一起，而是按照企业的整体资金运作要求，在可选择的融资种类中进行有效搭配，起到融资成本更低、资金使用更有效、操作更便利、银行合作更和谐稳固的目的。

融资组合的类型

企业生产经营所处的不同阶段，对资金的数量需求和资金结构的要求不同，从而形成了不同的融资组合。一般来说可以分为三类：

(1) 按照资金来源渠道不同，可以划分为内部融资和外部融资；

(2) 按照资金来源性质不同，可以分为债务融资和权益资本融资；

(3) 按偿还期限的长短，可以划分为长期融资和短期融资。

影响企业融资组合的因素

影响企业融资组合的因素包括融资风险与融资成本、行业、经营规模、利率差别。

15.3.3 债务结构与流动资产决策的结合

选择哪种营运资金筹资策略，持有什么水平的流动资产，这两方面相互依赖。采取保守的筹资政策维持较高水平流动资产的公司要比采取激进型融资政策而保持较低水平的流动资产的公司更能运用短期借款。公司流动资产持有水平的决策往往与债务结构相联系。

▶ 1. 公司的安全边际

如果公司对未来的销售量、应收账款回收情况及生产情况的确定性较强，则可将债务的到期日与公司未来的净现金流量对应起来。公司则不必持有过多的流动资产，也不必进行过多的长期筹资。但若情况相反，公司对未来现金量流状况并不确定，财务人员则更希望保持较大的安全边际。

若公司不能随时获得借款以应付现金流出，那公司只能通过提高流动资产水平来保持安全边际，如增加现金或有价证券的持有量。但这种方法将使公司持有过多收益率较低的资产，影响收益。公司也可以选择延长债务到期日，但这将迫使公司在不需要债务资金时仍支付利息。上述两种方法均会影响公司的获利能力。

▶ 2. 风险和获利能力

能否确定一个适当的安全边际将取决于对风险和获利能力的考虑，以及财务经理对承担风险的态度。提高清偿能力、延长到期日安排，或者这两者的组合，均会影响公司的收益。一方面，若企业可承担的风险水平确定，财务人员可以计算哪种方法的成本最小，并认定该方法为最优解。另一方面，财务经理也可以在不同的风险水平上确定成本最小的方案，然后在确定安全边际的时候，以成本分析为基础确定公司愿意承担的风险水平。这种风险水平可能会与股东财富最大化的目标相一致。

本章小结

1. 营运资金是衡量企业短期偿债能力的重要指标。营运资金的概念有广义和狭义之分。广义的营运资金又称总营运资本，通常指企业流动资产的总额。狭义的营运资金是指流动资产减除流动负债后的余额。营运资金管理包括流动资产管理与流动负债管理。

2. 流动资产的特点包括回收期短、变现能力强，实物形态具有多变性，流动资产获利能力弱、数量大，来源具有灵活性等。流动负债的特点包括偿还期短、偿债风险大，筹资成本低，融资速度快及弹性大等。

3. 营运资金的管理原则包括保证合理的资金需求，提高资金使用效率，节约资金使用成本及保持足够的短期偿债能力。

4. 营运资金的结构性管理需衡量盈利与风险的关系，确定最优流动资产及流动负债规模。

5. 营运资金投资策略包括宽松、紧缩及适中的投资政策，企业可根据风险和收益的关系、企业所处的阶段及决策者的态度进行选择。营运资金筹资策略包括配合型策略、激进型策略及保守型策略。公司的流动资产持有水平往往与筹资结构相联系。

课后练习

1. 广义的营运资金与狭义的营运资金分别指什么？
2. 流动资产及流动负债各有哪些分类方式？
3. 简述营运资金的特点。
4. 营运资金的管理原则是什么？
5. 在进行营运资金的结构性管理时主要考虑哪些因素？
6. 营运资金投资策略有哪些？每种策略有何特征？
7. 营运资金筹资策略有哪些？每种策略有何特征？如何选择？

章末案例

初创期营运资金管理分析——以唐山D公司为例

唐山D公司是一家大型专用汽车生产企业，注册于唐山市高新区。公司的技术设计手段、产品质量处在同行业的领先地位，产品全面实现自主知识产权。公司的主要产品有混凝土搅拌运输车、散灰物料运输车、自卸车、油罐车、垃圾车、半挂车等6大系列200余种产品。公司拥有近百人的营销团队，在全国建立了多个办事处，已与国内包括重汽、北汽福田、陕汽、一汽、东风等主机厂建立了紧密合作关系。

初创期唐山D公司的生产技术、产品质量还不成熟，管理能力较差，自身抗风险能力很低。该公司一直没有建立与市场相适应的应收账款管理制度，主要靠自己积累收集的资料和管理者的经营的经验判断，或者通过其他企业对客户的调查或通过咨询客户的开户银行，确定该客户的信用等级，制定信用政策。

该公司存在重销售、轻理财的现象，不注重日常现金流量的管理，难以正确预估经营风险和财务风险，盲目扩大生产规模。而且为了追求较高的销售业绩，该公司忽视对应收账款的管理，导致管理效率低下；公司为了实现利润、扩大销售，经常采用赊销形式，但对客户的现金流动情况及信用状况缺乏了解，以及未能及时催收货款，容易出现货款被客户拖欠。分公司派出大量的人力、物力，花费大量财力去追收欠款，且忽略了由此产生的过多收账成本。一旦企业外部环境发生变化、产品成本提高，或是债务到期、财务风险加大等情况出现，问题与危机就会充分暴露出来。

资料来源：赵春雪．唐山D公司营运资金管理策略研究[D]．沈阳：东北大学，2012.

问题：

1. D公司是否遵循营运资金的管理原则？为什么？
2. 当公司处于初创期时，应选择哪种营运资金管理策略？D公司该如何改进？

即测即练

扫描封底二维码

获取答题权限

第16章　营运资金管理应用

学习目标

· 掌握现金持有量的确定模型，熟悉现金收支管理的主要办法。

· 熟悉应收款成本的构成，掌握企业制定信用政策的决策方法；熟悉应收账款日常管理的具体方法。

· 熟悉存货成本的构成，掌握存货经济订货量模型的决策；熟悉企业常用的存货管理办法。

· 理解自然融资和协议融资的区别。

引导案例

张裕葡萄酒的营运资金管理

1892年，张弼士先生创建张裕葡萄酒公司，开创了我国葡萄酒的工业化生产。100多年来，张裕葡萄酒一直是中国葡萄酒民族品牌的象征和代表。张裕公司1997年就开始整合全国销售网络，着手销售公司、区域经理、经销处三级营销体系的建设，同时建立了信息化的网络分销系统，以加强对营销渠道信息流的管理，提高销售预测的准确性。为加强应收账款管理，公司在选择经销商时，要求其必须拥有雄厚的资金实力和强大的营销网络覆盖能力，在与张裕公司进行现款交易的同时需能承担市场终端欠款所带来的压力。

2010年以后，在竞争日益激烈的市场环境下，为获取更多的客户，张裕公司采用了赊销的方式，但仅在出口和国内直销方式上允许赊销。在国内直销方面，总经理办公会定期给每个销售分公司分配客户赊销额度计划。以2013年度为例，公司规定每个销售分公司赊销额度，若应收账款赊销额度超出定额，按一定标准对各销售分公司负责人分别进行一定的经济处罚。在出口方面，一般只对合作过半年及半年以上的客户进行赊销；对于信用度不高的客户，在进行赊销时则采用特别谨慎的态度。张裕公司每接触到一个新客户，就会建立相应的客户档案。

资料来源：①祝兵，吕素萍，孟琦．葡萄酒行业产业链整合与营运资金管理绩效[J]．财务与会计，2011(5).
②马凌霄．烟台张裕葡萄酿酒股份有限公司营运资金符合评价体系构建研究[D]．青岛：中国海洋大学，2014.

问题：

1. 在应收账款管理上，张裕葡萄酒公司都采取了哪些措施？
2. 加强应收账款管理对企业营运资金周转产生了什么影响？
3. 张裕葡萄酒公司加强应收账款管理是否能提升企业的经营利润？

16.1　现 金 管 理

16.1.1　现金的概念及特性

现金是指在生产过程中以货币形态存在的资金，是可以立即使用即投入流动的交换媒介。现金是流动性最强的资产，可以用来购买货物或偿还债务。属于现金范畴的项目主要包括库存现金、银行存款及银行本票、银行汇票等。现金的变现能力最强，但盈利性很低，持有大量闲置现金将降低企业的收益水平；若现金持有量过少，出现现金短缺，则会干扰现金正常流动，影响企业的日常交易，甚至可能中断部分业务，使企业蒙受损失。现金管理的过程就是企业在流动性和盈利性中选择的过程，力求在保证企业正常经营活动中的资金需求的同时，能避免出现现金不足或过多闲置，提高现金周转率，保持盈利性，提高资金收益率。

16.1.2 现金管理的目标

企业持有一定数量现金主要是为了满足生产经营过程中的交易需求、预防需求及投机需求。

▶ 1. 交易需求

为了满足日常经营活动中的现金支付需要，企业需持有一定数量的现金余额，金额多少取决于企业销售规模。现金不足可适当筹措，以满足正常现金流动性需求。

▶ 2. 预防需求

预防需求是指企业预留现金作为财务储备以防发生意外开支，以防突然面临紧急的资金需求。预留的金额与企业的产销量规模和业务特点有关，与企业对现金需求量的预测能力有关，也与企业的举债能力有关。

▶ 3. 投机需求

投机需求是指为能够利用额外的投资机会而持有现金的需要。持有额外的资金可抓住合适的投资机会，获取较大利益，比如逢低吸纳存货、股票及有价证券。另外，投机需求也与金融市场的机会以及对风险的态度相关。

16.1.3 现金收支管理

现金收支管理的主要目的是加速现金的使用效率，减少资金闲置，增加收益。企业应充分利自身优势，增强与供应商的议价能力，将占用在存货和应收账款的资金适度合理地转移出去，以增强公司的现金弹件。常用的现金收支管理办法主要有加速现金回收、控制现金支出及闲置资金投资。

▶ 1. 加速收款

企业应该尽可能缩短收款时间，加快资金回笼，提高资金周转率。企业的具体任务除了敦促客户尽早还款之外，还应缩短将收到的支票兑换成现金的时间。

如今，现代信息技术飞速发展，现金管理模式也随之发生巨大变革。网上银行作为现金管理的支柱平台被广泛使用，在业务操作上不受时间及空间限制，对加快收款、缩短交易时间发挥着巨大作用。此外，一些时候也采用预授权安排，客户需支付的金额和时间都事先确定，一旦到了预定时间，银行自动将款项转入企业账户，可有效减少或消除收账延时。

▶ 2. 控制支出

公司在进行付款时，应尽可能延缓现金支出时间。企业控制支出的方式有以下两种：

（1）合理运用浮游量。当企业开出支票用于支付货款时，公司账面上的现金数量将立即减少，但若客户尚未前往银行兑现支票，公司的银行账户余额并没有发生变化，此时出现的公司账面余额与银行账户余额的差值被称为浮游量，银行账户余额超过公司账面余额的部分为支出浮游量。公司可正确预测，利用时间差，在客户划走资金之前合理地对现金浮游量加以利用，但须注意时间，避免账户透支。值得注意的是，支付浮游量在商业道德上备受争议，在个别情况下，有时会影响企业信用。

如今电子数据交易及网上交易十分频繁，采用电子授权进行付款，或电子账单、电子支票等，避免了纸质发票、支票的邮寄，可减少成本，提高效率。因此，浮游量的使用将被减弱，甚至被完全取代。

(2) 控制付款时间。当出现应付款时，应最大限度地利用现金折扣，延迟付款时间，提高现金使用率。例如，企业在采购材料时，供应商答应给予"2/10，N/30"的现金折扣，则企业应推迟付款时间，可安排在第十天付款，并享有2%现金折扣，或在第30天付款，并在付款前最大限度地利用现金。

▶ 3. 闲置资金投资

企业可将闲置的资金进行短期证券投资，合理安排好投资的品种结构和期限结构。比如购买短期国库券、银行承兑汇票、商业票据、可转让存单等。企业亦可委托信誉较好的专业投资机构协助理财或进行适当的网上金融理财。

16.1.4 目标现金持有量的确定

现金管理中的主要环节之一是根据企业的经营范围及资金运作特点选择适当的模式计算企业目标现金持有量。常用的管理模式包括成本分析模式、存货模式、现金周转模式及随机模式四种。

▶ 1. 现金管理成本

企业因持有现金而需承担的成本主要包括以下四类：

(1) 机会成本。持有现金实质上是一种资源占用，企业因此丧失将资金用于其他投资而带来的收益，这种代价就体现为机会成本。一般而言，机会成本以其他等风险投资渠道(如购买有价证券)的收益率为基准进行计算，即

机会成本＝平均现金持有量×收益率

(2) 管理成本。管理现金需支付一定费用，如管理人员工资、保险箱维护、安全措施费用等。管理成本一般为固定成本，与现金持有量多少没有必然关系，可视为决策无关成本。

(3) 短缺成本。企业因持有现金不足无法满足当前经营需要而导致公司利润减少或蒙受损失。企业现金持有量越少，短缺成本越高。

(4) 转换成本。当现金持有量过多或过少时，企业可通过买卖有价证券的方式调整现金持有量。转换成本指企业买卖有价证券时产生的佣金、手续费、过户费等成本。转换成本主要与变现次数有关，在现金年需要量一定的基础上，若企业现金持有量处于较低水平，需通过卖出有价证券的次数较多，产生的转换成本也越高；反之，现金持有量较多，交易次数较少，转换成本也较低。

▶ 2. 确定目标现金持有量的模式

(1) 成本分析模式。成本分析模式下，将机会成本、管理成本及短缺成本相加即为企业应承担的与现金持有量相关的总成本，能使总成本达到最小值的现金持有量为最佳现金持有量，如图16-1所示。

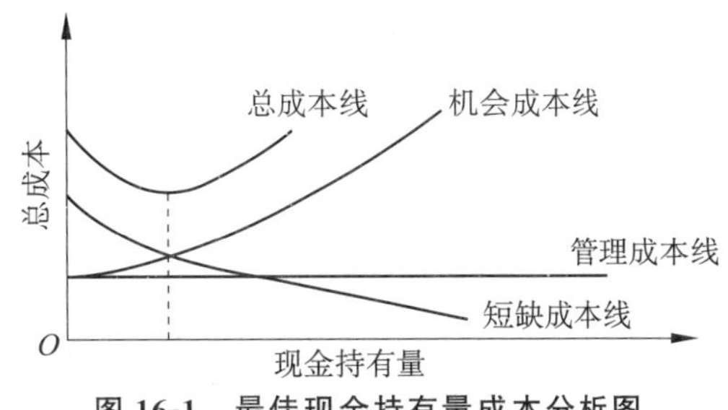

图16-1 最佳现金持有量成本分析图

【例16-1】祺达公司现有三种现金持有方案，各方案的机会成本、管理成本及短缺成本如表16-1所示。

表 16-1　祺达公司现金持有方案　　单位：元

项目＼方案	甲	乙	丙
现金持有量	40 000	50 000	60 000
机会成本	2 000	2 500	3 000
管理成本	500	500	500
短缺成本	4 000	2 500	1 000

总成本计算如表 16-2 所示。

表 16-2　祺达公司现金持有总成本　　单位：元

项目＼方案	甲	乙	丙
机会成本	2 000	2 500	3 000
管理成本	500	500	500
短缺成本	4 000	2 500	1 000
总成本	6 500	5 500	4 500

对上述三种方案的总成本进行计算，发现乙方案的总成本最低，则最佳现金持有量应为 60 000 元。

（2）存货模式。存货模式中，企业的现金持有量逐日递减类似于存货，因此借用存货的经济订货批量模型来确定企业的最佳现金持有量。

存货模式基于两个基本假设：①现金流入及流出量是均匀有序的，并在一段时间内稳定且可预测；②预测期内，企业不发生现金短缺，并可以通过出售有价证券来增加现金持有量。有价证券可看作是企业现金的后备“蓄水池”。

如图 16-2 所示，现金的机会成本（持有成本）和持有量成正比；现金持有量越少，转换次数越多，转换成本越高。现金成本在数值上为转换成本和持有成本的总和，能使现金成本达到最小值的现金持有量为最佳现金持有量（图中 N 点）。其计算公式为

$$总成本=机会成本+转换成本$$

$$TC=\frac{N}{2}i+\frac{T}{N}b$$

其中：TC 为现金总成本；b 为现金与有价证券每次的转换成本；T 为现金需求总额；i 为有价证券的利息率；N 为最佳现金余额。

总成本曲线最低点就是其与横轴（现金持有量）平行的切线的切点。我们可对总成本函数求导并令其导数为 0，即可得出最佳现金持有量，其计算公式为

$$N=\sqrt{\frac{2Tb}{i}}$$

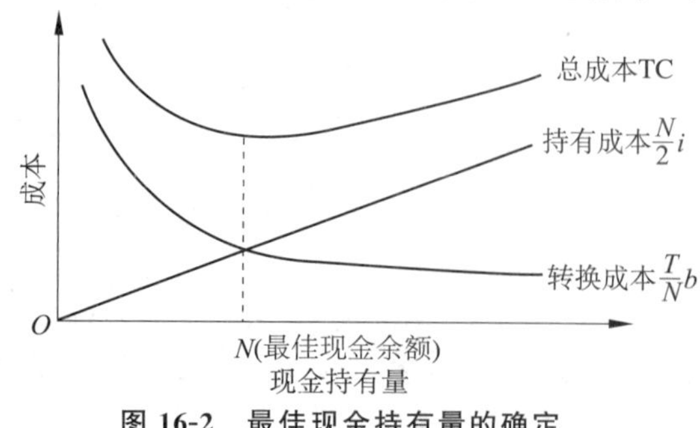

图 16-2　最佳现金持有量的确定

【例 16-2】A 企业在未来一年中现金需求稳定，预计全年的现金需求总量为 25 000 元，已知现金与有价证券转换一次将增加 50 元手续费，有价证券的年利息率为 10%，要求采用存货模式确定该企业的最佳现金持有量。

分析： 计算该企业最佳现金持有量。

$$N=\sqrt{\frac{2Tb}{i}}=\sqrt{\frac{2\times 25\ 000\times 50}{10\%}}=5\ 000(\text{元})$$

即该企业的最佳现金持有量为 5 000 元。

(3) 现金周转模式。现金周转期模式是根据现金周转期来确定最佳现金持有量的方法。现金周转期指的是从现金投入(付款)到收款所需的时间，如图 16-3 所示。

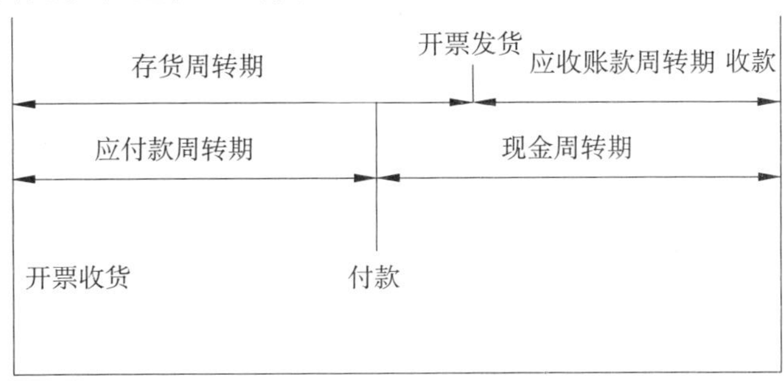

图 16-3 现金周转期

因此，现金周转期的计算公式为

$$\text{现金周转期}=\text{存货周转期}+\text{应收账款周转期}-\text{应付账款周转期}$$

其中：应收账款周转期是指从应收账款发生开始，到转换为现金所需要的时间；应付账款周转期是指从收到尚未付款的材料开始，到偿还货款支付现金所需要的时间；存货周转期是指从收到货物开始，到出售货物为止所需要的时间。存货周转期加应收账款周转期也称营业周期。

最佳现金持有量的确定要求先确定每天的现金需求量，进而根据现金周转期的具体天数计算生产经营过程中所需持有的现金数量。其计算公式为

$$\text{最佳现金持有量}=\frac{\text{年现金需求总额}}{360}\times\text{现金周转期}$$

【例 16-3】某企业应收账款周转期为 30 天，应付账款周转期为 40 天，存货周转期为 50 天，预计 2016 年现金需求总量 1 080 万元。要求采用现金周转模式确定该企业 2016 年最佳现金持有量。假设材料采购和产品销售模式都采用赊销方式。

计算： 现金周转期＝30－40＋50＝40(天)

$$\text{最佳现金持有量}=\frac{1\ 080}{360}\times 40=120(\text{万元})$$

(4) 随机模式。随机模式下，公司可依据行业特点，结合历史经验及现实需要，设定现金余额的浮动上限 H 及下限 L，假设公司的现金余额将只能在这个区间内上下波动。在此区间内，以 R 为最佳现金持有量，也称为最优现金返回线。当现金持有量超过上限 H 时，持有现金余额过多，则可将价值为 $H-R$ 的现金余额用于购买有价证券，增加投资收益，将减少现金持有量至 R；当持有量低于下限 L 时，现金持有量过少，则可将企业持有的价值为 $R\text{-}L$ 的有价证券转换为现金，增加持有量至最佳持有量 R，以维持一定的现金流动性，降低风险；而当现金持有量在 H 及 L 间浮动时，现金持有量处于正常水平，不做处理，无须转换现金或有价证券，如图 16-4 所示。

现金持有量可通过下列公式计算：

$$R=\sqrt[3]{\frac{3b\delta^2}{4i}}+L$$

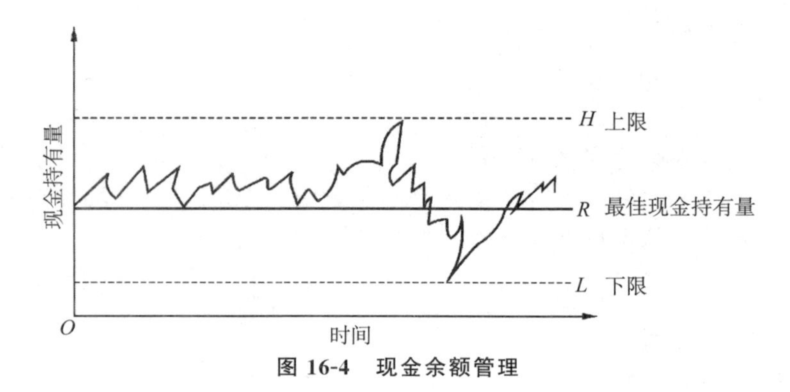

图 16-4 现金余额管理

其中：L 为现金持有量的下限；R 为最佳现金持有量；b 为有价证券的每次固定转换成本；i 为有价证券的日利息率；δ 为每天现金余额变化的标准差。

现金余额的上限满足公式 $H=3R-2L$，下限的影响因素包括公司每日现金基本需求及财务人员的风险承受能力，一般为正值。

16.2 应收账款管理

16.2.1 应收账款的概念

应收账款是指企业对外赊销产品、材料、提供劳务等所形成的尚未收回的销售款项。一般而言，企业最希望采用实销的方式销售商品或提供劳务，以便及时收回资金，提高资金周转速度，保持充足的营运资金。但考虑到应收款的出现将有助于企业提高销售额，增加市场占有份额，因此在交易时企业往往选择赊销的方式销售货品。

16.2.2 应收账款管理的目标

企业合理使用应收账款可扩大销售量，提高收益，增加市场占有率，但若应收账款金额过高，将造成对流动资产的过度占用，导致机会成本上升，资金周转率下降，增加企业风险，甚至使企业因无法收回应收款而遭受损失。财务部门管理应收账款，主要通过分析信用条件，正确评估信用风险，制定合理的信用政策，权衡赊销产生的收益与成本，做出对企业有利的决策。

16.2.3 应收账款的成本

▶ 1. 机会成本

应收账款的出现占用了企业的一部分资金，企业若能把这部分资金用于其他长期或短期投资，将能为企业带来收益。而企业因持有应收账款而丧失的这部分收入，便是应收账款的机会成本。机会成本通常用有价证券的利息或资本成本(最低必要报酬率)来计算：

$$应收账款机会成本=应收账款占用资金\times资本成本$$

其中：

$$应收账款占用资金=应收账款平均余额\times变动成本率$$

$$应收账款平均余额=\frac{赊销收入净额}{360}\times平均收账期$$

【例 16-4】假设某企业预测2016年度的年赊销额为1 000 000元，应收账款平均收账天数为30天，变动成本率为70%，机会成本率为5%，计算应收账款的机会成本。

分析：一般先计算应收账款平均余额。在生产经营过程中，不断有新的应收账款出现，收账期临近时也不断收回应收账款款项，因此应收账款平均余额仅指收账期内持有的应收账款数，可用平均收账期与日赊销额乘积计算。由于应收账款中被占用的资金由变动成本组成，因此计算应收账款占用资金时应利用变动成本率及应收账款平均余额计算。(也有业界人士认为不应考虑变动成本率，因为机会成本的概念本身就是"持有应收账款而丧失的这部分收入"，如此更加稳健。请读者明辨。)

计算：

$$应收账款平均余额=\frac{赊销收入净额}{360}\times 平均收账期$$

$$=\frac{1\ 000\ 000}{360}\times 30=83\ 333.33(元)$$

应收账款占用资金＝83 333.33×70%＝58 333.33(元)

应收账款机会成本＝58 333.33×5%＝2 916.67(元)

▶ 2. 管理成本

应收账款的管理过程中，企业需要支付的管理费用主要包括调查顾客经营状况及信用状况的费用、资料收集费、收账费用等。

▶ 3. 坏账成本

企业账面上应收账款的余额越多，收账期越长，出现坏账损失的概率越大，产生的坏账成本也越高。这种关系可用如下公式表示：

$$坏账成本=年赊销额\times 坏账损失率$$

16.2.4 信用政策

企业明确相关信用政策，可帮助企业确保对顾客的信用保持一致，维持一致公平性。信用政策包括信用标准、信用期限及现金折扣政策、收账政策。

▶ 1. 信用标准

信用标准是指客户获得企业交易信用所具备的条件，是企业愿意为客户承担的最大付款风险，通常为能够承受的最高坏账损失率。若信用标准宽松，则会刺激销售量增长，但也会加大收款风险，增加坏账损失；若信用标准严格，虽然能减少坏账损失，降低收款风险，但又限制销售增长。因此企业设定信用标准时应充分权衡应收账款增加后可能带来的损失和收益，进而做出准确的应收账款决策。

企业在设定客户的信用标准时，需要先评估其拒绝支付货款的可能性。企业可用5C系统，通过客户品质(character)、能力(capability)、资本(capital)、抵押(collateral)和条件(condition)五个方面来评估客户信用状况是否符合标准。

▶ 2. 信用期限

信用期限是允许客户支付的最长时限。信用期限的长短直接影响企业的销售量。放宽信用期限，一方面可增加企业销售收入，提高市场占有率；另一方面，平均收账期被延长，资金占用时间增加，资金周转率降低，坏账风险也随之增加。此外，管理成本及机会成本也相应提高。因此，企业应综合信用期限延长后所带来的收益及增加的成本，进行成本效益分析，若新增的收益大于成本，则代表延长信用期限对企业有利。

【例 16-5】A公司目前采用30天付款的信用政策，拟将信用期限放宽至60天。假设风险投资的资本成本为15%。其他有关数据如表16-3所示。试分析A公司是否应将信用期限放宽。

表16-3　A公司信用期限延长相关资料表

项　目	信用期限为30天	信用期限为60天
全年销售量/件	100 000	120 000
全年销售额(单价5元)/元	500 000	600 000
全年销售成本/元		
变动成本/(4元/件)	400 000	480 000
固定成本/元	50 000	50 000
毛利/元	50 000	70 000
收账费用/元	3 000	4 000
坏账损失/元	5 000	9 000

分析：计算时应充分考虑调整信用期限后，企业获得收益和承担成本的改变，再根据两者的比较结果进行判断。

第一，考虑延长信用期限后收益的增加额。收益的增加主要来源于销量增加，而收益增加多少主要取决于新增销量的单位边际贡献。

$$收益增加=销量增加\times单位边际贡献$$

第二，计算因应收账款占用资金时间延长而增加的机会成本。机会成本可通过应收账款占用资金与资本成本计算得到。一般情况下，付现成本主要来自变动成本，因此应收账款的占用资金应主要由变动成本构成。即

$$\begin{aligned}机会成本&=应收账款占用资金\times资本成本\\&=应收账款平均余额\times变动成本率\times资本成本\end{aligned}$$

计算：收益增加=(120 000−100 000)×(5−4)=20 000(元)

机会成本增加=60天信用期限机会成本−30天信用期限机会成本

$$=\frac{600\ 000}{360}\times60\times\frac{4}{5}\times15\%-\frac{500\ 000}{360}\times30\times\frac{4}{5}\times15\%=7\ 000(元)$$

收账费用增加=4 000−3 000=1 000(元)

坏账损失增加=9 000−5 000=4 000(元)

则

净收益=收益增加−成本增加=20 000−7 000−1 000−4 000=8 000(元)

因收益增加幅度大于成本，企业可考虑延长信用期限。

▶ 3. 现金折扣政策

现金折扣是指销售商品时在原价基础上给予一定程度的价格扣减，是鼓励客户在折扣期限内尽早付清款项给予的优惠，可有效缩短平均收账期，提高应收账款周转率。现金折扣也能用较为低廉的价格吸引一些顾客前来购货，增加收益。现金折扣通常用一系列符号表示，如“2/10，*N*/30”，指如果客户在十天内把款付清，则可享受2%的现金折扣，只需支付原价98%的货款；若10天后付款，则不享受现金折扣，付款的最后期限为30天。企业提供较为优惠的付款条件有利于增加销量，提升市场占有率，提高收入，但也会增加收账成本、坏账成本、现金折扣成本等。因此企业在制定信用条件时，应仔细考量放宽信用期限及加速收款给企业带来的影响，权衡利弊，在收益及成本的增加中找寻平衡点。

【例16-6】承例16-5，为了吸引客户尽早把款付清，假定该公司决定放宽信用期限，并提出“2/20，*N*/60”的现金折扣条件，预计将有40%的客户享受现金折扣优惠。通过计算

确定最佳应收账款管理方案。

分析：企业提出现金折扣条件，放宽应收账款政策，可吸引客户提前付款，同时也可有效刺激销售。但条件放宽后，除了增加收账费用及坏账损失之外(计算同例16-5)，企业还需额外承担现金折扣成本。

根据题目给出的信用折扣条件及享受现金折扣的客户占比可知，有40%的客户享受2%的优惠，意味着总销售额的40%将于20天内收回，平均收账期缩短，机会成本较无优惠政策而言有所下降。此外，因提供现金折扣，可收回的金额为原价的98%，公司需承担原价2%的财务费用，现金折扣成本增加；剩余的60%将于60天内收回。因此与例16-5相比，新增的需考虑因素包括：①平均收账期缩短，导致机会成本变动；②40%提前还款的客户将享受现金折扣，企业增加现金折扣成本。

计算：

(1) 收益的增加：

收益增加=(120 000－100 000)×(5－4)=20 000(元)

(2) 机会成本的增加：

① 30天信用期且未提供现金折扣后的机会成本为

$$\frac{500\ 000}{360}\times 30\times\frac{4}{5}\times 15\%=5\ 000(\text{元})$$

② 提供现金折扣后，

平均收账期=20×40%+60×60%=44(天)

则机会成本为

$$\frac{600\ 000}{360}\times 20\times\frac{4}{5}\times 15\%\times 40\%+\frac{600\ 000}{360}\times 60\times\frac{4}{5}\times 15\%\times 60\%=1\ 600+7\ 200=8\ 800(\text{元})$$

或

$$\frac{600\ 000}{360}\times 44\times\frac{4}{5}\times 15\%=8\ 800(\text{元})$$

机会成本增加=8 800－5 000=3 800(元)

(3) 收账费用的增加：收账费用增加=4 000－3 000=1 000(元)

(4) 坏账费用的增加：坏账费用增加=9 000－5 000=4 000(元)

(5) 现金折扣成本的增加：现金折扣成本增加=新的销售额×新的现金折扣率×享受现金折扣的顾客比例－旧销售额×旧现金折扣率×享受现金折扣的顾客比例=600 000×2%×40%－0=4 800(元)

(6) 净收益的变动：净收益变动=收益增加－成本增加=20 000－3 800－1 000－4 000－4 800=6 400(元)

因收益增加幅度大于成本，净收益增加，企业可考虑延长信用期限。

▶ 4. 收账政策

广义的应收账款信用政策还包含收账政策，它是指收账的制度安排和策略。不同的收账政策，其收账费用不同，将会或多或少地影响收账期及其机会成本、坏账损失率。

16.2.5 应收账款的日常管理

发生赊销情况之后，企业应采用各种方法，对应收账款跟踪管理，必要时采取严厉催收手段，尽可能按期收回货款，否则容易出现坏账，使企业遭受损失。

1. 应收账款的跟踪管理

所谓跟踪管理指的是从赊销行为开始，到应收账款到期日，对客户进行跟踪及监督，尽可能按期或提前收回货款。跟踪管理有利于全面了解客户的经营状况，可及时发现信誉不良或有恶意拖欠史的客户，有助于企业及时采取措施规避风险。此外，鉴于债务人总是优先向管理严格的债权人付款，实施跟踪管理也有利于企业尽早收回款项。跟踪管理的另一作用是向习惯性逾期不还款的客户施压，便于及时收款。

2. 应收账款的账龄分析

应收账款的账龄分析，可编制应收账款的账龄分析表，分析不同账龄的应收款在总量中所占比重，以便对应收账款的回收状况进行有效管理，这要求企业不仅对应收账款总量进行控制，还需进一步掌握所有应收账款的回收状况，并加以监督，有利于及时了解企业应收账款的发展趋势。

账龄分析表是一张显示应收账款在外天数的报告，是对应收账款进行妥善管理的重要依据。如表 16-4 所示，通过编制账龄分析表，企业可全面掌握基于不同账龄的应收账款信息，还可了解有多少客户在折扣期限内付款、在信用期限内付款及超期未付等。对超期未付的应收账款，可根据超过信用期的具体天数，估计成为坏账的可能性。一般而言，企业已发生的应收账款，长短不一，拖欠时间越长，成为坏账的可能性越大。

表 16-4　账龄分析表

应收账款账龄	账户数量/个	金额/万元	百分率
信用期内	200	12	40%
超过信用期 1～30 天	100	8	27%
超过信用期 31～60 天	60	6	20%
超过信用期 61～90 天	35	2	7%
超过信用期 91～180 天	5	2	6%
合　计	400	30	100%

表 16-4 显示有 12 万元的应收账款仍在信用期内，占应收款总额的 40%。后期是否能顺利收回，还需进行实时监督。有价值 18 万元的应收账款超过信用期，占比 60%。其中拖欠时间短于 30 天的应收账款占比 27%，这部分收回可能较大；拖欠时间较长的，超过 30 天短于 90 天的应收账款，占应收账款总额的 27%，这部分欠款回收具有一定难度；拖欠时间超过 90 天的应收账款，极有可能成为坏账。企业需按照不同的账龄，有针对性地采用不同措施，制定出经济可行的收账政策。对拖欠时间很长的应收账款，需提前做好准备，充分估计这一因素对企业带来的不良影响。

3. 应收账款的催收

一般来说，企业采用的催收方式主要包括寄发账单、电信催收、派人上门催收、仲裁，或法律诉讼等方式。在催款过程中，企业也需结合客户是否恶意拖欠的实际情况，斟酌催收手段是否妥当。需要注意的是，催款是会发生费用的，制定催收政策时，也需就催收产生的费用及可减少的坏账损失做出权衡。

催收政策是否得当，很大程度上也取决于相关人员的经验，比如企业可以要求客户在赊销之前寻找第三方担保，在一定程度上对客户的商业行为能起到一定的约束作用。也可在交易之前就规定好具体条件，在收款日期上不留有弹性等。另外，还可从成本分析的角度入手，可依照数量化的方法，选择应收账款总成本最小的政策。

应收账款的催收可以定量制定应收账款收现率完成指标，其计算公式为

$$应收账款收现率=\frac{必付总支出-稳定总收入}{应收款余额}\times 100\%$$

这个公式的含义：当期要从应收账款中收回多少金额以弥补刚性支出的不足。

▶ 4. 计提坏账准备

坏账准备是企业预计应收款项(含应收账款、其他应收款等)可能发生的坏账损失计提准备金的制度。企业对坏账损失的核算，采用备抵法设置"坏账准备"账户。备抵法是指采用一定的方法按期(至少每年末)估计坏账损失，提取坏账准备并转作当期费用，实际发生坏账时，直接冲减已计提坏账准备，同时转销相应的应收账款余额的一种处理方法。这是一种谨慎的规避风险的方法，化被动为主动。

检查企业坏账损失内部控制制度，重点应放在以下三个方面：

(1) 是否建立了坏账准备金制度。采取直接转销法处理坏账损失的企业，不应再提取坏账准备金。

(2) 坏账准备的计提是否严格遵守会计制度的规定，计提的范围、计提的标准是否合理、合法。

(3) 是否建立了坏账审批制度。即坏账损失的处理是否经过必要的审批程序，坏账批复手续是否合规。

16.3　存货管理

16.3.1　存货的概念

存货是指公司在生产经营过程中为销售或者消耗而储存的物资，主要包括材料、在产品、半成品、商品等。企业持有存货主要为了满足销售或生产的需要，或避免将来存货购买成本提高的风险。若企业持有的存货数量太少，有可能因难以满足市场需求而遭受损失；若企业持有的存货数量太多，又会导致货品积压，耗费过多存货管理成本。因此，企业在生产经营中应掌握存货成本控制的基本方法，与对应的收益做权衡，以达到资源的有效配置。

16.3.2　存货的成本

由于持有存货需支付大量成本，企业的存货持有量应控制在满足市场需求基础上的最低水平。存货的主要成本包括取得成本、储存成本及缺货成本。

▶ 1. 取得成本

取得成本包括购置成本与订货成本两方面。

购置成本是存货本身的价值，金额取决于存货的年需要量 D 及单价 U，购置成本为 DU，与存货批次无关，即购置成本 TC_a 的计算公式为

$$TC_a=DU$$

订货成本指取得存货订单的成本，包括办公费、差旅费、通信费等支出。订货成本中有一部分与订货次数无关，比如采购部门的基本开支，如管理费、工资等，属于固定成本，用 F_1 表示。另一部分与存货订货次数有关，属于变动成本，如差旅费、邮资等，订货次数越多，这部分成本越高。单次订货成本用 K 表示，订货次数由年需要量 D 与订货数量 Q 的比值决定。用 TC_b 表示订货成本，则

$$TC_b=\frac{D}{Q}K+F_1$$

▶ 2. 储存成本

储存成本是指因储存存货而发生的成本，包括仓储费、占用费、保险费，也包括存货占用资金产生的机会成本以及借款购买存货需支付的利息等。储存成本中有一部分属于固定成本，如仓库折旧、职工月工资等，与存货数量无关，用 F_2 表示。另一部分储存成本与存货数量有关，属于变动成本，如存货资金的应计利息、破损或变质的损失等，单位储存成本为 K_c，可用单位储存成本与平均储存量的乘积计算，即

储存成本＝储存固定成本＋储存变动成本

$$TC_c=K_c\frac{Q}{2}+F_2$$

▶ 3. 缺货成本

缺货成本主要由存货供应中断造成，包括材料供应或工程进度中断造成的损失、库存缺货造成发货延迟或因丧失销售机会造成的损失等，用 TC_s 表示。

则总成本为取得成本、储存成本及缺货成本的加总，即

$$\begin{aligned}TC&=TC_a+TC_b+TC_c+TC_s\\&=DU+\frac{D}{Q}K+F_1+K_c\frac{Q}{2}+F_2+TC_s\end{aligned}$$

16.3.3 存货决策

存货决策主要涉及决定进货项目、进货时间及进货批量等内容。企业需要对进货时间及进货批量进行妥善调整，将存货成本降至最低，成本达最低点时的进货批量为经济订货量或经济批量。再据此确定进货时间。

▶ 1. 经济订货量(economic order quantity，EOQ)基本模型

经济订货量基本模型以下述假设为前提：

(1) 企业能及时补充存货，并可集中到货，不允许缺货，故无缺货成本；

(2) 对存货的需求稳定，并能准确预测；

(3) 存货单价不变，不考虑现金折扣；

(4) 企业现金充足，不因缺少现金影响进货；

(5) 存货市场供应充足，不会因买不到存货而产生不良影响。

$$TC=F_1+\frac{D}{Q}K+DU+F_2+K_c\frac{Q}{2}+TC_s$$

因假设不允许缺货，故无缺货成本，且式中 F_1、F_2、D、U、K、K_c 均为常量，总成本大小仅与有变动性的储存成本 $\frac{D}{Q}K$ 及订货成本 $K_c\frac{Q}{2}$ 有关，主要取决于 Q 的取值，如图 16-5 所示。总成本的公式为

$$TC=\frac{D}{Q}K+K_c\frac{Q}{2}$$

对 TC 求导并令其导数为 0，则

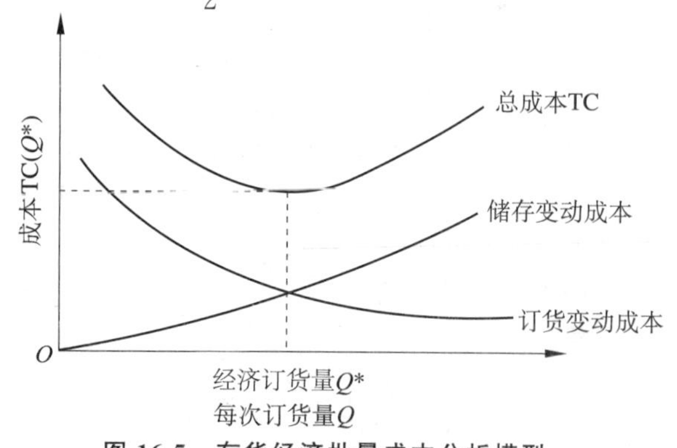

图 16-5 存货经济批量成本分析模型

$$经济批量\ Q^* = \sqrt{\frac{2KD}{K_c}}$$

经济批量下存货的最小成本为

$$TC(Q) = \sqrt{2KDK_c}$$

最佳订货次数为

$$N^* = \frac{D}{Q^*} = \frac{D}{\sqrt{\frac{2KD}{K_c}}} = \sqrt{\frac{DK_c}{2K}}$$

最佳订货周期为

$$t^* = \frac{1}{N^*} = \frac{1}{\sqrt{\frac{DK_c}{2K}}}$$

经济订货量占用资金为

$$I^* = \frac{Q^*}{2} \cdot U = \frac{\sqrt{\frac{2KD}{K_c}}}{2} \cdot U = \sqrt{\frac{KD}{2K_c}} \cdot U$$

【例 16-7】湖滨企业全年销售某种存货 6 400 件，单位成本为 10 元，单位储存成本为 2 元，一次订货成本为 16 元，则

$$Q^* = \sqrt{\frac{2KD}{K_c}} = \sqrt{\frac{2 \times 16 \times 6400}{2}} = 320(件)$$

$$TC(Q) = \sqrt{2KDK_c} = \sqrt{2 \times 16 \times 6\ 400 \times 2} = 640(元)$$

$$N^* = \frac{D}{Q} = \sqrt{\frac{DK_c}{2K}} = \sqrt{\frac{6\ 400 \times 2}{2 \times 16}} = 20(次)$$

$$t^* = \frac{1}{N^*} = \frac{1}{20}(年)$$

$$I^* = \frac{Q^*}{2} \cdot U = \frac{320}{2} \times 10 = 1\ 600(元)$$

2. 数量折扣下的经济订货批量

上述经济订货量的基本计算模式是在四个假设条件下成立的，现实生活中难以完全满足。为使模型与实际情况更贴近，可逐一放宽假设，对模型进行调整。

企业购买存货超过一定的量，往往可享受价格优惠。在这种情况下，还需考虑数量折扣下采购成本的变动。一般而言，先按照存货经济批量模型的要求计算存货总成本，再以可享受数量折扣批量计算折扣下的存货总成本，二者对比后，总成本最低的批量就是最佳订购批量。

【例 16-8】湖滨企业全年需要零件数量总计 80 000 件，采购单价为 50 元，订货成本为每次 200 元，每件储存成本为 2 元。若一次订货量超过 5 000 件，可以享受 1% 的价格折扣。确定该企业采购零件的经济订购批量。

分析：企业若要享受价格折扣，订货量需超过 5 000 件，企业需承担更多的储存成本，但订货成本会下降。应先使用经济订购批量基本模型计算总成本，再计算可享受价格折扣的最低订货量时的总成本，对比后，选择总成本最低的订货批量为最优解。

计算：

（1）经济订购批量基本模型：

$$Q^*=\sqrt{\frac{2KD}{K_c}}=\sqrt{\frac{2\times200\times80\ 000}{2}}=4\ 000(\text{件})$$

$$\begin{aligned}TC&=\text{订货成本}+\text{储存成本}+\text{购置成本}\\&=K_c\frac{Q}{2}+\frac{D}{Q}K+DU\\&=2\times\frac{4\ 000}{2}+\frac{80\ 000}{4\ 000}\times200+80\ 000\times50\\&=4\ 008\ 000(\text{元})\end{aligned}$$

（2）享受数量折扣下：

$$\begin{aligned}TC&=\text{订货成本}+\text{储存成本}+\text{购置成本}\\&=K_c\frac{Q}{2}+\frac{D}{Q}K+DU\\&=2\times\frac{5\ 000}{2}+\frac{80\ 000}{5\ 000}\times200+80\ 000\times50\times(1-1\%)\\&=3\ 968\ 200(\text{元})\end{aligned}$$

购买 5 000 件商品时，存货总成本更低廉，因此一次经济订购批量是 5 000 件。

3. 再订货点

大多情况下，企业的存货无法做到即时补充，因此，在发出订单后，需要再等候一段时间才能收到存货。企业不能等存货用光时再补货，否则将出现货品短缺。企业发出订单时的库存量被称为再订货点，用 R 来表示。其数量等于交货时间 L 与平时每日消耗量 d 的乘积。即

$$R=L\cdot d$$

【例 16-9】承例 16-7，假设企业发出订单后需等候 10 天才能收到存货，每日存货需要量为 20 件，则 $R=10\times20=200$ 件。那么企业在库存还剩 200 件时就应再次订货，等到存货到达时，库存刚好用完。此时，有关存货的每次订货批量、订货次数以及订货间隔时间均无变化。订货提前期的情形如图 16-6 所示。即订货提前期并不影响经济订货量，每批仍订 320 件货品，只是在库存还剩余 200 件时，就应提前发出订单。

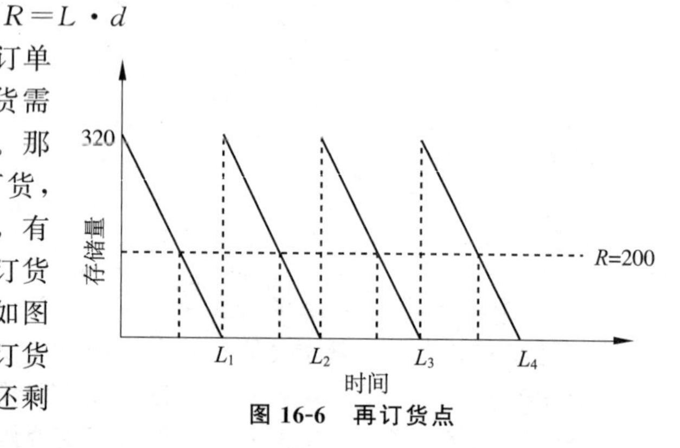

图 16-6　再订货点

4. 保险储备

企业日常经营活动中对存货的需求量每天都可能变化，交货时间也可能变化。按照某一订货批量和再订货点发出订单后，偶然因素会导致需求量大增或送货延迟，且有可能导致缺货。为防止因此造成损失，企业需多储备些存货以备不时之需，这部分额外存货称为保险储备。

确认保险储备需要考虑每天平均耗用量及最大耗用量、正常订货时间及最长提前订货时间，保险储备量应能够满足企业按耗用量最大及订货时间最长时的需求。

基于以上信息计算，保险储备量 S 可以用下式计算：

$$S=\frac{1}{2}(mr-nt)$$

存货订货点 R 为

$$R=nt+\frac{1}{2}(mr-nt)=\frac{1}{2}(mr+nt)$$

其中：R 表示存货订货点；n 表示平均每日存货的正常耗用量；m 表示预计每日存货的最大耗用量；t 表示正常提前订货时间；r 表示预计最长提前订货时间；S 表示保险储备量。

设立保险储备虽可以帮助企业减少缺货造成的损失，但储备量增加的同时，储备成本也随之增加，因此需找出合理的保险储备量，将缺货成本与储备成本之和降至最小值。方法上可先计算出各不同保险储备量的总成本，进而对不同方案的总成本进行比较，成本最低者为最优解。

16.3.4　存货的日常管理

1. ABC 控制系统

ABC 控制法又称帕累托分析法，这种方法结合企业的需求及存货的特点，依据其重要程度、价值大小及资金占用数额，对存货进行分类，并对重点存货采取专门措施，加强控制，有区别地进行管理。

如果存货种类繁多，若面面俱到，不分主次，管理效率无法提高，管理效果也不好，既浪费巨大人力物力，也不利于存货的合理控制。ABC 分析法有助于企业关注高价值存货，提高存货管理效率和综合效益。除了存货管理，在企业的质量管理、成本管理和营销管理中，ABC 分析法也得到了广泛应用。

ABC 分析法一般可分为以下步骤：

第一，计算各存货资金占用额及销售量。

第二，计算各种存货资金占用额在存货总量中的占比，计算出累积品目百分数、累积销售额、累积销售百分数等，并按照大小排序制成表格。

第三，制定标准，将存货分为三大类：A 类品种数量较少，占总库存的 10%～15%，但总价值占 50%～70%，或累积销售额占比在 60%～80%；B 类存货品种数量占总量的 20%～25%，价值占 15%～20%，销售额占 20%～30%；C 类存货品种繁多，占整个库存的 60%～70%，价值占 10%～35%。

第四，对 A 类存货进行重点规划和精细化管理，对 B 类存货进行次重点规划和常规化管理，对 C 类存货进行粗略规划和粗放管理，重视程度可依次降低。

2. 适时存货管理

(1) 适时存货管理的概念。适时存货管理的基本含义是：“只在需要的时候按需要的量生产所需要的产品。”在该生产模式下，公司可在需要时精确地取得存货，以致存货总是为零或非常接近零。

这种生产模式由大野耐一提出。在丰田汽车公司任职期间，大野耐一经过长期实践，建立了一套较为完整的看板式管理体系，也就是后来的 JIT(just in time，准时生产，又译为实时生产系统)。JIT 生产方式使丰田公司的经营绩效远超其他汽车制造商。

(2) JIT 生产方式在库存控制中的应用。JIT 可在订货管理中推广应用。按照销售公司的订货量组织生产，按照看板上指示的需要加工的零件品种、数量和时间操作，每个工序提出需求后，前工序才被允许生产；而零件供应商需提供的零件数量和品种取决于生产组装部门的需求；在采购中推行准时化采购，在恰当的时间，以恰当的数量购买优质的物品。因此 JIT 生产方模式也叫作零库存管理模式。

当然，存货的日常管理还有归口分级与统一管理、存货质量控制，这里不再赘述。

16.4 自然融资

16.4.1 自然融资的概念

在日常经营活动中，企业常常对经常性预收款项及延期支付的款项先保留一段时间，这部分资金在偿还或支付之前，转化为企业的一种流动负债，进而被加以利用。这也被视为一种融资方式，称为自然融资。

16.4.2 应付费用

应付费用是一种短期负债，包括应付税金、应付工资等。这部分资金的支付时间往往滞后于发生时间，即费用计入成本和实际支付成本之间存在时间差，且具有一定规律性，如租赁公司预先收取费用，再提供租赁服务；员工先提供劳务，企业在月末支付工资；应付税金的发生时间和支付时间也不相同。在这段时间差内，推迟支付或提前收取的资金能增加总体资金流量，提高资金存量，增加企业银行存款余额，是一项无资本成本的融资来源。

需要注意的是，应付费用虽无成本，但并不能由企业自由支配。推迟缴纳税金会受到惩罚，公司延期支付职工工资会影响工作效率。若应计费用到期尚未支付，企业需付出相应的代价。

16.4.3 应付账款

企业采购原材料或其他商品后，在供应商允许的条件下，企业选择延期付款，那么企业就形成对供应商的负债，即应付账款。在延期付款期限内，和应付费用类似，企业无须支付利息，应付账款已然成为重要的无息短期融资来源。

在实务中，不同交易的赊购条件多有不同，可按是否具备现金折扣划分为两种类型：第一类是无折扣期限且无现金折扣，在这种条件下，供应商要求企业在指定期限内把款项付清，提早还款也无法享受现金折扣，企业通常选择在信用期限的最后一天付款，在款项到期前最大限度地利用这笔资金，提高资金使用效率。第二类为有折扣期限——有现金折扣，如“1/10，$N/30$”，在此信用条件下，若企业在10天内付清货款，则只需支付原价的99%。若企业选择享受现金折扣，一般会在折扣期限的最后一天付款；反之，则在信用期限的最后一天付款。

假设某企业赊购了20 000元商品，供应商给予“1/10，$N/30$”的现金折扣，若企业放弃现金折扣，意味着企业可多使用20 000元20天的时间，但需多支付200元。相当于

$$放弃折扣的机会成本=\frac{折扣率}{1-折扣率}\times\frac{360}{信用期-折扣期}=\frac{1\%}{1-1\%}\times\frac{360}{30-10}=18.18\%$$

在上式中，后面的分母“信用期－折扣期”是每次放弃折扣的天数20，一年内共放弃了18次(360/20)，而前面的式子则表示每次放弃折扣的机会成本为1.01%。

16.5 协议融资

16.5.1 协议融资的概念

除自然融资外，企业还可以协议方式进行融资。信誉好、资产雄厚且规模较大的公司

可直接进入货币市场，通过发行商业票据等形式筹资。而对于其他企业而言，主要通过向银行或非银行金融机构举借短期贷款的方式来满足短期资金的需求。

短期贷款指贷款期限在一年或一年以内的贷款，主要提供企业日常运作所需的营运资金。因短期贷款的使用时间较短，偿债风险较小，银行收取的短期贷款利率一般较低，但企业需按照贷款协议上明确的用途使用资金，不得挪作他用。

短期贷款可分为无担保贷款及担保贷款两类。

16.5.2　无担保贷款

无担保贷款是不需要以资产作为担保的贷款形式。常见的类型包括信用额度贷款和循环信用贷款。

1. 信用额度贷款

信用额度贷款是指企业和银行之间签署一种非正式协定、企业在流动资金不足时可向银行举借的最高额度的无担保信用贷款。通常，银行定期对企业进行信用评定，了解企业的资金需求，并与企业协商信用限额。大部分情况下银行愿意给予企业信用额度范围内的贷款融资，但这不构成银行向企业提供信用的法律义务。

2. 循环信用贷款

循环信用贷款是银行给予企业最高信贷额度的一种正式的、法律上的承诺，表明银行愿意在一定期限内提供给企业一定额度的贷款，它拥有较大的灵活度，在特定期间内，确保在信用额度内，企业支取或偿还的时间及次数均不受限制。企业因此获得了可靠的资金保障，可看作是一种债务保险。不过，作为代价，企业需要为信用额度内未使用的部分支付承诺费，一般而言，承诺费率为0.125%～0.75%。

16.5.3　担保贷款

担保贷款是一种以资产作担保的贷款形式。企业用以保证偿还贷款的资产被称作抵押品或附属担保品，抵押品的市场价值通常要超过贷款金额。一旦企业无法按期偿还债务，担保物将被银行拍卖，出售所得用来偿还贷款。

常见的担保形式包括应收款质押贷款和存货抵押贷款。

1. 应收账款质押贷款

应收账款在回收之前，企业无法将其用于再投资，然而，通过应收款质押贷款可以有效地盘活资金。该类贷款的金额大小直接取决于应收账款的规模大小及质量，数额越大，企业可获得的贷款数额也随之增加；一般应收账款质押率为六成至八成，应收账款的质量越高，可获得的贷款比例也越高。

值得关注的是，并非所有应收账款都可用于质押贷款，银行在审批这类贷款时，对应收账款具有较高的要求，比如应收账款项下的产品已发出并由买方验收合格、购买方的资金实力较强且无不良信用记录等。

以应收账款作为担保的协议短期融资品种还有保理融资(factoring)、银行承兑汇票贴现、转换成商业票据贴现。有些银行针对中小企业推出的“应收账款池融资”也是一种非常好的创新产品，就是中小企业将日常零散、小额的应收账款集合起来，形成具有相对稳定的应收账款余额“池”并转让给银行。银行在仔细审核“应收账款池”的质量后，按照应收账款总额的一定比例给予中小企业融资。这个创新产品的推出打破了原来对中小企业单笔应收账款融资金额和期限的限制。

2. 存货抵押贷款

和应收款质押贷款类似，存货抵押贷款也属于动产抵押融资。可作为抵押品向银行申请短期贷款的存货应具有较广泛的市场，具有畅通的销售渠道，且管理较为规范。根据抵押品进行划分，存货抵押贷款还可分为仓单质押、信托收据质押等。

本章小结

1. 现金管理。企业持有现金主要基于交易需求、预防需求及投机需求，而持有现金过程中企业也需负担机会成本、管理成本、短缺成本及转换成本。现金收支管理主要通过加速现金回收、控制现金支出及闲置资金投资等。目标(最佳)现金持有量的确定模式主要包括成本分析模式、存货模式、现金周转模式及随机模式四种。

2. 应收账款管理。应收款的成本主要包括机会成本、管理成本及坏账成本。信用政策包括信用标准、信用期限及现金折扣政策和收账政策。任意一项发生变动都会对企业销量以及应收账款的相关成本产生影响。企业必须权衡利弊，选择最优的信用政策。应收账款的日常管理包括对应收账款进行跟踪管理、账龄分析，必要时还需选择合适的应收账款催收和坏账准备策略。

3. 存货管理。存货的成本主要包括取得成本、储存成本及缺货成本。企业可通过运用经济订货量基本模型进行存货决策，必要时可对部分假设条件进行调整，比如订货点提前、存在数量折扣或需要置存保险储备等。存货日常的管理方法包括 ABC 控制法及 JIT 存货管理法等。

4. 自然融资及协议融资。自然融资是企业在日常生产经营活动中自然形成的资金来源，主要包括应付费用和应付款。除自然融资外，企业还可以协议方式进行短期贷款融资，包括无担保贷款及担保贷款两类。

课后练习

一、思考题

1. 现金收支管理办法包括哪些内容？
2. 如何确定企业的目标现金持有量？
3. 应收账款的形成原因有哪些？
4. 企业的信用政策包括哪些内容？
5. 企业改变信用政策前需考虑哪些问题？
6. 应收账款的日常管理包含哪些方面？
7. 存货成本包含哪些内容？主要和哪些因素相关？
8. 如何运用经济订货量模型进行存货决策？
9. 短期融资有哪些渠道与方式？

二、计算分析题

嘉杰公司生产甲产品的固定成本为 80 000 元，变动成本率为 60%。该企业有两种信用标准可供选择，若采用 A 标准，则其坏账损失率为 5%，销售收入为 400 000 元，平均收账期为 30 天，可能的收账费用为 3 000 元；若采用 B 标准，则其坏账损失率为 10%，销售收入为 600 000 元，平均收账期为 45 天，可能的收账费用为 5 000 元。该企业财务经理认为应收账款的机会成本应该按全额计算。企业的综合资金成本为 10%。

要求：请对两种信用标准进行决策。

章末案例

通葡股份与莫高股份的比较分析

通葡股份始建于1937年，其山葡萄酒以品种稀缺的寒凉带生长的葡萄为原料，拥有国酒1959以及宝石红冰葡萄酒等品牌，区域型特征明显，自2000年上市起葡萄酒销售收入一直在1亿元左右徘徊，净利润率较低。通葡股份一直以来未建立有效的营销体系，业绩不佳，不能有效地消化产能，导致库存积压较为严重；另外，市场对山葡萄酒的认知度不高，推式营销模式较为明显，大量应收账款无法及时有效地收回。但从2005年起5年的营运资金周转天数明显缩短，如表16-5所示。

表16-5　2005—2009年营销渠道营运资金周转期对比表　　单位：天

公司＼年份	2005年	2006年	2007年	2008年	2009年
通葡股份	551.16	583.93	59.56	66.4	31.01
莫高股份	248.47	198.77	156.6	152.85	138.52

莫高股份自2006年起加快了葡萄酒产业营销渠道的整合进程，在全国葡萄酒行业首创“4S+5P”概念，定位于高端市场，加速高品质产品的研发，在保持甘肃省市场垄断地位的同时，加快全国销售网络的建设，引入直分销模式，帮助经销商进行产品宣传和深度分销，以加强对营销渠道的控制，提高渠道的扁平化程度，建立与经销商的合作共享机制，提高对顾客需求的响应速度。库存与收入之比稳步下降，2005—2009年分别为37.99%、29.16%、29.14%、25.10%和23.26%，另外，公司也加强了对销售款回收的控制，有效控制了赊销风险，公司客户占款(应收款项－预收款项)与销售收入之比分别为24.67%、23.97%、11.03%、20.10%和19.07%。

资料来源：祝兵，吕素萍，孟琦．葡萄酒行业产业链整合与营运资金管理绩效[J]．财务与会计，2011(5)．

问题：

1. 如何评价通葡股份和莫高股份的营运资金水平？
2. 有哪些管理措施有助于改善现状？

即测即练

扫描封底二维码

获取答题权限

第17章　财务计划与财务控制

学习目标

• 熟悉财务预测的步骤与方法。
• 掌握销售百分比法预测资金需求量的基本原理和思路以及计算的方法。
• 明确全面预算的重要性及内容、过程、编制方法。
• 掌握零基预算和弹性预算的编制方法。
• 掌握从销售预算一直到现金预算和预计财务报表的编制步骤及方法，充分领会其中的思路。
• 明确财务预算和财务计划的联系与区别，并理解它们与财务控制的关系。
• 了解财务控制的构成、运行程序(循环)以及财务控制工具。

引导案例

巴林银行和雷曼兄弟公司倒闭的教训

1995年2月26日，一条消息震惊了整个世界金融市场。具有230多年历史，在世界1 000家大银行中按核心资本排名第489位的英国巴林银行，因进行巨额金融期货投机交易，造成9.16亿英镑的巨额亏损，在经过国家中央银行英格兰银行先前一个周末的拯救失败之后，被迫宣布破产。后经英格兰银行的斡旋，3月5日，荷兰国际集团(Internationale Nederlanden Group)以1美元的象征价格，宣布完全收购巴林银行。

庞大的巴林银行遭受灭顶之灾，却是起因于在新加坡分行供职的小小职员里森的错误操作。起初里森一次期货交易操作失误，使银行损失了一笔资金，里森为了弥补亏损，利用银行内部财务控制系统缺陷，几年来一直在违规操作期货交易。亏损金额愈来愈大，造成最终的亏损难以弥补。事后，审计人员指出："如果巴林银行的财务控制系统完善的话，里森的违规操作可以及时被发现，巴林银行也就不会遭受如此大的损失。""千里之堤，溃于蚁穴。"正是由于这个成立于1763年世界上最古老的巴林银行存在着财务控制的缺陷，最终难逃厄运。

还有一个故事发生在美国，2008年9月15日，在美国次级抵押贷款市场危机(简称"次贷危机")加剧的形势下，美国第四大投资银行雷曼兄弟最终丢盔弃甲，宣布申请破产保护。究其内部原因，也同样是财务控制出现了漏洞。可见，完善的财务控制是十分重要的。

资料来源：根据网络及相关资料整理.

问题：

1. 巴林银行和雷曼兄弟倒闭的根本原因是什么？
2. 巴林银行和雷曼兄弟倒闭有何不同点？

财务计划是一种综合性的财务管理活动，贯穿于财务活动的全过程，涉及计划的制订、执行、控制和考核，它以财务预算为基础和依据，同时也是财务控制和考核的标准，规范、制约着公司各个部门、科层和人员的责权利。我们完全可以把财务计划理解为企业战略实施的工具之一，它通过货币化计划来统领和指导企业各个组织有条不紊地运行。

17.1　财务预测

17.1.1　财务预测概述

1. 财务预测的概念及内容

财务预测是指以公司过去一定时期的财务信息为基础和主要依据，结合公司现在面临和即将面临的各种因素变化，运用科学的定量和定性方法，对公司财务方面的未来发展趋势及变化结果进行预计推测。财务预测主要包括销售收入预测、利润预测和筹资预测等。

2. 财务预测的作用

财务预测的作用主要表现在三个方面：一是公司经营活动成功的基础；二是有助于改善财务决策；三是进行财务预算的依据。预算是精细化财务活动计划的前提，必须依据对应的预测数据进行分解和落实。

3. 财务预测的步骤

所有的财务预测步骤基本上都可以分为七个主要步骤和一个反馈过程，如图 17-1 所示。

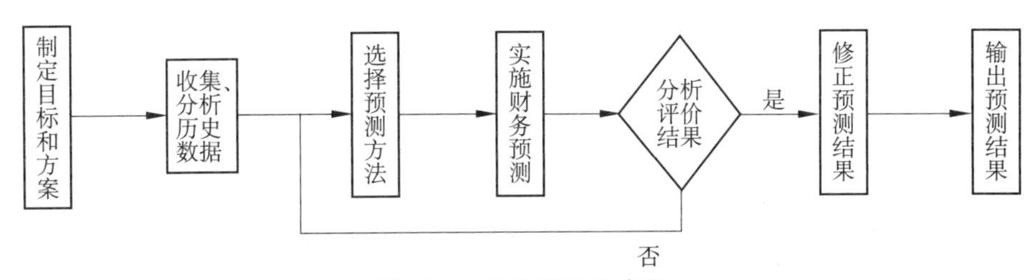

图 17-1　财务预测的步骤

确定财务预测目标，是制订财务预测方案。财务预测的目标是指具体的财务活动的项目和指标，包括时间、限期和数量单位。收集、分析历史数据应尽可能地全面调查、访问、收集和占有与预测目标有关的各因素过去和现在的原始资料、数据，并进行认真的分析、整理、鉴别和选择。选择预测方法时，可以建立相应的模型，包括数理模型和逻辑模型。

4. 财务预测的方法

财务预测的方法包括定性分析和定量分析两种类型。定性预测方法主要有专家调查法、主观概率法以及交叉概率法等；定量预测方法主要有因素分析法和趋势分析法。

17.1.2　财务预测方法的应用

财务预测的内容很多，主要包括销售收入预测、利润预测和资金需求预测等。资金需求量预测是财务预测的主要内容。

1. 资金需求量预测的方法

资金需求量是筹集资金的数量依据，是财务计划的基础，必须科学合理地进行预测。资金需求量预测常用的定量方法有销售百分比法和线性回归法，这两种方法也可以结合使用。一般而言，资金需求量的财务预测往往是借助于财务报表预测来进行的。所以，销售百分比法的预测适用于以基期数据预测计划期利润表和资产负债表，进而预测计划期资金需求量，但不能用于预测未来几年的数据。线性回归法则利用过去3～5年的历史数据进行回归分析，进而预测计划期需要的数据，也可以用于预测未来几年的趋势数据。

下面举例说明销售百分比预测方法及其步骤。

【例17-1】乐嘉公司2015年销售收入为2 000万元，2016年预计销售收入为2 500万元，销售净利润率为7%，股利分配率为60%。敏感资产有现金、应收账款、预付账款和存货，敏感负债有应付账款、应付票据和预收账款。公司2015年12月31日资产负债表如表17-1所示。预测2016年该公司需追加的筹资额和外部筹资额。

表17-1　资产负债表

编制单位：乐嘉公司　　2015年12月31日　　单位：万元

资　产	金　额	负债与所有者权益	金　额
现金	50	短期借款	105
应收账款	310	应付账款	260
预付账款	30	应付票据	100
存货	520	预收账款	170
固定资产	1 070	长期负债	200
无形资产	120	负债合计	835
		实收资本	1 200
		留存收益	65
		所有者权益合计	1 265
资产合计	2 100	负债与所有者权益合计	2 100

分析：

2016年销售收入增长率=(2 500－2 000)÷2000=25%

2015年12月31日敏感资产=50+310+30+520=910(万元)

2015年12月31日敏感负债=260+100+170=530(万元)

2016年这些敏感资产和负债将随着销售收入增长25%而同样增长25%。

2016年留存收益=2 500×7%×(1－60%)=70(万元)

具体步骤为：第一步，计算2016年需要增加的资产和负债；第二步，将2016年需要增加的敏感资产减去需要增加的敏感负债得出需要增加的净资产(即需要增加的资金——追加的筹资额)；第三步，将2016年需要追加的筹资额减去公司内部留存收益额，得出外部筹资额。

计算：2016年需要增加的敏感资产=910×随销售收入增长而增加25%=227.5(万元)

2016年需要增加的敏感负债=530×随销售收入增长而增加25%=132.5(万元)

2016年需要追加的筹资额=227.5－132.5=95(万元)

2016年需要的外部筹资额=95－70=25(万元)

上述增量方法可以转化为增量后的预测期(计划期)资产负债表模拟数据，则

外部融资需求=预计总资产－预计总负债－预计股东权益

由于通过模拟财务报表预测的外部资金需要量是根据公司的生产经营计划来确定的，而且公司的销售不是全部收现，所以财务报表模拟预测有局限性。其实，公司还应该根据现金的收支状况进行现金的预算。

需要注意的是，在预计留存收益增加额时，经常以销售增长的部分来计算，错误地以

为留存收益增加额就是销售增加额部分形成的，即将计算公式写成

留存收益增加额＝基期销售收入×销售增长率×销售净利率×(1－股利支付率)

造成这种错误的根本原因是不了解利润及其留存收益是一个期间动态数据，计划期增加的部分其实就是全部实现的利润及其留存收益，而不是比基期增加了多少。比如例17-1中2016年公司预计实现净利润175万元，其中分配股利105万元、留存收益70万元，这70万元就是2016年预计留存收益增加额；已知公司2015年12月31日的股东权益为1 265万元，在无其他增加所有者权益的情况下，则2016年12月31日的股东权益应为1 265＋70＝1 335万元，则2016年年末多出来的这70万元也即2016年的预计留存收益增加额。读者可以根据例17-1中2016年增加的资产、负债、所有者权益金额，在2015年资产负债表基础上编制2016年12月31日的模拟资产负债表，从中可以进行试算平衡。

▶ 2. 敏感性分析

敏感性分析是指通过有规律地改变模拟财务报表依据的某个假设来观察预测值的变化。这种敏感性分析方法至少有两个用途：第一，提供可能结果范围的信息；第二，鼓励管理层保留不同的意见。另外，为了使分析结果与现实一致，还必须对敏感性分析进行修正，需要进一步进行场景分析，主要是要考虑一个假设时对另一个假设产生的影响。如果没有包括这些相互补充的影响在内，将导致对外部融资的过低估计。

17.2　财务预算与财务计划

17.2.1　全面预算与财务预算的概念及分类

▶ 1. 全面预算的概念及分类

全面预算是对现代公司理财思想、财务目标和财务决策的具体化和数量化，是对未来的一种综合性管理，它通过规划未来的发展来指导现实的实践，是公司各级各部门奋斗的目标、协调的依据、控制的标准和考核的依据。其起点都建立在公司战略之上。

全面预算按其涉及的预算期分为长期预算和短期预算；按其涉及的内容分为专门预算和总预算；按其编制方法分为固定预算、弹性预算、滚动预算和零基预算等；按其涉及的业务活动领域分为销售预算、生产预算和财务预算等。

全面预算的过程如图17-2所示，全面预算与财务预算的关系如图17-3所示。

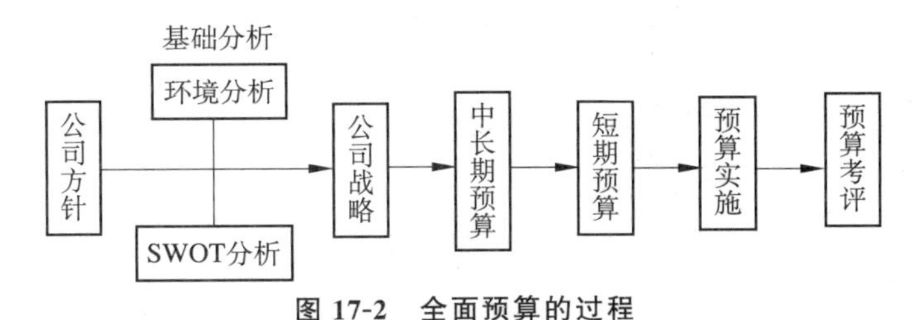

图17-2　全面预算的过程

▶ 2. 财务预算的概念及分类

财务预算是公司计划财务活动的货币表现形式，是按照一定的程序以货币形式表达完成公司经营与财务计划及目标所需资金的收支预计说明。其结果是一种综合性预算。

财务预算的分类方式与全面预算的分类形式类似。但从内容上看包括现金预算、资本

支出预算、预计利润表、预计资产负债表、预计现金流量表。如图 17-3 所示，财务预算必须建立在其他预算的基础上。如果把财务预算称为总预算，则其余预算就是辅助预算或分预算。

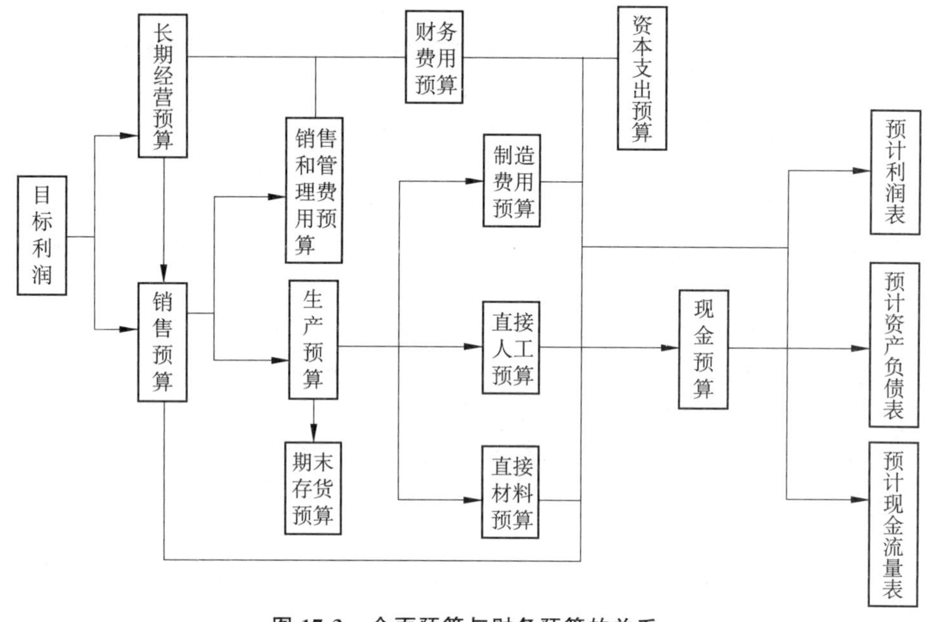

图 17-3　全面预算与财务预算的关系

17.2.2　财务预算的编制

资本支出预算即资本预算，它是对长期资本投资的估算，已经在前面做了介绍，所以这里只对现金预算、预计财务报表进行举例说明。

1. 现金预算的编制

企业编制预算的期间，往往因预算种类的不同而各有所异。一般来说，在年度预算下面，日常业务预算和一次性专门业务预算应按季分月编制；资本支出预算应首先按每一投资项目分别编制，并在各项目的寿命周期内分年度安排，然后在编制整个企业计划年度财务预算时，再把属于该计划年度的资本支出预算进一步细分为按季或按月编制的预算；现金预算应根据企业的具体需要按月、按周、按天编制，为了与会计年度相配合，本节所列举的例题中，各种日常业务预算、专门决策预算和财务预算的编制期间，均以一年为期，并采用预算数值相对稳定不变的固定预算法来编制各种预算。

日常业务预算和专门决策预算是现金预算的编制依据，这里先举例介绍一部分日常业务预算和专门决策预算的编制方法。

（1）销售预算。通过市场预测预计销售量和单价以后，便可根据产品的品种、数量、单价确定预算期销售收入，并根据预算期现金收入与回收赊销货款的可能情况反映现金收入，从而编制销售预算。

【例 17-2】假定兰芳公司生产销售甲、乙两种产品，预计 2016 年各种产品销售量及售价资料如表 17-2 所示。预计销售环节税金为销售收入的 5%。预算期初应收账款余额为 195 600 元，预算期已全部回收。预算期销售情况为现销占 60%、赊销占 40%。现编制该公司销售预算，如表 17-2 所示。

表 17-2 兰芳公司 2016 年度销售预算　　金额单位：元

产品名称	全年合计		
	预计销售量/件	预计单价	预计销售收入
甲	5 600	40	224 000
乙	8 400	50	420 000
合计	644 000		
①销售环节税金现金支出	32 200		
②回收前期应收账款	195 600		
③预算期现销收入	386 400		
④现金收入合计	582 000		

注：①＝644 000×5％＝32 200；③＝644 000×60％＝386 400；④＝②＋③。

（2）生产预算。生产预算以销售预算为基础编制，但必须考虑产品的存货水平，确定产销量之间的关系，可用下列公式表示：

预计生产量＝预计销售量＋预计期末存货量－预计期初存货量

公式中的“预计期末存货量”有时凭经验估计，有时经因素分析确定。

【例 17-3】兰芳公司 2016 年甲、乙产品年初、年末存货资料如表 17-3 所示。根据有关资料编制该公司的生产预算，如表 17-3 所示。

表 17-3 兰芳公司 2016 年度生产预算　　单位：件

项　目	甲产品	乙产品
预计销售量(表 17-2)	5 600	8 400
加：预计期末存货	300	500
减：期初存货	400	800
预计生产量	5 500	8 100

（3）直接材料消耗及采购预算。直接材料消耗及采购预算以生产预算为基础编制，还必须考虑原材料存货水平。根据预算期现购材料支出和偿还前期所欠材料款的可能情况反映现金支出。这种预算编制的程序如下：

① 按每种产品分别计算各种材料的消耗量，公式为

某产品消耗某种材料数量＝该产品预计生产量×该产品耗用该种材料消耗定额

② 将各种产品消耗某种材料数量加总，求该种材料总耗用量。

③ 计算某种材料预计采购数量，公式为

某种材料预计采购量＝该种材料总耗用量＋该种材料期末存货量－该种材料期初存货量

④ 计算某种材料预计采购成本，公式为

某种材料预计采购成本＝该种材料预计采购量×该种材料单价

⑤ 将各种材料预计采购成本加总，求预算期直接材料采购总成本。

【例 17-4】假定兰芳公司生产甲、乙产品只需 A 种原材料，A 材料年初、年末存货资料如表 17-4 所示。预算期初应付账款余额为 125 000 元，预算期内已全部偿还。预算期材料采购的货款有 50％在本期内付清，另外 50％在下期内支付。现编制该公司的直接材料消耗及采购预算，如表 17-4 所示。

表 17-4　兰芳公司 2016 年度直接材料消耗及采购预算　　金额单位：元

项　目	全年合计	
	甲产品	乙产品
预计生产量/件(表 17-3)	5 500	8 100
单位产品材料消耗定额/千克	3	4
预计材料消耗量/千克	16 500	32 400
预计材料总销售量(甲＋乙)/千克	48 900	
加：预计期末材料存量/千克	6 400	
减：预计期初材料存量/千克	6 200	
预计材料采购量/千克	49 100	
材料单价	6	
预计材料采购成本	294 600	
①偿还前期所欠材料款	125 000	
②预算期现购材料支出	147 300	
③现金支出合计	272 300	

注：②＝294 600×50％＝147 300；③＝①＋②。

(4) 直接人工预算。直接人工预算也以生产预算为基础编制，其预算金额均需以现金支付。程序如下：

① 计算预测期各种产品直接人工总工时，公式为

某产品预计直接人工总工时＝该产品预计生产量×该产品单位直接人工工时

② 计算预算期各种产品直接工资成本，公式为

某产品预计直接工资成本＝该产品直接人工总工时×小时工资率

③ 计算预算期各种产品其他直接支出，公式为

某产品预计其他直接支出＝该产品直接工资成本×提取百分比

④ 将预计直接工资成本和其他直接支出加总，即可编制直接人工成本预算。

【例 17-5】假定兰芳公司期初、期末在产品数量没有变动；其他直接支出已被并入直接人工成本统一核算，不分别反映直接工资与其他直接支出。现编制该公司直接人工成本预算，如表 17-5 所示。

表 17-5　兰芳公司 2016 年度直接人工成本预算

项　目	全年合计	
	甲产品	乙产品
预计生产量/件(表 17-3)	5 500	8 100
单位产品直接人工工时/小时	2	3
预计直接人工总工时/小时	11 000	24 300
预计直接人工工时合计数(甲＋乙)/小时	35 300	
小时工资率/(元/小时)	2.5	
预计直接人工成本总额/元	88 250	

注：单位产品直接人工工时和小时工资率数据来自消耗定额资料或标准成本资料。

(5) 制造费用预算。制造费用需分为变动制造费用与固定制造费用两部分。变动制造费用以生产预算为基础来预计，固定制造费用按实际需要的支付额逐项预计，并分别确定变动(或固定)制造费用分配率，将变动(或固定)制造费用在各种产品之间进行分配。

【例 17-6】假定变动(或固定)制造费用总额按预计直接人工工时总数进行分配。制造费用预算金额中，除折旧费用外都需要使用现金支付。现编制兰芳公司制造费用预算，如表 17-6 所示。

表 17-6　兰芳公司 2016 年度制造费用预算　　金额单位：元

变动制造费用	金　额	固定制造费用	金　额
间接人工	5 820	修理费	5 920
间接材料	20 130	折旧费	16 540
修理费	5 860	管理人员工资	8 350
水电费	3 490	保险费	5 910
小计	35 300	财产税	5 640
直接人工总工时/小时	35 300	小计	42 360
变动费用分配率/(元/小时)	1	固定费用分配率/(%)	1.2
合计	77 660		
减：折旧费	16 540		
现金支出的费用	61 120		

(6) 产品生产成本预算。编制产品生产成本预算时，单位产品成本的有关数据来自直接材料消耗及采购预算、直接人工预算和制造费用预算，产品生产量、期末存货量的有关数据来自生产预算，产品销售量数据来自销售预算。

【例 17-7】分别编制兰芳公司甲、乙产品生产成本预算，如表 17-7、表 17-8 所示。

表 17-7　兰芳公司 2016 年度甲产品生产成本预算　　金额单位：元

成本项目	单耗	单价	单位成本	生产成本(5 500 件)	期末存货成本(300 件)	销售成本(5 600 件)
直接材料	3	6	18	99 000	5 400	100 800
直接人工	2	2.5	5	27 500	1 500	28 000
变动制造费用	2	1	2	11 000	600	11 200
固定制造费用	2	1.2	2.4	13 200	720	13 440
合计			27.4	150 700	8 220	153 440

表 17-8　兰芳公司 2016 年度乙产品生产成本预算　　金额单位：元

成本项目	单耗	单价	单位成本	生产成本(8 100 件)	期末存货成本(500 件)	销售成本(8 400 件)
直接材料	4	6	24	194 400	12 000	201 600
直接人工	3	2.5	7.5	60 750	3 750	63 000
变动制造费用	3	1	3	24 300	1 500	25 200
固定制造费用	3	1.2	3.6	29 160	1 800	30 240
合计			38.10	308 610	19 050	320 040

(7) 销售及管理费用预算。编制销售及管理费用预算时，不仅要认真分析、考察过去，而且要以销售预算基础，考虑预算期可能发生的变化，按预算期实际需要逐项预计销售及管理费用的支付额。

【例 17-8】假定销售及管理费用预算金额中，除折旧费外都需要使用现金支付。现编制兰芳公司销售及管理费用预算，如表 17-9 所示。

表 17-9　兰芳公司 2016 年度销售及管理费用预算　　单位：元

销售费用项目	金额	管理费用项目	金额
销售人员工资	4 300	管理人员工资	6 700
专设销售机构办公费	5 400	差旅费	2 900
广告费	6 300	保险费	3 700
包装费、运杂费	3 600	折旧费	8 600
保管费用	2 100	办公费	1 400
合计	45 000		
减：折旧费	8 600		
现金支出的费用	36 400		

（8）利息费用预算。

【例 17-9】兰芳公司发行一种长期债券，期限为 5 年，票面年利率为 4%，面值总额为 100 000 元，每年付息一次，则年利息额为 4 000 元。

（9）资本支出预算。

【例 7-10】为开发创新产品 E，兰芳公司决定于 2016 年购置不需安装的新机器 1 台，价值 30 000 元。

（10）现金预算。现在就可以根据前面的预算资料，再以上年年末资产负债表的货币资金金额作为下一年“年初现金余额”，正式编制现金预算。

【例 17-11】假定兰芳公司期初现金余额为 8 756 元，需要保留的期末现金余额为 11 000 元；银行借款按“每期期初借入、期末归还”来预计利息，实际年利息率为 3%（因技术创新，政府财政贴息 5%）。现编制该公司现金预算，如表 17-10 所示。

表 17-10 中“现金收入”的数据是“期初现金余额”与“预算期现金收入额”两项的合计数额，“预分股利”的数额是在利润预算时估计的。

表 17-10　兰芳公司 2016 年度现金预算　　单位：元

项　　目	金　额
期初现金余额	8 756
预算期现金收入额（表 17-2）	582 000
可供使用的现金	590 756
预算期现金支出额	572 756
其中：直接材料（表 17-4）	272 300
直接人工（表 17-5）	88 250
制造费用（表 17-6）	61 120
销售及管理费用（表 17-9）	36 400
产品销售税金（消费税）（表 17-2）	32 200
预计所得税（预计利润表）	21 580
购买机器设备（资本支出预算）	30 000
预分股利	30 906
期末预留现金余额	11 000
现金余缺	7 000
现金筹集和运用	
向银行借款	100 000
归还银行借款	100 000
支付银行借款利息（实际年利率 3%）	3 000
支付债券利息（利息费用预算）	4 000

2. 预计财务报表的编制

预计财务报表是财务管理的重要工具，包括预计利润表、预计资产负债表和预计现金流量表等。

预计财务报表的作用与历史实际的财务报表不同。所有公司都要在年终编制历史实际的财务报表，这是有关法规的强制性规定，其主要目的是向外部报表使用人提供财务信息。当然，这并不表明常规财务对公司经理人员没有价值。而预计财务报表主要为公司理财服务，是控制公司预算期内资金、成本和利润总量的重要手段。它可以从总体上反映一定期间公司经营的全局情况，因此也称为公司的“总预算”。

(1) 预计利润表的编制。可根据上述各有关预算编制预计利润表。

【例 17-12】假定兰芳公司预算期所得税税率为 25%，现编制该公司预计利润表，如表 17-11 所示。

表 17-11　兰芳公司 2016 年度预计利润表　　单位：元

项　　目	金　额
销售收入(表 17-2)	644 000
销售税金及附加(表 17-2)	32 200
销售成本(表 17-7、表 17-8)	473 480
毛利	138 320
销售及管理费用(表 17-9)	45 000
利息(表 17-10)	7 000
利润总额	86 320
应交所得税(25%)	21 580
税后净利润	64 740

注：毛利＝销售收入－销售税金及附加－销售成本。

预计利润表与实际的利润表内容、格式基本相同，只不过数字是面向预算期的。通过编制预计利润表，可以了解公司预期的盈利水平。如果预算利润与最初编制方案中的目标利润有较大的不一致，就需要启动倒逼机制，调整前面的各种预算，设法达到目标。除非特殊情况或目标设计不合理，不要轻易修改目标。

(2) 预计资产负债表的编制。预计资产负债表与实际的资产负债表内容、格式也基本相同。只不过数据是反映预算期末的财务状况。该表是利用本期期初资产负债表，根据销售、生产、资本等预算的有关数据加以调整编制的。

【例 17-13】假定兰芳公司基期期末资产负债表各项目数据如表 17-12 所示，预算期土地、普通股股本、长期借债三项目没有发生变化。现编制该公司预计资产负债表，如表 17-12 所示。

表 17-12　兰芳公司 2016 年度预计资产负债表　　单位：元

资　　产			负债及股东权益		
项目	年初	年末	项目	年初	年末
流动资产：			负债：		
现金(表 17-10)	8 756	11 000	应付账款(表 17-4)	125 000	147 300
应收账款(表 17-2)	195 600	257 600	长期借款	50 000	50 000

续表

资　产			负债及股东权益		
项目	年初	年末	项目	年初	年末
材料存货(表 17-4)	37 200	38 400	合计	175 000	197 300
产成品存货(表 17-7、表 17-8)	41 440	27 270	股东权益：		
合　计	282 996	334 270	普通股股本	120 000	120 000
固定资产：			未分配利润	35 996	69 830
土地	16 000	16 000	合计	155 996	189 830
房屋设备(表 17-10)	40 000	70 000			
累计折旧(表 17-6、表 17-9)	(8 000)	(33 140)			
合　计	48 000	52 860			
资产总计	330 996	387 130	负债及股东权益总计	330 996	387 130

注：预算期期末大部分项目的数据来源已注明，少数项目的数据计算如下：

①“应收账款”是根据表 17-2 中的预算期销售收入和本期收现率计算的。

预算期期末应收账款＝预算期销售收入×(1－本期收现率)＝644 000×(1－60%)＝257 600(元)

②“产成品存货”是根据表 17-7 中的甲产品期末存货成本和表 17-8 中的乙产品期末存货成本汇总计算的。

预算期期末产成品存货成本＝预算期期末甲产品存货成本＋预算期期末乙产品存货成本

＝8 220＋19 050＝27 270(元)

③“房屋及设备”是根据年初数和表 17-10 有关资料汇总计算的。

④“累计折旧”是根据年初数和表 17-6、表 17-9 有关资料汇总计算的。

⑤“应付账款”是根据表 17-4 中的预算期材料采购成本总额和本期付现率计算的。

预算期期末应付账款＝预算期材料采购成本总额×(1－本期付现率)

＝294 600×(1－50%)＝147 300(元)

⑥“年末未分配利润”是根据基期期末未分配利润数额表 17-11 中的预算期税后净利润数额和表 17-10 中的预算期估计支付股利数额加以调整计算的。

预算期期末未分配利润＝基期期末未分配利润＋预算期期末税后净利润－预算期预分股利

＝35 996＋64 740－30 906＝69 830(元)

(3) 预计现金流量表的编制。预计现金流量表是从现金流入和流出两个方面反映预算期内公司经营活动、投资活动和筹资活动所产生的现金流量的预算。它在已编制的现金预算的基础上，结合预算期内相关的现金收支资料编制而成。预计现金流量表的编制，有利于了解预算期内公司的现金流转状况和经营能力，更能够突出表现一些长期资金的筹资和使用方案，有利于发现问题、控制现金流风险和修正预算。

预计现金流量表的内容、格式也与实际的现金流量表基本相同，其编制方法和步骤也与实际的现金流量相同，这里不再赘述。

▶ 3. 财务预算软件工具的应用

以上现金预算的全过程以及预计财务报表的编制，均可通过相关的预算软件或者 Excel 简单的函数加以自动运算，以提高工作效率和管理水平。如果是管理水平比较高的大中型企业，建议直接采用全面预算管理软件；如果是管理水平不高的中小型企业，则可以采用专业财务软件或 ERP(Enterprise Resource Planning，企业资源计划)中的预算模块，或者直接采用较为简单易用的财务预算软件，或者干脆使用 Excel 函数。总之，“工欲善其事，必先利其器”，进入互联网＋时代的公司理财，云运算、大数据、移动终端、XBRL(eXtensible Business Reporting Language，可扩展商业报告语言)等，应该成为每一个财务“弄潮儿”的亲密伙伴。

17.2.3 财务计划

▶ 1. 财务计划的概念及分类

财务计划不同于财务工作计划，它是企业以货币形式预计计划期内资金的取得与运用和各项经营收支及财务成果的书面文件，是企业经营管理计划的重要组成部分，是进行财务管理、财务监督和考核的主要依据，规范、制约着公司各个部门、科层和人员的责权利，其目的是为了确立财务管理上的奋斗目标。因此，我们完全可以把财务计划理解为企业战略实施的工具之一。

财务计划是一种综合性的财务管理活动，贯穿于财务活动的全过程，涉及计划的制订、执行、控制和考核，它以财务预算为基础和依据，是在销售、生产、物资供应、劳动工资、设备维修、技术组织等各项预算的基础上编制的，它通过货币化计划来统领和指导企业各部门有条不紊地运行财务计划。

财务计划一般分为长期计划和短期计划。

▶ 2. 账务计划的编制程序及步骤

(1) 编制程序。

① 由企业最高管理层根据财务决策提出一定时期的经营目标，并向各级、各部门下达规划指标。

② 各级、各部门在规划指标范围内，编制本部门预算草案。

③ 由财务部门或预算委员会对各部门预算草案进行审核、协调，汇总编制总预算并报企业负责人、董事会批准。

④ 将批准的预算下达各级、各部门执行。

(2) 基本步骤。

① 确定计划并编制预计财务报表，分析经营计划对预计利润和财务比率的影响，确定计划控制的关键点。

② 确认支持长期计划需要的资金，包括购买设备等固定资产以及存货、应收账款、研究开发、主要广告宣传需要的资金。

③ 策划未来长期所需资金的筹措，包括预测可从内部产生的和向外部融资的部分。任何财务限制导致的经营约束都必须在计划中体现。这些约束包括对负债率、流动比率、利息保障倍数等的限制。

④ 建立并维护一套控制系统，目的是保证资金分配和使用的基础计划得以顺利展开和实施。

⑤ 制定调整基本计划的程序。“计划永远赶不上变化”，例如，如果实际经济走势强于预测，就要制定更高的生产计划额度、更大的市场份额等，并且计划调整得越快越好。因此，此步骤实际上是“反馈环节”。

⑥ 建立基于绩效的管理层报酬计划。激励管理层按照股东的想法(即股东价值最大化)经营非常重要。

▶ 3. 财务计划编制的原则

(1) 企业的主要财务收支活动，应当体现市场竞争的法则和公司的市场定位，并符合国家政策、法令的各项规定。

(2) 财务计划中的各项指标要与企业的全部生产经营活动相适应，要与其他各项计划协调一致。

(3) 各项指标既要能够调动各方面的积极性，又要有切实的保障措施。

(4) 财务计划的编制过程中应坚持谨慎原则。在对可能实现的收入、可能的现金流入量进行估计的时候要适当地保守一些，并且在条件允许的情况下，可以先设置多种情形的假设，然后再分别进行收入和现金流量的估计。同时，对于可能的成本费用或损失，要尽量考虑周全，将其全部估算在内。

(5) 财务计划的编制应具有现代性和国际性。计划一定要与现代财务系统一致，尽量与国际财务体系接轨，这样可以让更多的利益相关者接受。

(6) 在财务计划中提供竞争者的相关数据作为对比。这样可以让投资者了解企业的优势和差距所在，经营者明确公司所处的行业位置及所要追赶的目标。

(7) 按年度、季度、月度分别编制财务计划，以月保季、以季保年。

综上所述，一份有高度、"接地气"、有理有据、资料充分、可执行力强的财务计划书，可以帮助企业"多快好省"地实现财务目标。

17.3 财务控制

财务控制是对公司财务活动的控制，包括对资金的筹集、投放、使用和分配的控制。

17.3.1 管理控制与财务控制

管理的各个职能之间是密切相关、互相衔接的，尤其是计划和控制职能，它们犹如剑的双刃，缺任何一刃都无法工作。所以公司一旦制定了相应的目标、预算和计划，就必须进行控制，对业绩与标准进行比较，以审查标准、纠正偏差和考评结果。

管理控制系统包括销售控制系统、生产控制系统、人力资源控制系统、质量控制系统、存货控制系统和财务控制系统等。而财务控制系统在公司的管理控制中处于核心地位，这是由财务管理所具有的综合性价值管理活动所决定的。财务控制可以利用全面预算工具，将各个部门的资源合理、有效地组合起来，以期与公司战略计划相一致。通过明确控制主体，建立健全控制体系和制度，划分责权中心，对控制对象进行监控和考评，以使整个公司的经营活动有条不紊地按目标和计划运行。

17.3.2 财务控制系统的构成

财务控制系统由组织系统、信息系统和制度系统构成。

1. 组织系统

组织设计和组织运行的过程实际上就是划分责、权、利和进行管理控制的过程。从控制的角度来看，组织系统通常包括控制的主体和控制的对象。

(1) 控制的主体。控制的主体是实施控制的职能机构。合理、有效的监控应该借助各部门和全体成员的共同努力，它是计划、预算执行者之间的自我监控和互相监控的结合。因而，控制主体应该是与实行各项职能及各专业相对应的纵横交错的监控网络。

从最高层次上看，公司治理结构是进行财务控制的灵魂和根本。在现实中进行具体控制的机构应该包括监事会(或董事会下设的提名委员会、审计委员会和薪酬委员会)、财务部门(尤其是财务总监制下的财务部门)和相关的职能管理部门，这些职能管理部门包括审计、人力资源管理、生产经营管理、质量管理等部门。

(2) 控制的对象。控制的对象是预算、计划执行的过程，包含被控制的实施活动的不同机构。财务控制系统必须将总预算分解成分预算，再把分预算层层分解下去。记录实际数据、提出控制报告等也都分小单位进行，然后逐级汇总。按这种方式实施的预算和控制就是所谓的“责任预算”和“责任会计”。在责任系统中，控制的对象就明确为每个“责任中心”。“责任中心”可以分为成本中心、利润中心、投资中心和费用中心等。

知识链接

责任会计

责任会计(responsibility accounting)，又称控制业绩会计，它是在分权管理条件下，为适应经济责任制的要求，以各个责任中心为主体，以责、权、效、利相统一的机制为基础，为评价和控制企业经营活动的进程和效果服务的信息系统和一整套会计制度。责任会计是以往的各种会计管理制度的发展，是管理会计的重要内容。

以前的经济责任制没有明确与会计的直接关系，没有和会计相结合，而责任会计则是把企业内部经济责任制与会计结合起来，从实践和理论上都得出明确的概念，成为会计工作的一个领域——经济责任会计。具体来说，在企业内部除了要算产品账以外，还要按照企业内部经济责任制的原则，按照责任归属，确定责任单位(车间、技术、经营、管理部门)，明确责任指标(包括资金、成本费用、利润)，以各责任单位为主体(对象)按责任指标进行核算、控制、监督，实行统分结合、双层核算的会计管理制度。

推行责任会计是深化企业改革的需要，也是会计工作的深化，目的是促进生产力的发展，提高企业经济效益。责任会计应体现责任原则、定价结算原则、利益原则，这三个基本原则也就是实际工作中的事先确定目标、事中核算监督、事后考核奖罚三个环节。因此，施行和完善责任会计是财务控制的基础和保障，有条件的企业应尽力开展。

▶ 2. 信息系统

作为财务控制的信息系统是与反映、披露和报告责任完成情况相关的一个系统，事实上就是一个责任会计系统，它包括责任预算及执行控制信息和分析评价及业绩报告信息。责任会计系统是公司会计系统的一个组成部分，其主要功能是计量、传送和报告财务控制信息。在实际中，往往把责任预算及执行控制信息系统和分析评价及业绩报告信息系统分开运行，如同将运动员和裁判员分开。

▶ 3. 制度系统

公司的财务控制需要有相应的措施、程序和手段来实施，而这些措施、程序和手段的总和就是财务控制制度。财务控制制度是由多种制度构成的一个体系，从狭义上看，是对资金运转和管理流程的规定和说明；从广义上看，是包括与资金流动有关的所有活动的规定和评价规则。制度系统按层次分为四个：第一个层次是公司治理结构本身所具有的一套制度；第二个层次是在既定治理结构下各组织之间的责、权、利划分标准和内容本身；第三个层次是对分层次组织机构责、权、利实施的考核和评价规则；第四个层次是根据考核结果进行奖惩所执行的标准和程序。每一层级制度包括了对业务流程的描述和说明、控制点的报告、考核方法和手段等。

制度系统与组织系统和信息系统相辅相成。制度建设本身也需要相应的机制来保证，包括组织保证和信息保证。财务制度系统必须形成一套完善的价值驱动和制衡约束机制，以提高组织的效率性、信息的畅通性和考评的公正性。

17.3.3 财务控制系统的运行

财务控制系统的运行是一个循环过程，经过众多不同的环节。财务控制循环及财务控制系统的程序如图17-4所示。

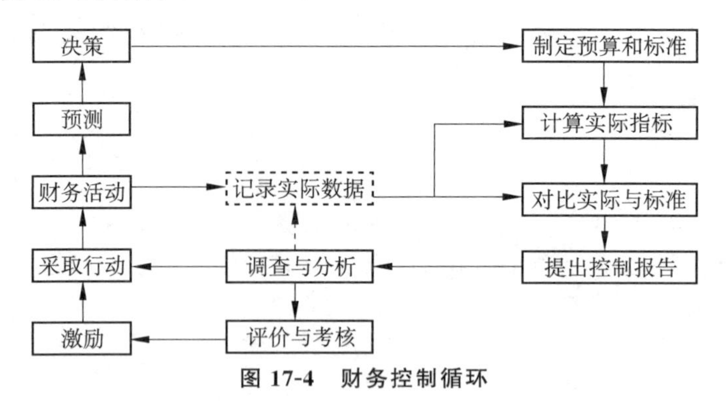

图17-4 财务控制循环

17.3.4 财务控制工具

进行财务控制除了要有相应的控制系统作保证外，还需要借助专门的工具。财务控制工具包括以下几个：

（1）财务预算。

（2）目标成本制度。目标成本制度是一种成本管理制度，是成本管理与目标管理的结合，强调对成本实行目标管理。

（3）标准成本制度。标准成本制度也是一种成本管理制度，是科学管理的作业标准化思想与成本管理的结合。

（4）财务分析。

（5）责任会计。

（6）财务预测。

本章小结

1. 财务预测是进行财务决策、编制财务预算与计划的前提和基础，它主要包括销售收入预测、利润预测和筹资预测等。企业应把财务目标分解成几个分目标，而利润目标则是首要目标。根据目标利润和市场预测可望达到的销售收入倒逼计算目标成本费用，同时根据预测的销售收入，运用销售百分比法预测企业内部筹资额和外部筹资额。销售百分比法是在分析基期资产负债表中哪些是随着销售收入增减而同比例增减的敏感资产和敏感负债的基础上，通过"资产－负债＝资本"这一公式来推算出预测期需要追加多少资金。财务预测可以编制预测期模拟财务报表。当然，财务预测的方法分为定性分析预测和定量分析预测，而定性分析预测最终还是为定量预测服务的。所有的经济管理和数理统计的预测方法都可用于财务预测，关键是选择哪种方法最为合适和科学。

2. 财务预算是财务计划的具体数据依据，也是计划财务活动及项目在预算期的数字体现，而财务计划是财务预算的执行安排与活动计划。二者相辅相成、互相融合，所以在实际中经常通用而不加以区分。财务预算是根据财务预测的结果，在财务决策后具体实施财务活动及项目的数字性计划和详细的收支安排。在现代公司理财中，推行全面预算十分重要，以目标利润为出发点，以销售预算为立足点，据以编制生产预算、成本费用预算，直至最后编制现金预算和预计财务报表，整个过程与会计核算过程是逆序的，即利润→销售→成本费用→现金流→财务报表。当然，它同样伴随着权责发生制和收付实现制的演绎与归纳。

3. 财务控制以财务预算和财务计划为基础和标准，它是管理控制的核心系统，也是企业内部控制的践行者。财务控制系统由组织、信息、制度三个系统有机构成，利用财务预测、财务预算与计划、目标利润及目标(标准)成本、财务分析、责任会计等一系列工具和模型，从事前的预测与计划，到事中的核算与对比、反馈与纠正，再到事后的分析评价与考核，整个循环就是在驱动着企业财务目标的实现。在现代公司理财中，管理会计中的责任会计起着越来越大的作用。

课后练习

一、思考题

1. 何谓财务预测？它有哪些步骤与方法？

2. 何谓销售百分比预测法？它属于预测方法的什么类型？

3. 简述销售百分比法预测资金需求量的基本原理和思路，并简述你提炼出来的最精简的计算方法及公式。

4. 公司理财为什么要推行全面预算？简述全面预算的内容、过程及编制方法。

5. 请比较现金预算表和现金流量表的异同。

6. 财务预算和财务计划有何联系与区别？它们与财务控制存在什么关系？

7. 为什么财务控制是企业管理控制的核心系统？

8. 财务控制由哪些系统因素构成？它是如何运行并循环的？其中运用了哪些财务控制工具？

二、计算分析题

甲公司预计 2016 年 A 产品单位变动成本为 80 元，固定成本为 6 000 元。当年生产的产品当年销售，销售业务量的有效变动范围为 280～440 件。同一销售业务量下其售价分别为 120 元和 130 元。

要求：采用因素法推算出按 5%为业务量间隔时甲公司 2016 年 A 产品利润预算数额，如表 17-13 所示。

表 17-13　甲公司 2016 年 A 产品弹性利润预算　　金额单位：元

销售量/件	280					400			440	
售价	120	130	…	…	…	120	130	…	120	130
销售收入			…	…	…			…		
变动成本			…	…	…			…		
固定成本			…	…	…			…		
利润总额			…	…	…			…		

章末案例

华润 6S 管理体系——全面预算管理

华润(集团)有限公司是隶属于国务院国资委的一家有 72 年发展历史的中央企业。在经过多年的实践和不断改进后，总结了一套旨在贯彻全面预算管理的运行体系，即6S管理体系，具体是指利润中心的编码体系、管理报告体系、预算体系、评价体系、审计体系和经理人考核体系等。

6S管理体系的系统化构想是：以专业化管理为基本出发点，把集团及下属所有业务及资产分成多个利润中心，并逐一编制号码；每个利润中心按规定格式和内容编制管理会计报告，并汇总成为集团总体管理报告；在利润中心推行全面预算管理，将经营目标层层分解，落实到每个责任人每个月的经营上；根据不同利润中心的业务性质和经营现状，建立切实可行的业务评价体系，按评价结果确定奖惩；对利润中心经营及预算执行情况进行审计，确保管理信息的真实性；最后对利润中心负责人进行每年一次的考核，逐步建立起选拔管理人员的科学程序。

6S管理体系保证了集团全面预算管理的运行，是华润公司目前运用得最为成功的管理系统。

完善预算的组织结构

企业最高管理层应当有一个预算管理委员会，包括最高党政领导，分管销售、生产、财务等方面的副总和总会计师等高级管理人员，来行使通过及颁布预算、审查和协调各部门预算、监督预算执行、考评预算执行效果等权力，并对预算负全面责任；预算管理委员会之下是专门负责预算编制的部门，分别负责生产、投资、人力资源、营销等各个方面预算的分析、审核和综合平衡，并最终形成企业总预算草案，该部门的负责人对总预算承担责任；各所属单位负责本单位的各类预算编制、上报，接受集团公司的检查考核，并对本单位预算的正确性承担责任，同时还要加强对企业员工预算知识的培训，强化每个员工的预算意识，提高他们参与预算管理的积极性和责任感。

华润公司在专业化分工的基础上，突破财务会计上的股权架构，将集团及下属公司按管理会计的原则，划分为多个业务相对统一的利润中心(称为一级利润中心)，每个利润中心再划分为更小的分支利润中心(称为二级利润中心等)，并逐一编制号码，使管理排列清晰。这个体系较清晰地包括集团绝大部分资产，同时使每个利润中心对自身的管理也有清楚的界定，便于对每项业务实行监控。

改进预算的编制方法

即使对于同一个企业的同一项预算来说，也可以分别以成本费用控制为起点编制、以目标利润为起点编制、以现金流量为起点编制、以销售量为导向编制等。视决策层的战略目标或者侧重点不同选择不同的出发点，或者以多种出发点编制多角度的预算进行比较，才能真正作为决策的参考和企业行动的计划。

华润公司在利润中心分类的基础上，全面推行预算管理，将经营目标落实到每个利润中心，并层层分解，最终落实到每个责任人每个月的经营上，这样不仅使管理者对自身业务有较长远和透彻的认识，还能从背离预算的程度上去发现问题，并及时加以解决。预算的方法由下而上，由上而下，不断反复和修正，最后汇总形成整个集团的全面预算报告。

注重预算的有效实施

财务预算一经批复下达，即具有指令性，各预算执行单位就必须认真组织实施，将财务预算指标层层分解。预算方案确定以后，在企业内部就有了“法律效力”，必须严格执行，不得随意调整。要建立严格的授权批准程序，明确企业的主管领导审批的权限和范围，分工把关，并承担控制预算的经济责任。

如在实际工作中遇到实际发生事件超出年度预算、季度预算差额控制比例的项目，则要进行预算调整。由于预算涉及各方面的利益，所以预算的追加也要有原则方面的控制，防止随意追加预算的现象发生。调整预算从程序上讲，应由发生部门提出书面申请，按程序逐级申报，并经相关会议审议通过后实施。华润公司要求每个利润中心按规定的格式和内容编制管理会计报表，具体由集团财务部统一制定并不断完善。管理报告每月一次，包括每个利润中心的营业额、资产、负债、现金流量等情况，并附有公司简评，使预算在实施过程中刚性执行与调整需要相结合。

建立预算的评价体系

预算编制得再合理、再漂亮，不能得到下属单位的支持和贯彻仍然只是纸上谈兵。而要让下属单位目标与公司总体目标达到一致，必须在利益上建立关联，在评价体系中规定关于预算执行情况的有关考核指标和奖惩措施，才能够保证预算的顺利执行。

华润公司的做法是：根据每个利润中心业务的不同，量身打造一个评价体系。每一个指标项下，再根据各业务点的不同情况细分为能反映该利润点经营业绩及整体表现的许多明细指标，目的是要做到公平合理。集团根据各利润中心业务好坏及其前景，决定资金的支持重点。预算的责任具体落实到各级责任人，从而考核也落实到利润中心经理人。利润中心经理人考核体系主要从业绩评价、管理素质、职业操守三方面对经理人进行评价。这样，预算结合绩效考评、薪酬发放，才能让预算的执行落到实处。考核时应当坚持公开、公正、公平的原则，并通过建立综合评价指标体系，实现财务指标与非财务指标的应用相结合、市场化与内部化相结合、结果评价和过程评价相结合、整体目标和局部目标相一致。

资料来源：财务预算管理案例解析——华润 6S 管理体系[N]经理日报，2011-0210(B3).

问题：

1. 华润 6S 管理体系包括哪些子体系？为什么 6S 管理体系能保证集团全面预算管理的运行是华润公司目前运用得最为成功的管理系统？

2. 你认为华润 6S 管理体系中最核心的子体系是哪个？保证其顺利运行的最关键因素是什么？

3. 什么是利润中心？利润中心与财务控制有何关系？

即测即练

扫描封底二维码

获取答题权限

第 18 章　公司理财与公司治理、制度设计、信息化

学习目标

- 理解公司治理的内涵及理财决策对公司治理的影响。
- 理解不同的代理冲突下代理人的动机及理财行为。
- 把握不同公司治理机制对代理人理财活动的约束作用。
- 了解公司理财制度的作用及理财制度设计的制约因素。
- 掌握公司理财制度设计的内容。
- 了解理财信息系统建设的具体内容。

引导案例

强制派现与高派现并存

针对我国上市公司分红意愿不强的现状，证监会多次颁布相关措施：2000 年证监会发布实施了《关于上市公司配股工作有关问题的补充通知》，建立了再融资与派发现金股利相关联的导向性政策；2008 年出台了《关于修改上市公司现金分红若干规定的决定》，将上市公司申请再融资时派现比例标准由不少于最近三年实现的年均可分配利润的 20%提升到 30%；2012 年发布《关于进一步落实上市公司现金分红有关事项的通知》，更是直接将公司现金分红与 IPO 挂钩。

与分红意愿不强的现状并存的是高派现现象。在一些上市公司高派现的年份，单就董事长个人或管理层的现金分红收入就超过千万元。这些公司存在以下特点：

一是董事长个人及管理层持股比例高。在董事长个人现金分红超过千万元的上市公司中，董事长持股比例的均值为 31.20%，高于派现公司 4.38%的均值，更是远远高于不派现公司 1.68%的平均水平；在管理层现金分红超过千万元的上市公司中，管理层持股比例的均值为 43.52%，几乎为公司的半数股权，与派现公司 7.96%的均值和不派现公司 4.38%的均值相比，差距更大。

二是存在超能力派现。在董事长及高管现金分红超过千万元的公司中，有 10 家公司的每股经营活动净现金流均不足以支付其现金股利。除每股经营活动产生的现金流外，每股自由现金流也可以作为判断公司是否存在超能力派现的依据。在董事长分红超过千万元的上市公司中，有 15 家公司的每股自由现金流不足以支付现金股利，例如华谊兄弟传媒股份有限公司的每股现金股利为 0.3 元，每股自由现金流为－1.83 元；浙江龙盛集团股份有限公司每股现金股利为 0.1 元，每股自由现金流为 0.01 元。在高管分红超过千万元的上市公司中，也有 20 家公司的每股自由现金流不足以支付其现金股利。可见，在高派现的上市公司中，超能力派现的现象比较普遍，且存在较大的现金流缺口。

资料来源：闫希，汤谷良．关于上市公司高派现背后的制度思考[J]．财务与会计，2010，(10)：27-29.

问题：

1. 证监会出台相关政策鼓励上市公司分红的原因是什么？
2. 上市公司高派现的动机是什么？

18.1　公司理财与公司治理

18.1.1　公司治理的概念

现代公司存在两种类型的股权结构：分散的股权结构和集中的股权结构。前者主要以英美国家的股份公司为代表，后者则主要集中在欧洲大陆和东南亚地区。在股权分散的情况下，股东与经理人之间目标不一致，信息不对称，导致了经理人追求个人额外津贴、挥霍浪费、过度投资、短期机会主义等“道德风险”，由此产生因经理人不按股东利益行事而带来的代理成本。这一代理成本包括三个方面：股东对经理人的监督与约束成本、经理人保证成本，以及经理人不以股东利益行事而导致的剩余损失。在股权集中的情况下，经理人多由大股东指派。一方面，大股东与经理人的利益趋于一致，两者之间的代理问题趋于缓和；另一方面，因大股东控制而导致大股东对小股东利益侵害的代理问题却由此产生。除英美以外的国家，尤其是投资者保护较弱的国家，大多数公司存在单个大股东，公司的所有权相对集中。通过交叉持股、金字塔式的所有权结构以及发行双重股票，大股东对公司掌握了大量的超过现金流权的控制权，在控制权私利的驱使下，大股东会对小股东进行剥削。

除了上述股东与经理人、大股东与小股东的代理问题之外，公司的有限责任制度造成债权人与股东在公司享有的权益差别，导致股东与债权人之间的代理问题。

公司治理是降低代理成本的一系列制度安排，它包括内部治理和外部治理。内部治理是指股东大会、董事会、经理层和监事会所发挥的内部监控机制，外部治理包括资本市场、产品市场、劳动力市场、国家法律和媒体监督等机制。

显然，公司理财与公司治理的关系表现为两个方面：一是公司理财对公司治理的影响；二是公司治理反过来影响公司理财决策。

18.1.2　公司理财对公司治理的影响

公司理财对公司治理的影响包括两个方面：一是资本结构对公司治理的影响；二是股利政策对公司治理的影响。

▶ 1. 资本结构与公司治理

委托代理理论认为，股东与经理人之间形成委托代理关系，在两者利益不一致、信息不对称的情况下，经理人容易做出有损股东利益的行为，这是权益融资的代理成本。而债务融资有利于降低权益融资的代理成本。

(1) 债务融资有利于抑制经理人过度投资行为。与公司发行股票所获得的资金不需要偿还给股东不同，通过债务融资得来的资金是必须偿还的，经理必须考虑偿还债务本息，否则将面临诉讼与破产。因此，债务融资可以约束经理人乱花钱的行为，抑制经理人为建立个人帝国而进行的过度投资，降低代理成本。

(2) 债务融资有利于激励经理人努力工作。经理人激励理论认为，经理人持股能够实现经理人与股东利益趋于一致，而债务融资则会对这种激励的大小产生影响。当公司总资产与权益资本不变，增加债务融资会提高经理人持有的权益资本比例，这一结果将促使经理人努力工作。

另外，选择债务融资较多的企业，经理人受到严厉约束与撤换的概率较大，经理人为保住职位就会更加努力地工作，从而降低代理成本。一是清算，清算意味着经理人职位和控制权的丧失，这是对破产企业经理人的一种严厉约束和惩戒；二是重组，在重组的情况下，债权人通常也会将原经理人撤换。

(3) 债务融资增加代理成本。债务融资也会增加代理成本，其主要原因是股东与债权人的权益差别。债权人是委托人，而股东则为代理人。在公司有限责任制度下，债权人面临按期收回本息的风险，往往在债务契约中设置对企业投资决策的干预以及相关的限制性条款，这无疑会增加企业的运营成本。此外，还包括企业为承诺将来还本付息需要做出保证所导致的成本、破产重组成本。

▶ 2. 股利政策与公司治理

股利政策对公司治理的影响源自自由现金流的代理成本。自由现金流是指满足所有具有正的净现值的投资项目所需资金后多余的那部分现金流量，把这部分现金流支付给股东是最具效率的选择。经理人为了自身利益具有保留自由现金流的动机，而派发现金股利一方面可以减少经理人可随意支配的自由现金流量，缓解经理人浪费股东财富的问题；另一方面有利于促使经理努力工作，从而降低代理成本。

18.1.3 公司治理对公司理财的影响

传统理财学假定公司理财的决策者——经理人或大股东将自动最大化所有股东的价值，因而对于理财问题的关注一般集中于技术层面。如果考虑公司相关利益主体之间，如股东与经理人、大股东与小股东，甚至股东与债权人存在的利益冲突，就要重新审视理财决策者存在哪些偏离股东价值最大化的理财行为，同时进一步关注哪些公司治理机制能够控制或缓解这些行为。

▶ 1. 公司治理与理财决策

公司存在三类不同的代理问题：股权分散情况下股东与经理人之间的代理问题、股权集中时大股东与小股东之间的代理问题、股东与债权人之间的代理问题。决策者为了谋求自身利益而进行的理财决策通常偏离公司的理财目标，其行为在不同的代理问题下表现出不同的特征。

(1) 股东与经理人冲突下的投资行为。

① 帝国建造。经理人具有极度扩张企业、建造商业帝国的意愿，即经理存在使企业的发展超出理想规模的内在激励，通过不断地投资新项目，经理拥有更多可以控制的资源。一方面表现为经理人对多样化投资的偏好；另一方面经理还倾向于扩张投资，而不是将现金分配给股东。这种过度投资行为有利于经理获得额外收益，但牺牲了股东的利益。

② 经理人顾及自身声誉的投资行为。经理人的行为会直接影响其声誉，并最终外在地表现为经理人市场的价值。经理人的声誉关注会对投资决策产生特定的影响。

第一，投资行为短期化。出于快速提高自身声誉的目的，经理人通常会采取能在短期内迅速提高公司业绩的措施，但往往不利于公司的长期发展。

第二，投资的“羊群行为”。经理人会忽略自己对于投资的私人信息，而盲目地复制其他大部分同业者的决策，成则归功于己，败则归咎于他。

第三，不愿进行新项目的投资。经理人会出于声誉的考虑倾向于保守安全项目的选择，这样招致显著失败并导致经理人声誉受损的概率较小，因此也不利于创新。

第四，偏爱长期项目的投资。经理人通常偏爱投资那些能增加自己专用人力资本的长期项目而不是短期项目，而不论这些项目是否对股东有利。因为这将增加他们稳固自己职位的机会，并且在项目的现金流量实现之前，经理人可以威胁离开公司以谋求报酬合同的增加。

(2) 大股东与小股东冲突下的投资行为。当存在具有控制能力的大股东时，大股东有动力使用投票权力为自己谋取私利。大股东可能会让公司以高于市场平均的价格购买大股东的资产，或者投资于能使大股东在生产上获得协同效应的产业。此外，他们也可能通过投资于职业球队或报纸等带来满足感，从而取得非金钱方面的私人利益。

(3) 股东与债权人冲突下的投资行为。在有限责任制度下，公司在获得债务资金后，股东有动力将其投到高风险的项目。负债越高，这种倾向越强烈。而在公司濒临破产的情况下，即便是净现值为正的项目，股东也会选择放弃。

▶ 2. 公司治理与融资行为

(1) 股东与经理人之间利益冲突下的融资行为。

① 债务融资水平决策。经理人较外部股东而言更偏好低负债水平。在经理人的持股比例加大的情况下，经理人的风险厌恶程度增大，因此管理者更具有减少负债水平的激励。

② 债务期限结构的选择。相对于短期债务而言，长期债务对公司管理层的约束较少。股东希望通过提高短期债务比例来加大对经理的监督，而经理人为了减少监督，降低人力资本破产成本，则倾向于降低短期债务比例。

(2) 大股东与小股东利益冲突下的融资行为。在大股东稳固掌权下，没有还债压力又不会使控制权受到威胁的权益融资是其获取资金的最好选择。相反，在对投资者保护较弱的情况下，大股东会利用集团公司进行更多的负债融资，从而控制更多的公司资源，对外部投资者进行更多的剥削，为其通过集团内贷款或转移定价来转移负债提供了便利，还可以躲避资本市场的监督。

▶ 3. 公司治理与股利政策

无论是经理人控制还是大股东控制，他们都倾向于不派发现金股利，以掌握更多的资源，为实现自身利益带来便利。在我国的制度背景下，现金股利有时被大股东作为从公司转移资源或套现的工具，因此，我国上市公司存在大股东大额派发现金股利的现象。对于股东与债权人的利益冲突方面，当公司超额派发现金股利，而不通过发行新股进行融资时，企业资产基数就会减少，会引起债券市场价值下降，债权人的利益受损；当处于财务危机或被私有化的公司不愿意削减股利支付水平时，就意味着利益从债权人流向股东。

18.1.4　公司治理机制对理财决策的影响

公司治理机制主要指董事会、管理层激励、大股东等内部治理机制，以及外部市场(产品市场、经理人市场、控制权市场)、法律等外部治理机制。

▶ 1. 董事会治理对理财决策的影响

总体来看，治理有效性方面存在以下研究证据：

(1) 董事会独立性是监督有效性的前提，独立董事在董事会投资决策中发挥着重要作用，能够遏制经理人的盲目投资行为。

(2) 独立董事比例高和董事持股比例高的公司具有更低的权益资本成本；董事会独立

性与债务融资成本负相关，董事任期与债务融资成本正相关；独立性较强的董事会更倾向于高负债比率；董事会规模越大，造成董事之间的搭便车行为，其监督和治理效率越低，越不利于公司资本结构的优化。

（3）独立董事比例较高的公司倾向于支付更高的现金股利。

▶ 2. 经理人薪酬激励对理财决策的影响

经理人的行为是公司理财的重点，有效的薪酬激励使经理人的目标尽可能地与股东的目标一致，促使经理人为股东的利益行事。总体上存在以下研究证据：

（1）更重视长期股票收益的激励契约将导致有效率的投资；经理人的报酬对股价波动程度的敏感性越高，经理人越有可能实施高风险的投资政策。

（2）对融资决策的影响方面，经理人持股比例较高时，经理人具有提高企业负债水平的动力；对于债务期限的选择方面，经理人持股则促使经理人增加短期负债融资。

▶ 3. 股权结构对理财决策的影响

大股东的存在对理财决策的影响存在两面性：一是大股东具有监督经理人的动力与能力，能够有效缓解经理人与股东之间的代理冲突，但大股东监督的积极性取决于大股东对公司拥有的现金流量权；二是大股东存在利用控制权为自己谋取私利的动机，从而损害其他小股东的利益。

机构投资者的实力及其专业性能够有效弥补小股东的治理不足，机构投资者的监督能够有效抑制经理人及大股东偏离企业价值最大化的理财行为。

▶ 4. 投资者法律保护对理财决策的影响

投资者法律保护对公司理财的影响关注始于 20 世纪末。总体而言，英美法系（普通法系）国家对外部投资者的法律保护显著强于大陆法系国家。投资者法律保护影响公司的资本结构、融资成本、投资和股利分配。法律执行效率越高的国家，公司使用长期外部融资的比例越高；严格执法的国家，上市公司的融资成本显著较低，即投资者法律保护与权益资本成本呈负相关。在投资者保护较好的国家里，公司在面临投资机会较少的情况时，会向投资者支付较高的现金股利，而在投资者保护较弱的国家里，公司倾向于低效率的投资。

18.2 公司理财的制度设计

18.2.1 公司理财制度的概念和作用

▶ 1. 公司理财制度的概念

公司理财制度是指公司在特定宏观财务制度及自身经营管理特点的制约下，界定企业理财权限、组织理财活动、协调各财务层次（包括出资者、经营者及经理层等财务层次）的权责利关系、选择财务管理政策及工作规则和程序的一整套财务规范。

▶ 2. 公司理财制度的作用

作为公司内部控制的关键环节，理财制度在企业经营中发挥重要的作用。一个较好的理财制度应能实现以下功能：

（1）抑制财务关系人活动中可能出现的任意行为和机会主义行为，使其行为可以预见，并由此促使财务分工和公司价值创造。

（2）通过明晰的权、责、利配置协调各财务关系人的财务目标与利益矛盾，使他们相互的利益摩擦最小化和共同利益最大化，达到协同效应。

（3）降低管理费用，增强企业内部组织资源的比较优势，节约交易成本，促进合约履行，提高财务资源的配置效率。

18.2.2　公司理财制度设计的制约因素

公司理财制度设计应遵循适应外部环境和内部环境的原则。

▶ 1. 外部环境

影响公司理财制度设计的外部环境包括法律环境、经济环境和社会环境等。首先，国家的财经法规政策是企业制定理财制度的制约和导向因素，公司理财制度设计必须在国家的法律、法规和政策的框架下进行。其次，经济发展状况、政府的经济政策、国民经济的发展规划和产业政策、经济体制改革和经济周期等经济环境同样影响理财制度设计，它们对企业的投资、筹资和分配等相关制度有一定的引导作用。制度结构中其他制度安排也制约财务制度的设计。最后，归属于社会环境因素的就业制度影响企业的组织成本，而教育体系则影响企业的管理层及财务人员的素质。

▶ 2. 内部环境

企业理财制度设计需注意从自身的特点出发，结合企业生产经营的特点和管理要求。影响理财制度设计的内部因素包括企业的产权特征、组织形式、法人治理结构、组织结构、企业规模和行业特征等。

18.2.3　公司理财制度设计的原则

公司理财制度设计应遵循以下主要原则：

（1）合规性原则。企业在制定理财制度时首先要与国家的法律、法规及相关政策一致。

（2）目标协同原则。理财制度应使各关系人围绕着谈判协同的目标开展各项理财活动，引导个人不断地将自身的效用函数调整趋同于企业的财务目标。

（3）激励约束兼容原则。理财制度能够监督、约束委托代理关系中代理人的机会主义行为，但同时应制定有效的激励机制，包括财务业绩评价制度与报酬的挂钩及财权的配置制度等。

（4）授权原则。通过授权可将控制权分配给不同层次、不同级别的财务关系人，形成分权制约、层层管理、协调控制。

（5）效益原则。理财制度也应考虑制度成本和制度效益。在满足理财要求的同时，理财制度的设计应简单明了，具有较强的可操作性，以达到制度科学化、效益最大化。

18.2.4　公司理财制度设计的内容

公司理财制度设计应从纵向理财权利分配和横向理财权利安排两方面入手。纵向理财权利分配是指监督权、决策权、建议权、执行权和报告权在股东、董事会和经理层之间的配置。横向理财权利因各企业面临不同的内外部环境而不尽相同，但总体而言，大部分企业基本包括以下核心的理财内容：理财机构设置、人事选定和报酬计划、财务制度制定、筹资管理、投资管理、资产管理、成本控制、利润分配和亏损弥补、合并、分立解散和清算、财务预决算、资金调度和结算、信息管理等。通过纵向权利配置可以明确股东、董事会和经理层对各项理财内容的具体权限。

▶ 1. 理财机构设置

董事会：决定公司内部管理机构的设置。

总经理：组织拟订公司内部管理机构的设置方案。

财务经理：建议、具体制订并执行公司内部管理机构的设置方案。

▶ 2. 人事选定和报酬计划

股东大会：选举和更换董事，决定董事的考核标准及报酬事项；选择和更换由股东代表出任的监事，决定有关监事的报酬事项。

董事会：决定总经理的任免、考核标准和报酬事项；由董事会提名委员会推选候选董事、监事；由董事会薪酬委员会制定董事、监事及高管的考核标准及薪酬政策。独立董事就提名、任免董事、监事，聘任或解聘高管，公司董事及高管的薪酬发表独立意见。

总经理：聘任或解聘副总经理、财务负责人，制定其考核标准和报酬事项。

财务经理：建议财务人员人选，制定其考核标准和报酬事项。

▶ 3. 理财制度的制定

股东大会：通过、修改或撤销公司章程和内部细则。

董事会：审批公司的内部财务制度；制订章程修改方案。

总经理：组织拟定公司财务制度及公司具体章程。

财务经理：建议和具体制定公司内部理财制度，并执行已审批的理财制度。

▶ 4. 筹资管理

股东大会：对增减注册资本或实施配股方案做出决议；对发行公司债券或债转股事项做出决议。

董事会：制订公司增资注册资本方案以及配股方案；公司资本结构调整权与决策权；制订发行债券方案或债转股方案；中型融资的决策权；制订其他证券发行及上市方案；拟订本公司股票回购方案。

总经理：建议和组织执行公司增资注册资本方案以及配股方案；建议和组织执行公司资本结构的调整；建议和组织执行发行债券方案或债转股方案；建议和组织执行其他长期负债方案及上市方案；短期流动负债的决策权。

财务经理：建议和执行总经理的各项方案。

▶ 5. 投资管理

股东大会：决定投资计划。

董事会：决定对外投资和并购其他企业方案；中型投资的决策权。

总经理：建议和组织对外投资和并购其他企业方案；建议和组织中型投资方案；小额投资日常决策权。

财务经理：建议和执行总经理的各项方案。

▶ 6. 资产管理

股东大会：重大资产的处置审批权。

董事会：影响公司长期经营与发展的固定资产购置项目的决策权；出售主要资产的决策权，审核资产清查报告。

总经理：建议与组织长期经营与发展的固定资产购置及出售主要资产方案；日常资产交易处置权、组织并报告年度资产清查。

财务经理：建议和执行总经理的各项方案。

▶ 7. 成本控制

董事会：审批大额成本费用开支。

总经理：审批中、小额成本费用开支。

财务经理：执行成本费用开支规定。

▶ 8. 利润分配和亏损弥补

股东大会：决定利润分配方案和亏损弥补方案。

董事会：制订利润分配方案和亏损弥补方案。

总经理：建议和组织执行利润分配方案和亏损弥补方案。

财务经理：建议和执行以上方案。

▶ 9. 合并、分立解散和清算

股东大会：对合并、分立、变更、改组、解散和清算等事项做出决议。

董事会：拟订合并、分立、变更、改组、解散和清算方案。

总经理：建议和组织执行合并、分立、变更、改组、解散和清算方案。

财务经理：建议和执行以上方案。

▶ 10. 财务预决算制定

股东大会：审批年度财务预算方案。

董事会：制订年度财务预算方案。

总经理：组织实施年度财务决算，定期检查公司财务计划的执行情况。

财务经理：负责组织编制月份、季度和年度财务预算以及年度决算；执行通过审批的财务预算。

▶ 11. 资金调度和结算

董事会：审批大额资金调度和结算。

总经理：执行已审核的大额资金调度和结算；审核中、小资金调度和结算。

财务经理：执行已审核的各种资金调度和结算计划；领导财务公司对资金的统一管理。

▶ 12. 信息管理

股东大会：审议批准董事会、监事会的报告。

董事会：监督信息披露过程、审核财务分析报告。

总经理：组织企业财务核算；定期进行财务报告；督促财务部门下达落实成本、费用、利润等考核指标；报送财务分析报告给董事会，据财务分析报告对下属进行评价。

财务经理：组织记录企业的财务状况、经营成果和现金流量，报送财务报告；下达和落实成本、费用、利润等考核指标；组织并报送财务分析报告；据财务分析报告对员工进行评价。

18.2.5　公司理财制度设计的程序

公司理财制度设计是一项复杂的系统工程，一般由总经理组织，理财部门具体操作并与生产经营人员共同完成，同时也可视情况聘请专业机构参与，提供专业意见。公司理财制度无论采用何种设计方式，一般应按以下程序进行。

▶ 1. 准备阶段

准备阶段主要是确定设计的内容、培训设计的人员、安排设计的进度、搜集和整理资料。

（1）确定财务管理制度设计的范围是进行全面设计、局部设计还是修订设计，并且在此基础上确定需要设计的具体内容。

（2）确定设计方式和人员，选择自行设计、委托设计还是联合设计。

(3) 安排设计工作进度，并编制工作进程，制定的时间既要力求节约、尽快完成制定任务，又要考虑周密，使新设计的制度行之有效，有利于提高财务工作效率。

(4) 根据理财制度设计类型确定调查范围，主要调查与设计项目有关的业务活动，并收集相关资料，使设计人员做到心中有数。其中调查的内容至少应该包括企业的组织体系、机构设置、营业范围、经营方式、主要业务、营运情况、管理水平、员工情况、财务状况、经营成果及所处的外部环境。

▶ 2. 制定草案阶段

制定草案阶段主要是确定设计方案并进行初步设计。

(1) 根据调查的结果，由理财部门的负责人主持，结合生产经营特点和管理要求对规划的理财制度的设计方案进行分析，对准备设计的范围、内容、形式作出初步界定。

(2) 在设计方案确定以后，按设计分工落实具体的设计人员和完成时间，进行具体的起草工作。工作的内容至少应该包括：按照一定的方法，合理归集、构建适应企业经营管理状况及理财和控制要求的相关子流程，包括子决策管理流程、经营流程、支持保障流程等。认真研究和梳理，确定各子流程运行过程中的主要风险、关键环节和关键控制点，并针对每一个关键环节和关键控制点制定有效的控制措施。用文字、流程图、风险控制文档等多种形式将各相关子流程及其业务和事项的风险类型、控制目标、关键控制点、控制措施、控制频率等加以规定和说明，形成与经营管理制度有机结合的财务管理制度。

▶ 3. 修改完善阶段

修改完善阶段主要是进行试运行和局部修订。财务管理制度起草完毕后，要广泛征求各方意见，并在此基础上进行一段时间的试运行，在实践中检验其可行性和有效性，对所发现的缺乏操作性和不符合实际情况的条款进行修改完善。

▶ 4. 发布实施阶段

发布实施阶段主要包括正式定稿和发布执行。设计的财务管理制度在经过一段时间的试行修订后，若表明其已达到预定的制订要求，就正式定稿。在提交董事审批后，确定发布方式和正式执行的时间。制度发布实施后，还应根据管理层次，依次在企业内部对员工展开培训工作，表明管理层对实施制度的坚决性，解析制度条款及具体执行时应注意的问题等。

18.3 公司理财信息化

2023 年 6 月 18 日，在上海举办的“会计数字化转型的中国经验”主题论坛发布 2023 年影响中国会计行业的十大信息技术评选结果：数电发票、会计大数据分析与处理技术、财务云、流程自动化、电子会计档案、中台技术、新一代 ERP、数据治理技术、商业智能、数据挖掘。其中“财务云”从 2018 年起连续六年入选影响中国会计行业的十大信息技术。“财务云”是在共享服务管理模式基础上，融合大数据、人工智能、移动互联、云计算、物联网等各类新兴技术的应用，一方面实现财务核心能力的沉淀与共享，另一方面推动业财一体化、流程自动化以及财务数智化转型，促进财务共享服务中心向数据中心发展。本节所述公司理财信息化，必须适应会计数字化转型和大语言模型等 AI 的环境及需求，并系统化地基于或应用以上的数智技术。

18.3.1　公司理财信息化概述

▶ 1. 公司理财信息化的概念

公司理财信息化是指基于信息技术和企业宏观、微观管理环境，以支持实现企业价值最大化的理财决策活动为目标，通过整合企业的管理流程，改进理财管理方式，形成科学的理财决策和理财控制的过程。公司理财信息化是信息技术发展到一定阶段的必然产物，它不是计算机在理财管理工作中的简单运用，也不是单纯利用计算机完成辅助决策，而是按照系统论的观点，建立完整的财务管理信息化概念和应用框架的过程。

▶ 2. 公司理财信息化的特点

与其他信息化过程相比，公司理财信息化具有以下特点：

（1）无确定边界。理财活动贯穿于企业管理活动的始终，理财信息化也随之渗透到企业的各个环节。在“支付、获取—转换、生产—销售、收入”的基本企业业务流程中，无不伴随着理财管理和理财决策过程。它将伴随着企业信息化的进程而扩展到企业甚至整个价值链上，理财信息化的边界将变得模糊。新技术的应用，使理财活动成为一个不断整合资源的过程，理财活动将逐渐和企业各项管理活动融为一体。

（2）灵活性。理财的核心内容是决策，而决策面临的环境千变万化，缺乏统一的模式和流程。决策所依赖的各种信息、数据来源广泛，因此，理财信息化不可能借助于统一的流程和模式来实现。理想的信息化绝不是一个简单、僵化的系统，而是提供一个决策和管理的平台。在这个平台上，用户可以根据企业自身的管理环境、管理水平构建所需的信息化环境，实现系统的灵活性，以满足客户决策需求。

（3）决策与控制相集成。理财信息化是一个闭环控制的过程，实现信息处理与控制过程的集成，如图18-1所示。它并不仅仅是提供辅助决策的信息，而是尽可能地将决策结果转化为控制过程，并加以实施。

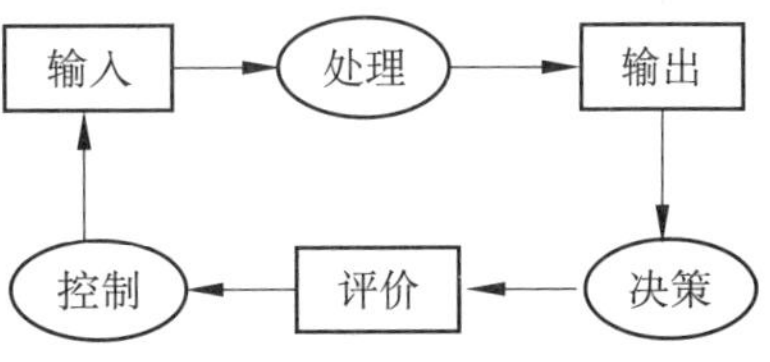

图18-1　决策与控制集成过程

▶ 3. 公司理财信息化的作用

公司理财信息化的作用表现在以下几个方面：

（1）提高公司理财决策水平。在符合公司整体战略的前提下，理财信息化可帮助公司提高理财决策水平和风险防范能力。

（2）提高公司理财控制能力。理财信息化可以帮助公司扩展理财控制范围，减少控制层级，强化控制过程。

（3）提高公司理财管理效率。理财信息化可提升公司管理和决策的应变能力，将公司宏观战略转化为可以实施的管理策略，提高公司风险防范和风险控制的能力，促进企业价值的增长。

18.3.2　公司理财信息系统

▶ 1. 公司理财信息系统的概念

公司理财信息系统是基于信息技术和管理环境，以支持实现企业价值最大化的理财决策活动为目标，由决策者主导，获取决策所需数据，应用数学方法构建决策模型，完成理财决策过程，将决策转化为理财控制，并对业务活动加以控制的管理信息系统。因此，公司理财信息系统应该包括理财信息系统的目标、理财信息系统的构成要素和理财信息系统的功能。

（1）公司理财信息系统的目标服从于公司理财目标，即支持实现企业价值最大化的决策活动。

（2）公司理财信息系统的构成要素包括信息技术、数据、模型、方法、决策者和决策环境。

（3）公司理财信息系统的功能可以概括为理财决策和理财控制，这也是现代公司理财活动最基本的职能，其他的职能都可以理解为是上述两个职能的派生。

▶ 2. 公司理财信息系统的特点

（1）动态性。理财活动取决于理财环境，而环境是不断发展变化的。企业战略的不同决定着企业理财决策策略和控制策略存在着较大的差异。因此，理财信息系统缺乏标准化的流程，各企业间可参照性较弱，也就决定了理财信息系统是一个动态的系统，必须随着企业进入不同的成长周期和理财环境的变化而不断发展和完善。

（2）决策者主导。公司理财信息系统面向企业高层服务，决策活动中需要大量的分析、比较和智能化的处理过程，因此，决策者将是理财信息系统的主导。同时，理财信息系统是以用户需求为驱动的，必须将信息系统的主导权交给信息需求者。

（3）与其他管理信息系统联系紧密。理财信息系统具有较高的综合性，是企业信息化系统中的重要组成部分。首先，理财决策所需的基础数据均来自相关的信息系统，理财信息系统必须实现和其他业务信息系统的集成或数据共享；其次，理财控制的执行依靠各业务处理子系统来完成，必须有足够的能力保证理财计划、指标、预算和各项控制措施“嵌入”信息系统，并最终发挥实际的控制作用。

（4）理财信息系统具有高度的开放性和灵活性。为适应多变的决策环境和企业不同的理财模式，理财信息系统必须具有高度的开放性和灵活性。具体表现：第一，理财信息系统应支持异构网络和不同的数据管理系统；第二，理财信息系统允许用户自定义决策过程和控制流程，实现企业理财活动的流程重组和构建；第三，理财信息系统具有较强的可扩展型性和可维护性，支持动态理财过程。

▶ 3. 公司理财信息系统的基本运行模式

公司理财信息系统运行的基本模式包括理财决策环境分析、理财决策制定过程、理财决策实施过程和理财控制评价过程，它们共同基于一定的企业环境和信息技术环境，且相互联系形成基本理财信息系统运行模式。

第一阶段，理财决策环境分析。这一阶段主要完成理财决策风险评估，确定决策目标，并明确理财决策所面临的约束条件，识别达到决策目的的关键步骤，是理财决策的准备阶段。在信息系统环境下，借助于信息技术平台，可以获得相应的信息，并把这些信息引入决策过程。

第二阶段，决策制定阶段。这一阶段完成决策模型的构建过程，并通过决策模型调用模型计算方法，获取决策所需的数据。在众多的方案中，通过模型比较分析，确定最佳的解决方案，并根据方案生成计划、指标和控制标准。

第三阶段，执行阶段。这一阶段编制预算，并实际配置资源，随时记录决策执行过程，包括执行进度、预算执行、资源消耗情况，并随时进行反馈和比较。

第四阶段，评价阶段。若评价结果与预期控制指标有偏差，则应分析该偏差产生的原因：如果属于系统误差，则需考虑执行计划编制是否有误；如果不属于系统误差，则需要调整具体的执行过程。若进一步判断属于决策失误，则需要重新进行决策；若决策正确，执行仍然存在偏差，则需要对决策环境重新评估。

在实际的理财信息系统中，第三阶段和第四阶段往往集成于具体的业务处理系统中。理财信息系统具备和业务处理系统的数据接口或共享的集成化控制平台，从而保证了理财信息系统职能的发挥。

▶ 4. 公司理财信息系统的功能结构

信息化环境下，公司理财的基本职能是决策职能和控制职能，公司理财信息系统的功能结构也围绕着这两项职能展开。其中与决策职能有关的子系统包括理财决策、财务预测和财务评价；与控制职能有关的子系统包括预算控制、现金管理和成本控制。

（1）理财决策子系统。理财决策子系统是理财管理信息系统的主要内容之一，包括筹资决策信息化、投资决策信息化和股利分配活动信息化。它构成了传统理财活动的主干，具体包括用户决策需求分析、决策环境分析、决策模型构建、决策参数获取、决策结果生成等模块，并包含模型库、方法库和数据库等决策基本的数据库管理系统。

（2）财务预测子系统。财务预测信息化包括利润预测、市场预测、销售预测、资金需求量预测、企业价值预测、财务风险预测等。信息化环境为预测工作提供了更为便利的条件，数据库可以提供丰富的历史数据，强大的计算工具可以帮助用户使用更为准确的预测方法。

（3）财务评价子系统。信息化环境下，财务评价将从传统的财务指标评价转向从多个层面、多个维度对企业财务状况进行评价，而且评价将由事后转为事中，并对企业可能出现的财务风险进行有效的预警。

（4）预算控制子系统。预算控制子系统根据决策结果和由决策方案产生的指标、计划等信息编制预算，并负责预算的执行、监督和管理。该子系统支持集团预算的编制和执行。

（5）现金管理子系统。这里的现金不再局限于纸质货币，还包括电子货币及其转化形式。随着网上交易和网上银行的普遍运用，企业的现金管理不再局限于简单的货币管理和对账，而是实现以电子货币结算、核对的网上管理。同时，合理控制现金支出，判断企业现金流量变动，及时做出现金需求安排，也是现金管理信息子系统的重要内容。针对集团公司，可以应用核算中心，实现集团内部现金的统一配置和管理。

（6）成本控制子系统。与会计信息系统中的成本核算子系统一起，完成成本计算、分析等工作，并通过优化供应链、车间管理等多种手段降低成本。

▶ 5. 公司理财信息系统的建设

公司理财信息系统的建设包括以下内容：

（1）业务流程的整合与再造。

（2）公司理财信息化的技术平台。公司理财信息化中除了应用基本的计算机技术、网络技术、通信技术、软件工程技术、数据库管理技术等构建起信息平台外，为了完成理财目标，还需要在此基础上注重互联网（internet）、企业内部网（intranet）、企业外部网（extranet）技术，电子商务（e-commerce），数据仓库（data warehouse，DW）、数据挖掘（data mining，DM）和商务智能（business intelligence，BI），信息系统集成（integration）等信息技术的应用。

此外，近年来出现的云计算、大数据、移动互联网等一批新技术也将逐渐成为企业理财信息化建设不可缺少的技术基础。

（3）公司理财信息系统的技术平台。理财信息系统的技术平台既包括网络化基础设施，也包括操作系统、数据库管理系统、数据仓库、应用系统、工具软件等软件系统。从底层向上可以划分为以下部分：网络化硬件基础设施、支撑软件系统、应用软件系统、企业应用模型、企业个性化配置系统、安全保证体系。

① 网络化硬件基础设施是指包括输入设备、处理设备、存储设备、输出设备、通信设施和其他机房设施等在内的所有硬件构成的系统。网络化硬件基础设施构成理财信息系统能够正常运行的硬件环境，是理财信息化技术平台的物质基础。

② 支撑软件系统是由操作系统(包括网络操作系统)、数据库管理系统、数据仓库、计算机语言、其他工具软件等构成的基础软件系统。它是理财信息系统的基础。

③ 应用软件系统是企业选择和实施的理财信息系统。一般单体理财应用软件系统包括资产管理系统(包括现金管理、应收账款、存货管理、固定资产管理等几大子系统)、筹资管理系统、投资管理系统、收入管理和利润规划系统、预算管理系统、成本管理系统、财务分析系统几部分。针对集团企业，除了上述进行财务管理必需的功能系统外，还包括了战略规划系统、风险管理系统、集团预算管理系统、集团资金管理系统、财务结算系统等。

④ 企业应用模型是指企业信息化所采用的模型，如企业的业务模型、业务流程模型、功能模型、组织结构模型等。各企业可能属于不同的行业，具有不同的规模，采用不同的管理方式和不同的业务流程等，各企业对信息化的需求和应该采用的信息化应用系统存在巨大差异，企业应根据自身的特点选择和定义应用模型。

⑤ 企业个性化配置系统。

⑥ 安全保证体系。

知识链接

“大司库”信息系统

中石油为代表的一批大型企业在推动“大司库”项目。所谓“大司库”，就是通过现金池统一、结算集中、多元化投资、多渠道融资、全面风险管理、信息系统集成等手段，统筹管理金融资源和金融业务，有效控制金融风险，提升企业价值。中石油的大司库信息系统通过与内外部系统，包括 ERP、会计核算系统、预算系统、投资计划系统、合同管理系统以及网上报销系统等数据的集成对接，实现信息共享。同时，内部各子系统、各模块间的无缝衔接，使大司库系统成为一个有机、统一的整体，并可以直接服务于集团大司库管理。就资金管理系统而言，大司库对总部各部门和各分公司、子公司进行从上到下、从横向到纵向的整合，将原有的 400 多个资金管理的流程简化为 100 多个，实现以司库管理业务为线条，业务经营、现金管控与财务核算端对端的衔接。

18.3.3 公司理财信息化的制度设计

公司理财信息化制度是公司理财制度的组成部分，公司理财信息化制度设计必须遵循公司理财制度的一般性原则。由于公司理财信息系统的特殊性，公司理财信息化制度还须重点关注三个方面：公司理财信息化系统的开发设计制度、理财信息化系统的组织管理制度和理财信息化系统的安全控制制度。

▶ 1. 公司理财信息化系统的开发设计制度

公司理财信息化系统的开发设计制度是为保证理财信息化系统开发过程中各项活动的合法性和有效性而设计的控制措施，贯穿于系统规划、系统分析、系统设计、系统实施、系统测试和维护的各个阶段。

▶ 2. 公司理财信息化系统的组织管理制度

公司理财信息化系统的组织管理制度一般包括以下几个方面：

（1）组织机构和岗位责任制。公司理财信息化必然引起财务部门组织机构的变化，企业在机构调整过程中，一般将财务部门分为数据准备组、信息处理组和财务管理组。各个组业务活动再划分为若干具体的工作岗位，并赋予各个岗位以相应的职责权限。

（2）操作管理制度。操作管理制度包括操作人员的管理、操作人员的权限和上机操作规程。操作人员的管理主要是指要进行操作人员的岗位分工，其主要依据是原始工作岗位和信息化工作岗位职责中的有关规定。操作人员的权限设定是理财信息化系统安全运行的有效保证，对于系统管理员、数据录入人员和系统维护人员要明确设定相应的权限，如系统管理人员不能调用系统的源程序和详细的技术资料且一般不能由软件开发人员担任、数据录入人员不能擅自修改单据数据、系统维护人员不允许打开系统数据库进行操作等。上机操作规程主要包括上机操作规定以及操作人员的职责、权限与操作程序等方面的规定，禁止越权操作、非法操作财务软件，确保理财信息化系统安全、有效、正常地操作运行。

（3）会计业务处理程序管理制度。规范的会计业务处理程序是保证输入计算机的会计数据正确合法、会计软件处理正确的基础。

（4）计算机软件和硬件系统维护管理。

▶ 3. 公司理财信息化系统的安全控制制度

公司理财信息化系统运行和使用过程中由于人为或非人为的因素使理财信息化系统保护安全的能力减弱，从而产生信息失真、失窃，甚至使企业的财产遭受损失，以及系统的硬件、软件无法正常运行等情况，使理财信息化系统面临一定的风险。这些风险主要有计算机硬件风险、计算机软件风险、信息化处理风险、计算机病毒风险、工作环境风险等。针对这些风险，需要有相应的安全制度设计，如计算机硬件安全制度设计、计算机软件安全制度设计、会计档案管理制度设计、病毒预防安全制度设计和环境安全控制制度设计。

本章小结

1. 公司治理是降低代理成本的一系列制度安排，它包含股东大会、董事会和监事会内部治理机制，也包括资本市场、产品市场、劳动力市场、国家法律和媒体监督等外部机制。债务融资与现金股利有利于约束经理人的道德风险，降低代理成本。

2. 现代公司普遍存在股东与经理人之间、大股东与小股东之间及股东与债权人之间的利益冲突。在不同的代理冲突下，可能存在偏离公司理财目标的投资行为、融资行为和股利政策。有效的公司治理机制，如董事会、经理人激励、股权结构及外部投资者法律保护等能够在一定程度上从投资、融资和股利政策方面抑制偏离公司理财目标的行为。

3. 公司理财制度作为公司内部控制的关键环节，为公司的财务运作提供一个制度约束机制。公司理财制度设计应遵循适应外部环境和内部环境的原则。外部环境包括法律环境、经济环境和社会环境等，内部因素包括企业的产权特征、组织形式、法人治理结构、组织结构、经营方针、企业规模和行业特征等。

4. 公司理财制度设计一方面要理顺纵向理财权利的安排，另一方面要确定基于企业的内外部环境的理财制度内容。纵向理财权利可以划分为监督权、决策权、建议权、执行权和报告权，具体的横向财权安排一般包括理财机构设置、人事选定和报酬计划、财务制度制定、筹资管理、投资管理、资产管理、成本控制、利润分配和亏损弥补、合并、分立解散和清算、财务预决算、资金调度和结算、信息管理等。

5. 公司理财信息化是信息技术发展到一定阶段的必然产物。公司理财信息系统的目标服从于公司理财目标；公司理财信息系统的构成要素包括信息技术、数据、模型、方法、决策者和决策环境；公司理财信息系统的功能可以概括为理财决策和理财控制。

6. 公司理财信息系统建设包括业务流程的整合与再造、公司理财信息化的技术平台和公司理财信息系统的技术平台等内容。

课后练习

1. 为什么说债务融资有利于约束经理人偏离股东价值最大化的行为？
2. 如何理解公司股利政策既是委托代理问题的体现同时又能降低代理成本？
3. 为什么公司治理机制能够抑制代理人偏离企业价值最大化的理财决策？
4. 公司理财制度设计受哪些因素制约？
5. 公司理财制度设计应包括哪些内容？
6. 公司理财信息系统建设的具体内容有哪些？

章末案例

A公司的财务管理制度

A公司成立于2002年3月，注册资本1 000万元，主营业务是服装生产与设计、服装批发与零售，现有两条服装流水生产线，员工总数近1 500人。目前产品已在东北、华北、西北、华东地级以上城市设有销售机构，统一门店形象设计，统一确定产品价格，2013年产品销售额超过亿元。

组织架构方面，A公司共设置9个部门，其中财务部门负责核算公司的全部流水资金、成本结算等。该部门设有三个岗位：一是财务部主任，由总经理直系亲属担任此职，主管公司全部财务工作；二是财务部主任下属的会计与出纳各1名，负责记账与银行事务。

企业自创立之初，其公司核心管理成员主要是总经理夫妻二人。总经理负责对外的一切事务及公司运营问题，其妻主管公司财务及一些管理事务，车间生产由另外几名家庭成员分管。总经理集内外事务于一身——决策者兼经营者。在公司经营规模扩大、外部经营环境发生极大改变的情况下，公司依然保留旧有的财务管理模式，公司设置两套账目：一套用于工商税务部门，对外公开，在收益与成本核算上不能如实反映企业经济内容；另一套账目则仅限企业内部少数人使用，记录公司全部业务支出。其结果导致：

1. 公司会计核算严重账实不符。为了低估资产少报收入，企业只记录了部分经济业务，绝大部分经济业务通过内部账来反映，然而这个全面的记载不是每个人都能知晓，这直接导致财务信息失真，对于财务信息使用者产生误导。

2. 企业账账不符。公开账目中的部分业务所提供的资金，要用来维持企业全部业务运转，其中所记录的业务有限，账目上所能提供的资金可能根本无法满足企业正常需要，所以现金流量表上的信息是企业资金流量不足，流出额高于流入额，但企业还没有因为资本不足筹资而产生相关的现金流量，这明显与事实不符。企业为了掩盖这些问题，会在账目上进一步人为处理，最终所提供出的账目失去参考价值。

3. 公司账项与银行账项不符。A公司公开的销售收入只是企业的部分业务产生，其他大量的销售收入和支出无法通过正常的银行账户进出，这样企业又会通过其他手段调整。

4. 以个人名义流转公司大部分资金。由于记录有限，大量交易无法通过银行，对于这些账外资金的处理方式，A公司主要是通过私人账户收支。

资料来源：陈正巍．A公司财务管理制度研究[D]．沈阳：沈阳理工大学，2014.

问题：

1. A公司的财务管理制度存在哪些问题？
2. 你对A公司的财务管理制度建设有何建议？

即测即练

第 19 章　财务失败与财务预警、公司重组与破产清算

学习目标

- 了解财务失败的原因、征兆以及财务失败的阶段性特征。
- 掌握财务预警的方法、模型及其适用性。
- 了解公司并购的动因、公司分立的形式及其原因、债务重组的方式。
- 掌握目标企业价值评估方法、并购支付方式。
- 把握企业破产清算过程中的财务问题。

引导案例

无锡尚德的债务违约及破产重整

无锡尚德成立于 2001 年，主要从事光伏太阳能产品的研发制造，并于 2005 年年底在纽交所上市交易。21 世纪初的前十个年头是世界光伏产业迅猛发展的十年，加上国内政府的大力支持，无锡尚德大肆举债投资，经营范围涵盖了整个光伏产业链，从原材料生产供应再到下游的产品销售。公司迅速成为国内首屈一指的光伏企业，在全球范围内也属名列前茅。随着国内政府光伏产业政策的转变及国外光伏产品市场需求急剧下降，加上由大股东施正荣主导的诈捐门事件、内部控制权争夺等事件，无锡尚德财务状况急转，资金状况陷入紧张状态，导致 2013 年 3 月 15 日到期的可转债共 5.41 亿美元不能如期兑付。2013 年 3 月 18 日，无锡尚德太阳能电力有限公司债权银行（总计 70 多亿元人民币的授信余额，其中包括国开行 23.72 亿元、中国银行 17.65 亿元、中国工商银行 9.12 亿元、农业银行 7.1 亿元、江苏银行 3.12 亿元、光大金融租赁 2.51 亿元、上海银行 6.06 亿元等）联合向无锡市中级人民法院递交无锡尚德破产重整申请。经法院审查，鉴于无锡尚德无法归还到期债务，无锡市中级人民法院依据《中华人民共和国破产法》（以下简称《破产法》）相关规定，于 20 日正式裁定对无锡尚德实施破产重整。

2013 年 11 月 13 日，504 家债权人代表及无锡尚德股东代表，一致通过由江苏顺风光电科技有限公司为战略投资人。重整草案规定，顺风光电将作为重整方完成重组流程后，按照相关规定支付 30 亿元现金，收购股权并解决无锡尚德相关费用与债务的清偿。此外，在无锡尚德重整计划获得人民法院裁定批准后两年内，重整方除收购资金外，计划另外根据无锡尚德的发展需要投入不少于 30 亿元的资金，用于技术改造和增资扩产等。

问题：

1. 无锡尚德陷入财务失败的原因是什么？
2. 为什么对无锡尚德实施破产重整而非破产清算？

19.1 财务失败

19.1.1 财务失败的概念

按照经济学的标准，失败可表述为，在可接受的风险范围，作为一家经营主体的企业所实现的投资资本报酬率明显地持续低于同类投资的最低报酬率。企业失败分为经济失败和财务失败。经济失败通常以会计盈利指标加以衡量；财务失败通常以企业流动性和偿债能力衡量，分为技术性清算和破产。

技术性清算是指企业一定时期的总资产依然大于总负债，企业本身并未出现资不抵债的状况，但企业在债务到期时确实没有偿债能力。也即企业只要到期无法偿还各类债务的本息，就被认定为是一种企业的财务失败。这种失败从理论上讲，通过一定的债务调整或债务重组，有可能避免企业完全的失败。

破产性失败是一种极端的和终极性的失败。如果企业完全陷入资不抵债的境地，同时又不能按期偿还债务的本息，而受到债权人起诉，那么从法律角度，就可能判该企业破产。企业破产性失败，不是某种资金运作或短暂财务失控的失败，而是企业在整个经营和财务状况上的完全失败。

关于财务失败(financial failure)，还有与之相关的名词，如财务危机(financial crisis)、财务困境(financial distress)等。财务失败是对企业特定财务状况的描述，既可以某一事件的发生为标准，如债券违约、透支银行账户、没有支付优先股股利等；也可以一系列事件的出现为标志，如开始出现财务失败的信号即经营现金流量由正数变为负数，随后出现较少股利支付、技术性或真正的债务违约以及债务重组事件。

19.1.2 财务失败的原因

造成财务失败的原因有多种，既有内部和外部的原因，也包括财务和非财务的原因。

▶ 1. 企业内部原因

企业内部原因主要是公司治理与管理的因素。

(1) 公司治理因素。企业缺乏完善的治理结构，没有监督和制衡机制，如首席执行官或大股东独断控制企业、董事不作为等。

(2) 管理因素。如管理团队结构不合理、能力不足；财务职能弱化、会计信息系统存在缺陷。会计信息系统的缺陷通常表现为：①没有使用预算控制系统，或者预算控制系统不健全；②缺乏现金流量预测；③没有成本核算系统；④资产价值的不恰当估价。

(3) 经营决策因素。

① 过度经营。因过度经营导致财务失败的具体方式很多，有两种情况比较致命，一是经理人对筹资的金额和时间估计不足，到时不能支付应该支付的资金，从而导致企业的失败；二是以牺牲利润率追求扩张，提高销售额，最终企业耗尽现金，走向失败。

② 开发大项目。如兼并、多元化经营、项目扩张、开发新产品等，主要由高估项目收入、低估成本等错误造成。

③ 高杠杆经营。当经营业绩、经济效益较差时，高杠杆经营容易导致企业财务失败。

▶ 2. 外部环境因素

（1）竞争趋势的变化。如国外低成本生产者的出现、两个竞争者的合并、竞争对手开发出新产品，或所在行业出现新的具有竞争实力的企业等。

（2）政治环境的变化。在世界各地，政治家对企业经营的影响逐渐增大，他们影响企业的原材料、市场、融资、税负等。

（3）经济环境的变化。主要指主要货币的贬值、国际金融危机，以及经济周期、通货膨胀、利息率的变化、收益分配模式的改变等。

（4）社会变化。如人们对工作态度的变化，生活方式的变化，特定人群的年龄、种族的变化，人们对污染和消费保护的态度变化等。

（5）技术变化。

此外，有时还存在制约公司对环境变化作出反应的因素，如利益相关者对企业应当承担某些社会责任的要求大大降低了公司对环境变化作出反应的自由。

如果企业对以上经营环境的变化不能采取恰当的应对措施，就容易导致企业财务失败的后果。

19.1.3 财务失败的征兆和过程

▶ 1. 财务失败的征兆

财务失败的征兆主要表现为财务状况明显恶化、经营状况明显恶化、财务管理制度混乱、经营效率明显低下以及经营环境恶化。每种征兆表现均有各自的症状及阶段性特征，企业及其管理当局、投资人以及其他利益相关者应具有高度敏感的嗅觉和很强的洞察力。

▶ 2. 财务失败的过程

财务失败的出现通常是一个长期积累和逐步发展的过程，具有阶段性特征。财务失败过程可以划分为四个阶段：潜伏阶段、发展阶段、恶化阶段、最终阶段。

（1）潜伏阶段。这一阶段财务失败通常表现为盲目扩张、无效市场营销、缺乏有效的管理制度、缺乏风险预警机制、无视环境重大变化。

（2）发展阶段。这一阶段财务失败通常表现为自有资本不足、过分依赖外部资金、负债比例持续上升、利息负担重、开始拖欠金融机构和客户的各种款项。

（3）恶化阶段。这一阶段财务失败通常表现为现金状况明显恶化，一定时期的各项现金净流量全为负值；资金周转明显缓慢；由于资金短缺无法满足日常支付，企业逐步丧失必须具备的盈利能力；财务状况的恶化，使企业基本丧失筹资能力，而筹资能力的丧失使企业的资金进一步失控。

（4）最终阶段。这一阶段财务失败通常表现为企业完全陷入资不抵债，货币资金严重短缺，完全丧失偿债能力。此时，企业要么寻求债务重整，或债权人主张企业重组，要么破产清算。

19.2 财务预警

19.2.1 财务预警的概念及必要性

▶ 1. 财务预警的概念

财务预警是指在企业经营活动的过程中，以企业信息化为基础，根据财务报表以及其他相关资料，运用财务、经济、金融、统计、企业管理等多方面理论，通过对相关数据进行分析，来预测企业财务即将面临的问题，使企业管理者和利益相关者能预先知晓企业所面临的风险，尽早采取有效的防范措施，避免企业发生更大的损失。企业财务预警通常是企业经营预警的重要组成部分。

▶ 2. 财务预警的必要性

根据调查资料显示，全球每年平均有2万～3万家企业破产，约占全球企业总数的千分之五左右。而国外权威机构Dun & Bradstreet Company通过大量实证资料所作的研究表明，企业经营不善和财务失败的原因主要有以下几个方面：疏忽大意的原因占4%；欺诈的原因占2%；重大灾难的原因占1%；经营和财务管理不善的原因占91%；不明原因的占2%。可见，经营和财务管理不善是导致企业财务失败最主要的原因。建立有效的财务预警，对企业的财务运营做出预测；设置清晰的警示信号，及时向企业管理层提示企业财务状况所面临的问题，才能避免潜在的财务风险演变成财务失败。因此，建立有效的企业财务预警是企业财务控制和管理最基本的职责。

19.2.2　财务预警的方法

财务预警的方法有定性分析法和定量分析法。

▶ 1. 定性分析法

(1) 专家调查法。专家调查法又称为特尔斐法(Delphi Method)，是由美国兰德公司的达尔基(N. Dalkey)和赫尔默(O. Helmer)于1964年正式提出。专家调查法就是企业组织专家对内外部环境进行分析，辨明企业是否存在财务失败发生的原因，发现财务失败征兆，以此预测财务失败发生的可能性。

(2) “四阶段症状”分析法。“四阶段症状”分析法按财务失败发展过程，将企业财务失败划分为潜伏、发展、恶化和最终四个阶段，对应四个不同的阶段，有不同的症状表现。通过分析发现问题的症状，判断财务失败所处的阶段，然后采取有效的措施，使企业摆脱财务失败。

▶ 2. 定量分析法

定量分析法借助企业会计信息，通过单一或综合多个财务指标对企业可能出现的财务问题进行分析，并预测发生财务失败的可能性。定量分析自20世纪30年代以来，经历了从单一变量模型到神经网络分析模型的演进轨迹，按照其演进的轨迹可以划分为三个代际，如图19-1所示。

(1) 单一变量分析。单一变量预警分析法是指选取单一变量，运用个别财务比率对财务风险进行预测的分析方法。早在1932年，美国的Fitzpatrick就提出企业财务比率不仅能够反映企业财务状况与经营成果，更重要的是它对企业的未来具有预测功能，并发现辨别能力最高的两个指标是净利润/股东权益和股东权益/负债。此后，美国的William Beaver运用统计方法建立单一变量财务预警模型，并于1968年指出以下四个财务比率是预测企业财务失败的最好指标：①债务现金保障率=现金流量/债务总额；②资产收益率=净收益/资产总额；③资产负债率=负债总额/资产总额；④资产安全率=资产变现率-资产负债率。其中，资产变现率=资产变现金额/资产账面金额。

- 第一代财务预警模型：单一变量分析财务预警模型
- 第二代财务预警模型：
  - 多元变量财务预警模型
  - 条件概率分析模型
    - 多元逻辑模型
    - 多元概率比回归模型
- 第三代财务预警模型：人工神经网络模型

图 19-1　财务预警模型的演进

单一变量分析方法简单，但是总体判别精度不高，其缺点主要表现为：①只重视一个指标的分析能力，如果企业内部人员知道这个指标，就有可能对其进行粉饰，以期表现出良好的财务状况；②如果使用多个指标进行判别，这几个指标的分类结果之间可能会产生矛盾，导致无法做出正确的判断。

（2）多元变量财务预警模型。多元变量财务预警模型也称 Z-Score 模型，由美国的 Altman 于 1968 年提出。该模型运用了五种基本财务比率，通过对五种财务比率的加权计算，该模型能得出企业财务失败总的判别分数，称为 Z 值(Z-Score)。其表达式为

$$Z=1.2X_1+1.4X_2+3.3X_3+0.6X_4+0.999X_5$$

其中：X_1＝营运资本/总资本；X_2＝留存收益/总资本；X_3＝息税前利润/总资产；X_4＝股票市价/负债总额；X_5＝销售收入/负债总额。

通过 Z 值判断企业财务失败的可能性，Z 值越低，企业发生破产的可能性就越大。当 $Z\leqslant 1.81$：企业已濒临破产边缘，企业财务状况堪忧；当 $1.81<Z<2.675$：企业财务状况极不稳定，处于“灰色地带”，出现破产的可能性较大；当 $2.675<Z<2.99$：企业有可能发生财务困难；当 $Z\geqslant 2.99$：企业暂无财务困难。

此后，人们在 Z－Score 模型基础上，对财务比率和权重方面做了多种调整，形成不同的多元变量判别模型。多元变量判别模型对临近破产企业预警的准确性较高，而对破产企业前一年及之后的预警能力逐步下降，对破产企业前五年的预警能力甚至低于单一变量模型。

相比单一变量财务预警分析，多元变量财务预警模型的优点在于，对财务指标的选取较为客观，指标间系统性较强；其次是评价标准以临界值为唯一客观、统一的判别标准，其客观性、综合性较强。多元变量预警模型的缺陷在于：第一，多元变量预警模型有一个严格的假设，假定自变量呈正态分布，且两组样本要求等协方差，而现实的样本数据往往并不满足这一要求，这就大大限制了该模型的使用范围。第二，多元变量预警模型在选取基本财务指标时，过于注重其在模型中预警的准确性，忽略了其内在根本的经济意义和财务意义，从而使得模型本身缺乏内在的理论逻辑。

（3）多元逻辑(Logit)模型。Logit 模型假设企业破产的概率 p(破产取 1，非破产取 0)，并假设 $\ln[p/(1-p)]$可以用财务比率线性解释。首先假定 $\ln[p/(1-p)]=a+bx$，然后根据推导可以得出 $p=exp(a+bx)/[1+exp(a+bx)]$，从而计算出企业破产的概率。先是根据多元变量判定模型确定企业破产的 Z 值($Z=a+bx$)，接着推导出企业破产的条件概率。其判别规则是：当 p 值大于 0.5 时，表明企业破产的概率比较大，可判定企业即将破产；当 p 值小于 0.5 时，表明企业财务正常的概率比较大，可判定企业财务正常。Logit 模型最大的优点在于不需要自变量服从多元正态分布和两组间协方差相等的假设条件，从而具有广泛的适用范围。美国学者 Ohlson 于 1980 年首次使用该模型进行财务预警，目前这种方法的运用也较为普遍。

（4）多元概率比(Probit)回归模型。Probit 模型同样假定企业破产的概率为 p，并假设企业样本服从标准正态分布，其概率函数的 p 分位数可以用财务指标线性解释。其计算

方法和Logit模型很类似，先是确定企业样本的极大似然函数，然后通过求似然函数的极大值可以得到参数 a、b，接着就可以利用下列式子求出企业破产的概率。与Logit模型一样，当概率 p 小于0.5时，可判别为财务正常；当 p 大于0.5时，则为企业即将破产。

$$p=\int_{-\infty}^{a+bx}(1/\sqrt{2\pi})\mathrm{e}^{-t^2/2}\,\mathrm{d}t$$

(5) 人工神经网络(ANN)模型。人工神经网络模型创始于20世纪90年代，是以数理统计方法和计算机技术为依托，采用并行分布模式处理系统，具有高度并行计算能力、自学能力和纠错能力，科学性、准确性程度更高的新一代财务预警模型。随着计算机技术和网络技术的不断发展，它还在进一步发展和完善之中。

19.2.3　财务预警分析的发展趋势

财务预警分析的发展趋势是突破财务指标分析的单一性，摒弃依赖财务分析的传统观念，把导致企业失败的非财务因素纳入预警分析。引起企业财务失败本质的原因，更可能是消费偏好改变、消费者购买力下降、政府政策、公司治理、风险偏好等非财务指标，这将有助于提高财务失败的预警能力。近年来，人们在原来的财务预警模型中加入公司治理的因素，如股权结构、董事会特征等，以及企业外部因素，如宏观经济周期和利益相关者的因素，结果表明这些指标对财务失败具有一定的预测能力。

19.3　公 司 重 组

19.3.1　公司重组的概念

人们对于公司重组(corporate restructuring)这一概念的内涵理解不一。从管理学的角度，公司重组包括三个维度：业务重组(portfolio restructuring)、财务重组(financial restructuring)和组织重组(organizational restructuring)。业务重组是指剥离、出售或分立对长期战略来说属于非核心的业务，以及并购新的业务以重新构造新的业务组合。财务重组是指资产或资本结构的显著变化。组织重组是指通过组织结构变革提高管理效率和效果。以上三个维度密切相关，任何一个维度的重组都会导致另外两个维度的变化。目前，我国财政部和国家税务总局将企业重组业务界定为：企业重组包括法律形式改变、债务重组、股权收购、资产收购、合并、分立等各类重组。股权收购、资产收购及合并可以统称为并购，因此，从企业重组导致企业资产结构和资本结构改变的角度，可以将公司重组归纳为三种形式：公司并购、公司分立和债务重组。

19.3.2　公司并购

▶ 1. 公司并购的含义和形式

公司并购(merger & acquisition，M&A)包含合并与收购两层含义。其中合并存在两种形式：一是新设合并，即两个或两个以上的公司合并为一个新的公司，合并后原有的公司均被解散，取消法人资格；二是吸收合并，也称为兼并，它是指两个或两个以上的公司进行合并时，其中一个公司继续存在，其余的公司则被解散，取消法人资格，其财产、债权、债务关系由存续公司继承。收购是指收购公司以现金、债券或股票收购目标公司的股票或资产，以获得对该公司的控制权。

公司并购有多种不同的形式。按并购双方所属行业可以划分为横向并购、纵向并购、混合并购；按并购方式有协议收购和要约收购之分；按并购意图可以区分为善意并购和敌意并购；按收购资金来源可以划分为杠杆收购与非杠杆收购；按并购支付方式有现金购买资产、现金购买股票、股票换资产、股票换股票等不同的形式。

2. 公司并购的动因

并购使企业通过外延式扩张迅速扩展资本规模，实现跳跃式发展。综观当今著名大企业，几乎没有哪一家不是以某种方式、在某种程度上应用了兼并、收购发展起来的，几乎没有一家大公司能主要依靠内部扩张成长起来获取核心竞争力。企业并购一般基于各自的战略意图，如消灭竞争对手、获得规模效应或协同效应、提高对上游供应商与下游客户的议价能力、合理配置资源、获取新的市场。公司并购的目的大都基于对不同效率的追求，如管理协同、经营协同、经营多样化、财务协同、价值低估、内部化及税收协同。

(1) 管理协同。当效率高的企业额外的管理资源与效率低的企业的组织资源相结合时，将形成更有效率的经济组织，企业能更好地应用资本和管理能力，产生管理的协同效应。

(2) 经营协同。企业并购是侧重于规模经济、范围经济或削减成本方面的协同效应，即企业并购交易的动机在于实现规模经济和降低成本。

(3) 经营多样化。通过并购实现企业经营业务的多样化，以减少企业经营的不确定性和避免破产风险，从而为企业管理者和雇员分散风险，也能保护企业的组织资本和声誉资本。

(4) 财务协同。企业并购是追求资本市场的效率提高，在融资过程中获得规模经济，现金流更加稳定而导致负债能力的提高及税收的节省。

(5) 价值低估。收购目标公司的价值被低估，即其市场价值未能反映出其真实价值或潜在价值。

(6) 内部化。企业若与目标公司发生市场交易时成本过高，就想办法将其并购或控股，将市场上的讨价还价行为转化为企业内部的行政行为。

(7) 税收协同。也称税盾(税收节约)理论，当一个存在累积税收损失或税收减免的公司与另一个需要支付税收的公司合并，或低税收的一方收购高税收的一方，则可产生合理避税的效果，公司的股东价值随之增加，而增加值应该等于节税金额的现值。

知识链接

公司并购动因的其他理论解释

(1) 信息与信号理论。并购能对外传递这样的信息：目标公司拥有尚未被认识的额外价值，或者未来的现金流将会增长。该信号将可能导致估价重估，激励目标公司实施更有效的战略。

(2) 市场势力理论。也称为市场垄断力理论，认为企业收购同业的目的在于寻求占据市场支配地位(或提高其市场占有率)，从而提高其产品的价格和市场的垄断程度，获得更多的超额利润即垄断利润。

(3) 再分配理论。并购活动中价值增加的来源是资源在公司利益相关者之间的再分配。如股东的收益是以牺牲债券持有者的利益为代价；节税代表着资源在政府与公司之间的再分配。

(4) 管理主义理论与代理理论。并购既是代理问题的表现，同时也是解决代理问题的方式(外部控制手段)，代理问题可以通过内部控制机制及市场机制得到缓解。

(5) 自由现金流量假说。管理者具有保留自由现金流，并用于低效率投资的内在动机。拥有自由现金流量越多的企业发生并购的可能性越大。

(6) 管理者过度自信。管理者由于野心、自大或过分骄傲而在评估并购机会时，会表现出过分乐观而实施无效率的并购。

3. 与并购有关的财务问题

(1) 目标企业的价值评估。企业并购中对目标企业选择合适的价值评估方法及公允的价值评估结果，直接决定并购的成败。目标企业价值评估方法包括以下几种：

① 资产基础法。资产基础法也称成本法。即采用一种或多种评估方法分别求出企业的各项资产和负债的评估值，然后用下式求得：

企业价值＝企业各项资产价值之和－企业债务价值之和

随着无形资产，尤其是企业不可确指的商誉价值的出现及发展，成本法则无法代表持续经营企业的价值整体性，也难以体现单项资产对企业的贡献程度，因此对于持续经营下的企业，它不能作为唯一的方法，而应当同时使用其他方法进行验证。

② 收益法。收益法以目标企业在可持续经营条件下的未来收益的折现值之和，作为目标企业价值的依据。其基本模型为

$$V=\sum_{t=1}^{n}\frac{CF_t}{(1+r)^t}$$

其中：V 为资产价值(股权价值或企业整体价值)；n 为资产的寿命；r 为折现率；CF_t 为资产在 t 年产生的现金流收益。

收益法估价模型主要包括股利折现模型和折现现金流量模型。其中折现现金流量模型又分为股权自由现金流量折现模型和企业自由现金流量折现模型。

③ 市场法。市场法包括市场比较法和市盈率法。市场比较法是收购方在评估目标企业时，选取诸方面较类似的可比公司，以参照公司的股价、收购价估值。市盈率法则以可比公司的平均市盈率估值，包括修正而成的动态市盈率估价法(PEG)、市净率估价法(P/B)、EBITDA 倍数定价法、价格/销售收入估价法(市销率或市售率)法。

④ 期权法。一个并购投资机会相当于一个看涨期权，投资项目的未来现金流量的总现值相当于基础资产的当前价格，投资额就相当于期权费及标的资产当前价格之和，如图 19-2 所示。

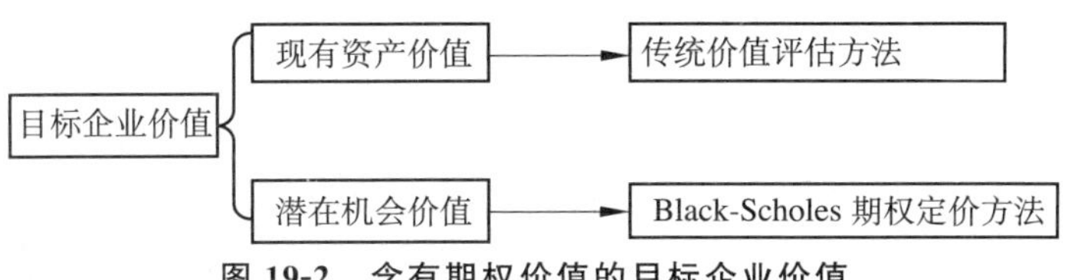

图 19-2　含有期权价值的目标企业价值

(2) 并购融资与支付方式。并购方支付方式有多种，包括现金支付、股票支付、承债支付、资产支付及混合支付。

① 现金支付。包括收购方以现金换取目标方定向增发的股票、收购方以现金换取目标方的资产、收购方以现金换取目标公司原股东的部分股权、收购方以现金换取目标方控股公司的股权。现金支付的优点表现在：程序简单、实施迅速；短期内现金的价值稳定性；收购方可以保护其股权不被稀释；传递收购方愿意承担风险的信号。但是，现金支付对收购方而言负担沉重，对目标公司而言无法递延税收利益。

② 股票支付。股票支付是指收购方直接用自身股票作为支付工具来换取目标公司的

股票或资产。收购方自身股票包括发行新股票和股票回购或库存股。股票支付的优点表现在：对收购方而言，股票支付不受公司获现能力的制约，且具有规避溢价支付风险的作用；对目标公司而言，既能够分享兼并公司所实现的价值增值，也可以推迟收益时间，达到延迟纳税的目的。但是，股票支付对收购方而言，新发行的股票改变原有的股权结构，稀释原有股东的控制权；同时，股票发行手续烦琐，容易使并购过程出现变故。

③ 承债支付。收购方不向目标方支付任何对价，而是通过承担目标方部分或者全部债务的方式来换取目标方的所有权。

④ 资产支付。收购方以自身拥有的实物资产或者长期股权投资作为对价交换目标方的股权或者资产的支付方式，具体包括股权置换、实物资产置换。对收购方而言，资产支付不需要使用现金，减少资金压力；同时，既能够得到优质资产，也能够剥离掉盈利能力差的不良资产。但是，资产支付对并购双方而言都存在实物交换的价值评估问题，成交难度较大。

⑤ 混合支付。将上述多种支付工具组合，以扬长避短。若搭配合理，可以减缓融资压力，还能避免收购方原股东因股权稀释而动摇其控制权。

(3) 并购涉税问题。税收利益是并购过程中应重点考虑的因素，是否获得税收利益是一些收购能否发生的先决条件。并购交易不仅涉及并购双方企业的税收利益与成本，同时也涉及并购双方股东甚至债权人的税收利益与成本。对于并购企业而言，税收利益通常来自净营运亏损和税收抵免及其他优惠待遇的继承、资产税基的增加、纳税的递延、将适用于高税率的应税收入转换为适用低税率的应税收入。

19.3.3 公司分立

公司分立是现代公司进行资产重组，调整股本、资产、组织结构，降低投资风险、提高公司盈利能力的重要经营战略。公司分立并非公司经营失败的标志，它是公司经营过程中的收缩战略。

▶ 1. 公司分立的概念及形式

公司分立是与公司合并相反的法律行为。它是指把一个公司的积极、消极财产的全部或部分分立出来，部分概括承继给至少一个以上新设公司或既存公司，并作为对价将承继公司的股份赋予被分立公司的出资股东的行为及制度。分立后的新公司拥有独立的法人地位，而股东直接持有新公司的股票，对新公司拥有更直接的控制权。公司分立有存续分立和解散分立两种形式。

(1) 存续分立。存续分立是指一个公司以其一部分资产另设一个或数个新的公司，原公司继续存在。典型的方式是母公司通过将其在子公司中所拥有的股份，按比例分配给现有母公司的股东，从而在法律上和组织上将子公司从母公司的经营中分离出去。

(2) 解散分立。解散分立是指一个公司将其全部资产分割为两部分以上，并相应分别设立新的公司，原公司解散。

▶ 2. 公司分立的原因

公司分立可能基于内部战略因素的主动选择，也可能是迫于外部监管的需要而作出的被动选择。具体原因有提高管理效率、提高资源利用效率、解决公司内部纠纷、有利于反击敌意收购、应对外部管制的需要。

19.3.4 债务重组

根据我国《企业会计准则第 12 号——债务重组》对债务重组的界定，债务重组是在债务人面临财务困境的状况下，债权人企业依据其与债务人企业达成的合约或是法院的裁定而相应作出让步的事件。债务人发生财务困难是指债务人出现资金周转困难或经营陷入困境，导致其无法或者没有能力按原定条件偿还债务；债权人作出让步是指债权人同意发生财务困难的债务人现在或者将来以低于重组债务账面价值的金额或者价值偿还债务。债务人发生财务困难是债务重组的前提条件，而债权人作出让步是债务重组的必要条件。

债务重组避免了企业通过破产程序解决债务问题，使债务人获得可持续经营的可能，同时也在一定程度上保护债权人的利益。

一般意义上的债务重组主要有以下几种方式：

(1) 以资产清偿债务。用于偿债的资产主要有现金、存货、固定资产、无形资产、股权投资等。以现金清偿债务，通常是指以低于债务的账面价值的现金清偿债务。

(2) 债务转资本。债务人借助发放权益性证券来偿还所有或一定比例债务，对于债权人而言即为债权转为股权。

(3) 修改其他债务条件。如改变偿债期限、降低利率、免去应付未付的利息等。

(4) 以上各种方式的组合。

19.4 破产清算

19.4.1 破产清算的内涵

▶ 1. 破产的界定

我国《企业破产法》第二条规定：“企业法人不能清偿到期债务，并且资产不足以清偿全部债务或者明显缺乏清偿能力的，依照本法规定清理债务。”其中，不能清偿到期债务是指债务人由于缺乏清偿能力，对于已届清偿期而受请求的债务持续地无法全部进行清偿的一种客观经济状态。不能清偿到期债务的具体表现为：企业不能以现金偿还、不能以债权人指定的其他方式偿还，或没有足够的财产作担保，也没有足够的信誉取得新的贷款偿还到期债务。资产不足以清偿全部债务，即资不抵债，是指债务人的全部资产总额不足以偿付其所负的全部债务总额。明显缺乏清偿能力，实质上就是不能清偿到期债务。因此，不能清偿到期债务和资不抵债是界定企业破产的两个前提条件。

▶ 2. 破产清算与非破产清算

破产清算是指当债务人不能清偿到期债务时，法院根据当事人的申请或依职权，以债务人的所有财产公平清偿给所有债权人的一种执行程序，该程序始终在法院的监督下进行；非破产清算是指在公司资产足以清偿全部债务的情况下进行的清算。非破产清算中由于其财产足够清偿全部债务，所以清偿债务后的剩余财产还可以由公司的股东分配。破产清算和非破产清算的主要区别如下：

(1) 适用法律不同。多数国家和地区对破产清算都做了单独的立法规制，因此破产清算一般适用《企业破产法》的相关规定，而非破产清算大都由《公司法》规制；

(2) 发生清算的原因不同。破产清算发生的原因是债务人不能清偿到期债务，而非破产清算发生的原因则是除公司分立、合并、破产等情形以外的解散事由；

(3) 法院是否介入不同。破产清算自始至终都是在法院的监督下进行；而非破产清算除了特殊情形外，大多是由公司内部组织进行的，其更具自主性和灵活性。

须注意的是，非破产清算可以因法定的事实原因转化为破产清算。在非破产清算过程中，当清算人发现公司资不抵债时，就应当依法向法院申请破产清算。

▶ 3. 破产清算与破产重整、破产和解

破产重整是指债权人申请对债务人进行破产清算的，在人民法院受理破产申请后、宣告债务人破产前，债务人或者出资额占债务人注册资本1/10以上的出资人，可向人民法院申请重整，即对该企业进行重新整顿、调整。进入破产重整意味着不对无偿付能力债务人的财产进行立即清算，而是在法院主持下由债务人与债权人达成协议，制订重组计划，规定在一定期限内债务人按一定方式全部或部分清偿债务，同时债务人可以继续经营其业务。

破产和解是指债务人不能清偿到期债务时，为避免受破产宣告或破产分配，经与债权人会议磋商谈判达成互相的谅解、一揽子解决债务危机问题以图复苏或者清理债务。

作为破产预防程序，重整与和解使得持续经营价值依然大于清算价值的困境企业，避免了破产清算，从而尽可能降低债权人和股东的损失。

19.4.2 破产清算程序

企业破产清算程序是指企业在资不抵债及无法清偿到期债务时，经债务人或债权人申请，在法院主持下，由破产管理人收集和变卖债务人的全部财产，将所得收益在全体债权人内部平等分配，并终结企业法律主体资格的破产程序。破产清算的流程：债权人或债务人提出破产申请→法院受理并指定管理人→法院裁定宣告破产→管理人组织清算财产→管理人拟订破产财产变价方案→债权人会议讨论→清偿债务→管理人提交分配报告并提请法院终结破产程序→法院裁定终结破产并公告→公司注销→管理人终结执行职务。

19.4.3 破产清算中的财务问题

▶ 1. 债务人财产的界定

明确债务人破产财产的范围，是企业顺利进行破产清算的前提和基础。债务人财产包括破产申请受理时属于债务人的全部财产和案件受理后至破产程序终结前债务人依法取得的财产两部分。

（1）破产申请受理时属于债务人的全部财产，指债务人在破产申请受理时所有的或者经营管理的全部财产，包括由债务人行使的有关财产权利。

（2）案件受理后至破产程序终结前债务人依法取得的财产，指债务人在此期间从事某些必要的民事活动所取得的财产或财产权利。

此外，债务人的财产还包括债务人本身及其相关人员因不当行为而导致债务人流失或受损的财产，管理人均有权请求法院予以撤销并追回财产。同时，债务人占有的不属于债务人的财产，该财产的权利人可以通过管理人取回。

▶ 2. 破产费用与共益债务

《企业破产法》规定，人民法院受理破产申请后发生的费用为破产费用；共益债务是指法院受理破产申请后发生的债务。详见《企业破产法》第五章。

破产费用和共益债务由债务人财产随时清偿。债务人财产不足以清偿所有破产费用和共益债务的，先行清偿破产费用；债务人财产不足以清偿所有破产费用或者共益债务的，按照比例清偿；债务人财产不足以清偿破产费用的，管理人应当提请人民法院终结破产程序。

▶ 3. 确定应偿还的债务

公司破产清算应偿还的债务是指经管理人确认的至公司破产日止的各项债务。这里不再一一列举。

▶ 4. 债务清偿的顺序

公司股东对公司债务只负有限责任，当破产财产变现后不足以偿还有关债务时，债务的清偿顺序就显得十分重要，它决定着公司的债权人在公司破产清算时能否收回债权以及收回的数额。根据《企业破产法》，破产财产在优先清偿破产费用和共益债务后，依照下列顺序清偿：

（1）破产人所欠职工的工资和医疗补助、伤残补助、抚恤费用，所欠的应当划入职工个人账户的基本养老保险、基本医疗保险费用，以及法律、行政法规规定应当支付给职工的补偿金；

（2）破产人欠缴的除前项规定以外的社会保险费用和破产人所欠税款；

（3）普通破产债权。

破产财产不足以清偿同一顺序的清偿要求的，按照比例分配。

▶ 5. 分配剩余财产

在清偿各种债务后的剩余财产，管理人应将剩余财产按合同、章程的规定或按各方的出资比例，本着公平、对等的原则加以分配。如为有限责任公司，除公司章程另有规定外，应按投资各方的出资比例进行分配。如为股份有限公司，先按优先股股份面值对优先股股东分配，如不能对优先股股东进行全额偿还时，按各优先股股东所持比例进行分配。其次，再按各普通股股东的股份比例进行分配。

本章小结

1. 财务失败通常以企业流动性和偿债能力衡量，分为技术性清算和破产清算。前者是指企业一定时期虽然总资产大于总负债，但无法偿还到期债务；后者是指企业完全陷入资不抵债的境地，同时又不能按期偿还债务的本息。财务失败通常也指财务困境、财务危机。

2. 造成财务失败的原因包括内部因素与外部因素。内部因素有公司治理、公司管理及经营决策；外部因素包括竞争趋势、政治环境、经济环境、社会环境和技术变化。财务失败的征兆通常表现为财务状况、经营状况、财务管理制度、经营效率、经营环境等方面的明显恶化。财务失败是个渐变的过程，一般经历潜伏阶段、发展阶段、恶化阶段和最终阶段。

3. 财务预警是对企业的财务运营做出预测，建立警示信号，避免潜在的财务风险演变成财务失败；建立有效的企业财务预警是企业财务控制和管理最基本的职责。财务预警的方法包括定性分析法和定量分析法。定性分析法指专家调查法及“四阶段症状”分析法；定量分析法包括单一变量财务预警模型、多元变量财务预警模型、逻辑回归模型、概率回归模型和人工神经网络分析模型。造成财务失败的原因十分复杂，近年来，财务预警模型逐渐增加了企业外部因素和公司治理的因素。

4. 公司重组主要包括并购、分立和债务重组。公司并购基于多种不同的动因，从效率的角度，公司并购主要基于管理协同、经营协同、经营多样化、财务协同、存在价值低估的目标公司、内部化以节约交易成本及税收协同等目的。

5. 公司并购过程涉及目标公司的价值评估、支付方式的选择及税收因素等财务问题。目标公司的价值评估是决定并购成败的关键，对目标公司价值评估的方法有资产基础法、收益法、市场法及期权评估法。并购支付方式包括现金支付、股票支付、承债支付、资产支付及混合支付，公司应根据并购时的自身情况及市场条件选择适合的支付方式。税收利益也是并购时重要的考虑因素，并购方的税收利益通常来自净营运亏损和税收抵免及其他优惠待遇的继承、资产税基的增加、纳税的递延、将适用于高税率的应税收入转换为适用低税率的应税收入。

6. 公司分立是与公司合并相反的法律行为。公司分立有两种形式：存续分立和解散分立。公司分立通常基于提高管理效率、提高资源利用效率、解决公司内部纠纷、反击敌意收购、应对外部管制等原因。

7. 债务重组是企业在发生财务困难时避免通过破产程序解决债务问题的方式，债务重组使债务人得以继续经营，能够在一定程度上保护债权人及其他投资者的利益。债务重组的具体方式有以资产清偿债务、债务转资本、修改其他债务条件及以上各种方式的组合。

8. 破产清算是企业法人不能清偿到期债务，并且资产不足以清偿全部债务或者明显缺乏清偿能力的，通过正式的破产程序清理债务的过程。破产清算过程须严格依照破产法的规范进行。破产清算涉及诸多财务问题，如债务人财产的界定、破产费用与共益债务、确定应偿还的债务清偿的顺序以及最后分配剩余财产。

课后练习

1. 财务失败的原因有哪些？表现为哪些征兆？
2. 财务预警定量分析有哪些方法？其适用性如何？
3. 公司并购基于哪些效率层面的动因？
4. 并购时如何对目标公司的价值进行评估？
5. 公司并购有哪些支付方式？它们各自有哪些优缺点？
6. 公司分立的原因是什么？
7. 债务重组有哪些具体的方式？
8. 公司破产清算时如何安排债务偿还顺序？

章末案例

大连万达集团收购美国电影公司 AMC

大连万达集团始建于1988年，在经过20多年的发展后，万达集团由最初的地产企业发展为集房地产、酒店、文化旅游及连锁百货为一体的大型综合性企业。2012年5月21日，大连万达集团对外宣布，以26亿美元并购美国的电影公司AMC，其中包括100%的股权价款以及承担部分债务这两部分，并承诺在未来期间投资5亿美元作为运营款项。整个并购过程前后一共花了两年多时间，不过最后大连万达集团利用了现金支付方式固有的快捷方便促成了并购。

万达收购AMC电影公司是为迅速完成企业的战略转型。按照万达的转型计划，2020年万达商业地产的收入比重将降到50%以下，文化和旅游成为集团的两大投资方向。万达从2005开始大规模投资文化产业，已进入电影制作、放映等五个行业，其文化产业投资超过1 000亿元，成为中国文化产业投资额最大的企业。其目标是在2020年，占据全球电影市场20%的市场份额，因而万达集团并购AMC是其海外扩张的重要举措。

AMC是北美第二大院线，至今已有92年的历史，旗下拥有347家影院，共计5 000多块屏幕，曾首次引入多厅概念，在美国是家喻户晓的品牌。并购完成以后，万达集团和AMC将形成互补局面，在国内外产生很强的协同效应。因为AMC电影公司拥有很多一流的电影院，尤其是其在IMAX和3D屏幕方面有其自身优势，其商业模式也是世界一流的，万达收购美国院线公司，有利于引入新的商业模式，改变过度依赖票房收入的境况。且AMC电影公司在国外有很大的市场份额及知名度，而大连万达集团拥有很丰富的管理经验及雄厚的资金，能够实现技术资源、管理经验的共享，同时能共享销售渠道。大连万达集团通过并购AMC进入海外市场，突破国内市场发展空间限制，而AMC获取国内更大的市场份额。

资料来源：根据网上资料整理.

问题：

1. 万达并购AMC是基于哪些动因？
2. 结合万达并购AMC的支付方式，谈谈现金支付的优劣。

即测即练

扫描封底二维码

获取答题权限

参考文献

[1] 余绪缨. 企业理财学[M]. 3版. 沈阳：辽宁人民出版社，2009.

[2] 荆新，王化成，刘俊彦. 财务管理学[M]. 6版. 北京：中国人民大学出版社，2012.

[3] 苏益. 投资项目评估[M]. 2版. 北京：清华大学出版社，2011.

[4] 郭银华，艾健民. 财务管理专题理论与实务[M]. 广州：暨南大学出版社，2012.

[5] 杜俊娟，王玮. 财务管理理论与实务[M]. 北京：人民邮电出版社，2015.

[6] 王勇. 投资项目可行性分析：理论精要与案例解析[M]. 2版. 北京：电子工业出版社，2012.

[7] 陈良华. 财务管理[M]. 北京：科学出版社，2013.

[8] 王玉春. 财务管理[M]. 南京：南京大学出版社，2013.

[9] 张德容，刘承智. 财务管理学[M]. 南京：南京大学出版社，2015.

[10] 张周. 公司理财：Excel建模指南[M]. 北京：机械工业出版社，2015.

[11] 刘媛媛. 基于历史视角的西方公司财务理论[M]. 大连：东北财经大学出版社，2010.

[12] 中国注册会计师协会. 财务成本管理[M]. 北京：中国财政经济出版社，2015.

[13] 财政部会计资格评价中心. 财务管理[M]. 北京：中国财政经济出版社，2015.

[14] 任小平. 盈余管理研究[M]. 北京：中国财政经济出版社，2011.

[15] 张思强. 等. 财务管理理论与实务[M]. 北京：北京大学出版社，2012.

[16] 蒋红芸，康玲. 财务管理[M]. 北京：人民邮电出版社，2015.

[17] 李海波. 财务管理[M]. 上海：立信会计出版社，2013.

[18] 袁建国，周丽媛. 财务管理[M]. 大连：东北财经大学出版社，2011.

[19] 孙福明，卿松. 企业理财学[M]. 北京：清华大学出版社，2008.

[20] 傅元略. 财务管理基础[M]. 厦门：厦门大学出版社，2008.

[21] 傅元略. 中级财务管理[M]. 2版. 上海：复旦大学出版社，2011.

[22] 陈玉菁，宋良荣. 财务管理[M]. 3版. 北京：清华大学出版社，2011.

[23] 刘淑莲. 财务管理[M]. 3版. 大连：东北财经大学出版社，2013.

[24] 高绍福，邱吉福. 管理会计[M]. 北京：经济科学出版社，2015.

[25] 全国会计专业技术资格考试命题研究中心，杨玉梅，李天国. 财务管理[M]. 北京：人民邮电出版社，2015.

[26] 周守华，汤谷良，陆正飞，王化成. 财务管理理论前沿专题[M]. 北京：中国人民大学出版社，2013.

[27] 王海林，续慧泓. 财务管理信息化[M]. 2版. 北京：电子工业出版社，2015.

[28] 艾斯沃斯·达摩达兰. 达摩达兰论估价[M]. 2版. 罗菲，译. 大连：东北财经大学出版社，2010.

[29] 尤金·F. 布瑞翰，乔尔·F. 休斯顿. 财务管理基础(精要第5版)[M]. 胡玉明，赖红宁，译. 大连：东北财经大学出版社，2011.

[30] 斯坦利·B. 布洛克，杰弗里·A. 赫特，巴特利·R. 丹尼尔森. 财务管理基础[M]. 王静，改编. 14版. 北京：中国人民大学出版社，2014.

[31] 斯蒂芬·A. 罗斯，伦道夫·W. 威斯特菲尔德，杰弗里·F. 贾菲，布拉德福德·D. 乔丹. 公司理财：核心原理与应用[M]. 李长青，魏志华，译. 3版. 北京：中国人民大学出版社，2013.

[32] 斯蒂芬·A. 罗斯，伦道夫·W. 威斯特菲尔德，杰弗利·F. 杰富. 公司理财[M]. 吴世农，沈艺峰，王志强，译. 9版. 北京：机械工业出版社，2012.

[33] 格莱葛·W. 霍顿. 财务管理：以Excel为分析工具[M]. 赵银德，张华，谢竹云，周彦，译. 4版. 北京：机械工业出版社，2014.

[34] 马西娅·米伦·科尼特，特洛伊·A. 小阿戴尔，约翰·诺夫辛格. 公司理财[M]. 陈宋生，陈海红，译. 2版. 北京：中国人民大学出版社，2015.

[35] 格伦·阿诺德. 高级经理公司理财——资本市场、财务决策和价值管理[M]. 彭晓峰，何瑛，高锦萍，译. 北京：经济管理出版社，2011.

[36] 乔纳森·伯克，彼得·德玛佐. 公司理财[M]. 姜英兵，译. 3版. 北京：中国人民大学出版社，2014.

[37] 理查德·A. 布雷利，斯图尔特·C. 迈尔斯，艾伦·J. 马库斯. 财务管理基础[M]. 胡玉明，改编. 6版. 北京：中国人民大学出版社，2014.

[38] 雷蒙德，等. 财务管理[M]. 路蒙佳，译. 北京：中国人民大学出版社，2014.

[39] 张云霓. 现值理念及技术在公允价值计量中的运用研究[D]. 长沙：湖南大学，2012.

[40] 吴湘纯. 企业并购中目标企业的价值评估——以M公司并购H公司为例[D]. 湘潭：湘潭大学，2014.

[41] 颜节礼，朱和平. 行为财务理论研究综述[J]. 财会通讯，2011，9：64-66.

[42] 王化成，彭文伟，张顺葆. 宏观环境对财务决策的影响研究——基于广义财务管理理论体系的分析视角[J]. 东南大学学报：哲学社会科学版，2013，2：44-49.

[43]马广奇，张芹，邢战雷，乐视资金链断裂：企业财务危机的案例分析[J]. 经济与管理，2017，31(5)：88-92.

[44]刘姝威炮轰乐视引发争议[J]. 理财，2015(08)：7.

[45]刘永刚. 刘姝威PK乐视网：潮水过后才知谁在裸泳[J]. 中国经济周刊，2015(25)：2.

教师服务

感谢您选用清华大学出版社的教材！为了更好地服务教学，我们为授课教师提供本书的教学辅助资源，以及本学科重点教材信息。请您扫码获取。

教辅获取

本书教辅资源，授课教师扫码获取

样书赠送

财务管理类重点教材，教师扫码获取样书

清华大学出版社

E-mail: tupfuwu@163.com
电话：010-83470332 / 83470142
地址：北京市海淀区双清路学研大厦 B 座 509

网址：https://www.tup.com.cn/
传真：8610-83470107
邮编：100084